子どもの心の
問題支援ガイド

教育現場に活かす認知行動療法

Cognitive-Behavioral Interventions
in Educational Settings
A Handbook for Practice
2nd Edition

by Rosemary B. Mennuti
Ray W. Christner
Arthur Freeman

R. B. メヌッティ
R. W. クリストナー
A. フリーマン【編】

石川信一
佐藤正二
武藤　崇【監訳】

金剛出版

Cognitive-Behavioral
Interventions in
Educational Settings

A Handbook for Practice
(Second Edition)

Edited by

Rosemary B. Mennuti,
Ray W. Christner,
Arthur Freeman

© 2012 by Taylor & Francis Group, LLC
Routledge is an imprint of Taylor & Francis Group, an Informa business

Japanese translation rights arranged with
The Marsh Agency Ltd.
through Japan UNI Agency, Inc., Tokyo

序　文

　アーロン・T・ベックが成人のうつ病に対する治療法として認知療法を開発した1960年代，彼自身はこの心理療法が，後にここまで広まりを見せることを知るよしもなかった。ましてや，学齢期の児童生徒に対してまでも。しかしながら，認知療法は支持的で思いやりのある関係性という文脈の中で，非機能的な考えや行動を変容する方法を教えるものである。それ故に，私は優れた認知療法家は誰でもカウンセラーとしての心に加えて，教師の心を持っているものだと信じている。

　認知行動療法が学校に適しているということは自然なことである。このつながりについて，私自身は（私の最初の仕事である），学習障害の子どもを担当する教師になった35年前に気がついた。優れた教師は皆，正式なトレーニングを受けていなくても，本能的に認知行動的方略を教室で（時には親と一緒に）用いているものである。たとえば，教師は児童生徒の目標を定める手助けをしたり，児童生徒の行動を観察したり，進捗状況を評価したりする。また，教師は児童生徒に問題解決や対人関係のスキルを教えたりもするだろう。そして，適応的な行動を伸ばすために正の強化子を示し，児童生徒が抱えるコンピテンスや知能に関するネガティブな認知を打ち消そうとするだろう。さらに不安や失敗を乗り越えるためのスキルを教えることも多い。

　しかしながら，本書は上記のような標準的な方法を超えて，学校で日々直面する深刻な問題を取り扱っている。教師，スクールカウンセラー，管理職は，心理的問題や精神障害で苦しむ児童生徒を支援する上で，認知療法からたくさんのことを得ることができるだろう。私がワークショップや学校コンサルテーションを担当する中で気がついたことは，教職員は一様に常識的なアプローチ，すなわち彼らが自然に行っていることの多くを拡張したやり方を高く評価する傾向にあり，そしてその方法が上手くいくということである。

　本書では，児童生徒が学校で示すことの多い問題が扱われている。すなわち，不安，抑うつ，摂食障害，ADHD，攻撃，いじめなどである。これらの章では，それぞれの問題の明確な記述，学校内外におけるCBTの実証的支持に関する展望，アセスメント手法，CBTに基づく事例概念化，特定の介入技法，そして事例提示がなされている。その他にも，学校内にレジリエンスを築き上げることを目指した学校単位でのCBT介入の適用等にも触れている。[1]

　私は教育現場から離れ，心理学，特に認知療法の研究に特化するようになったが，いつの日か私のルーツに戻って，教育現場で認知療法を適用してみたいという思いをいつでも心の奥底に秘めている。子どもの支援を行うこと，学校においてCBTプログラムのコンサルテーションを行うこと，そして私の父と一緒にBeck Youth Inventories of Education and Social Impairmentを開発することで，その思いはある程度まで達成できている。これはとてもうれしいことではあるが，メヌッティ，クリストナー，フリーマンの3人の博士は，この領域を先導しており，この素晴らしい書を編纂している。3人の博士は十数年前に，フリーマン教授が設立したPhiladelphia

---

1)　本書で取り扱っていない章については訳出していない。

College of Osteopathic Medicine の同じ学科に属していた。メヌッティ教授は，学校心理学プログラム長であり，クリストナー教授は同非常勤教授であるとともに，ペンシルベニア州ハノーヴァー市に大規模な開業クリニックを持っている。私は，博士たちの仕事が国全体の学校心理学の大学院プログラム内を刺激するとともに，学校心理学の大学院プログラムの焦点が認知行動療法にまで拡張することを願っている。

ジュディス・S・ベック　Ph.D.
ベック認知行動療法研究所　所長
ペンシルベニア大学　精神医学科　心理学臨床准教授

謝　辞

　本書の第一版は，認知行動的原理を用いて，子どものウェルビーイングを促進したいという共通の関心から生じたものです。そのときのわれわれの意図に変わりはありませんが，子どもに対する認知行動療法（CBT）の活用は発展を遂げ今や学校におけるメンタルヘルス・サービスの一般的な方法となりました。本書ではCBTに関する文献や活用方法についての情報を更新するだけでなく，実際の子どもを対象とした支援や介入の詳細を共有できるように第一版を拡張することにしました。

　われわれのアイディアを継続的に発展することや，資料を編者と共同してまとめ上げることは，いつでも刺激的なことです。しかし，本書は寄稿してくれた執筆者たちの膨大な時間をかけた仕事がなければ出版されることはありませんでした。寄稿してくれた全ての著者の本プロジェクトに対する多大な労力，貢献，そして，真の意味での共同に対して，われわれは深い感謝の意を表したいと思います。皆様心からありがとうございました。

　われわれを導いてくれたことに加え，私たちに認知行動的介入について教えてくれた同僚，学生，クライエント，あるいは学校で一緒に活動してくれた方々は，枚挙に暇がありません。私たちはその全ての人にお礼を申し上げるとともに，われわれのアイディアを展開し支えてくれたご助力に心からの感謝をお伝えしたいと思います。特に，私たちは子ども，親，教師，管理職や学区全体を含む私たちのクライエントに大きな借りがあります。彼らが本書で示されているアイディアを形作る支援をしてくれたからです。本書では，すべての事例において，守秘義務とプライバシーの保護のために大きな改変をしていますが，彼らが私たちにわれわれの取り組みを共有する機会を与えてくれたのです。

　この種の仕事をやり遂げるためには，どのくらいの時間や気力を書けなければいけないかということは測りきれないものです。私たちが皆様の忍耐やサポートに対して十分に感謝を申し上げられているかはわかりません。皆様の誰が欠けても，読者の方々とわれわれのアイディアを共有する機会を得ることは叶わず，子どもや学校に対するサービスを向上させ続けることもできませんでした。この過程においてサポートしてくれた皆様に愛情を込めて感謝を申し上げます。

　最後に，本プロジェクトに多大な献身をいただいたラウトリッジ出版社に感謝申し上げます。特に，ジョージ・ジマー博士とダナ・ブリス氏の信頼，励まし，支援に心より感謝申し上げます。二人は学校で子どもを対象に活動する上で重要な参考文献を示す機会を与えてくれました。

目　次

序　　文（ジュディス・ベック）　3

謝　　辞　5

第1章　青少年に対する認知行動療法──はじめに──　11

第2章　学校ベースのメンタルヘルスにおける認知行動療法の実施
　　　　──発達的視点から──　25

第3章　青少年の認知行動的事例概念化　43

第4章　不 安 症──学校での認知行動的介入──　65

第5章　不登校行動──学校での認知行動的介入──　91

第6章　選択性緘黙症──認知行動的アセスメントと介入──　107

第7章　抑 う つ──学校での認知行動的介入──　123

第8章　思春期の摂食障害──学校での認知行動的介入──　135

第9章　怒りと攻撃性──学校での認知行動的介入──　153

第10章　いじめとおどし・強制──学校での認知行動的介入──　171

第11章　学習障害──学校での認知行動的介入──　191

第12章　注意欠如多動症──学校での認知行動的介入──　207

第13章　自 閉 症──学校での認知行動的介入──　227

監訳者あとがき　245

文　　献　247

索　　引　269

子どもの心の問題支援ガイド

教育現場に活かす認知行動療法

第1章

青少年に対する認知行動療法
——はじめに——

　近年，青少年の情緒的・行動的な問題に対する認知行動的介入は著しく進歩している。具体的には，認知行動療法（Cognitive Behavioral Therapy: CBT）は，不安，注意・欠如多動症（ADHD），素行症，抑うつ，摂食障害，反抗挑発症といった青少年における数多くの臨床的問題に適用されてきた。さらに，数年間にわたって，青少年を対象とする臨床家に向けて，青少年へのCBTの適用を実践的かつ実証的に支持する多くの素晴らしい参考図書が出版されている（Christner, Stewart, & Freeman, 2008; Friedberg & McClure, 2002; Kendall, 2006; Reinecke, Dattilio, & Freeman, 2003; Silverman & Hinshaw, 2008）。

　若年のクライエントを対象としたCBTの論文は増えているものの，教育・学校環境にCBTを適用する際に参考にできる文献は，ほんのわずかである。青少年の認知，行動，情緒，社会，対人関係の発達には，学校や学校関係者が重要な役割を果たすことを考えると，学校で活動する臨床家や学校のシステムが，援助の必要な青少年に対してCBT介入による支援を検討し始めていることはある意味当然のことといえる。若年のクライエントへの認知行動的介入の適用を支持するエビデンスの蓄積からも（Kendall, 2006; Ollendick & King, 2004），学校環境でのCBTの適用が期待される。

認知行動モデル：

CBTのエビデンス

　「エビデンスに基づく実践」というフレーズが，教育やメンタルヘルスの専門家たちにとってなじみのあるものになってきた。この言葉の普及は，根拠のある理論的原則や，実証的研究によって支持された介入を提供しようという動きを指し示している。CBTは，過去20年にわたり，まさに青少年に対して有効性と有用性を支持するエビデンスを蓄積してきたアプローチの一つである。現在までに，青少年に対するCBTにおける研究は，概して目覚ましい発展を遂げているといえる（Reinecke et al., 2003）。しかし，先にも述べたように，研究論文ではCBTに対する肯定的なエビデンスが示されているものの，ほとんどが学校でのCBTの利用に迫るものではなく，臨床サンプルや臨床場面を扱ったものである。

　研究の多くが臨床場面での実施であるからといって，児童期の多くの問題（たとえば，抑うつ，不安，破壊的行動）の改善においてCBTが効果的であるという事実は無視すべきではない（Kazdin & Weisz, 1998; Kendall, 2006; Ollendick & King, 2004; Weisz & Kazdin, 2010の展望論文参照）。さらに，まだ「エビデンスに基づく」とはされていない対象においても適用可能性を探るべく，現在も青少年へのCBTに関する研究が続けられている。摂食障害，心的外傷後スト

レス障害（PTSD），物質乱用，学校関連の問題や健康状態に対するCBTの適用は有望ではあるものの，さらなる検証が求められている。今日，青少年が直面するすべての問題に対して，治療研究は恒常的に不足しているものの，明瞭な**事例概念化**や継続的な進捗状況の観察を通して，臨床家はクライエント個々のニーズに応じた認知行動的介入を修正することができる。

　子どもが直面することの多い問題に対する具体的な介入内容については知られている。しかし，果たして臨床家は最も上手くいくやり方をどのように決めているのだろうか？　一般的には，効果的な支援方法として，構造化・マニュアル化されたアプローチが選ばれる。なぜなら，使用方法，段階的な手順，実施する具体的な活動が明確であるからだ。そのような治療マニュアルには，Coping Cat（Kendall & Hedtke, 2006），Cognitive-Behavior Group Therapy-Adolescent（CBGT-A; Albano, 2000），Coping Power Program（Lochman, Wells, & Lenhart, 2008），Coping with Depression（Clarke, Lewinsohn, & Hops, 1990），Aggression Replacement Training（ART; Glick & Gibb, 2010）などがある。これらすべてのプログラムは，特定の問題に対するエビデンスに基づく技法を含んでいる。マニュアル化されたプログラムは，効果的かつ効率的である一方で限界もある。しばしば，柔軟性に欠けていたり，子どもの個々のニーズに合わなかったりすることがある。さらに，必要とされるスキルを扱っていたとしても，実施する際の障壁や困難にいつでも対処できるわけではない。

　マニュアル化されたアプローチに代わるものとして，チョーピタ（2007）が提唱したモジュール式の認知療法（modular cognitive therapy）がある。彼は，問題に特化したマニュアルの中から共通の実践要素を特定し，個々のニーズに合ったモジュール（単位）に合わせることを提案している（Chorpita, Becker, & Daleiden, 2007）。モジュール式の認知療法は，効果的な介入開発についての研究成果の利用を念頭に置きながらも，個々のクライエントのニーズを基に，どのような方略や技術が必要となっているのか，あるいは，いつ，どのくらいの期間実施すべきか，という臨床的な判断を認めている。そのため，モジュール式の認知療法では，構造化された柔軟性が得られると当時に，プログラム全体から特定の技法を使用可能とすることで，マニュアル化プログラムにおける臨床家への要求を減らすことにつながる。しかし，このアプローチを価値あるものにするためには，メンタルヘルスサービスを実施する者には，的確な事例概念化のスキルが要求される上，効果測定のために経過についての評価を効率的に行い，学校場面でよく見られるさまざまな障害や問題に関する知見を理解しておくことが求められる。考えうるモジュールとしては，社会的スキル，コミュニケーションスキル，活動記録，イメージを用いた技法，関係構築などがある。CBTの方略や技法を青少年へ適用することを支持するエビデンスがあるとはいえ，学校で活動する臨床家は，実際の介入を行う前に，CBT自体だけでなく，一般的な若年層への適用に関する基本的な原理について理解することが重要である。CBTのモジュール式のアプローチに関心がある読者は，関連の文献（Chorpita, 2007; Friedberg, McClure, & Gracia, 2009）を参照されたい。

CBT モデル

　子どものCBTは，大人のCBTと同様に，感情や付随する行動は，環境と（状況に対する解釈による）子どもの信念体系の結び付きの結果，あるいは，出来事に対する子どもの（肯定的・否定的な）思考の結果であるととらえている。この結びつきは直線的というよりむしろ，多方向的なものとしてみることが大切である。つまり，原因−結果という関係があるわけではなく，む

しろ環境的，認知的，感情的・身体的，行動的な要素のダイナミックな相互作用的処理としてとらえるべきである(**図1.1参照**)。児童生徒の信念体系を活性化するような環境要因(社会的側面，学校要因，家庭)に留意することは，効果的な介入において必要不可欠である。なぜなら，子どもの認知処理と信念を結びつけたり，明確で有益な方略を考えだしたりする助けとなるからである。

　CBTにおいては子どもの体験に対する解釈の在り方や，これらの思考がどのように情緒や行動の機能に影響を及ぼすのかということに焦点を置いている（Friedberg & McClure, 2002; Reinecke et al., 2003）。たとえば，学校で仲間との社交的活動（グループワークや昼食，休み時間など）に大きな不安を示す11歳の女の子シドニーについて考えてみよう。彼女の不安の文脈（社交場面にいるとき）について理解することはもちろん大切であるが，身体反応（吐き気，手汗，めまい）や，自動思考（例：「あの子たちはきっと私を嫌うだろう。はずかしい思いをするだろう」），信念（例：「もしへまをしてしまったら，誰からも好かれなくなる」）についても把握することは，単に「不安と格闘する」ところから，介入へと発展させるのに重要な役割を担うことになる。

　CBTは，青少年の理解と現在の問題への介入につながる認知と行動という2つの相互作用的視点に特徴づけられる。行動的要素は環境の影響や，スキルの欠如といった2つの見立てを導くことになる。臨床家は，児童生徒の問題を概念化する手助けとして，環境の影響や子どもの体験

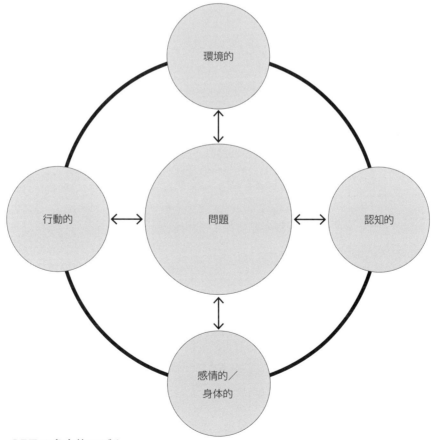

図 1.1　CBTの多向的モデル

（たとえば，教師や親との関係，効果的でない養育，過去のトラウマなど）を調べるべきである。事例によっては，環境の変化が必要なこともある（たとえば，ポジティブな行動支援（Positive Behavior Support: PBS），トークンエコノミーなど）。あるいは，児童生徒が経験する多くの問題は，行動的なスキル欠如（たとえば，自己調整の欠如，社会的スキルの未発達）の結果であるとも捉えられる。

　認知という観点からは，認知の歪みと認知の欠如という 2 つの要因が考えられる（Kendall & MacDonald, 1993）。認知の歪みには，状況や出来事に対する誤った個人の解釈や知覚を導く思考の誤りが含まれる（Freeman, Pretzer, Fleming, & Simon, 2004）。多くの CBT の専門家が認知の歪みを経験した症例を示してきたが，その多くは大人の症例である（J. Beck, 1995; Burns, 1999 参照）。クリストナーとアレン（2004）は，学齢期の子どもが示す認知の歪みの例をいくつか示している（**表 1.1**）。認知の歪みを示す児童生徒は，しばしば内在化障害（不安や抑うつ）を経験する。一方，ケンドールとマクドナルド（1993）において「認知の欠如」と呼ばれている 2 つ目の認知的要因は，子どもの認知処理能力の欠如を示している。つまり，認知の欠如を示す児童生徒は，見通しや問題解決能力をほとんど持っていないため，結果として衝動性や注意の問題を示すことになってしまう。CBT を学校で活用する専門家は，さまざまな認知的・行動的要因の役割を心にとめながら，新しいスキル（認知的・行動的）の獲得を促すとともに，認知処理や思考における変化をもたらすような機会を提供することで児童生徒を支援していくことになるだろう。

学校での CBT

　多くの教育者が心理カウンセリングサービスは教育の文化に合わせるのに難しいものだと信じているが，CBT の構造や枠組みは他の教育サービスと似ているため，実は教育者には受け入れられやすい（Christner & Allen, 2003; Christner, Mennuti, Heim, Gipe, & Rubinstein, 2011; Christner, Mennuti, & Whitaker, 2009; Christner, Stewart-Allen, & Mennuti, 2004; Mennuti & Christner, 2005, 2010）。CBT のアプローチは，回数が定められており，現在志向的であり，解決志向的であることを考慮すると（Reinecke et al., 2003），特異性，複雑性，集中性といった観点においてさまざまなレベルでのサービスを包含している介入デリバリーモデル（intervention delivery-model）に適合しやすいといえる。事実，この本を読んでいただければ，予防から早期の発見，個人への直接サービスまで連続する CBT 介入が学校において提供可能であることがわかるだろう。

　CBT の構成要素や提供可能なサービス・デリバリーオプションは，時間や資源が限られていることが多い学校環境において馴染みやすい。また，現在志向的・解決志向的な CBT のアプローチは，精神病理学的診断に過度に頼ることなく，子どもの問題に対処することができるために，学校環境においては魅力的である。さらに，心理教育やスキルの構築，セッション間の宿題（ホームワーク）やアジェンダ設定，進捗状況の測定に焦点をおいた CBT の構造は，今日の学校で行われている活動の構造と一致している。このように，これらの要素は介入の導入を支援すると同時に，心理カウンセリングと学校で行われる他のサービスとの結びつきを強めることにもつながっている。

　学校で活動する臨床家は，教師との相互作用，仲間の影響，個人の成績や学業を参照することができるため，外部の臨床家には扱うことができない児童生徒の捉え方や認知処理についての見

表1.1 教育環境での児童生徒のセラピーの中でよくみられる認知の歪み

1. 二分割思考（全か無か思考）
状況を連続体ではなく，ただ2つの極端なカテゴリーでとらえる。世界は，黒か白のどちらかであり，灰色はないというとらえ方。たとえば，「私は成績優秀な生徒か落第生徒のどちらかだ」という思考。

2. 過度の一般化
現在の出来事を多くの状況の一部であるとするのではなく，人生に特徴的なものであるかのように一般化させてとらえる。たとえば，「私は科学の試験に落ちたから，もう卒業できない，大学もでられない」という思考。

3. 読心術的考え
他者が自分について何を考えているかわかっていると根拠もなく信じていること。たとえば，「先生は私に対して怒っていることを知っている」という思考。

4. 感情的理由づけ
自分が感じていることや情緒的反応は，状況を反映させていると決めつける。たとえば，「私のことを好きな人はいないと感じるから，きっと誰も私のことは好きではない」という思考。

5. 肯定的側面の否定
自身の否定的なとらえ方と矛盾する肯定的な体験を割り引いてとらえてしまう。たとえば，「この問題に答えられたのは，先生が手助けてしてくれて幸運だったからだ」という思考。

6. 破局的思考
未来を否定的に予測し，耐えられない破局として脅威的にとらえる。たとえば，「きっと私はへまをやるし，きっとひどい結果になるからその課題をやろうとしない方がましだ」という思考。

7. 個人化
自分自身が否定的な状況の原因であると思いこむ。たとえば，「今朝，先生は私に笑顔をみせなかった。私はきっと試験に落ちたにちがいない。それで先生は不快なのだ」という思考。

8. 「すべき」思考
自身や他者の行動について「～すべき」「～でなければならない」という説明をする。たとえば，「私はいつも成績でAを取らなければいけないし，決してミスをしてはいけない」という思考。

9. 比較
自分よりも高いレベルのパフォーマンスをする人や年上の人と自分を比較する。たとえば，「兄に比べて，僕は幼稚園児のようなことしかできない」という思考。

10. 選択的抽出
いつも一部の微細な（多くの場合否定的な）側面ばかりをみて，他の関連する側面を無視すること。たとえば，「この前の課題では不満足な成績だった。それはつまり，私はクラスで最悪の生徒だということを意味している」という思考。

11. ラベリング
自分の行動や行為をみずに，自分自身を説明するための包括的なラベル付けを行う。たとえば，「昨日の試合ではうまくいかなかった」ではなく，「私は負け犬だ」というような思考。

(本資料は Christner & Stewart-Allen, 2004 による)

立てが可能となる（Christner, Mennuti, & Whitaker, 2009; Mennuti & Christner, 2005）。学校環境は，対人関係のダイナミクスの観察や，児童生徒が直面する問題についてのデータ収集のための「自然の実験室」としてとらえることができる。さらに，セッションで学んだ新しいスキルを「試す」ための「安全で」うってつけの環境であるともいえる。日々の子どもの環境からかけ離れた環境でスキルが教えられているからこそ，カウンセリングや心理療法において般化が大きな問題となるのである。ゴールドステインとゴールドステイン（1998）は，介入が大きな効果をあげるためには，標的行動との近接性が求められると述べている。したがって，学校内での介入は，外部で行われるもの（たとえば，外来クリニック，入院施設等）より大きな利点がある。特に，セッション後すぐに般化の機会を得ることができるという点で好都合である。

認知行動的実践に影響を与える問題

発達的問題

　CBT のトレーニングを受けていない多くの専門家は，「ペイントバイナンバー[2]」的であるとか，マニュアル的やり方であるとして，CBT に対して批判的である。一方で，CBT を実施してみると，それは事実ではないと気づくことになる。実際に，CBT を実施する臨床家は，一人ひとりのクライエントについて戦略的に考え，児童生徒の年齢や発達水準，問題に対して，効果的で明確な介入を計画するために，アセスメントを通して得た情報や事例概念化を活用している。児童生徒自身や彼らの問題に対する明確な事例概念化を通して，その時点で最も変容可能な問題に対して適切な介入法を選択し，利用することができるのである。第3章で，事例概念化の詳細な展望を行うが，特に学校に関連した事例理解において強調すべき点について説明する。

　まず学齢期の子どもに関わる仕事をする際には，青少年の発達についての基礎的な知識を有していることが重要となる。青少年に心理カウンセリングや心理療法を行うということは，特定の技法や方略のリストをただ知っているということだけで間に合わせることはできない。それゆえに，発達の基礎について熟知している臨床家は，子どもの機能的水準に応じた介入を実施できる可能性が高く，また「何が効果的か？」を探るのに試行錯誤をたくさんしなくてもすむだろう。認知行動的な方略の中には，情報に注意を向けたり，言語的理解を要したり，ワーキングメモリを使用したり，自分自身について言葉で表現する力を持っている際に，効果が発揮されるものもある。そのため，学校で活動する臨床家が，児童生徒に特化したプログラムを計画する際には，これらの個人の要因を査定し注目することが必要不可欠である。臨床家は，児童生徒のニーズや発達水準に基づいて，認知的な技法と行動的な技法をふさわしい形で組み合わせなければならない。たとえば，認知的発達と言語発達の両方に限界のある子どもを例に考えてみよう。この子どもには，行動的な要素に重きをおいた介入が求められる。認知的技法が幼い子どもや重度の行動問題のある子どもに適していないというわけではないが，発達水準の低い児童生徒や高いレベルの行動的問題を示す子どもに対する支援としては，信頼度は下がるだろう（Christner, Allen, & Maus, 2004; Mennuti & Christner, 2005）。発達水準に注目する際には，必ずしも発達水準と生活年齢は一致しているわけではないということを覚えておくことが重要である。

2）　趣味で絵を描くための絵画セット。絵の具に番号が振られており，下絵には使用すべき絵の具の番号が示されている。指示通り塗っていくことで絵が完成する。

リスクとレジリエンス

リスク要因や保護要因や，あるいはレジリエンス要因（Dolle & Lyon, 1998）に関する発達精神病理学の研究は，青少年を対象とする臨床家に有益な情報を与えている。クーイら（1993）の研究は，心理的問題の発達に関連するリスク要因の特定に焦点を当てて行われている。基本的に，リスク要因は，子どもが大人になって社会に貢献することや，生計を立てること，健康的な家族を形成することを阻害するようなリスクを増加させるものであると考えられている。クーイらは，7つのリスク要因の領域を示している。

- ・生得的ハンディキャップ
- ・スキル発達の遅れ
- ・情緒の問題
- ・家族環境
- ・対人関係の問題
- ・学校の問題
- ・生態学的リスク

　個別に，あるいは組み合わさった形で子どもに影響を与える包括的なリスク要因がこの7つの領域において数多く存在する。特に懸念されるのは，貧困，両親の教育の不足，両親の不仲や家族機能不全，効果的ではない養育，虐待，子どもまたは親の身体的不健康，親のメンタルヘルスの問題，多すぎる家族成員といったリスクである（Doll & Lyon, 1998）。これらの特異的要因の多くは，臨床家がコントロールできるものではないが，児童生徒のリスクを特定したり，予防的な介入を行ったりするために必要な情報を得るのには役に立つ。

　リスク要因のある子どもがすべてよくない結果をまねく"危険な状態"にあるわけではない。したがって，青少年に予防的役割を与えたり，レジリエンスを高めたりする要因を理解することがより重要であるといえる。クーイら（1993）は，予防的要因は，以下の目的のひとついずれかに合致するとしている。

- ・直接的にリスクを減らすこと
- ・リスク要因の相互作用を緩和させること
- ・リスク要因から障害への連鎖を断ち切ること
- ・リスク要因の初期の発生を予防すること

　ラター（1985）は，上記の目的にたどり着くための予防的要因には大きく3つの要素があるとしている。それらは，個人の特性，環境との相互作用，そして社会的な影響（学校の性質など）である。

　リスク要因，予防的メカニズム，レジリエンスに関する知識を活用することで，児童生徒の強みを養ったり，コンピテンスを発達させたりしながら，リスクの領域を最小限にしていく介入をデザインすることができる。支援の初期には，心理教育を通じてスキルの構築（社会的スキル，問題解決スキルなど）が行われる。このアプローチによって，臨床家はリスク要因に寄与する不

適応行動の修正を助けると同時に，リスクを最小限にする予防的要因を促進する支援を行う（仲間関係の強化，セルフモニタリングスキルの向上，親子関係の改善，学校での成功を増やすなど）。

変化に対する動機づけ

　学校で活動する臨床家が，青少年にサービスを提供する際に考慮すべき要因として最後に取り上げたいのが，児童生徒の動機づけや態度である。これらの要因は，協同的関係だけでなく，続く介入やその成果にも影響を与える。たとえば，授業を妨害する児童を例に考えてみよう。なぜクラスの邪魔をしてはいけないのかという理由について話し合うという直接的なアプローチを用いたら，児童からの反発にあってしまい失敗に終わるだろう。その点，ノウハウを心得た臨床家は，介入への動機づけを高め，子どもとの協力関係を強めるために動機づけを上手く利用するだろう（たとえば「先生から邪魔されない方法を一緒に考えてみない？」）。

　変化に対するレディネスや動機づけという考え方は，新しい概念ではないが，教育場面で活動する多くの臨床家にとっては目新しいものである。学校場面で児童生徒が問題を示している際に，たとえそれが学業問題，行動問題であろうとも，その子どもは変化に必要なレディネスや動機づけが既にあるものだと，自動的に考えてしまいがちである。そして，成功へ向けての「実行」を要する計画が，立案・実施されるわけであるが，失敗に終わることになる。なぜなら，児童生徒はレディネスも有していないし，動機づけもないからである。青少年によりよいサービスを提供するためには，学校で活動する臨床家は，子どもの「行動変容のステージ」に合致した介入をすべきである。たとえば，行動を促すような介入や行動実験などは，**実行段階や準備段階**にいる子どもたちにより適しているといえるだろう。プロチャスカとディクレメンテの研究（Prochaska & DiClemente, 1982; Prochaska, DiClemente, & Norcross, 1992）は，この概念に関連した論文において頻繁に引用されている。このモデルでは，以下の6つの段階が含まれる。

　　（1）前熟考段階：Precontemplation
　　（2）熟考段階：Contemplation
　　（3）実行準備段階：Preparation for Action
　　（4）実行段階：Action
　　（5）維持段階：Maintanance
　　（6）再発への対処段階：Relapse
　　このモデルに基づいた行動変容に対するレディネスの段階は（**表 1.2**）に示されるとおりである。

　最近，フリーマンとドーラン（2001）によってこのモデルは修正され，さらに詳細なモデルへと拡張された。そこでは，個人が行動変容プロセスの中で経験する10段階が明らかにされている。このモデルには，（1）非熟考段階（Noncontemplation），（2）反熟考段階（Anticontemplation），（3）前熟考段階（Precontemplation），（4）熟考段階（Contemplation），（5）実行計画段階（Action Plannning），（6）実行段階（Action），（7）再発への対処段階（Prelapse），（8）退行段階（Lapse），（9）再退行段階（Re-lapse），（10）維持段階（Maintenance）という段階が含まれる。これらの各段階の包括的レビューは，フリーマンとドーラン（2001）に詳しい。プロチャスカとディクレメンテのモデルやフリーマンとドーランの改訂版モデルは多くの心理的，心理社会的，医療的問

表 1.2 児童生徒の行動変容のステージ

	行動変容へのレディネス
前熟考段階 (Precontemplation)	変化についての考えを受け入れない，もしくは変化の可能性についてのみ考え始める段階
熟考段階 (Contemplation)	問題の存在に気づいていて，変化について直接的，積極的に考えているが，行動には移していない段階
実行準備段階 (Preparation for Action)	変化について考えながら，行動を起こすことに考えをめぐらしている段階
実行段階 (Action)	行動を起こす準備ができていて，変化を意図した活動に従事している段階
維持段階 (Maintenance)	自己経過観察スキルや，効果を固めるためのスキル，逆戻りを避けるスキルを学ぶ段階
再発への対処段階 (Relapse)	以前の不適応行動や不適応的な問題の扱い方が再発する段階

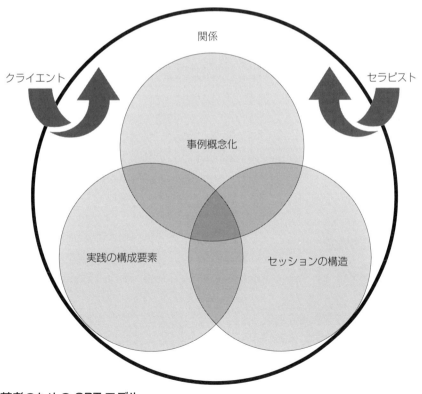

図 1.2 若者のための CBT モデル

題に応用されてきたにもかかわらず（Prochaska, Redding, Harlow, Rossi, & Velicer, 1994），行動変容モデルのレディネスを学校の青少年に対して使用したという報告は存在しない。変化段階モデルは，まだ青少年のクライエント向けには確立されていないが，前述したモデルで「児童生徒が今どの段階にいるか」を当てはめることは，非常に有益である可能性がある。学校で活動する臨床家は，学校関連の問題についての事例概念化や介入の中で，変化段階モデルを適用し，その有用性を観察することができる。しかしながら，実証的な支持を確立するためには，さらなる研究が必要とされるだろう。

青少年の CBT モデル

　CBT の実践モデルは，子どもに変化をもたらす支援過程の中で重なったり混ざり合ったりする変容プロセスや支援構造を中心として構成されている。ここでは，さまざまなメンタルヘルスの問題を抱える子どもと関わる中で，セラピストとして何をすべきか，誰とともに活動するのかを説明するモデルを提唱する。**図 1.2** はこのモデルを図示したものである。基本的に，クライエントとセラピストは，成長や変化を起こすために共通の目標を持って一体となり，またそれがウェルビーイングや成功を促進させることにつながる。支援の中で形作られ培われた関係に基づき，両者は一致団結していかなければならない。この結びつきは必要不可欠であるが，それだけでは変化を起こすのには不十分である。この関係性に内包される領域として，事例概念化，セッション構造，実践される構成要素という３つを考慮する必要がある。刻々と流れるクライエントとセラピストの関係という文脈の中で，治療プロセスを決定する臨床的判断と臨床家の専門性が変化をもたらすことになる。

治療関係

　青少年に対する CBT の中心的要素は治療関係である。興味深いことに，CBT に批判的な専門家たちは，CBT はマニュアル化されていて，"治療関係"に関することを無視していると主張する。CBT のトレーニングを受けた専門家たちは，このような主張が CBT の古典的な実践においてでさえも，かけ離れた主張であると気づいている。実際に，アーロン・ベックら（1979）は，セラピストと"クライエント"の活発なかかわりの必要性を強調し，「治療的な関係を軽視する（p. 27）」ことは，治療過程においてよくみられる誤りであると述べている。肯定的な動きや変化につながる洞察や理解をもたらし，クライエントが自身の真の思考や感情を探求できるように，共感的な態度でクライエントを力づけ，やり取りをすることは，重要であるというよりは必要不可欠である。

　青少年に向き合う時の関係には，つながりを持つこと，協力することが含まれる。そのつながりが肯定的なものであったり，正真正銘のものであるとき，それは治療プロセスを促進したり，全体的な成果を高めることになる。子どもへのサービス提供における治療関係は臨床的関連性が深いにもかかわらず，このダイナミクスに関する研究は限られている。シャークとカーバー（2013）のメタ分析において，治療関係と治療効果との間には中程度ではあるが，一貫して相関がみられることが明らかになっている。この結果は重要であるが，「関係」のような要因は量的に研究することが難しいものであり，この分野においてはさらなる研究が求められる。質的な研究を通して，子どもが考え，価値があると思えるような治療関係という概念やその役割は初めて理解可能になる。そして，必要であると考えられてきたこれまでの枠組みを超えて，子どもが何を必要と

して，何を知っているのかという点について量的に定義することが可能となる。子どもとの治療関係という現象について詳細に調べることで，効果的な支援を開発する上で必要不可欠な過程についての理解を深めることが可能となるだろう。

専門家とクライエント（青少年でも大人でも）との協同的な関係は，単に"仲良くなる"ということではなく，単純なやりとりといったものや友人関係といったものでもない。それよりも，肯定的な治療関係はその中に絆が存在する複雑なダイナミクスである。この絆は，二人の人間の関係や信頼感を深め，情緒的応答性のある快適で開かれたつながりとなる。安心や信頼という感覚がいったん確立されれば，子どもは自分がどんな人間で，何を信じているかについて，思い切って開示することができるようになる。すなわち，治療関係が基盤となり，方略や介入が発展し前進していくのである。このような関係性は，支援したり，成長を促したりするものであり，そのことが介入や日々の機能における変化を促すことになる。一般的に，協同関係は学校で活動する臨床家と子どもの間に"等しく"，あるいは"50/50"の関係にあると提唱されているが，実際の支援においては事実とはいえない。実際には，学校で活動する臨床家は，威厳を保ちながらも，児童生徒の水準（年齢や動機づけなど）に合わせることが必要になるだろう（Mennuti & Christner, 2005）。初期においては，児童生徒が支援のプロセスに慣れるまで，臨床家と児童生徒の間は，30/70 もしくは 40/60 ぐらいの関係になるかもしれない。

たくさんの基本的タスクが，真の信頼関係を築くために活用される。たとえば，セッション中の短い要約は，セッション内での焦点を維持したり，セッション内の関係を示したりするのを助けるとともに，さらなる関係を構築し維持することにつながるだろう。これらの要約によって，臨床家は情緒的応答性があることを伝え，児童生徒が言っていることや感じていることを理解していると示すことができる。また，要約は，情報を明確化したり，誤った理解を明らかにしたりするフィードバックを得る際にも有益である。自信を与え，自由に質問できるような雰囲気を作ることで，話題を共有し，一緒に学ぶという姿勢が促進される。ときには，葛藤を生じさせたり，オープンに話し合ったり，答えを出したりする機会も与えることにもなる。最後に，質問すること，調べること，答えを探すことについて，児童生徒から同意を得たり，これらについて子どもたちに要求したりすることは，学校では典型的なものではないかもしれない。しかし，このようなプロセスは，子どもの成長や変化の中心となる。また，関係が途切れることもありうるが，そのことについて話し合うことは，今ある治療関係をより密にさらに強くすることにつながるだろう。

事例概念化

事例概念化は，介入における根幹となる。事例概念化は，思考プロセスであるとともに介入を進める前に行われるべき支援対象者への理解を指す。事例概念化はタペストリーのようなものである。すべての糸が複雑に絡み合うさまは，個人の構成要素としてとらえられ，子どもやその問題の全体像が編まれている様子を表している。これらの考え方や理解は，ブロックを積み上げるように，支援計画の立案や介入方法の選択に寄与する。必要とされるデータ収集自体は，簡単かもしれないが，事例概念化のスキルとは，何を集めるべきか，そして，それらをどのように織っていくのかを把握するということを指す。常に，新しい情報は出てくるものであると覚えておかなければならない。そうすれば，追加のブロックを積んでいくことが可能になり，一人ひとり個別の子どものニーズと問題に応じた包括的で流動性のあるダイナミックな支援計画を立てることができる。事例概念化の役割は，子どもの問題を概念化し，問題の焦点や介入のポイントを選択

し，協同的に目標を決定し，介入や技法を選び，行動を予測し，不従順への対処を助けることにある。第3章でこの過程について詳細に説明を加える。

セッション構造

　ここでは，適格に，かつ具体的に方略を実行するセッションの手続きについて説明する。最初に，子どものCBTの適用の基礎について取り上げることとしたい。まず，セッション時間がその子どもに適当であるかということは非常に大切である。これは，子どもの年齢や発達水準に左右されることが多い。その他の基本的な事項として，子どもの情緒的な語彙数を広げること，不適応な考え方を特定し話し合うこと，自己教示的技法や問題解決スキルを指導することがある。また，スキルのロールプレイを行う機会，学習したスキルの実践（宿題など）を行う機会，あるいは，般化の機会を提供すること，さらに，肯定的な行動や熟達したスキルを強化することなどが含まれる。実際のセッションは，各回で共通した進め方になるよう組まれている。セッションは，常に関係を確認することから始められ，次いで下記のステップが行われる。

　　・アジェンダを設定する
　　・子どもの現在の状況や先週の出来事，あるいは前回からの出来事を振り返る
　　・前回のセッションについてのフィードバックを求める
　　・前回のセッションで出したホームワークを振り返る
　　・アジェンダ設定の際に共同で立てた主たる目標項目に取り組む
　　・セッション間で実施する新しい宿題を出し，今回のセッションについてフィードバックを求める
　　・再度，関係を確認する

表1.3　セッション構造の例

関係の確認
本セッションのアジェンダ設定
前回のセッションについてのフィードバック
現在の状況と前回のセッションからの出来事の確認
前回のセッションの宿題の確認
主要な目標への取り組み（スキル構築など）
新しい宿題の設定
本セッションについてのフィードバック

R. W. Christner & R. B. Mennuti（2010）

セッションの順番については，子どものニーズやセラピストの臨床的判断に基づいて，ある程度柔軟に適用するべきである。表1.3 は，セッション構造の例である。

実践（介入や技法）の要素

子どもに CBT を行う際には，子どものさまざまな問題に対処するため，数多くの有用な手法を用いることができる。事実，多くの特定の障害に対する詳細なアプローチが発表されている。それらの多くについては，本書の第4章以降で紹介する。具体的な認知行動技法について，本書で扱いきれない内容については，以下の本を読むことをお勧めする。

Clinical Practice of Cognitive Therapy with Children and Adolescents: The Nuts and Bolts
Friedberg & McClure（2002）
Cognitive Therapy Techniques for Children and Adolescents: Tools for Enhancing Practice
Friedberg, McClure, & Gracia（2009）
What Works When with Children and Adolescents: A Handbook of Counseling Techniques
Vernon（2002）

どのモジュールや介入が最も効果的であるか特定するためには，児童生徒について一人ひとりの情報を収集し，支援する子どもたちの個々のニーズに合致させることが求められる。

結　語

学校においては，短期的で柔軟性のあるメンタルヘルスサービスが求められている。その点において CBT モデルは申し分ない。CBT の構造や枠組みは，今ある学校のシステムと類似点がみられるだけでなく，青少年にみられる多くの問題における環境，認知，行動，感情，社会的な要因に焦点を当てた介入が可能となる。CBT は，学校でのサービス提供を向上させ，変化させていくものとして期待されている。それは，個々の児童生徒への支援を提供するといったものを超える可能性すらある。学校で活動する臨床家は，効果的で有用性のある支援や介入計画を行うために，一般的な青少年に関する理解と同様に，CBT に関する知識も活用するべきである。

青少年に対する CBT のエビデンスにおいては大きな進展がみられてはいるものの，学校でのCBT の進歩のためには，多くの分野での研究が求められている。さまざまな青少年の問題に対する CBT の有効性や有用性は実証的に支持されているとはいえ，さらなる研究の蓄積によって，CBT で支援可能な問題を拡張していくと同時に，多層的な介入の枠組みで適用することが求められている（第2章参照）。

さらに，学校ベースのメンタルヘルスプログラムの必要性にもかかわらず，学校で活動する臨床家に対して，CBT 介入を行うための十分なトレーニングが提供されているのかという疑問がある。これは，大学の教育機関や学校臨床家の専門的な養成を担う機関が直面する課題である。最後に，児童生徒の問題に取り組む手段としてのCBT の活用は，多くの教育者にとってパラダイムシフト（理論的枠組みの変更）を要求することになる。今日までに学校で提供されてきた感情や行動の問題に対する多くのサービスは，主に行動的な介入のみが含まれてきていた。しかし，最近は，行動的な介入とともに認知的な介入の使用を支持する傾向が強くなっており，児童生徒

のニーズに応じたサービスデリバリーモデルの発展が求められているといえる。

確認問題

1. 現在のあなたの心理療法の理論的アプローチは何ですか？　また，どのように CBT を あなたの実践に組み入れ，CBT 的志向を進めていけるでしょうか？
2. 子どもの変化に対するレディネスをどのように判断しますか？また，レディネスについ ての判断結果に基づき，どのような介入を支援計画に取り入れますか？
3. 現在担当している事例を 1 つ考えてみてください。CBT の事例概念化やモジュール式 の介入を使って，その事例に対してどのような新しいアプローチが可能でしょうか？

第 **2** 章

学校ベースのメンタルヘルスにおける認知行動療法の実施
——発達的視点から——

学校ベースのメンタルヘルスの重要性

　社会の変化に伴い，学校は学業だけでなく，社会情緒的スキルやコーピングスキルを教えるという，さらに幅広い役割を求められるようになってきた。この活動への要求は，今日の学校において児童生徒の社会情緒的支援の必要性が増えてきていることに由来する。アメリカでは毎年 5,000 万人の青少年が公立学校に所属している（National Center for Educational Statistics, 2005）。児童生徒は，学習能力や行動，情緒の発達に影響を与える可能性のあるさまざまな背景，経験，家族の要因，文化的な信条をもって学校に入ってくる。学校は，行動面や情緒面に困難を抱えている児童生徒が，学業的にうまくいくために手助けするよう日々求められている。

　学校の校門をくぐった時点で，既に上記のような個人的な要因の違いが存在するだけでなく，この後学校に通っている間に全児童生徒のうちのおよそ 10％がメンタルヘルスの障害を抱えることになる（National Institute of Mental Health, 2004）。そのうえ，18 歳未満の児童生徒の 12 ～ 20％は，たとえ正式な診断には当てはまらないとしても情緒面や行動面の問題によって，メンタルヘルスのサービスを必要とする（UCLA Center for Mental Health in Schools, 2006）。都市部の大きな学校においては，児童生徒の最大 50％が情緒面や行動面，学習面に対する追加のサポートを必要としている（Center for Mental Health in Schools, 2003）。メンタルヘルスにおける問題や情緒的なストレッサーは，子どもたちの学習能力や学業面での成長に影響を与える可能性がある（Adelman & Taylor, 1998; 2000）。学校で情緒面や行動面での問題を示す児童生徒は，たいてい学業成績が悪かったり，不適切なかかわりが多かったりする（Coleman & Vaughn, 2000）。エプシュテインとカリナン（1994）は，情緒面や行動面での問題が，高い確率で無断欠席や遅刻，停学や退学，注目獲得行動や仲間関係の少なさにつながるとしている。

　学校にいる児童生徒のかなりの部分が，一定のメンタルヘルスのサービスを必要としていることから，彼らにふさわしい教育を提供するために，教師や管理職，学校のスタッフは，児童生徒のニーズに応えることが求められているといえる。学校のシステムは，支援の必要な児童生徒の大半にサポートやサービスを与えることのできる他の施設にはない機会と能力を持つ。児童生徒は学校の校舎で一日の大半を過ごすために，学校は彼らにかかわりをもつことができるのである。多くのニーズに対してサービスを提供できるのに加えて，学校のシステムは，児童生徒の学習を妨げる可能性のある要因を減らす，予防的な役割も担っている。このタイプのメンタルヘルスのサービスを児童生徒に提供することができれば教室で学習が可能になる。そしてこれは，まさに教育における一番の目標でもある。さらに，子どもの生活における早期の介入は，後の人生におけるメンタルヘルス支援の必要性を減少させることにもつながる。すなわち，児童生徒は情緒面

や学業面での発達を妨げるストレスフルな状況やネガティブな感情にうまく対処する方略を学ぶ機会を得ることができる。

この章では学校の中で提供されるメンタルヘルスのサービスの重要性について示すとともに，メンタルヘルスの専門家が児童生徒に対して実施するさまざまなレベルの介入について議論する。各レベルの介入については，認知行動療法（CBT）を用いた広範な問題を扱う具体的な介入プログラムについて取り上げる。最後に，複数のレベルで学校ベースのメンタルヘルスサービスを導入する際に影響を与えるいくつかの重要な要素について説明する。

学校ベースのメンタルヘルスのモデル

学校でのメンタルヘルスのサービスは，社会的な問題や，情緒的な問題，行動的な問題などの多様な問題を対象としたサービスやモデルを含んでいる。学校ベースのメンタルヘルスのサービスは，他の典型的なサービスとは異なっている。すなわち，一対一の古典的なカウンセリングと比べると教師や管理職，家族や学校心理士，スクールカウンセラーや他のメンタルヘルスの提供者など，全体的なシステムを活用できる。そのため，臨床場面で行われる一対一のアプローチよりも，広範囲の児童生徒に対して影響を与えることが可能となる。

加えて，学校ベースのサービスは，メンタルヘルスや行動面での困難についてあらゆるリスクをもつ児童生徒を対象にできるという唯一の特徴を有する。このことは，学校がより重篤な問題を示す人や，さらに集中的なサービスを受ける必要のある人のための治療モデルだけでなく，リスクの兆しが見え始めた児童生徒のための予防的なモデルとして機能できることを意味している。児童生徒の支援の必要性によっては，学校では十分に対応できない可能性があるため，ニーズに合致するよう外部の提供者と協力する必要があるかもしれない。このようなサービスの連続性によって，児童生徒のどのレベルの支援にも対応することが可能となる。

学校はマルチレベルのサービス提供モデルを用いることで，多くの児童生徒のメンタルヘルスのニーズに対応・支援することが可能となる（Christoner & Mennuti, 2009 ; Dowdy, Ritchey, & Kamphaus, 2010）。この提供モデルでは，ユニバーサル，ターゲット，集中的，危機的なレベルまでのサポートを駆使し，児童生徒の個別のニーズを満たすことができる。さまざまなレベルの介入を用いることによって，児童生徒がレジリエンス要因を伸ばすと同時に，メンタルヘルスの障害を後に引き起こすリスク要因を減らしていくために必要かつ適切なサービスを受けることが可能となる。**図 2.1** は，学校規模のメンタルヘルスのサービス提供システムの各レベルを可視化したものである。図 2.1 は理想的な状態を示した概念図に過ぎず，実際には地域の特有性を考慮せずに実施することはできない。したがって，このモデルはサービス提供のガイドラインとして提唱することにとどめる。各学校や各学区におけるそれぞれのレベルに対応する児童生徒の割合が異なっていても構わない。学校におけるメンタルヘルスの専門家やそのチームは，各学校等で現在利用可能なサービスや資源に関して調べた上で，このモデルをどのように適応するか決める必要がある。

本章では，このシステムのそれぞれのレベルについて説明し簡潔に議論することとしたい。特に，各レベルでのアセスメントの方法や継続的なモニタリングの測度，そして介入プログラムの例を提示する。自身の学校に対してモデルの適応を検討するためにも，自身の属するシステムについて考えながら読み進めていただき，どのように各レベルのサービスを微調整していくかを考

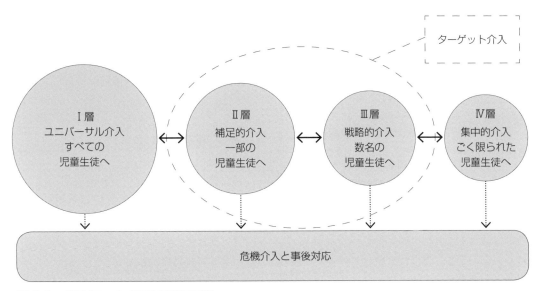

図2.1 青少年へのCBT提供モデル

えていただきたい。

ユニバーサル介入

ユニバーサルレベルの介入は，一般的に学年や学校すべての児童生徒に実施されるが，システムによっては学区全体で取り組むこともできる。たとえば，学区でいじめが発生していて，そこに支援が必要と認識された場合，その学区の各学年に対するユニバーサル介入が実施されるかもしれない。たとえば，この場合，当該学区の中学校を主たる対象とすることができる。ユニバーサル介入の実施によって，児童生徒の大半（推定約85％）の社会面の問題や情緒面の問題，行動面の問題の支援が可能になるだけでなく，将来の情緒面への専門的支援の必要性を予防することが期待される。ここでは，ストレスを経験したときに用いることができる効果的な対処法を児童生徒に教え，生活上の困難を克服するためのレジリエンス要因を構築することが目的となる。対処方略について学び，レジリエンス要因を構築することで，児童生徒が追加レベルの支援がなくても，情緒的な問題を扱うことができるようになることが期待される。

アセスメント

このレベルでのアセスメントの技術には，介入の必要性を評価し，ユニバーサルプログラムの効果を評価することが含まれる。幅広くさまざまな潜在的ニーズについての情報を集めることによって，システムのどの部分に追加の支援が必要か，どのような介入が実施されるべきかを決めることにつながる。その際，大規模調査を実施したり，注目すべき集団を追跡していったり，学校が事前にもっているデータを調べたりするとよい。ユニバーサルレベルでのベースラインのデータがあれば，メンタルヘルスプログラムを実施する学校心理士等が支援の必要な領域を決定し，介入の効果を適切に調べることができる。ユニバーサル介入の有用性を測定することによって，プログラム実施に向け必要とされる資源をサポートできる上に，児童生徒への効果を証明することが可能となる。プログラムの効果を証明することで，将来の介入に対して管理職からの支

表2.1　ユニバーサル介入プログラムの例

I Can Problem Solve（Shure 2001）

Olweus Bully Prevention Program（Olweus, Limber, & Mihalic 1999）

Promoting Alternative Thinking Strategies（PATHS: Kusche & Greenberg 1994）

Positive Action（Allred, 1977）

PREPARE（Goldstein 1998）

Resilient Classrooms（Doll & Brehm 2004）

Second Step Violence Prevention Program（Beland 1992）

Strong Start, Strong Kids, Strong Teens（Merrell 2004）

School-wide Positive Behavior Support（Sugai & Horn 1999）

Social Decision Making（Elias & Butler 2005）

持や拡充の許可を得られるかもしれない。加えて，メンタルヘルスの提供者が，ベースラインのデータと介入後のデータを比較することで，メンタルヘルスを全体的に支援していくためには，どの部分に追加のサービスが必要であるかを判断することも可能になる。

介入

　ユニバーサルレベルでの介入は，反いじめ方略を教えたり，社会的スキルを高めたり，適応的な対処スキルを教えたり，一般的なメンタルヘルスについて取り上げたりと，かなり多くのことを扱う。通常の教育課程の中で実施可能な大人数に対するユニバーサル介入プログラムが数多く開発されている。各プログラムは，さまざまな学年を対象としており，自己と他者の感情認知についての基本的な概念を教えたり，ネガティブな情緒や出来事が起こったときの思考や，問題解決，対処方略などを学んだりする。これらのプログラムは，数多くの児童生徒を対象とした認知行動的なアプローチに基づいて作成されている。一般的にこれらのプログラムは，教室などで児童生徒の集団に対して実施できるようになっており，担任教師や学校のメンタルヘルスの提供者が授業を担当できる。この章の目的は，各プログラムを個別に見ていくことではないが，学校ベースのユニバーサル介入プログラムのリストは**表2.1**の通りである。

ターゲット介入

　前節でも述べたように，ユニバーサル介入は，大多数の児童生徒に対して効果を発揮するように作成されている。ターゲット介入は，より専門的な指導やサポートを必要とする児童生徒に焦点を当てている。介入への反応性（response-to-intervention: RTI）の文献を参考にすると，およそ15％の児童生徒がこのレベルの介入を必要としていることが推定される。これらの児童生徒は，重篤なメンタルヘルスの問題につながるリスクを抱えているが，現在のところ診断基準は満たしていないという状態である。早期介入のねらいは，後の人生においてメンタルヘルスのサービスが必要となる状態を減らすことにある。ターゲット介入は，後の人生にネガティブな影響をもたらすようなリスク要因を持つ児童生徒に対して焦点を当てている。このレベルの介入は，補足的介入と戦略的介入の2種類のタイプに分けられる。

　補足的介入の基本的な発想は，コンサルテーション介入である。すなわち，対象の児童生徒を含む他者と協力して，行動を改善する介入プランを実施する。また，教師や親に対するコンサル

テーションを含んでいることもある。

戦略的介入は，不安に打ち勝つグループや，抑うつを改善するグループのように，通常，特定の問題に焦点化した小集団に対して行われる。集団に対する介入法を用いることによって，効率的により多くの児童生徒に支援が届くことになる。これらのグループの児童生徒はユニバーサルな介入では成果が得られなかったかもしれないし，対処方略を用いてはいるけれども未だ困難を感じている可能性がある。

アセスメント

ターゲットレベルでのアセスメントとスクリーニングには，ユニバーサルレベルでのアセスメントで改善を示さなかった子どもが含まれることになる。児童生徒のニーズを適切に測定するために，さらに専門的なスクリーニングの測度が使われるかもしれない。加えて，さらに具体的なニーズについて確認できるよう一対一での面接が行われることもある。児童生徒がターゲット介入を必要としたら，個別のレベルでの介入効果を査定するために，ベースラインと進捗状況についてのデータ収集が求められる。ここでの介入は，怒りマネジメントや抑うつ的思考の軽減のように，特定の領域に焦点を当てた集団に対するものであるため，効果のモニタリングについてもその領域にあわせたものの方がよい。これによって，各児童生徒がどの程度介入に対して反応を示しているかについて，介入する側が把握することができる。進捗のモニタリングは，更なるサービスへの紹介を必要とするかどうかの指標にもなる。グループのメンバーの進捗状況を査定する際には評定尺度が一般的に使われるが，可能であればグループの中で個別に回答することが望ましい。また，教師や親のような他者評価による第三者視点の評定尺度を用いた進捗状況の確認も有用である。

いくつかの事例では，観察データが非常に重要になることもある。特に社会的スキルに対して介入を行うような場合である。観察は評定尺度による情報を補足することができる。モニタリングツールとして観察を使用することは，かなり多くの時間を要することは留意しなければならない。さらにこの方法は，評定者間や，観察者間で一貫して行動が観察されることを保証する評定者間信頼性を有していることも求められる。

介入

ターゲット介入は，システムの中の児童生徒のニーズに基づいて幅広い課題を扱う。戦略的介入として，不安を体験している児童生徒のグループには Coping Cat（Kendall & Hedtke, 2006）を用いることが有益であるかもしれない。このプログラムでは，グループのメンバーに対して，不安の感情を識別することや，不安を大きくするネガティブな思考について調べること，ネガティブな思考を変えるためにポジティブなセルフトークを使用すること，リラクセーション法を使用すること，思考を変えたり不安を減らすことができたときに自分自身に報酬を与えることについて教える。Coping with Depression Program（Clarke, Lewinsohn, & Hops, 1990）は，抑うつのリスクのある児童生徒に対して，ネガティブで不合理な思考について検討し，よりポジティブで対処的な考えを持って対応することを教えるプログラムである。このプログラムでは，児童生徒が自身の気分を高め，仲間との関係を改善するような“楽しい活動”や友人作りのスキルを促すこともできる。怒りの対処に対して問題を示している児童生徒は，Coping Power（Larson & Lochman, 2002）のような怒りマネジメントのプログラムが効果的であるかもしれない。このプ

表2.2　ターゲットレベルでのマニュアル化されたプログラムの例

不安

Coping Cat（Kendall & Hedtke 2006; Flannery-Schroeder & Kendall 1996）

C.A.T. Project（Kendall, Choudhury, Hudson, & Webb 2006）

Social Effectiveness Therapy for Children（Beidel & Turner 1998）

Cognitive-Behavior Group Therapy — Adolescent（CBGT-A, Albano 2000）

Friends for Life（Barrett 2001）

怒りマネジメント

Coping Power Program（Larson & Lochman 2002）

Chill Out Program（Feindler & Ecton 1986; Feindler & Gutman 1996）

"Keeping Cool"（Dwidevi & Gupta 2000）

Agression Replacement Training（ART; Goldstein, Glick, & Gibbs 1998）

Cognitive Relaxation Coping Skills（Deffenbacher 1996）

抑うつ

Coping with Depression（Clarke, Lewinsohn, & Hops 1990; 2003）

ACTION Program（Stark & Kendall 1996）

社会的問題解決

I Can Problem Solve（Shure 1994）

The Step and Think Social Skils Program（Knoff 2001）

The Equip Program（Gibbs, Potter, & Goldstein 1995）

PREPARE Curriculum（Goldstein 1999）

Superflex® A Superhero Social Thinking Curriculum（Madrigal & Winner 2009）.

トラウマ

Cognitive Behavioral Interventions for Trauma In Schools（CBITS; Jaycox 2003）

ログラムは，目標設定や怒りマネジメント，社会的スキル，問題解決スキル，仲間からのプレッシャーへの対応のような認知行動的なアプローチを使用している。また，このプログラムでは社会的コンピテンスや自己調節を促す。

　表2.2 はターゲット介入の際に使われるプログラムの例である。加えて，この本の第4章以降では，支援の必要な課題についての選択的で集中的な認知行動療法的なアプローチを用いた具体的な介入について記述している。後の特定の方略を参考にされたい。

集中的介入

　ユニバーサルな介入もターゲット介入も受けたが，さらなるレベルでの介入を必要とする児童生徒がいるかもしれない。理想的には，これは児童生徒全体のほんのわずかなパーセント（5%以下）であるべきである。集中的介入は，児童生徒個別のニーズを対象とすべきである。したがって，介入は原則として個別に行われるが，場合によっては小集団に対して行われることもある。セッションは一般的に，校内のメンタルヘルスの提供者，つまり学校心理士やスクールカウンセ

表 2.3. 利用可能な青少年対象の CBT モジュール

活動記録	問題解決
アサーショントレーニング	心理教育
行動リハーサル	リラクセーション
認知再構成法	自己報酬・自己強化
コミュニケーションスキル	セルフモニタリング
エクスポージャー（現実，イメージ）	スキル構築
目標設定	社会的スキル
維持	自己教示

ラー，ソーシャルワーカーによって行われる。校内での専門家が利用できない場合，地域の専門家にゆだねられることもある。

アセスメント

このレベルでは，適切な支援を確実に行うために，児童生徒のニーズのレベルを査定することが必要不可欠である。児童生徒の支援の必要性の程度を決定するアセスメントデータは，以前実施された評価や，親や学校から得られたメンタルヘルスのスクリーニングを参照することができる。標準化された評定尺度を用いることで，児童生徒の行動や感情を，同年代の水準と比べることが可能となる。また，支援のニーズの査定に評定尺度を使用することによって，介入の進捗状況のモニタリング方法をシンプルにすることができる。支援の有効性を確認するために，集中的介入の進捗を追跡することは重要である。日常的に測定されているデータは，評定尺度のデータの補足として児童生徒の変化を追いかける別の道筋となるかもしれない。たとえば，行動的な問題を示す子どもにとっては，校則違反記録がこれにあたり，不安を感じている児童生徒では，欠席数や保健室を訪れた回数となる。

集中的なレベルのサービスにおける介入の目標は，予防ではなく特定の症状の軽減である。対する理想的な結果は，児童生徒が教室で学習できたり，適切に振舞ったりできることとなる。これらの介入は特定のメンタルヘルスのニーズを扱い，支援の目標は児童生徒の事例概念化（第 3 章参照）に基づくべきである。学校で活動するメンタルヘルスの専門家は，このレベルの介入において 2 つの選択肢を持っている。第一に，個々の児童生徒のニーズに応じてマニュアルベースの介入を適用することができる。第二に，第 1 章で示したように，モジュール式の CBT のアプローチをとることも推奨される。事例概念化に基づいて児童生徒の問題に使用できるモジュールは数多くある。**表 2.3** は利用可能なモジュールのリストである。加えて，**Cognitive Therapy for Children and Adolescents : Tools for Enhancing Practice**（Friedberg, McClure, & Garcia, 2009）や **Modular Cognitive-Behavioral Therapy for Childhood Anxiety Disorder**（Chopita, 2007）を 推奨する。The Practic Wise の **What Works in Children's Mental Health**（www.practicewise.com）web サイトも，会費は必要ではあるが，モジュール式の CBT に興味のある臨床家に，多くの資源を提供している。

危機的介入と事後対応

　図 2.1 に示したように，危機的介入と事後対応は個別レベルのサービスとなってはいないが，その代わりに各レベルの基盤要素として位置づけられている。これらのサービスは個々の児童生徒の支援の必要性を調べる際や，学校システムや学区全体の危機的状況の調査に用いられる。システムレベルでの危機的出来事は，多くの児童生徒に影響を与える可能性がある。たとえば，学校内での教師の予期せぬ死や自然災害などがある。このレベルの支援においては，危機的出来事に事前に対応する計画が重要な側面の一つとなる。校長やメンタルヘルスの専門家，教師やスタッフが，一丸となってシステムレベルの危機にアプローチする方法・方略を決定することが求められる。ひとたびシステム全体での危機が発生した際には，多層的アプローチに基づいて，ユニバーサル，ターゲット，集中的なレベルで改善が見込まれる児童生徒に対応する支援を行う。

　他にも危機的出来事として，愛する人の死や，身体的・心理的な虐待，希死念慮といった重大な出来事を児童生徒が個人的に経験していることがある。このタイプの危機介入では，ブリーフカウンセリングのモデルに基づき，児童生徒の支援の必要性を確かめ支援する。介入の目的は，児童生徒を安定させ，ニーズを確かめ，それに基づき適切な支援を手配することである。危機的レベルでの介入には，児童生徒の学級や学校への復帰も含まれるため特に学校外でのさらなる支援を必要としている場合，その点も含んでおくべきである。

　危機的介入のレベルでのアセスメントには，評定尺度や，児童生徒の記録の閲覧に加え，支援の必要性を調べるため，本人や家族，学校スタッフとの面接の実施などが含まれる。面接の一環として，児童生徒のサポートシステムや対処方略について検討されるべきである。アセスメントの結果によっては，外部のメンタルヘルスの専門家や地域の専門機関への紹介が必要となるだろう。

層を用いた介入：事例

　マルチレベルのメンタルヘルスプログラムが，どのように学校システムで活用されるのかを示すためにキャシーの事例を示す。キャシーは中学校 1 年生である[3]。この学校では，1 年生は週に 1 度学活の授業がある[4]。この教室ではスクールカウンセラーが，反いじめや学習スキル，友人関係スキルやストレスへの対処方略，キャリアスキルなど幅広い話題を扱うことになっている。この授業の一環として，全生徒が社会的，情緒的な機能に関する質問紙に回答することとなっており，ユニバーサルレベルでのスクリーニングが実施される。スクリーニング結果を採点・確認すると，20 人の生徒の不安得点が高いことがわかった。その中の一人がキャシーだった。この生徒たちはターゲット介入のスクリーニング面接を受けることになった。面接において，生徒たちは家や学校でどう感じるか，ネガティブな気分になった時に誰に話すか，イライラした時に良い気分になるために何をしているかなどが尋ねられた。ターゲット介入のための面接の後に，何人かの生徒はユニバーサル介入以上の介入は必要ないとされた。除外の理由はさまざまであるが，たとえば，生徒が評定尺度を勘違いしていたり，直近の出来事に関して不安を抱いていたものの既に解決していたり，上手くいく対処方略をもっている場合などがあった。加えて，数人の生徒は不安について既に外部のカウンセリングを受けていて，学校での支援は必要ないというものもいた。

---

3)　原文中では中学校（middle school）に在籍する 6 年生となっているが，本書ではわが国に合わせて中学 1 年生と表記した。

4)　原文中では生徒指導・進路指導（school guidance）。

スクールカウンセラーや学校心理士は，キャシーが一日のうちに何度も不安を感じているようで，ほぼ毎日頭痛や腹痛があると言って学校の保健室に通っていたり，不安な思考に対して対処する方略を持っていなかったりすることから，ターゲット介入が適切ではないかと思っていた。両親と本人からの同意を得た後に，キャシーを含む5人の生徒が不安を対象にした介入グループに参加した。グループでは，思考と感情と行動の関係を理解することを目的とし，生徒にポジティブな対処的思考や，不安を感じた時のリラクセーション法が教えられた。各週のグループの間には，進捗状況を評価するために，生徒たちは短い不安評定尺度に回答した。介入が10週以上経過して，ほとんどの生徒の得点が"平均"の域まで下がった。しかし，キャシーの不安得点はわずかな減少はみせたものの，他の生徒のような改善はみられず，保健室を定期的に訪れることも続いていた。

スクールカウンセラーと学校心理士は，介入の集結時点で集中的な介入のレベルでの個別のカウンセリングの継続を提案した。これによって，キャシーに特化して彼女のニーズに合致した介入が実施されることになった。個別介入によってキャシーの不安得点は下がっていき，不安を落ち着けるためのより良い対処方略や対処的思考を用いることができるようになった。結果的に，キャシーは保健室を訪れることが減って，前より教室で集中できるようになり，前よりも学習できるようになった。

重要な要素

実施する介入のモデルを理解することが，包括的な学校規模のメンタルヘルスプログラムを実施するための第一歩となる。しかし学校システム内で効果的なメンタルヘルスのモデルを実施するには，学校心理士や他のメンタルヘルスの専門家は，プログラムを実施する準備が整っているかを確認しなければならない。

カーチスとストーラー（2002）は，学校で活動する専門家が学校や学区のシステムレベルでの変化を起こすためのプロセスについて述べている。まず，問題と目標を操作的に定義して，プログラム実施をサポートする要因と妨害する要因を特定する。両者が明らかにされたら，一つ一つの妨害要因についてブレーンストーミングをして，それらに打ち勝つための具体的な行動プランについて考える。一つの課題がクリアされるごとに，次の妨害要因にも対処していき，プログラムの実施を邪魔するものがなくなるまで実施していく。これはプログラム実施期間を通じて行われる相互作用的で継続的なプロセスである。メンタルヘルスプログラムが完成し実施された後でも，効果的な実施のためには，さまざまな重要な要因について振り返る必要がある。そのことによって，プログラムの成功を阻害する要因を防ぎ，プログラムに対する支援的な状態を維持することが可能となる。

多層的なメンタルヘルスプログラム導入の際には，十分な活用と効果的な成果をもたらすために，いくつかの重要な要素を考慮するべきである。これらの要素は，学校でのメンタルヘルスプログラムの効果を促したり限定したりする。ここで取り上げるのは，以下の5つの要素である。

1．学校スタッフの学校規模のメンタルヘルスに対する捉え方
2．トレーニングを受けた学校内のスタッフの有無
3．メンタルヘルスの導入を促す資源の有無
4．保護者や家族のメンタルヘルスに対する捉え方
5．短期間でより多くの児童生徒が参加できるような介入開始の領域

学校規模のメンタルヘルスプログラムの実施の前には，これらの点を検討するべきである。ここからは，5つの要素の重要性を説明するとともに，妨害要因を減らし，メンタルヘルスプログラムのサポートを増やす方法を説明していく。

重要な要素 1　学校スタッフの学校規模のメンタルヘルスに対する捉え方
　先に述べたとおり，これまでの研究において，学校システムの中でのメンタルヘルスのサービスの必要性と重要性は全国規模で示されている（Coleman & Vaughn, 2000; Adelman & Taylor, 1998; 2000; Epstein & Cullinan, 1994）。すべての学校には，学年暦，地域の要因，通っている児童生徒などによる多様な個別のニーズがある。学校規模のメンタルヘルスプログラムの実施の前に，学校のニーズと，それに対する教員や管理職の考えを確かめることが重要である。彼らは，日々，すべての児童生徒とともに過ごしている。そのため，ほとんどの場合，教師や管理職は困難を抱える子どもやグループを発見するための最初の情報源となる。
　教師や管理職は，基礎的な知識はあるかもしれないが，児童生徒のメンタルヘルスにおけるニーズについて理解したりアプローチしたりするために，十分なトレーニングを受けていない。彼らは，教室での学業成績を評価するトレーニングは受けてきたけれども，メンタルヘルスの問題が子どもの学習能力に大きな影響を与えていることを理解していないかもしれない。教師や管理職の中には，児童生徒の学業的なニーズの方が，メンタルヘルスのニーズより重要であると感じている者もいる。また，メンタルヘルスのサービスは，教室でうまくやれていない子どもや，すでに支援が必要と特定されている子どもだけが受けるものであると考えているかもしれない。将来のメンタルヘルス支援が必要となるようなリスクを減らすために行われる予防的な査定は，児童生徒の教育において重要な要素としてみなされていないかもしれない。
　教師や管理職，そして他のスタッフは，学校でできるメンタルヘルス支援や，なぜそのような支援が重要なのかについて，さらなる説明を求めることもある。そして，このプロセスのカギとなるのは彼らである。このうちの誰かがプログラムを支援しないとしたら，あるいは直接介入に関わらないだけでも，それはプログラムに対してネガティブな影響を与える可能性がある。カギとなる関係者が，プログラムの価値を見いだしサポートすることで，プログラムはスムーズに運用され，効果をもたらすだろう（Suldo, Friedrich, & Michalowski, 2010）。
　ジョージ，ホワイトとシュラファー（2007）は，明確な理論とビジョンの共有や，学校のリーダーシップといった，システムレベルでの変化をもたらすシステムの側面を明らかにしている。まず，成功したプログラムでは，システムの中の個人の見通しや目標が共通している。児童生徒の学業成績に対するメンタルヘルスの影響についての研究結果を伝えることは，子どもの改善という目標を共有する手助けとなる。共有したビジョンを作り上げることができれば，システム規模でのメンタルヘルスプログラムの実施は容易になるだろう。
　学校の管理職は学校のリーダーである。つまり，変化をもたらしたり，新しいプログラムを始めたりする際には，管理職からの支持はいつでも極めて重要である。管理職は意見を変更したり，プログラムに必要な資源を配分したり，学校環境での優先順位をつけられたりする。多くの場合，教師たちや他のスタッフは管理職を見て，その方針に沿うように行動し，決定を下す。その影響力の大きさ故に，プログラムが導入されるか否かについて，管理職は最も重要な役割を担い，プログラムが成功するかどうかもそこにかかっている。管理職は，介入を行うための時間を確保するといった重要な資源を提供することができるだけでなく，教師に学校でのメンタルヘルスプログラムのサ

ポートをするよう促すこともできる（George, White, & Schlaffer 2007）。もし，管理職がメンタルヘルスプログラムを支持しない場合，そのシステムの中の他の職員からもプログラムのサポートを受けにくいだろう。

第一の要素にアプローチするために，メンタルヘルスの専門家は，まず教職員の知識や信念について調べなければならない。これには，会議での簡単な質問紙調査を使うことができる。教職員に対して，学校規模のメンタルヘルスのサービスについての考えを調べるために質問紙への回答を求めると良い。質問紙から職員が児童生徒のメンタルヘルスにおける支援の必要性をどの程度知っているかという情報が得られる。メンタルヘルスプログラムの重要性と，児童生徒の学業達成に与える影響に関する教育や研修を行うことで，教職員がメンタルヘルスプログラムを支援してくれるようになるかもしれない。

質問紙を実施すべきもう一つの理由は，教職員が児童生徒のニーズをよく知っているからである。これは，教職員だからできることである。たとえば，自分の学年において不安を示す生徒の数が増えていることや，徒党を組んで他の児童をいじめていることに気がついているかもしれない。メンタルヘルスプログラムが，教職員が見聞きしている支援の必要性について取り扱うとしたら，主体的かつ支援的にプログラムを採用してくれるだろう。

導入時には，率先して支援してくれる学年や教師から始めると，新しいメンタルヘルスプログラムを始めるのは容易になる。プログラムに対して最初から支持的な教師は，子どもたちが時間通り来るように配慮してくれたり，モニタリングのツールをきっちり使ってくれたりするだろうし，推奨された教室での行動的方略を快く実施してくれるだろう。一旦，プログラムの効果についてのデータが集まったら，データは他の教職員とも共有されるべきである。明らかに支持的でない人も，プログラムの有用性に感化されて，介入を支援してくれるようになるかもしれない。

メンタルヘルスのスクリーニングやグループによる実施を一通り終えたところで，教師に当該のプロセスやグループに対する考えについて，再度質問紙で回答してもらうことは有益であるだろう。このフィードバックによって，プログラムがより教師のニーズに沿うようになり，同様に教師がプログラムにさらに関われるように調整することができる。教職員に考えを共有してもらうことによって，プログラムの効果や成功の一部を担ったように感じてもらえるようになる。

重要な要素２：スタッフのトレーニング

学校心理士やスクールカウンセラーは，学校規模のメンタルヘルスプログラムを始める時間的余裕がない，あるいは自信がないと感じているかもしれない。しかし，多くの場合，彼らこそが，児童生徒の社会的，情緒的な支援を担うことになる。さらに，少なくとも何人かは包括的な学校規模のメンタルヘルスプログラムを実施するためのトレーニングを受けているかもしれない。

学校心理士とスクールカウンセラーは互いに協力し，システムにおけるニーズを最大限満たすように互いの強みを生かしていくことが重要である（Rowley, 2000）。学校心理士やスクールカウンセラーの役割は学校によって変わってくる。多くの学校においては，スクールカウンセラーが学校の全体的なニーズを扱うことになり，時には特別な支援を必要としている児童生徒も対象とするかもしれない。一方，学校心理士は一般的には教室での授業にでたりせず，より多くの時間を評価の実施や，集中的な介入に充てている。それぞれの役割においては，異なるトレーニングを受けているが[5]，そのことによってさまざまな支援の必要性を支えることができる。彼らの役割は異なるけ

---

5) わが国の学校臨床システムとは異なる部分がある。

れども，学校心理士やスクールカウンセラーのどちらも児童生徒のメンタルヘルスの支援を行う際には，先導的役割を期待されている（Perkins, Oescher, & Ballard, 2010; Reinke, Stormont et al., 2011）。

　臨床的ニーズに対するメンタルヘルスサービスの実施に関する訓練を受けているのは，主に学校心理士やスクールカウンセラーであろう。しかしながら，学校で子どもたちにメンタルヘルスのサービスを提供するためのトレーニングを受けたことのある人はあまり多くないかもしれない。トレーニングを受けた人が少ないということは，学校規模のメンタルヘルスのサービスの実施に対する障壁となっている（Powers, Bower, Webber, & Martinson, 2011; Suldo et al., 2011）。加えて，教師の側から見ると，自分たちは社会的，情緒的なことを扱う授業の経験やトレーニングが足りないと感じているのに対して，学校心理士にはこの問題を扱うための教育が備わっていると考えていることがわかっている（Reinke, Stormont et al., 2011; Walter, Gouze, & Limm, 2006）。

　第二の要素にアプローチする，すなわち，メンタルヘルスのリーダーシップをとることができるようなトレーニングを受けたスタッフの数を増やすためには，学校内の専門家間の協力が必要不可欠である。校内で働く異なる専門家は，相手に自身の専門性を伝えるとともに，相手の専門性から自分の知識の基礎を広げることができる。共通の役割や目標があるため，学校心理士やスクールカウンセラーは学校規模のメンタルヘルスプログラムの支援のために非常に重要なメンバーとなることが多い。多くの場合，スクールカウンセラーはどのようにグループを作り，信頼関係を形成し，グループの機能を維持していくかというような，グループ運営についてのトレーニングを受けてきている。スクールカウンセラーの役割として，ターゲット介入の実施がある。加えて，ユニバーサルのレベルでのスクリーニング査定の実施と採点も担うことができる。さらに，カウンセラーは，独自の知識や校内で児童生徒とのつながりがあることから，有益な相談先であるとともに，ターゲット介入のスクリーニングの面接を適切に実施することができる。一方で，学校心理士は児童生徒のメンタルヘルスのニーズを評価するスキルを持っており，データ収集のためのトレーニングを受けている。さらに，学校心理士はメンタルヘルスのサービスを提供するトレーニングを受けているし，リスクの高い児童生徒のための集中的な介入を担うこともできるかもしれない。

　学校システムの中でスタッフの役割に柔軟性があることは，プログラム実施の成功の一つの指標となる（George, White, & Schlaffer, 2007）。そのため，学校心理士やスクールカウンセラーは，学校システムの中で，スクールソーシャルワーカーや教職員，養護教諭など，児童生徒のメンタルヘルスの支援について特定の知識のある他の職員を頼りにすることができる。彼らは，トレーニングを受けて，グループ介入の援助をしたり，必要な児童生徒に支援先を紹介したりすることができる。ターゲット介入においてグループを作る際，これらのスタッフのメンバーは，グループにおいて障壁となり得るものに関してさらなる情報を持っていたり，家族にアプローチすることができるために，学校のメンタルヘルスプログラムの情報を伝えたり，プログラムを受け入れてくれるよう図ってくれるかもしれない。

　グループ実施の方法をトレーニングする一つの方法として，"足場を組んであげる"方法がある。リーダーとサブリーダーが参加し，両者はグループを進めるために協力する。最初のグループでは，トレーナーがリーダーとしてグループを引っ張り，トレーニングを受ける人はサブリーダーになる。トレーナーがグループの主たる進行役を引き受けている間，サブリーダーはカウンセリングのプログラムのセッションについて学ぶ。次にグループを進行する時には，立場を入れ替えて，プログラムについて学んだサブリーダーが，今度はリーダーとして新しいグループの進行を行う。以前にリー

ダーだった人は，サブリーダーとなる。1度トレーニングを受けた人は，カウンセリングプログラムに詳しくなっているので落ち着いて実施できるようになる。そして，2人とも学校の他のメンバーに対して，メンタルヘルスプログラム実施者になるトレーニングを行えるようになる。こうして，カウンセリングプログラムの実施について，トレーニングを受けた人が増えていくことになる。このような方法によって，ターゲット介入を学校で行う際に，1人や2人に依存することを避けられることになる。

　教師もまた，学校規模のメンタルヘルスプログラムの実施をサポートできる。教室は1度に児童生徒の全体のニーズを査定するのに適した場である。ユニバーサルなスクリーニングの測定は，教室で実施される方が容易だろう。ほとんどのユニバーサルなスクリーニングは，評定尺度や調査である。そのため，担任教師はユニバーサルなスクリーニングのトレーニングを受けると良いかもしれない。スクリーニングを実施する際の手続きや，スクリーニングについて児童生徒から一般的に尋ねられる質問への回答を用意しておくと大いに助けになるだろう。担任教師がスクリーニングを実施するとしたら，複数のスタッフに作業が振り分けられ，1人が仕事を負うことにならずにすむ。また，教師はメンタルヘルスプログラムに参加している児童生徒に必要なデータを教室で収集する方法も学ぶと良いだろう。

重要な要素3：資源

　学校規模のメンタルヘルスプログラムの実施にあたっては，必要不可欠な鍵となる資源がいくつかある。カウンセリングのセッションのための時間，予算，カウンセリングプログラムの利用可能性，メンタルヘルスのグループを実施するための場所などである。しかし，これらに限られているわけでもない。これらの資源について時には保証されていることもあるだろうが，もし得られなければ，不可能ではないものの効果的なメンタルヘルスのグループを行うことは難しくはなるかもしれない。継続的な教育課程の改訂といった教育への要求の多さ故に，カウンセリングのセッションの時間確保は，非常に決定的な資源となる。多くの教師や管理職は，児童生徒が学習する時間を失うのを嫌がる。加えて，多くのカウンセリングプログラムは1セッションで少なくとも45分から1時間かかる。教師の中には，プログラムのために教室での授業時間を奪われることに懸念を示す上，多くの児童生徒は，特別な時間や昼食時間，休み時間がなくなることを嫌がったりする。さらに，グループの時間を設定することは，グループの児童生徒が学年をまたいでいる場合などは難しくなるだろう。異なる学年の児童生徒は，時間割内で同じ時間を確保することは難しいことが多い。

　グループのための筆記用具，ホームワーク達成への報酬，バインダーやファイルのような用具を購入するためには予算が必要になる。学校でのニーズによっては，適切なカウンセリングの用具を購入する必要もあるだろう。その時点で利用可能な学校の資源では，メンタルヘルスプログラムの各層で必要とされるものを満たすことができないかもしれない。そのため，プログラム開始にあたっては，適切な用具やプログラムの購入費用がさらに必要になることもある。校内で教室を確保することが心配の種になることもあるが，実施場所が得られないとプログラムの効果的な実施はとても難しくなる。

　資源の必要性にアプローチする上で，学校の管理職からの支援は非常に重要であるため，メンタルヘルスプログラム実施の決定をする際には，彼らのサポートの有無について調査しておく必要がある。管理職は，たいてい学校内の資源の使用用途の決定権を持っているため，いくつかの資源の

利用可能性は，管理職のサポートによって決定されるだろう。管理職がメンタルヘルスプログラムに支持的だった場合は，グループの実行のために必要なほとんどの資源を得ることが期待できるだろう。

　グループのスケジュールを組むことは，非常に難しい課題である。この課題を解決するための一つの方法としてローテーションによる計画がある。つまり，各週のセッションは一日のうちの異なる時間で開催する。たとえば，最初のセッションが 9 時から 10 時の 1 時間だったら，次の週の 2 回目のセッションは 10 時から 11 時に行う。各セッションが 1 時間ずつ遅れて開催されるために，（プログラムに参加するために所属学級から抜ける）児童生徒が毎週同じ授業に参加できないということはない。理想的には 8 〜 10 週間にわたるカウンセリングプログラムにおいて，1 度か 2 度くらいの欠席に抑えたいところである。この方法でセッションを計画すると，異なる学年の児童生徒がいてもカウンセリングプログラムに参加できるようになる。

重要な要素 4：メンタルヘルスに対する家族のとらえ方
　メンタルヘルスの専門家が，児童生徒に対してアセスメントを行ったり，カウンセリングをする場合，家族や保護者に子どもが参加することを同意してもらわなければならない。一般的に心理学やメンタルヘルスの分野では，多種多様な見立てが存在する。加えて，メンタルヘルスのサービスが必要な児童生徒の家族は，学校のメンタルヘルスプログラムに気がついていなかったり，今までに学校心理士のことを耳にしたことがなかったりするかもしれない。それまでに知っている知識や予備知識が不足していることは，家族が学校でのメンタルヘルス活動の開始を受け入れてくれるか否かに影響を及ぼす。

　家族がメンタルヘルスやカウンセリングに対して前向きにとらえていたら，学校でのメンタルヘルスサービスの妨害要因とはならないだろう。書類へのサインを求めたり，評価尺度をお願いしたり，スクリーニングの情報を自宅に送付したら，すぐに対応してくれるだろう。親や保護者はプログラムについての詳しい情報や，家庭で子どもの助けとなる方法について情報を求めるかもしれない。

　ただし，すべての家族が，子どもをメンタルヘルスプログラムに参加させることに受容的というわけではない。以前の経験やネガティブなステレオタイプに基づいて，メンタルヘルスのサービスにマイナスのイメージを持っている人もいるかもしれない。家族は秘密保持について心配していて，子どもがメンタルヘルスプログラムに参加していることを知られ，白い目で見られることを怖がっているかもしれない。親や保護者の中には，学校はメンタルヘルスの支援のために時間や資源を使うべきではないと感じているかもしれない。他にも，学校規模のメンタルヘルスプログラムがどういうものなのか，子どもにどのような影響を与えるのか，ということについて困惑している人もいる。子どもがメンタルヘルスプログラムに参加することについて，家族が渋るのにはさまざまな理由がある。家族のメンタルヘルスに対する考えについて扱ったり，知識を増やしたりすることは，学校規模のメンタルヘルスを始めるための潜在的な障壁を取り除く筋道になる。

　第四の要素について，さらにアプローチしていくためには，メンタルヘルスに関する情報，メンタルヘルスが教育に与える影響，学校システムでの入手可能なプログラムといったさらなる情報を家族に提供する必要がある。さまざまな方法で，学校は家族に情報提供できる。学校が家族に対して月に 1 回や週に 1 回のお便りを出しているとしたら，学校心理士やスクールカウンセラー，学校での他のメンタルヘルスの専門家はその紙面上で情報を伝えることができる。学校で行われているメンタルヘルスプログラムや，家庭で子どものメンタルヘルスを支援するためにできるちょっとし

たヒント，うつや不安，怒りのコントロールなどの特定の精神障害についての情報など幅広いトピックを扱うことができる。プログラムについての知識が増えれば，子どものメンタルヘルスのスクリーニングを求める際に，親が当惑することは減り，より前向きに対応してくれる可能性がある。

　学校におけるメンタルヘルスの専門家は，直接家族と会うことによって良い相互関係を作ることもできる。これは，放課後の家庭訪問や集会など，家族が通常参加することになる主な学校での行事を利用することができる。そこで，学校で利用できるメンタルヘルスプログラムついての情報や，学校のシステムにおいてメンタルヘルスについての支援について共有することができる。これらの会合は，一般的な方法で，家族にメンタルヘルスのサービスについて知ってもらえるし，子どもに関する個別の質問や，学校で提供されるサービスについての質問を受けることもできる。家族と個別に会ったり話したりすることは，児童生徒がターゲット介入を必要としているかを確かめるためにも必要になるかもしれない。

重要な要素5：介入をどこから始めるか

　学校規模のメンタルヘルスプログラムの導入を試みることは，特にシステムが高いレベルでのメンタルヘルスのニーズを示している時には，手ごわい課題のように思えてしまう。学校やシステムには，あまりに多く領域で喫緊の課題を抱えているように見えることがある。加えて，多く場合，学校でのメンタルヘルスの専門家は複数の役割を担っているので，学校やシステム全体をとり囲むプロジェクトを始めることは過度な負担に感じるかもしれない。

　第五の要素にアプローチするために，学校で活動する専門家は手始めに小さいことから始めるべきである。最初のステップは学校のニーズのアセスメントをすることになるだろう。教職員や管理職に合わせて，児童生徒のニーズの特定の領域について尋ねていく。スタッフから集められた情報をもとに，その領域のうちの一つを最初に扱うものとして選ぶ。グループや介入は，プログラムがほとんど問題なく安定して実施できるようになるまで，その一つの領域のみに集中して取り組む。そして，児童生徒が支援を必要とするたびに，時間をかけて新たな領域をメンタルヘルスのモデルに組み込むのである。たとえば，教職員が，不安や破壊的行動を示す児童生徒の数が多いと判断したとしよう。彼らが不安な行動が，問題行動よりもネガティブな影響をもたらすと報告したとする。その場合，破壊的行動に対する追加プログラムの前に，不安の分野に焦点化したメンタルヘルスの取り組みを行うことになる。

　小規模な学校でのメンタルヘルスプログラムを始める場合，他の効果的な方法として，多層的アプローチを少ない人数を対象に取り組む方法がある。少人数での実施によって，新たな学校規模のプログラムの中で問題を解決していく上では，グループ運営しやすい人数となるため，負担を感じることが少ないだろう。たとえば，メンタルヘルス活動のチームリーダーは，特定の学年を選ぶこともできる。その場合，教室でのユニバーサル介入では，当該学年の全児童生徒が参加することになる。ユニバーサルなスクリーニングは，ターゲット介入を必要とする児童生徒の選別に用いられる。そして，ターゲット介入で上手くいかない児童生徒は，さらなる支援が紹介され，集中的な介入を推奨される。各年度，当該学年において介入を受けて進級していくことで，すべての児童生徒がメンタルヘルスプログラムに参加することができる。長い時間をかけて少しずつ，早い学年のうちに予防的方略を実施することで，進級や進学したときに児童生徒のニーズを減らすことが可能となるかもしれない。プログラムが成功を積み上げ，容易に運営できるようになってきたら，対象学年を広げて，さらに多くの児童生徒により多くの時間にわたって実施する。複数の学年にプログラムを

広げることによって，メンタルヘルスの専門家は介入の効果を追跡することができる。

　たった1人でも子どもが思考をポジティブに捉えなおすことを学んだり，小人数であっても不安を感じた時の対処としてリラクセーションを身につけたりすることは，他の児童生徒にポジティブな影響を与える可能性があることを覚えておくと良い。その時には，大きな実感はないかもしれないが，予防的な査定を実施してみると，児童生徒のメンタルヘルスの問題のリスクを後に減らしていることが明らかになるかもしれない。進捗状況を調べるツールから集められたデータをグラフ化することで，児童生徒の改善を示すことができる。これはプログラムの成功を明示することになり，もっと効果的な介入を行うために改善すべき点を明らかにする手助けとなる。学校規模のメンタルヘルスプログラムを運営するということは，スムーズかつ効果的な実施を目指して，適応と調整が常に求められる継続的な過程を意味している。プログラムは1日では完璧にはできないし，さらにスムーズに実行したり，多くの児童生徒を参加させたりするのには時間がかかる。小さく始めるという目標を立てて，成功と共に拡張していくようにするべきである。

　これらの要素は学校でのメンタルヘルスプログラムの実施を試みる際に考慮しなければならない要素すべてを包括しているわけではない。学校でメンタルヘルスプログラムを始めたり，広げたりしようとする人のための出発点を示しているに過ぎない。各学校や学校システムは，それぞれ独自の要素を持っている。メンタルヘルスの専門家は，効果的なメンタルヘルスプログラムを作り出すために各校の独自の要素ついて検討しなければならない。

結　　語

　今日アメリカでは，教室にいる約5,000万人の児童生徒のニーズの拡大と変化に合わせるため，学校は学業的な教育を行うだけでなく，それと同様に社会，情緒，行動的な分野においても教育を行うことが求められるようになってきた。これからも学校では，さらに幅広い教育に対する支援の必要性が継続するであろうし，この先何十年も取り組むことが求められる。社会的，情緒的な問題に対するアプローチは，学校システムから最も関心を集めている。

　学校規模のメンタルヘルスサービスにおいて多層的アプローチをとることで，学校はより多くの児童生徒に対して効果的な支援が可能となり，児童生徒の持つ社会的，情緒的，行動的ニーズに対して適切なレベルでの支援を行うことができる。多層的な学校規模のメンタルヘルスプログラムが実施される前に，いくつかの重要な要素について検討する必要がある。たとえば，教師や管理職，他の学校職員や家族を含む重要な関係者全員が，メンタルヘルスプログラムを受け入れることができるか，どのような資源が利用可能であるか，あるいは，どのようにプログラムを実行するかという計画がある。学校規模のメンタルヘルスプログラムの実施によって，すべての児童生徒のメンタルヘルスのニーズを扱うこととなり，すべての児童生徒が学習する能力を伸ばすことにつながり，結果的に教室内外でより良い教育が達成されることになる。

確認問題

1．児童生徒に対してあなたの学校や学区ではどのレベルの介入（ユニバーサル，ターゲット，集中的，危機的）が行われていますか？　あなたの学校では，そこからメンタルヘルスのサービスを広げられますか？

2．あなたの学校や学区でメンタルヘルスプログラムを導入する際，どこから始めるべきでしょうか？　どの分野にニーズがありそうですか？　ニーズのある領域をより適格にアセスメントするために，どんな方法が利用できますか？　どこから始めるか決めるために，既にあるどのデータを利用できるでしょうか？

3．あなたの学校や学区について考えてください。あなたは現在どんな資源を持っていて，学校規模のメンタルヘルスプログラムを実施することを考えた時，どんな課題が考えられますか？　この章では触れらなかったけれども，あなたの学区や学校にとって重要な要素はありますか？

4．あなたの学校や学区で，学校規模のメンタルヘルスプログラムの成功に影響力を持つ重要な関係者には誰がいますか？　これらの関係者が，学校でのメンタルヘルスプログラムの重要性について理解するために，どのようなステップが必要ですか？

第3章

青少年の認知行動的事例概念化

　青少年へのカウンセリングとは，一連のテクニックを学んで実行するだけという単純なものではない。広範囲に及ぶ介入計画の基礎知識（"あの手この手"）は重要であるものの，いつ，誰に対して，何回，ある技法を適応するかということがわかっていることが，高い質のサービスを提供する際のカギとなる。事例概念化を通して，臨床家は文献から得られた法則定立的な情報を，実践の中で個別記述的な状況へと発展させていく機会をもつ。このプロセスは，個別かつ特定の介入計画を促進する問題解決アプローチへと続いていき，"1つのサイズをすべてに合わせる"といったサービスを避けることにつながる。事例概念化には，個人の呈している問題についての暫定的な説明と，問題を発生・維持させている要因についての推測の確立が含まれる。個人特有の状況を理解することで，方略の選択と実行が可能となり，個人の進捗状況を測定する方法が得られる。

　多くの事例定式化のアプローチがあるが（例，Persons, 2008, 1993, 1989; Eells, 2007; Tarrier, 2006; Messer & Wolitzky, 1997; Needleman, 1999），本章で取り上げる事例概念化は，事例定式化がもっぱら大人（の患者）に焦点を当てているということに対する不満から生み出された。特に子どもに使用するためにデザインされた事例概念化はごくわずかしかなく（例，Friedberg & McClure, 2002; O'Connor, 2000），大人に対するモデルを青年に当てはめたバージョンもある（例，Creed, Reisweber, & Beck, 2011）。多くの事例概念化は，子どもの心理的問題の性質を理解する際にも役立つ。しかし，一般には，子どもの問題の理解に必要とされる，特に学校環境で生じる問題における多種多様な要素のすべてを網羅しているわけではない。ここでのモデルは，いくつかの事例概念化からの構成要素を組み入れている。しかし，さらに青少年の効率的で有効な支援に寄与できるような特有の文脈的・発達的な要因についても取り上げることとする。最後に，本章で紹介するモデルは，以前のもの（Murphy & Christner, 2006）から更新されたものであることを付記しておきたい。

なぜ事例概念化アプローチを用いるのか

　事例概念化（あるいは事例定式化[6]）とは，子どもあるいは青年のそれぞれが呈する広範囲の問題をとらえる動的で効率的な方法である。このプロセスによって発達レベルだけでなく，同時に文化的，家族の文脈を考慮した上で，子どもの認知的，情緒的，行動的機能から構成される個別の介入，あるいは支援計画が導かれる。事例形式化は，個人の症状，来歴，機能，それらの要因の間の関連を組み入れる多層的な概念化をもたらすとともに，この概念化は治療プロセスを通して，継続的に検討され洗練されることになる（Persons, 2008）。適格な事例概念化によって，臨

6）本書の中では事例概念化と事例定式化について区別することなく互換性のある用語として用いられている。

床家は，子どもの過去の行動について詳細な情報が得られ，現在の行動の説明が可能となり，将来の行動を予期することができるようになる（Friedberg & Clark, 2006; Needleman, 1999）。

　次の例によって，事例概念化アプローチを使用する理論的根拠を示すことができるかもしれない。10歳の少年が，あなたのもとに，学級での長い間の突発的な癇癪（かんしゃく）のために心理カウンセリングが必要であると紹介されてきたとする。力量のある専門家であるあなたは，両親や教師から広範囲に及ぶ背景データを収集し，彼の怒りの爆発の先行条件を明らかにしようとする。また，子どもに怒りを引き起こす状況や認知的な手がかりを理解してもらえるよう援助を始めようとするだろう。彼の教師には行動的な方略を提案するとともに，児童には対処的な認知やリラックス法を教える。しかし，あなたは，すぐにその介入がうまくいかないことに気がつくことになる。子どものメンタルヘルスの領域では，ほとんどの臨床家が似たような話——数多くの介入をしているにもかかわらず，子どもは反応を示さないため，子どもだけでなく支援する大人も苛立ちを感じているというような話を語っているかもしれない。

　事例概念化アプローチは，問題を生み出し維持させている基本的なメカニズムの理解を促すことになる。そのため，臨床家が不適切な介入を選択することや，個別の問題が現れる度に対応する「火を消す」ような試みを最小限にすることを可能とする。たとえ，支援がエビデンスに基づくものであったとしても，臨床家が「症状を追いかけている」場合，大きな問題が起きることになる。症状レベルへの働きかけでは，基本的なメカニズムが維持し続け，全体的機能が損なわれることにつながり，支援の効果を維持できない可能性がある。

　エビデンスに基づくプログラムは，さまざまな種類の子どもの障害に広く存在するが（たとえば，Kendall, 2006; March & Mulle, 1998; Stark, Sander, Yancy, Bronik, & Hoke, 2000），子ども一人ひとりは独自の存在である。したがって，効果的な介入を計画するには，一人ひとりの独自な認知，情動，行動を理解することが非常に重要になる。エビデンスに基づく，またはマニュアル化された治療プログラムは，児童生徒の中には完全に合致する場合もあるだろうが，青少年それぞれの個人プロフィールとニーズに基づき，この判断を行う必要がある（Persons, 2008）。事例概念化アプローチを用いることで，このような個別化されたプログラムの提供が可能となるのである。

　青少年と共に活動する際，特に考慮しなければならない点は，発達レベルが事例概念化と支援計画に影響するという点である。さまざまな領域における子どもの発達レベルの理解は，介入計画を作る際に，専門家が考慮すべき最も重要な領域かもしれない。発達レベルのアセスメントでは，認知的，道徳的，社会的，情緒的発達を含む定型発達についての十分な理解が求められる。概念化の一部として発達レベルを含むことによって，現在の特定の問題に取り組むだけでなく，発達的に適切な介入を適用することが可能となる。たとえば，前述の10歳の少年は社会的・情緒的発達の面からは，実際には5歳程度の機能であるかもしれない。このような理解は，方略の選択，支援のペース，セッション中の言葉づかいに，大きく影響を及ぼすことになるだろう。

　包括的な事例概念化に基づく系統化された支援は，効率的かつ，効果的な介入を選択するという以上の利点がある。すなわち，個々の問題の根幹をなす基本的なメカニズムを理解する情報を得ることが可能となるのである。パーソンズらは，事例概念化とは，基本的な単一のメカニズムを軸として，その下に個々の問題が存在しているような“傘”を提供することができるものであると示唆している（Persons, 2008; 1989; Persons & Tompkins, 1997）。この基本的なメカニズムは，愛されていない，信頼できない，自己効力感が低い，あるいはその他の他人に対する態度のよう

な中核信念と関連があるかもしれない。別の場合，基本的なメカニズムは双極性障害，統合失調症のような障害の基本的な機能といえるかもしれないし，虐待やネグレクトのような，個人の文脈と関連しているかもしれない。

　しかしながら，青少年の問題の根幹が1つの原因であることはめったにない，ということに留意すべきである。むしろ，多くの問題は互いに影響し合っている相互作用のある多様な要因から構成されている（図3.1）。ADHDと診断された児童は，多くの表出行動の背景に高い衝動性を示しているのかもしれない。しかし，この行動は，親や教師が不適切な行動を頻繁に叱っているという環境の変化の結果である。この相互作用は，さらなるネガティブな気分を生み出し，そのことが行動の爆発や苛立ちをより悪化させることになる。このダイナミクスを理解していることで，それぞれの要因を次々と対応しようとせずに，すべての構成要素を包括的に支援に取り込むことができる。現れている問題に対する構成要素を次々に実施しようとしたならば，臨床家は"全体像"を理解し損ね，それぞれの構成要素はつながりを失ってしまう。このようなことで，臨床家はついつい効果のない介入を提供してしまうことになってしまう。

　多くのメンタルヘルスの専門家は，診断に基づく支援モデルを実践する。同様に，特別支援教育も，教育的な分類を基に提供される。このような診断，あるいは分類は，症状のリストを単一のラベルに集約しているに過ぎず，臨床家が全体的な介入プランを作り上げる上で，有効，かつ特異的な情報をもたらさない。パーソンズ（2006）は，診断だけでは治療を進めていく上では十分でないという点についていくつかの理由を述べている。第一に，現在の多くのエビデンスに基づく治療は，どのような診断名でも適用されているものがある。そのため，特定のクライエントに対して，どのエビデンスに基づく支援が最も的確であるかを判断する上で，診断名は必要とならないのである。第二に，診断は個人が直面する問題に関連する基本的な原因や維持要因についての仮説を示すことができない。事例定式化においては，問題を起こし，維持している心理的なメカニズムについての仮説を得ることができる。これは，診断名単独では難しいことが多い。しかし，このモデルの中では，診断が不必要だと言っているわけではない。そうではなく，"正確な診断は，本来，正確な事例概念化から生じるものである"と言えるのではなかろうか。診断や分類は，事例概念化を通じて行われる不可欠な要素であるが，概念化を背後から支える原動力ではない。フリードバーグとマックルアー（2002）は，診断分類は理論に基づくものではないが，事例概念化は臨床家の理論的な枠組みから生じると述べている。理論派生型（Theory-driven）（あるいは「トップダウン」）による体系化によって，事例概念化はエビデンスに基づく理論に依拠することを可能とする。そして，事例概念化は，個人だけでなく，彼らの強さとニーズを見通す臨床家のレンズとして働くことになる。しかし，クライエントが青少年であると，独特の難しい課題を強いられることになる。そして，事例定式化のアプローチは，より重要になってくる。青少年に対する（DSM-IVを使用した）正確な診断は，大人に対する診断よりもさらに複雑なプロセスとなり得る。子どもたちの問題行動は，いくつかの診断カテゴリーにしばしば起因していることがあり得る。さらに，何の基準も満たしていないにもかかわらず，子どもたちはいくつかの障害の部分的な側面を示すことが多い。多くの臨床家が子ども全体ではなくむしろ個々の徴候だけを見てしまうのと同じように，これが青少年に対して誤った診断をしてしまうことが多い理由の一つである。加えて，子どもは問題を説明するのに必要な洞察力や言語スキルを持っていない場合もある。これらの理由から，事例概念化は，子どもの問題を理解し，個別支援プログラムを開発するための綿密な手法を導くことができるといえる。

図 3.1　事例概念化ワークシート

青少年のための認知行動的事例概念化ワークシート

名前＿＿＿＿＿＿＿＿＿＿＿＿＿＿＿＿＿＿＿＿　生年月日＿＿＿＿＿＿＿＿＿＿＿＿＿

国籍＿＿＿＿＿＿＿＿＿＿＿＿＿性別＿＿＿＿＿＿＿＿＿＿＿年齢＿＿＿＿＿＿＿＿＿＿＿＿

学歴＿＿＿＿＿＿＿＿＿＿＿＿＿＿＿＿＿＿＿＿＿＿＿＿＿＿＿＿＿＿＿＿＿＿＿＿＿＿＿

問題リスト

1 ＿＿

2 ＿＿

3 ＿＿

4 ＿＿

5 ＿＿

アセスメントデータ（例，認知機能，自己報告，親，教師評定）

発達的考慮

作業仮説（認知的か，もしくは行動的）

作業仮説の源

先行事象・誘発要因

維持要因・変化への障壁

個人 _____

教師／学級 _____

家族 _____

システム _____

保護要因・レジリエンス要因

_____

_____

_____

診断的印象・教育的分類

_____

_____

_____

介入計画

目標

1 _____
2 _____
3 _____
4 _____
5 _____
モダリティ _____
介入レベル _____
家族の関わりレベル _____
補足的介入 _____

支援への障壁 _____
_____

　10 歳の男の子の例に戻ろう。この児童の「キレる」という問題は，怒りの問題（間欠爆発症または反抗挑発症）によって生じているのか，闘争（fight）反応（不安症の子どもたちの中に見られる）に関係するのか。一方，小児期発症の双極性障害のような障害を基礎的に考えることが最善なのか。支援は，彼の攻撃のメカニズムを基に変更されるであろう。彼の爆発に対して機能分析を行うことで，有効な情報が得られるかもしれない。しかし，この情報だけでは社会情緒的，文脈的，認知的，情動的要素を捉えることはできないのである。

　事例概念化アプローチをとるべき最後の理由は，多くの場合，事例概念化そのものが介入ツー

ルとなり得るということである。現れている問題に対して概念化を行うことは，問題解決，あるいは問題軽減を導くような新しいやり方で問題をとらえられるように，子ども，あるいは家族を手助けすることにつながる（Bergner, 1998）。多くの場合，子どもや家族と事例概念化を共有することによって，洞察を促すきっかけとなり，家族は問題行動あるいは情緒状態を維持している要因を認識し，変化させ始める可能性がある。たとえば，強迫症をもつ8歳の女の子について，事例概念化を共有した経験を紹介しよう。事例概念化を共有することで，父親は娘に強迫観念について「考えるのをやめろ」としつこく言うことで，気がつかないまま回避行動を強めてしまっていたことに気がついた。正確な事例概念化の後，父親は娘の症状に対する接し方を変えることを受け入れられるようになった。その結果，さまざまな状況で支援が効果的に進むこととなったのである。

　事例定式化アプローチによって，より質の高い心理的ケアがもたらされるということに留意すればするほど，事例定式化スキルを現場で若い専門家に伝えていかなければならないと考えるようになるだろう。フリードバーグとクラーク（2006）は，認知行動的な技術や介入を学ぶ前に，事例定式化についてトレーニングを受けるべきだという賢明な議論を述べている。すなわち，事例定式化について積極的に学ぶ機会が与えられること，そして児童期の多様な問題に対して事例定式化のスキルを適用する際のスーパーバイズが求められる。ある研究では（Kendjelic & Eells, 2007），事例概念化について積極的なトレーニングを行うことで，定式化の質が向上するかという仮説を検証している。彼らは，2〜4時間の事例定式化セッションを20人の臨床家に行い，トレーニングを受けていないグループを比較した。その結果，トレーニングを受けたグループの臨床家は，全体の質がより洗練されるとともに，包括的，かつ正確な定式化をすることが示された。これらの定式化は，症状や問題を説明する主要な要因や誘発要因，メカニズムの推定をより取り込んでいることが多かった。筆者(V. Murphy)の所属先での心理学博士号のインターンシップ研修プログラムにおいては，事例定式化スキルが講義と集団スーパービジョンの形式で積極的に教育されている。そこでは，理論的なケースや実際のケースを使用し，スーパーバイズを受ける多様な機会が提供されている。

事例概念化アプローチのモデルは，現在，どのようなものがあるのか

　前述したように，今日の事例概念化モデルは多様である。この節では，既存の主たるアプローチに焦点を当て，これらがいかに事例定式化の領域に貢献しているかを議論し，教育場面において特定の青少年に使用する際の難しさについて取り上げる。大多数の事例概念化モデルでは，いくつかの共通点がある。それぞれのモデルは，現在の問題について定義された用語で説明し，問題の原因についての仮説展開を考慮している。さらに，すべての概念化モデルは支援プランや介入選択の枠組み，あるいは指標として使われている。

　パーソンズ（1989, 1993, 2008）は，最も早期に，かつ最も洗練されたものの一つである認知的定式化モデルを提唱した。このモデルは改良され（Persons, 2008），症状，障害または問題，ケース，といった3つのレベルで定式化を展開できるようになった。ケースレベルでの定式化は，症状の原因や維持要因となっているメカニズムである介入の標的を明らかにし，支援方法を導くことを可能とする。このモデルの鍵となる要素は，核となる信念やスキーマである。これらが，問題の存続を説明する基本的なメカニズムを構成しているとされている。このモデルは，問題の認

知的，情動的，行動的要素や基本的なメカニズムの原因を考慮しているだけでなく，事例定式化に基づき，介入において最も効果的なポイントは何であるかということを明らかにする。パーソンズのモデルは，概念化のすべての要素に関して，シンプルなフォーマットが提供可能であるため，有益な臨床ツールである。本章の著者2名も大いに影響を受けている。しかしパーソンズのモデルは大人のクライエントを基に開発されている。このモデルの若い層への実用性はいくらか限られることになる。なぜなら，子ども中心のメンタルヘルス支援において，とても重要となる発達的，文脈的変数が考慮されていないためである。

ジュディス・ベック（1995）の事例定式化のシステムは，多くの面でパーソンズのモデルによく似ているものの，クライエントの発達歴の重要性により明確に焦点を当てている。ベックのアプローチは，発達経験，中核信念，暫定的な仮説とそれを埋める戦略を統合した概念化フォーマットとなっている。パーソンズのモデルと同じく，すべての事例定式化の概要は1枚のワークシートに記入されることになる。ジュディス・ベックのモデルは歪んだスキーマ形成における発達初期の経験の重要性を強調しているものの，明らかに成人に使用するためにデザインされたモデルである。つまり，モデルの焦点は，経験と発達レベルの組み合わせではなく，発達初期の経験にのみ当てられている。

パーソンズやベックによって開発されたモデルと並んで，ニードルマン（1999）は認知的な見立てからの事例定式化を示している。ニードルマンの体系化した事例概念化はパーソンズやベックのモデルとよく似ている。しかし，ニードルマンのモデルで重要な焦点は，事例概念化アプローチをうつ病や不安症を含む，数多くの一般的な問題に適用可能であるかどうかにある。また，ニードルマンは，関連する認知的介入の研究に関する展望を行っており，上手くそれらを事例定式化に結び付けている。この研究は認知的な事例概念化への確実なアプローチを提供することとなる。そのため，事例概念化の適用可能性の実践的側面について学ぶことに興味がある人は，この研究に注目することだろう（Needleman, 1999）。しかし，ニードルマンのアプローチに関しても青少年に対する般化には限界がある。よく知られているように，青少年は考える，判断する，問題を解決する，社会的なことに従事する，行動する，といった点において，大人とは質的に異なる方法をとる。つまり，大人向けの事例定式化モデルを子どもの問題に"当てはめる"ことは，重大な害を及ぼすことになるかもしれない。

発達途中の青少年に対して使用する2つの重要な定式化モデルを，ここで紹介しなければならない。一つは，対人関係的，認知的，行動的，気分・感情的，生理学的な問題を明らかにするという正攻法のアプローチである（Friedberg & McClure, 2002）。このモデルでは，当該の問題の発生と持続における文脈的変数と文化的変遷の役割を強調している。このモデル内では，発達歴も主要な焦点となるが，生活年齢と比較すると発達レベルを強調することは控えめである。事例定式化における最も有益な側面は，支援計画を見いだせることにある。データを集め，体系づけるといった点ではこのモデルは有効だが，事例定式化と効果的な支援や介入計画とのつながりについて，明確な理論的根拠を提示してはいない。

もう一つの子どもをベースにした事例定式化モデル（O'Connor, 2000）は，プレイセラピーに関する文献に由来するものである。3つの段階があり——社会情緒的，認知的，身体機能の点から，発達レベルを強調する概念化アプローチである。実際，支援の終了は，子どものある特定の機能が，発達的に年相応になった時点で，初めて検討されることになる。このモデルは，問題に重要な役割を果たす，文脈的あるいは家族の要因，子どもの環境に対する反応，子どもの誤信念（つ

まり，非機能的なスキーマ）を考慮に入れることになる。しかし，この誤信念が子どもの問題を引き起こす主な原因としてはみなされていない。そうではなく，誤信念は，発達レベルを通してみられる情緒的，社会的機能と考えられている。このモデルにおける事例定式化と目標とされた介入の間においても，その関連性はやや欠けている。したがって，事例定式化と介入アプローチの間の明確な方向性は，臨床家には示されないままになっている。

CBT 事例概念化モデルの構成要素

ここでは，前述のモデルに構成要素を追加することで，青少年向けにデザインされた認知行動的な事例概念化モデルを構築していく（Murphy & Christner, 2006）。一般的にこのモデルは青少年向けであるが，特に主眼をおいているのは，アセスメントとメンタルヘルスサービスを学校で行う臨床家に対する実用性を高めることである。これまで提唱された他のモデルと同様に，このアプローチにおいても認知行動的な立場から青少年の問題や心理的問題の発生と維持を見立てていく。しかし，さらに徹底的な事例概念化を構築するために，発達的な理論や側面，文脈的要因，先行事象，変化への障壁を取り入れていくことを強調している。さらに，概念化ワークシートを作成することによって，臨床家にデータを振り返ったり，事例を定式化したりするのに効率的かつ効果的な方法を示している（図3.1を参照）。

問題リスト

事例定式化の最初のステップは，青少年の問題点の広範囲なリストを作ることである。臨床家は具体的に行動的な言葉で説明すべきである。学校，家庭／家族・対人関係，地域，医療，心理的，法的など，さまざまな領域にわたって，児童生徒と一緒に問題を挙げていくことは有効である。包括的な問題リストの有効性や必要性に関して，数多くの有益な点が指摘されている（Persons & Davidson, 2001; Nezu & Nezu, 1993）。まず，広範な領域における子どもの問題の包括的なリストがあることで，子どもの行動における「テーマ」を明らかにするのに必要な情報を得ることができる。臨床家が他の領域での問題を考慮することなしに，1つの問題領域だけに焦点を当ててしまうと，子どもの問題の根幹を理解するために重要な要素をうっかり見落とす可能性がある。開始からすべての問題リストを持つことは，セッションを通して子ども，親，あるいは教師が直面しているさまざまな問題を最小限にするのを助けるだろう。最初から問題全体のリストを持っていることによって，セッションを通じて子ども，親，教師が異なる話題を取り上げようとする可能性を減らすことができるようになる。

リストを用いて，多様な問題を扱っていくことで，子どもだけでなく，子どもの生活内で重要な大人にも働きかけることができる。そして，リスト上の問題を説明するような基本的なメカニズムを明らかにできるようになるだろう。問題の領域は測定可能，観察可能，そして機能的な言葉を使って書くようにしなければならない（「学校での苦労」よりも「数学，国語，理科の成績が悪い」とする）。包括的な問題リストをいつでも簡単に手に入れられるとは限らない。時には，行動が重複しているせいでリストが明確ではないこともある。この問題に対処するために，問題領域について，児童生徒と他の人に尋ねるだけでなく，問題リストの作成を補うために数多くのアセスメントツールが利用できる。親や教師と詳細な面接を行うことも，問題リストの作成に役立つ。

アセスメントデータ

　いったん全般的な問題リストが作成できたら，このリストはさまざまなアセスメント手段の選択に基づき，さらに明確化されたり，拡張されたりする。子どもに対する徹底的なアセスメントは，事例概念化を形作る手助けとなる情報を得るだけでなく，最終的には，支援計画や介入方法の選択にも影響を及ぼす。アセスメントデータは，面接，自己報告尺度，親や教師のチェックリスト，観察，心理教育的検査データ（認知機能，学力スキルアセスメント等）を含むさまざまな情報源から得ることが可能であるし，さまざまな情報を得るべきである。それぞれのアセスメントに関する詳細な展望は本書の範疇を超えているものの，これらのいくつかについては後に詳細に説明することにする。加えて臨床家の中には，ロールシャッハテストや主題統覚検査（TAT；Murray, 1943），Roberts Apperception Test for Children（RATG; McArthur & Roberts, 1982）のような投影法を使用する者もいる。これらの方法は，いくつかの事例においては臨床的有用性があるものの，心理的なカウンセリングが考えられる学校環境では必ずしも有効ではない。したがって，これらの手段については，本節ではこれ以上の情報を示すことはしない。

1）面接

　構造化面接や半構造化面接は，すべての年齢の人において，診断可能な状態の存在の有無を確認できる信頼のおける手段として考えられており，幅広く使用されている。面接法の使用によって，標準化された評価のデータ（例：診断基準）の収集が可能となる。構造化面接と半構造化面接の両方とも，データ収集の手続きを示しているものの，構造化された手続きでは，青少年の特定の側面を探るために，柔軟で臨床的な判断をする機会は少ない。これらの面接を通じて，臨床家は児童生徒の診断データやスクリーニングデータを収集する術を得るとともに，カウンセリングのための症状，憂慮されるべき領域，標的行動についてのさらなる情報を得ることにもなる。青少年を対象とした診断面接やデータ収集面接に関する文献（Hersen & Turner, 2003; Sattler, 1998）や，他にも面接や非公式なスクリーニング尺度に関する情報も参照されたい（Christner, Freeman, Nigro, & Sardar, 2010）。

2）評定尺度

　青少年に用いられる自己報告式尺度はたくさん存在する。この手法では，同年齢との比較が可能となるため，他人との比較として行動の重篤度について検証することができる。加えて，これらの評価尺度の多くは診断的な定式化を補助することができるだけでなく，進捗状況を観察する手段としても用いることができる。ここで紹介すべき数多くの評価尺度があるが，すべての尺度を展望することは本書の目標ではない。しかしながら，数多くの評定尺度の概論として，Clinical Assessment of Child and Adolescent Behavior and Personality, Third Edition（Kamphaus & Campbell, 2009; Frick, Barry, Kamphaus, 2009）を紹介したい。加えて，特定の領域に関するアセスメントについては，本節の中で触れることとする。

3）観察

　自然な環境で行動を観察することは，臨床場面，あるいは教育場面での青少年のアセスメントにおいて有効な方法である。この情報は，面接やチェックリスト，その他の測度に個人的な要

素を付け加えることを可能とする。観察法では，教室，校庭，食堂，家庭，さらにはカウンセリングセッション内で児童生徒の自発的な行動や反応を見る機会を得ることができる。教育環境は，学校で活動する臨床家にとって，対人関係のダイナミクスを観察し，先行事象，結果，一般的な機能レベルを含む，児童の問題についてのデータを集めるための「自然の実験室」だと言うことができる（Christner & Mennuti, 2009; Mennuti & Christner, 2005; Mennuti, Christner, & Freeman, 2006）。フリーマン，プレツアー，フレミングとサイモン（2004）は，現実（in vivo）面接の実施方法について説明している。そこでは，臨床家は児童生徒とともに問題となる状況に入っていき，同時に子どもに思考や感情などに関して聞き取りを行う。観察や現実面接によって集められたデータは，臨床的に有用であり，特に問題行動の維持要因を理解できるという意味で貴重である。

4）心理教育的評価

　CBT における心理教育的アセスメントの使用については，ほとんど書かれていないが，一般的に子どもとかかわるときに，特に学校では，このアセスメント手続きによって収集されたデータは介入プロセスにおいて非常に重要である。知能検査や到達テストのような従来の心理検査によって，児童生徒の全体的な認知的スキル，学力スキルレベルに関する情報を得ることが可能となるため，適切な計画選択の手助けとなる。たとえば，知的に境界水準にある児童生徒と一緒に活動する場合，臨床家は認知的介入ではなく，行動的介入を頼りにするだろう。さらに，学力的に問題のある子どもと活動する際には，日常生活記録をつけたり，考えについての記録を書いたり，あるいは読書療法のような技法を使うことは最小限に抑えるべきであろう。従来のアセスメント法に加えて，カリキュラムに基づくアセスメント（curriculum-based assessment : CBA）や機能的行動アセスメント（functional behavior assessment : FBA）は，このプロセスにおいて，貴重な手段となり得る。心理教育的な検査は，支援の選択において有用な情報を提供するだけでなく，子どもの困難さ（たとえば，学習障害，低い認知能力など）に対する他の潜在的な可能性を排除するのにも役に立つ。行動的な問題によって紹介された事例であっても，徹底的にアセスメントをしてみると，学力的な問題が発見されることも多くある。この場合，学力的な問題に対して適切なかかわりがなされることで，子どもの行動的な反応も大きく異なる。心理検査とは対照的に，あるいは時にはそれに加えて，多くの学校は児童生徒の「介入への反応（RTI）」のデータをもっていることがある。RTI のデータは学力面，行動面の問題のアセスメントを可能にし，RTI によって提供された情報は，子ども自身と子どもの進捗状況を理解するのに役立つ。

発達的考慮

　行動に影響したり，媒介したりする要因は多数あるが，青少年を対象とする専門家は子どもの発達に関する基本的な原理を理解していなければならない（Menuuti & Christner, 2005）。発達的問題の理解は，支援計画だけでなく事例概念化を導く手助けとなる。発達理論によって立つことができる臨床家は，子どもの機能レベルにふさわしくない介入を避けることができる。すべての発達理論の展望は本書のねらいを超えているが，カウンセリング場面での青少年に対する働きかけに直接影響するような理論については，取り上げることとしたい。青少年の発達についてのさらなる議論のためには，一般的な発達心理学のテキストを調べることをおすすめする（例：Feldman, 2010）。

表3.1　ピアジェの学齢児童の認知発達段階

前操作的段階（2～6歳）	
アニミズム／空想 象徴遊び 表象的思考	自己中心性のピーク，その後減少 視点取得 保存，可逆性，一般性の欠如
具体的操作段階（7～12歳）	
具体的対象による論理思考 保存，可逆性，等	抽象的思考への移行段階 全体，もしくは一部による論理思考
形式的操作段階（12歳～）	
抽象的思考 多角的視点	大局的視点 高次論理思考

　認知機能や発達を理解することは，青少年を支援する際には重要であり，特にCBTの立場で働きかける臨床家にとっては必要不可欠である（Knell & Ruma, 2003）。多くの認知的介入で利益を得るためには，子どもは情報に耳を傾け，言語を理解し，ワーキングメモリーを活用し，口頭で自分自身について述べることができなければならない（Christner, Allen, & Maus, 2004; Mennuti & Christner, 2005; Reinecke, Datillio, & Freeman, 2006）。認知的な発達要因のせいで，幼い子どもはしばしば「経験の説明や感情のラベリング，思考と感情の間の関係の理解（Knell & Ruma, 2003, p.339）」に問題を抱えることがある。つまり，臨床家は認知的な方略を子どもの発達レベルに合わせたものに修正することが必須となる。さらに，発達レベルは生活年齢と常に同一ではないことに留意することも重要である。

　発達経過（言語獲得，運動発達など）の理解は重要であるが，青少年の発達の理解について，支援という目的では，非常に重要となる伝統的な発達理論がある。子どもの認知的発達の理解に大きく貢献しているのが，ピアジェ（1926, 1930）による研究である。学校に通う子どもとかかわるとき，臨床家は前操作的段階から，形式的操作段階の子どもとかかわる可能性がある（**表3.1参照**）。前操作的段階にある子ども（2歳～7歳）は考える際，具体的で利己的なままである。クネルとルマ（2003）は，この発達段階にある子どもに対しては，会話に基づく療法（talk therapy）では，十分な効果を得ることができないとしている。具体的操作段階（7歳～12歳）では，利己的な傾向が減り，理由を考える能力が高まる。12歳あたりから始まる形式的操作段階では，個人の思考能力や推論能力がより論理的になり，抽象的な概念を扱う能力も発達する。ピアジェは，認知発達の概念を段階として提示したが，われわれの経験から言えば，これらの段階は連続体であると説明するとよいかもしれない。この連続的な変化においては，子どもの機能レベルは固定的というよりも流動的である。すなわち，ストレスの多い出来事が続くと，ある時点で形式的操作段階の能力を示していた14歳の子どもでも，前操作段階や具体的操作段階といったより低い認知機能のレベルに後退する可能性がある。

バンデュラ（1969, 1997）の社会的学習理論も，発達について考慮する際に有益な情報を示すことになる。社会的学習理論は，他人の行動の観察や，それに続く結果の観察の機能として，学習が成立することを示唆している。幼い子どもは環境を探索する際，あるいは，何ができていて，何が達成できていないのかを学ぶ際には，他人からの手引きが必要になるとバンデュラは示している。児童生徒がストレスのかかる状況にいるとき，状況を解釈する手助けとして，他人の反応を観察することになるだろう。青少年は，生活の中で大人を見て対処方法を学ぶことがよくある。家族のコーピングスタイルについて知ることは，青少年とかかわる際に欠かすことができない。社会的学習は，臨床家がある行動を説明するのに役立つだけでなく，さらに支援計画に役立つ情報も提供する。たとえば，臨床家が効果的なコーピングスキルを教え育てていく手助けとして，社会的学習の理論を使うことができるかもしれない。

　その他，しばしば心理療法（特にCBT）では見落とされる発達理論として，エリクソンの心理社会的発達理論がある。エリクソンのモデルは，他人とのかかわりや他人への理解における発達だけでなく，社会の一員としての私たち自身の理解の発達も含んでいる（Erikson, 1963）。エリクソンのモデルでは，発達的な変化は8つの段階で生じるとされており，それは人が解決すべき危機や葛藤を表している。エリクソンのモデルは固定的なパターンで心理社会的発達段階は現れると考えられているが，われわれはエリクソンのモデルをより流動的なものとして見ている。すなわち，年齢や段階を強調せず，すべての年齢の人が解決すべき葛藤に焦点を当てることとしたい。最終的に，これらの葛藤の解決は，個人の認知や考え方に影響を及ぼすことになる。個人がそれぞれの葛藤に取り組むことは重要であるが，常に特定の結果として解決されるわけではない。加えて，葛藤は完全に解決されることはなく，高いレベルのストレスや葛藤に直面した時には，過去に取り組んだ段階に後退するかもしれない。たとえば，エリクソンによると，10歳は勤勉性 vs 劣等性の葛藤に取り組む段階である。ある子どもは，この葛藤を上手く解決して，コンピテンスを高めているかもしれないが，両親の離婚といったストレスイベントによって，信頼 vs 不信の問題を扱う段階にまで後退するかもしれない。以前の葛藤を適切に解決した子どもの多くにとっては，この後退は一時的であるだろうし，再び葛藤を解決していくだろう。しかし，以前にも当該の葛藤で苦しんでいた子どもは，後退した時に解決するのがさらに難しくなることもあるだろう。個人の葛藤を解決する態度は，彼らの考え方を形成する手助けとなる。図3.2は個人が発達させていく考え方の特徴を示しているが，考え方にはポジティブな傾向もネガティブな傾向もある点には留意する必要がある。たとえば，信頼 vs 不信の解決は現実的な将来への希望を促進する考え方を発達させるかもしれないが，一方で，結果的に絶望につながる思考となるかもしれないのである。

　ここで紹介する最後の発達理論はマズローの欲求階層説である（1968）。マズローは，人が達成あるいは充足する必要のある欲求は5つの段階，つまり欲求の階層を成していると主張している。まずは低次の欲求を満たさない限り，個人は高次の欲求を満たすことはできない。マズローの階層は，食べ物，水，住まい，衣類を含む生理的欲求から始まる。青少年にとっては，個人的に大切にしている所有物を含む場合もある。これの後に，安心と安全の欲求が続く。それから，マズローの階層は所属と愛情の欲求に続き，その後自尊欲求や自己実現欲求といった高次なものに続く。しかし，再度，専門家はこのモデルを流動的にみる必要があるということを述べておきたい。すなわち，低次の欲求を満たしていることは，高次の欲求を満たす能力を高めるかもしれないが，低次の欲求を満たしていない人でも，より高次な目標を手に入れる可能性がある。たと

本文55頁の図に誤りがありました。正しくは下記になります。

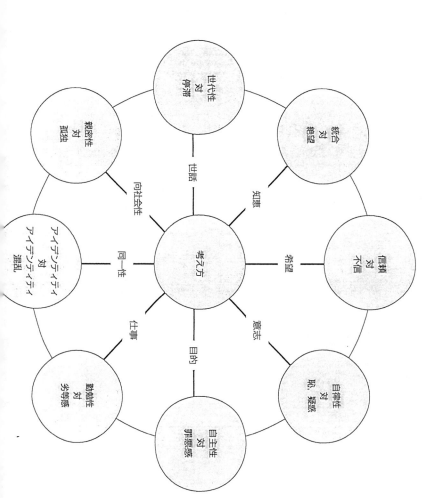

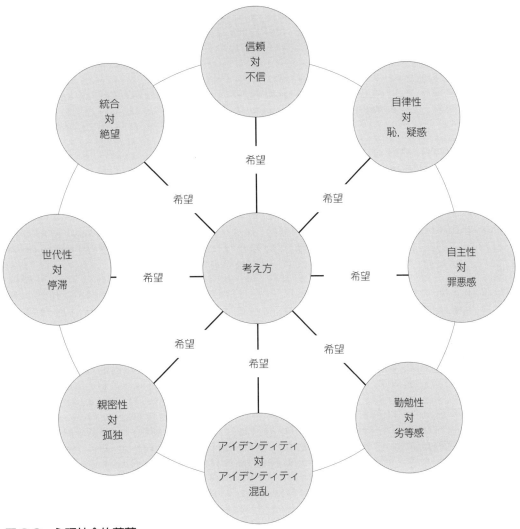

図 3.2　心理社会的葛藤

えば，身体的な虐待が理由で家を離れなければならなくなった 14 歳の少年を考えてみよう。身体的な安全や安心の欲求の不確かさはこの少年の問題の主眼となるかもしれないが，愛情や所属，自尊心のような他の欲求を得ようとする取り組みがみられるかもしれない。しかし，同時に，それらは初期的には顕在化することは少ないかもしれない。したがって，この生徒に対するカウンセリングの導入時には，サポートネットワークを構築する手助けをし，安心感を高められるようにすることが，初期の介入としては有益である可能性が高いだろう。同様に，家庭で生理的欲求（食事，睡眠など）が満たされていない生徒のケースについて考えてみる。この生徒は両親が夜中ずっと喧嘩していて眠れないため，宿題提出を目標とした介入に対して興味を抱くことはないだろう。これらは専門家が理解しておくべき重要な要素であるだけでなく，臨床家が他の学校スタッフや親と相談する際に扱うことができる構成要素でもある。

以上のように，青少年にかかわる専門家にとって発達理論や発達要因に精通しておくことは，事例定式化だけでなく，介入計画や実行においても必要不可欠であるといえる。

作業仮説

　パーソンズとデビッドソン（2001）は，作業仮説を「フォーミュレーションの肝（核となるところ）」としている。本質的には，作業仮説とは一人ひとりのクライエントに対して，臨床家がCBT を適用することにある。つまり，一般に適用されるような法則から，個人的定式化へと移行するということである。作業仮説は，子どもの困難さの「核となる」原因を明らかにするという目標の基に，子どもの問題の相互作用の影響を理解する方法を提供する。たとえば，テストを受けることに不安を感じている生徒は，「完璧でありたい」というスキーマのせいで不安になっているわけではないかもしれない。そうではなく，この生徒の不安は他のことをしていたせいで勉強する時間が取れなかったためであり，結果としてテストがストレスとなりすぎているのかもしれない。青少年とかかわる際には，行動を認知的な視点（例，J. Beck, 1995）と行動的な視点（例，Haynes & O'Brien, 2000）の両方から見ることが有益である。

作業仮説の源

　パーソンズの研究（1989, 1993, 2008）に倣って，われわれ臨床家は，児童生徒が特定のスキーマや行動をどのように学んでいるのかに焦点を当て，来歴について見ていく必要がある。事例概念化のこの部分では，観察学習あるいは状況のモデリング，特定のスキル不足，あるいは環境要因が含まれるかもしれない。この情報は上記の発達理論と直接つなげて考えることができる。たとえば，学校での勉強をしなくなった頭の良い（gifted）生徒を考えてみよう。この子のスキーマは「愛されるためには完璧でいなければならない」という信念を反映しているとする。すると，生徒や両親との会話において，「完璧である」（例，テストで100点をとる）ことに対しての価値や，思っていたよりも点数が低かったとき（例，93点である）の失望感が数多くみられることになるだろう。

先行事象・誘発要因

　青少年のもつ特定の思考や感情，あるいは行動パターンの基本的な根を理解することに加えて，スキーマや行動を「活性化させる」要因や出来事についてさらに知ることも必要となる。先行事象あるいは誘発因子は児童生徒の行動に対する「引き金」として働く。先行事象は，児童生徒に直接的な影響を及ぼしうるもの，あるいは行動を生じさせる段階を整えているものであるかもしれない（Friedberg & McClure, 2002）。先行事象あるいは誘発的な出来事は，しばしば「出来事」あるいは「状況」に該当するものとして，思考記録や日誌に記録されることになる。

　先行事象と児童生徒の行動との直接的な関係の例として，ジョニーの例を取り上げる。体育館からクラスに向かって歩いていると，ほかの児童がたまたま彼にぶつかってしまった。そこで，ジョニーは脅かされたと感じ，攻撃的になってしまった。それに比べて，直接的な関係はほとんどみられなかったのがピーターの事例である。ピーターは，攻撃的な生徒であった。しかし，状況と攻撃的な行動の間の関係はほとんどなかった。さらに典型的なパターンについて調べてみると，毎朝の起床や着替えの時間に母親と口げんかした後で，攻撃的になっていることが明らかになった。すなわち，これらが攻撃的な行動の「身支度」にもなっている可能性が示されたのである。

維持要因・変化への障壁

青少年とかかわる際，児童生徒の苦手な側面を継続させたり，進歩を邪魔したりしうる要因について，臨床家が配慮することは必要不可欠である。しかしながら，臨床家は児童生徒において進歩がみられない点を「児童生徒の落ち度」としてみなしていることがあまりにも多い。状況によっては，児童生徒が問題における自身の責任を果たしていないこともあるかもしれない。しかし，専門家が調べてみるべき要因はたくさん存在する。ここでは，維持要因や変化への障壁をアセスメントする際，臨床家がみるべき4つの領域を提案したい（Christner, 2004）。

1. **個人要因**－変化への準備や動機づけの欠如, ネガティブな思考や感情, スキルの欠如(例: 問題解決) といった進歩を妨げる児童生徒の特徴。
2. **家族要因**－家庭あるいは家庭と関連したところで経験する問題。たとえば，学校との連携（世話をする人の協力も含む），教育やカウンセリングについての考え方，学校との協力，家族のストレッサーや不和（例：メンタルヘルスの問題など）や，文化的な要因に関連した問題もこの領域で調べる。
3. **システム要因**－児童生徒の成功を妨げる学校環境の要因。たとえば，意味のない学校規則（例：出席停止），学校の方針（例：ゼロトレランス[7])），学校雰囲気の悪さ，いじめを含む安全の問題がある。加えて，学校が適切な教育プログラムを用意していない，あるいは子どものニーズを満たしていない，という状況もこのカテゴリーに含まれる。
4. **教師・学級の要因**－教師の特徴や行動，児童生徒の進歩を妨げるような教室での対応。たとえば，効果的ではない行動マネジメント，稚拙な計画，トレーニングの欠如（児童の成績や能力についての），ネガティブな思考や見方を含む。

保護要因・レジリエンス要因

学校で活動する臨床家は，リスクやレジリエンス，保護要因を含む発達精神病理学における重要な研究に注目することが求められる（Coie et al., 1993; Doll & Lyon, 1998; Rutter, 1985）。クーイら（1993）は，リスク要因を実証的に，(1) 生得的ハンディキャップ，(2) スキル発達の遅れ，(3) 情緒の問題，(4) 家族環境，(5) 対人関係の問題，(6) 学校の問題，(7) 生態学的リスクの7領域にグループ分けしている。

同様にラター（1985）は，保護要因について，個人の特性，環境との相互作用，より広範な社会的影響（例：学校の質）といった形で，3つの広範な領域を明らかにしている。さらに，クーイら（1993）は，保護要因の働きは，以下の中のいずれかの経路をたどることを明らかにしている。すなわち，(1) 直接的にリスクを減らすこと，(2) リスク要因の相互作用を緩和させること，(3) リスク要因から障害への連鎖を断ち切ること,(4)リスク要因の初期発生を予防すること,である。

学校で活動する臨床家は，事例定式化や介入計画に，このような知見を用いることができる。まず，介入は保護要因を促進するために，社会的スキルや問題解決スキルを構築することになるかもしれない。一方で，リスク要因は最小限するようにする（例：仲間関係の強化，セルフモニタリングの向上，親子の相互作用の改善，学校の成績向上）。たとえば，怒りっぽい，攻撃的な子どもに対して社会認知的スキルを構築することは，怒りや攻撃性の爆発の減少における効果的

---

7) 一切の例外や妥協を留保せず，規制する生徒指導の方針

な媒介要因として認識されている（Kazdin & Weisz, 1998）。

診断的印象・教育的分類

　教育場面では，診断という考えは物議を醸すことがある。活用を支持する専門家はたくさんいるが，それと同じくらいの人たちが，児童生徒について回るネガティブな「ラベル」として診断をみている。診断には不備な点はいくぶんあるものの，本書では個々の事例に対して事例概念化や介入を行う際には有効なツールだと考えている。これまでに，診断主導型のアプローチの限界について議論した。しかし，青少年とかかわる際，診断について理解することは価値があるともいえる。診断や分類の主たる利点は，介入計画，特に実証に基づく支援を選択する際の第一歩として利用できる点にある。もし，全般不安症の基準を満たす生徒がいたら，臨床家はエビデンスに基づいた支援プロトコルを，その生徒に合わせた効果的な介入プログラムの開発に利用することができる。ランダム化比較試験が診断に基づいていることを考えると，臨床家は当該の診断に対する実証に基づく支援に関する情報を得ることができ，そのことで柔軟に個々の児童生徒のニーズを満たすようにこの情報を適用することが可能となる。

介入計画

　包括的な事例概念化を用いることで，臨床家はこの情報を支援あるいは介入計画に利用することが可能となる。この支援計画は，それ自体は事例概念化の一部ではなく，むしろ自然と事例概念化から生じていくものである。介入計画を導くために事例概念化を使用することによって，児童生徒それぞれの独自な特性が考慮されることになる。たとえば，社会性に問題が見られる２人の生徒がいたとしても，それぞれの独特な状況を考慮すると介入計画はかなり異なったものになるかもしれない。

　他の状況における支援計画と同様に，学校での介入計画には，目標，形式，頻度，家族のかかわり合いのレベル，補足的介入，支援への障壁といった，いくつかのカギとなるポイントがある。まず，目標は，問題リスト上の問題の存在，あるいは維持を説明するような基本的なメカニズムから導き出されることになる。多くの場合，臨床家がこれらの目標にアプローチできる方法はたくさんある。そして，この決定は症状の重篤度によって決定されることが多い。問題リストのように，目標は測定可能な表現で記述されなければならない。具体的で測定可能な目標は，臨床家が支援過程を綿密に，正確にたどることを可能にする。このことによって，事例概念化が子どもの問題の本質を適切に捉えているかどうかについて，より正確に理解することが可能になる。

　形式（例，認知行動療法，行動療法など），介入のレベル（例，個別，グループ，コンサルテーション等），頻度（例，週に１回など）にも留意しておくべきである。ほとんどの児童生徒について，家族のかかわりを得ることが必要となるだろう。しかし，この必要性については，児童生徒それぞれについて査定しておく必要がある。介入に先立って，利用できる補助的介入も記録しておくべきである。集団社会的スキル訓練や個別指導，あるいは特別支援のようなもの（例，作業療法や言語療法など）が含まれる可能性がある。

　介入を計画する際，臨床家が取り組まなければならない最後の要素は，支援の障壁となるものである。これは，児童生徒や家族が直面するかもしれない障壁に備えることに役立ち，始めからこれらの障壁を乗り越える方法を身につけるのに有益である。早い時期に潜在的に困難な側面に気づくことで，臨床家と児童生徒の両方とも，それらをより効果的に扱うことが可能となる。学

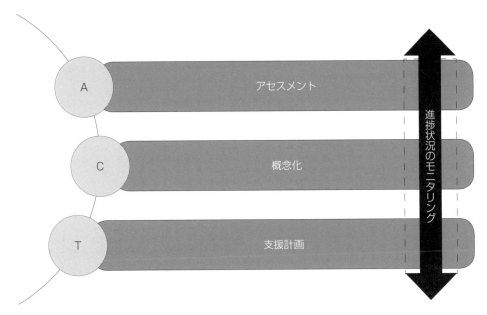

図 3.3　事例概念化プロセス

校での介入においては，日課の重複，セッション間のホームワークの実施，カウンセリングしている児童生徒について他の状況で観察すること（例，廊下，食堂など），家族のレジリエンスといった数多くの障壁について考慮しなければならない。事例概念化ワークシート（**図 3.1.**）を見てもらえば，基本的な介入あるいは支援計画が続いていくことに気がつくであろう。

学校での事例概念化アプローチにおいて，全般的に考慮すべき点

　学校で活動する臨床家が，本章のコンセプトを最大限発揮して応用するために，いくつかのことを提言したい。第一に，シンプルで素直な事例定式化を組み立てる臨床家は，大きな成果を収めやすいということである。最も倹約的な事例概念化はたいてい最も的確な事例概念化であるということを胸にとどめておくことは重要である。非常に入り組んだ事例概念化は，正確に基本的メカニズムを明らかにする確率や，介入計画の点から事例定式化を効果的に使用する確率を減少させることになる。大昔からの医療での格言にあるように，「もしひづめの音が聞こえてきたならば，シマウマではなく馬を想起せよ」ということである。他の理由を考える前に，児童期の心理的，教育的な問題の中で，最も一般的な原因を考えるようにするべきである。青少年の家族的，生得的，教育的，心理学的リスク要因について確証を得ることは，事例概念化にとって有益である。ドールとリオン（1998）は，この点について素晴らしい展望論文を書いている。

　第二に，認知行動的な事例定式化は，仮説検証を基本とした流動的な記録である（J. S. Beck, 1995）という点を覚えておかなければならない。これらは，一度で完成し，児童生徒のファイルとして保存されるような固定的な記録ではない。臨床家は新しいデータの出現や児童生徒の進捗状況に基づき，いつでも事例定式化を再考し，正確さを判断し，修正していくべきである。一連のアセスメントを介して臨床家を動かすようなモデルを用いることで，事例概念化と介入計画は

個人に即した介入を選択することが可能になるだけでなく，進捗状況をモニタリングするための方法も得ることができる。**図3.3**は事例概念化プロセスの説明図である。この進捗のモニタリング方法は，特別教育サービスのような教育領域において，進捗状況を追跡していくべきであるとする現存の動きと自然に並行することができる。もし「停滞期」後，児童生徒に進展がみられないのであれば，臨床家は批判的な目で注意深く事例概念化を再検討し，新しい仮説と介入目標の可能性を検討すべきである。

　第三に，学校で活動する臨床家は，確証バイアスに気をつけなければならない（J. S. Beck, 1995）。つまり，証拠と矛盾しているにもかかわらず，もともとの定式化を手放さないわれわれの自然な傾向である。前に議論したように，広範囲に及ぶ問題リストは，実質的に確証バイアスを制限できる。なぜなら，「理論と適合している」問題だけを取り上げるのではなく，すべての問題を含んでいるからである。他の確証バイアスを最小限にする方法は，コンサルテーションやスーパービジョンを受けることである。特により難しい，あるいは複雑なケースでは，事例定式化を共有すると良い。特にキャリアの中で初めて学校で心理的なカウンセリングサービスを提供する臨床家にとって必要になるだろう。仕事仲間は基本的なメカニズムに関して，代替仮説を示してくれるかもしれない。そのことによって，事例定式化がより正確で信頼できるものになる確率が高まることになるだろう。これまでの研究において，現在の問題を明確にすることに関しては，評価者間信頼性は比較的高いことが示唆されている。しかし，仮定された基本的なメカニズムについては，比較的一致していないことが明らかにされており，トレーニングと経験のレベルが信頼性のカギとなる要因であるとされている（Persons, Mooney, & Padesky, 1995; Eells, Kendjelic, & Lucas, 1998）。つまり，正確性と信頼性を向上させるためには，本章で説明したようなことや，事例定式化について恒常的なトレーニングやスーパービジョン，コンサルテーションを受ける（Bieling & Kyuken, 2003 のレビュー参照）ように，体系化された事例定式化アプローチの使用が必要となる。

事例研究：ナタリー

　以下の事例は，学校に通う**青少年に対する認知行動的な事例概念化ワークシート**（図3.1参照）の活用を示したものである。

関連のある背景情報と紹介時の疑問

　ナタリーはハーフの[8]16歳の女の子である。ナタリーは，当該の学年から進級できずにいる[9]。彼女は父と姉と暮らしており，姉は大学に通っていた。母親は，姉妹ともに養育することを選択しなかったので，離れて暮らしており，関係は良くなかった。ナタリーは，定期的ではなくたまに母親と連絡を取っていた。情緒的，行動的問題について，学校で心理的カウンセリングを受ける必要があるかどうかを判断するために，アセスメントとコンサルテーションの要望があった。この点に関連して，進級できないこと，引きこもりがちになっていること，勉強に対するモチベーションがなくなっていること，そして大人と仲間の両方から孤立しているといった複数の要因から，早急な実施が求められていた。ナタリーの学力は平均からそれ以下であり，進級のための夏休みの補講に参加していた。

---

8) biracial

9) 原文では10年生を繰り返している

問題リスト

ナタリー，父親，教師への初期面接から明らかになった問題は以下のとおりである。

1. 学校で集中できていない。教師が話している時に「ぼーっ」としている。
2. ここ5年間毎年補講に通っている上に，現在の学年からは進級できていない。
3. そばで大人が見ていても，宿題に何時間もかかる。
4. 忘れっぽく，秩序を欠いている（すなわち，課外活動や約束を覚えていたり，取りかかったりすることが難しい）。
5. いつもクラスメイトから一歩遅れていると感じている。そして成績に父親が失望するのではないかと恐れている。

アセスメント

学校心理士は，心理教育的アセスメントを行った。使用したのは，ウッドコックとジョンソンによる認知能力検査と学力検査（Woodcock Johnson Cognitive Assessment, Woodcock Johnson Achievement Assessment），やウィスコンシンカード分類課題（Wisconsin Card-Sorting Test），さらに視聴覚統合型検査（Integrated Visual and Auditory Continuous Performance Test：IVA-CPT），であった。さらに，ナタリー，父親，教師に対して，行動評定尺度として児童用行動評価システムの第2版（Behavior Assessment System for Children Second Edition：BASC-2）と実行機能に関する検査である Behavior Rating Inventory of Executive Function（BRIEF）に回答を求めた。

その結果，認知能力は全体としては平均を示すことがわかった。しかし，注意，焦点，セルフモニタリング，推論能力の制御，注意散漫といった慢性的な問題だけでなく，数学における流暢さ，理解力においても重大な弱みが明らかとなった。臨床領域の問題として，BASC-2 の自己報告において，抑うつの下位尺度が高いことがわかり，フォローアップアセスメント（構造化臨床面接）では軽度から中程度のうつであることが示された。さらに詳しく調べてみたところ，この抑うつの状態は2学年前から続いていることがわかった。

発達的考慮

生活年齢に反して，ナタリーは具体的操作期の後期であることがわかった。したがって，彼女は柔軟性や抽象的推論を求められる課題に苦労していることが示唆された。ナタリーは，社会情緒的な視点からは，前の発達段階を解決していないにもかかわらず，アイデンティティ vs アイデンティティの拡散の問題に取り組んでいた。前の発達段階にうまく処理できていないという点は，通常のアイデンティティの形成を阻害するように思われた。ナタリーと会ったとき，彼女はアイデンティティの拡散状態であるように見え，年齢相応の責任を果たすことに抵抗を示していた。

不注意と注意散漫が問題となった際，小学生のときに生じる勤勉性 vs 劣等感に関する葛藤を解決していなかった。担任教師は彼女の注意の問題を見過ごしていることが多く，好ましく行儀の良い子どもとみなされていた。彼女の物覚えの悪さや注意散漫，宿題ができないことに対するイライラは，この時点の社会情緒的段階において，慢性的に劣等感や低い自己概念を導くことになった。そして，現在の社会情緒的発達として，劣等感を自己に対する認識そのものに取り込み始めていた。

作業仮説

ナタリーは力不足,あるいは無能であるといったスキーマを持っていた。これらのスキーマは「私は他の人のように賢くない」「私にはできない,私はバカだ」というような不変の信念や自動思考を導いていた。これらのスキーマは,前述の発達的成育歴から作り上げられたものである。抑うつ的な特徴はネガティブなスキーマや自己認知の結果からくるものであった。認知的には,抽象的思考や推論にかなりの苦手意識を感じており,基本的には具体的な考え方の段階に留まっていた。この苦手な側面は,さらに彼女のネガティブな自己認知や劣等感を持続させていた。

作業仮説の源

実行機能のいくつかの領域の制限(例,非効率的な直接的推論やセルフモニタリングの苦手さ)に加えて,注意持続や散漫の問題は,源となる要因として考えられた。これらの問題に関連した経験や失敗が,さらに彼女に苦手な側面を悪化させている。

先行事象

当該学年における落第によって,学力問題への支援の準備が整うこととなった。しかしながら,加えてこの状況は抑うつ的な感情や劣等感の増加に直接的な影響を及ぼしていた。

維持要因・変化への障壁

・個人要因

彼女のネガティブな思考や感情だけでなく,実行機能の欠如や慢性的な注意の問題が,学業の困難さにおいて影響し続けている。

・教師/学級の要因

ナタリーは教室では行儀がよかったので,教師は彼女が困難な面を抱えているという事実を見落としていた。彼女は妨害的ではなかったので,不注意であるということに教師が気づくのは難しかった。その上,教師は彼女のことを「少しゆっくり」と見ており,学習面の要求を低めにしていた。彼女の認知的能力は平均的であることが示されたので,より集中的な補習が適切になってくると考えられる。

・家族要因

ナタリーの姉は学業成績がよく,名門大学で医学を専攻している。ナタリーの父親は姉と比較することで,彼女のネガティブな自己観を維持・強化している。また,このような比較は学業的な成功への動機づけを高めようとして行われていた。彼女の父親の考え方は高い教育に価値を置くようになっており,「この世界で出世する方法」の例として彼女の姉を「持ち上げて」いる。

保護要因・レジリエンス要因

ナタリーは父親と強い絆を築いており,彼女は他人から助けを得ようとする能力や意志を持っている。彼女の社会的スキルは十分であり,平均的な知的能力は有用な点となっている。

診断的印象・教育的分類

　ナタリーは注意欠如・多動症（ADHD）と診断された。主に不注意優勢型のタイプで，気分変調症，さらに数学障害の基準を満たしている（教育的分類—数学の学習障害）。

介入計画

・目標

ナタリーと協同しながら上記の事例定式化に基づき以下の目標を確立した。

　1．ナタリーの，ADHD不注意優勢型や学習障害，慢性的な気分障害の知識を増やす。
　2．情緒レベルでの改善を目指す。これは，明るい感情，疲労感の減少，エネルギーレベルの向上，宿題を終えようとする意欲の増加によって示されることになる。
　3．授業中と宿題場面において，取りかかり，集中し取り組む能力を高める。
　4．教師の理解を高めるために，注意の問題について教師と話し合う手助けをする。

・介入レベル

このフォーミュレーションに基づき，導入として適切な介入レベルは，学校での週に1回の心理的カウンセリングとする（1セッション30分）。

・家族のかかわりレベル

基本的にナタリーの父親とのコンサルテーションは少なくとも月に1回行う。

・補足的介入

　注意力の困難な側面に対する薬物療法について，学校の精神科医のコンサルテーションを紹介する。担任教師は隔週ごとのコンサルテーションに参加する。さらに，ナタリーは勉強の苦手な面に取り組むために，学習支援サービスを受けることとする。

・支援への障壁

　薬物療法はADHDの子どもに効果的であると証明されているものの（Barkley, 1998），当初，注意力の困難な側面に対する薬物療法への父親の抵抗は支援において最も大きな障壁となった。ナタリーの介入に対する選択肢について詳細な情報を得た上での決断を促すことができるように，十分な教育を提供するとともに，父親をサポートして，この障壁を克服する。

結　語

　本章を通して述べたように，あるいは上述の事例研究で示したように，問題をぱっと見たところ「わかりやすそうな」場合でさえ，事例概念化は現在の問題の原因を特定することにおいて，臨床家を助ける重要な手段となる。学校で活動する臨床家の多くは障害の症状，あるいは教育的分類を特定する知識を持っているものの，それだけではなく「介入の指針」となるアプローチに向かうようにするとともに，常に進捗をモニタリングすることが必要不可欠である。さらに，本

章で述べた事例概念化モデルを用いることで，学校で活動する臨床家は問題の特定を超え，目標への進捗を妨げる要因を特定し，その障壁を避け，児童生徒にとっての成果を高めるための工夫をしていくことが可能となるだろう。

確認問題

1. 現在の実践において事例概念化アプローチをどのように組み込むことができるでしょうか？
2. 事例概念化モデルの使用は，どのように自身の取り組んでいる事例において役に立つと思いますか？
3. どのようなタイプの専門能力の開発やスーパービジョンの経験が，事例概念化アプローチの使用に向かう手助けとなるでしょうか？

第4章

不 安 症
——学校での認知行動的介入——

　不安症は，青少年に最もよく見られる心身の問題であるが，教職員の注意は，注意欠如・多動症（ADHD）のような外在化問題を有する児童生徒に向けられることが多い。内在化症状は認識することが難しく，診断基準にはなじみがない上，予後に対する正確な知識が欠けているために，不安症の子どもは見逃されている可能性がある。教職員の大多数は，子どもたちの約10%が不安症に苦しんでいることや，疫学研究において青少年の患者数は 12 ～ 20%であると推定されていると知ったら驚くだろう（Achenbach, Howell, McCoaughy, & Stanger, 1995; Gurley, Cohen, Pin, Brook, 1996; Shaffer et al., 1996）。支援をしないまま放置すると，これらの障害は社会的，情動的発達に長期的影響を及ぼす傾向がある。不安症に関連する青少年のネガティブな予後としては，学業不振，不完全な雇用，物質使用，ソーシャルサポートの欠如，他の精神医学的障害との高い併存がある（Velting, Setzer, & Albano, 2004）。さらに，この障害は慢性的経過をたどり，成人になるまで続くことが多い（Rapee & Barlow, 2001）。

　クリスの例を見てみよう。彼は 11 歳の少年でとても内気である。授業中に発言はせず，宿題がわからなかったときも教師に質問しない。授業中にリスクを冒すことよりも落第することを選び，他の子どもともあまり話さない。介入しなければ彼の成績は危うく，教師から受けられる指導の機会も失い，仲間から孤立してしまうだろう。そのような子どもは，重要な発達的達成目標を成し遂げないままになってしまう恐れがある。クリスはまた，うつ状態になる恐れ（Biederman, Faraone, Mick, Lelon, 1995; Brady & Kendall, 1992）や，不安を抑えるためにアルコールや薬物に依存する（Compton, Burns, Egger, Robertson, 2002; Deas-Nesmith, Brady, & Campbell, 1988）恐れがあると研究は示唆している。しかしながら，もしクリスのような児童を年度当初に見つけ出し，適切な介入を行えば，このようなネガティブな将来は避けられるだろう。本章の目的は，不安症のリスクがある児童生徒を明らかにし，介入するための情報を教職員に示し，そのような子どもたちを助けることにある。

不安症を理解する

　アメリカ精神医学会の DSM-IV-TR では不安症には 8 つのタイプがあると説明されている[10]。本章では，全般不安症（GAD），社交不安症／社会恐怖（SP），分離不安症（SAD）という最もよくみられる 3 つの不安症について述べることとしたい。この 3 つは併発することが多く，学校場面での認知行動的支援においては共通のプロトコルを用いることになる。青少年に起こるパニック症や強迫症（OCD），外傷後ストレス障害（PTSD）などの他の不安症は，それぞれに特化し

10）　DSM-4-TR では不安障害となっているが，本書では最新版の DSM- 5 に倣い不安症としている。

た支援方法が求められる（例，March, 1995）。

GAD の顕著な特徴は，少なくとも 6 カ月の過度な不安と，コントロールできない数多くの出来事や活動（学業や安全への懸念）への心配である（American Psychiatric Association, 2000）。これらの心配は蔓延し，苦痛を伴い，典型的な日常の心配よりも長時間継続する。たびたびその心配は原因となる出来事がなくても起こる。さらに，その心配は，日々の生活を著しく妨害し，落ち着きのなさや緊張状態，疲れやすさや，集中し辛さ，心が空っぽになる，怒りやすい，筋肉の緊張，睡眠障害などの身体的症状を伴う。

SP が GAD と違う点は，恥ずかしい思いをすることが予想される特定の社会的，もしくはパフォーマンスを求められる場面への著しい持続性の恐怖を示す点である（American Psychiatric Association, 2000）。そのような場面に直面した時，パニック発作に似た強い不安反応を経験する（たとえば，動悸，発汗，離人感）。多くの場合，社会的場面，またはパフォーマンス場面を避ける傾向にあるが，強い苦痛を経験しながらもそのような症状を耐えている子どもたちもいるだろう。青年ではその恐怖が不合理なものだと気づくだろうが，児童ではそうはいかないかもしれない。これらの場面の回避，恐怖，予期不安は，青少年の機能を著しく阻害し，強い苦痛を引き起こす。SP の青少年は，授業で発表することや，黒板に字を書くこと，公共の場所で飲食すること，仲間と交流すること，教師と話すことを不安のためにいやがる可能性がある。

SAD は，少なくとも 4 週間，家庭や自分の愛着のある人から離れることに過度な不安を持つことに特徴がある（American Psychiatric Association, 2000）。不安の程度は，その子どもの発達水準で期待される水準を超えており，18 歳までに発症する。そして，著しい苦痛や障害を引き起こす。この障害を有する子どもは，別れが予期されるとき，もしくは分離が起こったときや，愛着のある人に被害が及ぶのではないかという心配，結果的に分離に至るような出来事への心配によって，過度の苦痛を繰り返し経験する。学校や他の場所へ行くことをいやがることもある。あるいは，家や他の場所で一人でいることに恐怖や抵抗を感じる。また，愛着を持つ人と離れて眠ることをいやがる。そして，多くの場合，分離に関する悪夢を繰り返し経験したり，分離の際や，それが予期されるときに身体的症状（頭痛や吐き気など）を示す。

数多くの臨床試験によって，子どもの不安症に対する認知行動療法（CBT）の有効性が証明されている（Dadds, Spence, Holland, Barrett, & Laurens, 1997; Kendall, 1994; Kendall et al., 1997; Short, Barrett, & Fox, 2001; Silverman et al., 1999）。CBT のアプローチは短期的かつ多面的であり，さまざまな認知行動的技法が統合されている。初期の支援では，主に子どもに対する取り組みに焦点が集まっていたが，最近の研究では，子どもの社会的文脈，特に親と学校を CBT 支援に統合することが支持されている。不安症に対する数多くの支援マニュアルが開発され，その多くが数多くの要素を共有している。その中で，おそらく最もよく知られているのは Coping Cat プログラム（Kendall, 2000）である。

実証的証拠

個人・家族を対象とした臨床場面での CBT

ケンドール（1994）はランダム化比較試験（RCT）によって，47 人の不安症の子どもを認知行動療法群，もしくは統制群（wait-list control）にランダムに振り分けた。その結果，CBT を受けた子どもの 64%は，終了後に主たる不安症の基準に合致しなくなった。さらに，自己評定と，親と教師が報告した子どもの行動の評定についても改善がみられた。1 年後のフォローアップ

（Kendall, 1994）と 3 年後のフォローアップ（Kendall & Southam-Gerow, 1996）でも効果は維持されていた。ケンドールらは，94 人の不安症の子どもを対象に再び RCT を行った。子どもたちは認知行動療法群か統制群のいずれかにランダムに振り分けられた。その結果，CBT を受けた子どもの 71％は，終了後に主診断を満たさなくなった（Kendall et al., 1997）。また，不安に対する自己評定と親の評定においても有意な改善を示していた。その効果は 1 年後, 7 年後のフォローアップにおいても維持されていた（Kendall et al., 1997; Kendall, Safford, Flannery-Schroeder, & Webb, 2004）。バレット，ダッズ，ラペーとライアン（1996）は，ケンドールの Coping Cat プログラムを一部変更してオーストリアの青少年に用いている。そして，効果を高める工夫として，子どもに対する家族マネジメントを加えている。79 人の不安症の子どもたちは，認知行動療法（CBT）群と家族マネジメントも受ける（FAM）群，統制群（wait-list control）のいずれかにランダムに振り分けられた。いずれかの支援を受けた子どもの約 70％，統制群の 26％の子どもが終結後に不安症の診断基準には合致しなかった。幼い子どもにおいては CBT 条件のみよりも，FAM 条件においてより効果がみられたものの，より年長の対象者においては条件間に差は見られなかった。1 年後と 6 年後のフォローアップでも効果は維持されていた（Barrett et al., 1996; Barrett, Duffy, Dadds, & Rapee, 2001）。同じような研究として，ケンドール，バドソン，ゴーシュ，フラナリー・シュレーダーとスーベッグ（2008）による比較研究では，CBT と家族 CBT は，家族心理教育, サポート, 注目[11]で構成される介入（FESA）よりも優れていた。ケンドールら（2008）はまた，調整要因を明らかにするために，親の不安が子どもの介入への反応にどのように影響するかを検討した。その結果，不安症を持つ親の子どもは，持たない親の子どもよりも症状の軽減がみられないことが明らかにされた。その他，複数の研究において，子どもの不安への認知行動的介入の有効性について検討されている（たとえば，Silverman et al., 1999; Spence, Donovan, & Brechman-Toussaint, 2000）

　さらに，Coping Cat プログラムを基に，特定のターゲットのために一部変更されたプログラムを用いた効果検証がなされている。ヒルシュフェルド・ベッカーら（2008）の研究では，4 歳から 7 歳までの幼い子どもを対象に Coping Cat プログラムを改変した Being Brave プログラムを開発した。このプログラムは 20 セッションからなる。最初の 6 セッションでは，心理教育を親のみに行う。そこでは不安のマネジメントの原則に焦点をあて，恐怖場面においてどのように不安症の子どもを導くかについて学ぶ。その後で, 子どもと親(少なくとも一方)と一緒のセッションが行われる。ここでは, 子どもは不安をマネジメントするコーピング方略を学ぶ。このセッションには，年齢に合わせたリラクセーション訓練，自己教示方略などが含まれる。また，子どもたちには，段階的エクスポージャーを通して，これらのスキルを練習する機会が与えられる。それぞれのコーピング方略やエクササイズには，即時的な正の強化が組み込まれている。最後のセッションでは，子どもが学んだことすべてが強化されるとともに，うまくいったことについてお祝いする。さらに，親のみを対象とした最後のセッションも行われる。そこでは，介入の中で達成した効果を維持することと，再発予防に焦点を当てられる。9 人の子どもを対象とした予備研究の結果では，介入後に DSM-IV における不安症の基準に合致する子どもが減少し，不安症状の数が少なくなることが示された。2 年後のフォローアップでは，67％の子どもが不安症の基準に合致していなかった（Hirshfeld-Becker et al., 2008）。

　ウッド，マドリード，ピアンセンティニとシグマン（2009）は，ケンドールの Coping Cat プ

11）　介入をしているという注目を意味する。すなわちアテンション統制のこと。

ログラムと Building Confidence という自身のプログラムを比較した。この研究の目的は，子どもに焦点を当てた CBT（CCBT）と家族に焦点を当てた CBT（FCBT）の有効性を比較することであった。ウッドら（2008）は，6歳から13歳の子どもに参加を求めた。実験参加者は，CCBT群かFCBT群のいずれかにランダムに振り分けられた。FCBT条件は16回75分のセッションで行われた。Building Confidence の各セッションは3つのパートに分けられている。セッションの最初の30分では，子どもと一緒にケンドールの Coping Cat プログラムを行う。次の30分では，親を対象として，子どもの自主性を増やし，親の助けを減らすことができるような方略を学ぶことに焦点を当てる。加えて，子どもの不安行動を強化する機会を減らす選択的注意の法則についても扱う。最後の15分では家族面接の時間が持たれる。1年後のフォローアップでは，CCBTにおいてもFCBTにおいても大部分の子どもが不安症の診断基準から外れることがわかった。2つのCBTは子どもの自己報告では差はみられなかったが，FCBT は CCBT に比べて，診断面接や親の報告尺度においては優れた結果が得られた。つまり，この研究の結果は，親の養育が子どもの不安に影響を及ぼすという研究者の仮説を支持するものであった。この結果を受け，ウッドら（2009）は，親の養育の変容は，子どもの不安を改善する上での新たな道筋であると結論づけている。

臨床場面の集団 CBT

　臨床場面の不安症の子どもに対する集団療法においてケンドールのプロトコルを用いている研究者もいる（たとえば，Barrett, 1998; Flannery-Schroeder & Kendall, 2000; Mendlowitz et al., 1999; Silverman et al., 1999）。シルバーマンら（1999）とバレット（1998）は，CBT と統制群を比較している。結果は，それぞれ64％，75％が主たる不安症の基準から外れることがわかった。自己評定の尺度においても統制群に比べて良好であった。その結果は1年後のフォローアップでも維持されていた。フラナリー・シュレーダーとケンドール（2000）は，個人と集団形式のCBT を統制群と比較している。分析の結果，介入後に個人形式では73％，集団形式では50％の子どもが（統制群は8％であるのに対して）主たる不安症の診断基準から外れていた。適応的機能の自己評定尺度においても，両 CBT 条件の方が優れていた。また，3カ月後のフォローアップでも介入効果は維持されていた。同様に，メンドローウィツら（1999）の研究では，集団で認知行動的介入を行った群では，不安症の子どもの不安と抑うつの症状が軽減したことが報告されている。モンガ，ヤングとオーウエンス（2009）は，5歳から7歳の幼い子どもを対象に予備実験を行っている。この研究は，プロトコルの有用性の検討だけでなく，7歳以下の子どもには集団CBT は効かないという思い込みに挑戦するものであった。その結果，介入が発達的に適合したものであるとき，集団CBT はこの年齢に対しても効果があることがわかった。40％の子どもがDSM-IV の不安症の診断基準のすべてから外れ，約72％の子どもたちは少なくとも1つの不安症の診断基準から外れていた。少ない労力と時間で効果を発揮できる集団介入の成果に基づき，研究者たちの中には学校での不安に対する集団介入への活用を考えるようになった。

学校における集団認知行動的介入

　不安症を有する青年期のアフリカ系アメリカ人を対象として学校における集団 CBT の有用性が検討されている（Ginsburg & Drake, 2002）。12人の参加者はリラクセーション，社会的スキル訓練，認知再構成，エクスポージャーを集団で行う10セッション CBT 群か，10セッション

のサポート介入（アテンション統制）群のいずれかにランダムに振り分けられた。完遂した参加者（9名，CBT群は4名，統制群は5名）のうち，CBT群では75%，統制群では20%が主たる不安症の診断基準から外れた。加えて，CBT群では終了後の臨床家による障害度の評定と，不安に関する自己評定が有意に改善していた。

SADの青年に対するCBTの有効性を検討するために，6人を対象として14セッションのCBTが実施されている（Masia, Klein, Storch, & Corda, 2001）。構成要素は，SADに関する心理教育，認知再構成，社会的スキル訓練，エクスポージャーであった。CBT終了後，6人全員が機能と重症度の評定で顕著な改善，もしくは中程度の改善を示した。また，6人中3人がSADの診断から外れた。臨床家評定の社交不安において有意な減少を示したものの，自己評定は有意な減少を示さなかった。以上のことから，不安を抱える青少年に対する学校における集団介入の有効性に対する予備的知見が得られているといえる。

近年，心理的問題への治療研究から予防研究へ注目が移ってきている。ダッズ，ホランド，バレット，ローレンスとスペンス（1997）は，学校での予防・早期的介入研究を行った。不安症のリスクのある子どもたちへのリスク軽減を検証したクイーンズランド不安早期介入・予防プロジェクトである。不安症の"リスクがある"とされた128人の子どもたちが認知行動的介入群かモニタリング群（統制群）のいずれかにランダムに振り分けられた。10セッションの介入では，一部改変されたケンドールのCoping Catプログラムが集団形式で実施された。子どもたちは毎週，5人から12人の集団で1時間から2時間集まることになっていた。介入の直後は，両群とも診断状態と尺度において有意な改善を示した。しかし，6カ月後のフォローアップでは，介入群だけが改善を保っていた。12カ月後のフォローアップでは，両群とも同程度となったが，2年後のフォローアップでは再び介入群のみが有意な改善を示していた（Dadds, Holland, Laurens, Mullins, Barrett, & Spence, 1999）。

さらに，バレとトーテラ・フェリウ（2010）によって，学校での短期予防プログラムによる不安のリスクの軽減効果が検証されている。この研究では，10人から12人のグループを対象として，45分6回のプログラムが行われた。このプログラムは，不安についての心理教育，呼吸のコントロール，リラクセーション，恐怖場面への段階的エクスポージャーで構成されていた。終了直後では，介入群と統制群（wait-list）では差はみられなかった。しかし，興味深いことに，6カ月後のフォローアップでは，介入群では不安の大きな軽減を示した。一方，統制群では不安症状の報告が増加した。これは，予防プログラムは遅延効果があるかもしれないということを示唆している（Balle & Tortella-Feliu, 2010）。まとめると，これらの研究は学校での不安症への支援が実施可能であるということだけでなく，その効果についても有望であることを示唆している。

補助的な支援法

治療効果を維持させることや増加させることを検討する一方で，期間の短縮方法も研究されている。ウォールカップら（2008）は，ケンドールのCoping CatプログラムをベースとしたCBTとセルトラリン[12]の薬物療法を組み合わせたものと，CBT単独，薬物療法単独，プラセボを比較した。その結果，治療を行った3つの群では子どもたちの不安に効果がみられたが，組み合わせ治療が，最も広範囲に治療効果が得られた（Walkup et al., 2008）。

スペンス，ホルムス，マーチとリップ（2006）は，不安を有する子どもたちにインターネット

---

12) 選択的セロトニン再取り込み阻害薬（SSRI）の一つ。

を用いて支援を実施できるか検討している。この研究では2つの群を比較した。1つ目の群には，クリニックにおいて Coping Cat プログラムを元に開発された認知行動的介入を16セッション実施した。2つ目の群は，半分のセッションはクリニックで受けるが，もう半分はインターネットを通して受けることとした。両群共に不安症状は有意に減少し，その効果は6カ月後，12カ月後のフォローアップでも維持されていた。加えて，インターネット群では，受け入れやすさや，達成感，信頼感，そして介入への順守において参加者の評定が高いことが示された（Spence et al., 2006）。

　クハナとケンドール（2010）は，Coping Cat プログラムをベースとして，Camp Cope-A-Lot（CCAL）と呼ばれる新たなインターネットによる介入を開発した。一般になじみのある FLASH アニメや映像，絵，音楽などのインターネットメディアを用いたプログラムは12セッションの介入で，前半の6セッションは子ども1人が行った。セッションは12レベルで構成されており，各々は約35分であった。各レベルではスキル構築に焦点が当てられ，ビデオゲームによる報酬システムがとられていた。後半の6セッションはセラピストと共にエクスポージャー課題が行われた。セラピストと共に実施される2回の親セッションにも，一連の介入要素が組み込まれていた。親セッションは，子どものレベル3とレベル7の実施時に行われた。データは予備的なものしかないが，CCAL によって子どもの不安は低減し，不安症の診断基準から外れた子どもは比較群（コンピュータを用いた教育，サポート，アテンション）の2倍であった。介入効果は3カ月後のフォローアップでもみられた。本研究の興味深い点は，個別の CBT よりも，CCAL を行った方がプログラムへの高い順守性がみられるという結果である。今後は，インターネット補助による介入と，インターネットのみの介入を比較するためにさらなる研究が必要である（Spence et al., 2008 を参照）。しかし，現在のデータからは，インターネットを活用した介入は有望であることが示唆されている。今後，これらの支援方法は，特に現在社会の至る所にあるインターネットというメディアを活かした利用可能性の向上という点において，重要性を増していくだろう。

アセスメント

　CBT の実証的志向性と一致するように，アセスメントは，事例概念化，治療計画のためだけでなく，経時的なモニタリングに必要な情報を得るために，支援を通じて行われることになる。包括的な機能的アセスメントに基づいた個別的かつ発達に応じた事例概念化のために，アセスメントにおいては一般的に多くの手法（たとえば，面接，質問紙，行動観察）と情報源（たとえば，子ども，教師，親）が統合される。ラング（1968）の3要因モデル（tripartite model）に基づくと，不安のアセスメントは認知，行動，心理的な側面から構成されるべきである。さらに，不安症状の発症と悪化だけでなく，育ってきた家庭や学校等の現在や過去の社会的文脈も含めることが大切である。

　不安の認知行動的理論に基づくと，学習経験が重要になってくる。たとえば，子どもの学習歴には，消去試行を含む条件づけの経験がある。特定の先行事象または結果は，子どもの不適応，または適応的反応と連合している。また，子どもの情動調整や社会的相互作用のようなスキルを考慮し，それらのスキル不足が不安の問題の根底にあると考えることも重要である。自己効力感，脅威の可能性，場面における危険性の推定，場面のコントロール可能性の知覚といった判断能力は，さまざまな場面でのアセスメントにおいて重要な変数となるだろう。もし家族が子どもに社

会性を育む主たる存在であると考えるならば，子どもの不安行動に対する親の反応だけでなく，親の精神病理，養育態度，モデリングについても，考慮に入れなければならない。

これらの変数が存在する文脈の中でも，明確な診断像は有用な支援の基礎としての役割を果たすことになる。親子版不安症面接スケジュール（Anxiety Disorders Interview Schedule for DSM-IV Parent and Child version: ADIS; Silverman & Albano, 1997）などの構造化面接，または半構造化面接が精神医学的障害のアセスメントに用いられている。ADIS では不安症，抑うつ障害，外在化障害に対する DSM の症状と重症度についての構造的なアセスメントが可能である。また，学習障害，発達障害，物質依存，摂食障害，精神病性障害，身体表現性障害に関連するスクリーニングも含まれている。時間的な制限があるため，学校場面で ADIS を通して使うことは難しいだろうが，不安の症状を見つけ出したり，診断的判断を行ったりするために，通常の面接内の質問に ADIS の質問を組み込むことは可能である（Velting et al., 2004）。

とはいえ，診断は有意義なアセスメントプロセスの最初のステップでしかない。問題がどのように表れるかは，それぞれの青少年によって大きく異なる。たとえば，学校に不安を感じる子どもの中でも，テストや発表への不安を抱えている子どももいれば，非常に内気で対人関係に困っている子どももいるかもしれない。また，母親と離れることに恐怖を感じている場合もある。さらに，子どもの多くは，複数の不安症に当てはまる。子どもの困難を理解し支援するためには，内在化症状を連続体としてアセスメントすることが有益であると考えている専門家もいる（Achenbach & Edelbrock, 1978）。また，1つの不安症の診断基準すべてには合致しないが，見逃すことができないような不安の問題を抱えている子どももいる。また，質問紙を利用することで，特定の不安症状だけでなく，不安症状全般についての情報を得ることができる。

質問紙は数え切れないほどあるが，本書では優れた心理測定学的特徴を持ち，広く知られている標準化尺度に限定して紹介したい（さらなるレビューは Velting et al., 2004 を参照）。これらの尺度の標準データは，臨床家が子どもの不安報告が平均的なものなのか問題のあるレベルなのかを判断するのに用いることができる。ほとんど場合，実施には 2 ～ 3 年生程度の読解力が必要となる。実施と採点にはあまり時間がかからないため，臨床場面でも学校場面でも非常に使いやすい。不安をもつ子どもたちの中には，自身について語る際に，自己報告の質問紙の方が抵抗は少ないこともある。

質問紙の多くは，子どもの不安について，広範囲な構成概念をアセスメントする。改訂版 児童用顕在性不安尺度（Revised Children's Manifest Anxiety Scale：RCMAS; Reynolds & Richmond, 1978）児童用状態特性不安検査（State-Trait Anxiety Inventory for Children：STAIC; Spielberger, 1973）は臨床場面というよりも，研究面での長い歴史を持っている。両尺度は，抑うつなどの他の内在化症状と関連があるために，子どもが不安症の診断に合致するかどうかを予測する点では使いやすくはない（March & Albano, 2002; Perrin & Last, 1992; Velting et al., 2004）。対照的に，Multidimensional Scale for Children（MASC）は，抑うつ障害，あるいはその他の障害に合致しない状態と，不安症に合致する状態を識別する上で有用な尺度である（Dierker et al., 2001）。また，MASC では身体症状（下位因子：緊張 / 落ち着きのなさ，身体／自律神経），社交不安（下位因子：恥／拒絶，公的なパフォーマンス），危害の回避（下位因子：不安コーピング，完璧主義），分離・パニック不安といった特定の因子についての情報を得ることができる（Velting et al., 2004）。Screen for Child, Anxiety and Related Emotional Disorders（SCARED: Birmahaer et al., 1997）は，DSM-IV の不安症と不登校の症状アセスメントとして有用な質問紙であり，親

評定と自己評定が開発されている。

　広範な構成概念としての不安の査定に加えて，不安の特定の側面についてアセスメントする質問紙も役に立つだろう。数多くではないが，Revised Fear Survey Schedule for Children（FSSC-R; Ollendick, 1983: 子どもに特異的である不安喚起場面を特定する），Social Phobia and Anxiety Scale for Children（Beidel, Turner, & Morris, 1995），Revised Social Anxiety Scale for Children（SASC-R; LaGreca, Dandes, Wick, Shaw, & Stone, 1988），Penn State Worry Questionnaire for Children（Chorpita, Tracey, Brown, Colica, & Barlow, 1997），Children's Anxiety Sensitivity Index（Silverman, Fleisig, Rabian, & Peterson, 1991）といったものが開発されている。[13] 特に，School Refusal Assessment Scale（SRAS; Kearney & Silverman, 1993）は，学校関係者が特に興味を持つだろう。SRAS は不登校行動における動機づけや維持要因に関する不安関連変数のアセスメントである（Velting et al., 2004）。[14]

　教師の視点が重要である点を考慮すると，子どもの不安をアセスメントする教師評定の質問紙が少ないことは気になる点である。子どもの行動チェックリスト（Child Behavior Checklist: CBCL; Achenbach & Edelbrock, 1983）は，内在化と外在化の次元から子どもの行動をアセスメント可能であり，有用な質問紙である。そして，親報告尺度に加え，Teacher Report Form（TRF; Achenbach, 1991）という教師評定版もある。TRF には自由記述の質問が含まれているが，教師が子どもの学業的，個人的，社会的課題について切り抜けていく様子を観察する上で特に有用である。

　不安症を持つ子どもへのアセスメントの重要なものの一つに，不安喚起場面の階層表の作成が挙げられる。それぞれの階層表の項目に対する不安と回避の評定によって，これまでの方法とは違った形で，支援を通しての子どもの進捗状況の比較が可能となる。そのためには，子どもの恐怖の特徴を正確に特定し，不安階層表に取り込むべき最適の項目を選定できるよう，注意深い評価が求められることになる。たとえば，大勢の前でのパフォーマンスに関する問題を抱えている子どもがいたとする。しかし，注意深く綿密にアセスメントしていくと，最大の問題は子どもの発表に対する父親のリアクションの感じ方であることが明らかとなったとする。その場合は，不安階層表と子どもに対する支援においては，父親のリアクションを含めていくことが重要になる。

CBT の問題の概念化

　CBT の観点からは，不安を生理的，認知的，行動的な構成要素からなる順応的な情動反応であるとみなす。不安は迫り来る危険の手がかりとして働く。すなわち，ストレスやネガティブな経験を回避するための順応的な行動をとらせる警告となり，身体の闘争・逃走反応の引き金となる（Albano & Kendall, 2002）。不安の反応にはたびたび自律神経系の興奮が伴う。つまり，発汗，四肢の血流増加，頭痛，腹痛，筋肉の緊張のような生理的反応を引き起こす。認知的側面としては，脅威に対する危険性や自身が対処できる能力に関する頻繁な心配が挙げられる。不安への行

---

13) 各尺度の日本での使用可能性については下記の文献参照

石川信一（2011）．児童青年の内在化障害における心理査定　心理臨床科学，1，65-81.

14) 関連する尺度の日本語版については下記の文献参照

土屋政雄・細谷美奈子・東條光彦（2010）．不登校アセスメント尺度改訂版（SRAS-R）の一般児童への適用と妥当性の検討　行動療法研究，36，107-118.

動的反応は子どもによって異なるが，不安喚起場面や活動の回避を試みること，泣くこと，イライラしやすかったりすることが多い。不安の反応は適応的であることが多いものの，一般的な危険ではない多くの場面において不適応なレベルの不安を経験する子どももいる。このような子どもが不安症に苦しむことになる。

3つの脆弱性モデル（triple vulnerability model; Barlow, 2000）においては，不安症は3つの脆弱性：（1）全般的遺伝的脆弱性，（2）全般的心理的脆弱性：切迫したコントロール不可能感や予測できない脅威についての心配，（3）特異的心理的脆弱性：一定の場面において子どもに不安を経験させるような早期の学習経験，から生じるとされている。

環境を引き金として遺伝的に覚醒反応や不安反応が増加しやすい人もいることが研究から示唆されている（Manassis, Hudson Webb, & Albano, 2004）。たとえば，ケーガンら（Kagan, Reznick, & Gibbons, 1989）は驚愕反応が多く，なだめることが難しく，新規刺激への反応性が大きいことによって特定される行動抑制（Behavioral Inhibition: BI）を示す子どもの一群を明らかにしている。家族研究や双生児研究では，不安症のいくつかのタイプについて遺伝の可能性を示している（Manassis et al., 2004）。覚醒反応系の高さ，ネガティブな情動状態の頻繁さ，または社会的相互作用を理解することの難しさを遺伝的に有している子どもは，自身の情動状態，自身のおかれている環境，そして社会的な状況に対するコントロール感の低さを経験する可能性がある。

チョーピタとバーロー（1998）によると，コントロール感の低さは，ストレスフルな出来事と発達初期における不安との関係を調整することに加え，発達後期においてもこの関係を調整するとされている。コントロール感の低さは，自身の遺伝的傾向に加え，予測できない，あるいは制御できない出来事の経験を通して構築されることになる。バーロー（2000）は，早期の養育行動が子どものコントロール感に影響を及ぼす一つの道筋であると仮定した。たとえば，過度に統制的であったり，一貫性を欠いていたり，応答が少なかったりする家庭環境は，コントロール不可能感や外的な統制の所在（locus of control）に寄与する。一度コントロール可能感が低くなると，たとえ制御可能な出来事であったとしても，子どもたちは出来事をコントロールできないものと知覚してしまう。不安を持つ子どもの認知は，場面に対する危険の過大評価（たとえば，先生とかかわると，怒鳴られたり恥をかかされたりしてしまうことが多い）と，自身の対処能力の過小評価（先生との話し方を知らないし，もし誰かに怒られたらどうすることもできない）に特徴づけられる。

特異的心理的脆弱性に関して言えば，発達早期の社会性に関する経験（特に家族や学校環境における）は特定の不安経験と関連がみられるとされている。社会的学習理論（Bandura, 1977）によると，子どもたちは危険の可能性に関してモデリングや情報伝達を通して特定の不安反応を学習するとされている。子どもは，大人が高い不安を感じていたり，自己効力感を過小評価したり，潜在的な危険性に対して過度に警戒することを見ることによって，不安を学習していくことになるかもしれない。また，子どもは，条件づけに関するある特定の経験を過度に一般化することによって，不安反応を悪化させていく可能性がある。たとえば，クラスの前で発表することについてネガティブな経験をすると（たとえば，不安発作，厳しい批判，仲間にからかわれるなど），社会的な場面において条件づけられ，般化された不安反応が生じることになる。また子どもたちは，不安喚起場面を避けることによって不安を回避することを学習する。マウラーの二過程説（Mowrer, 1960）では，不安の減少という負の強化によって，回避反応の頻度が増加すると

仮定されている。不安をもつ子どもと暮らす大人は，何の気なしに回避や依存行動を強化してしまっているのである。

　３つの脆弱性モデルに基づけば，子どもの支援は，それぞれ脆弱性に関連するさまざまな領域に焦点を当てることができる。第一に，介入では，子どもたちに環境をコントロールする練習や，不安を克服した経験を積ませること，あるいは，年齢相応に自立的に活動してもらうこと，スキルやコーピング反応を構築させるような機会を設けることによって，子どものコントロール感を増加させようと試みることができる（Barlow, 2000）。さらに，スキルの教示，モデリング，随伴性マネジメント，エクスポージャーを通して，より適応的な考えや行動パターン促していく。介入は個別でも集団でも学校場面において実施可能である。親との個別，あるいは集団での話し合いは，重要な構成要素となる。学校や家庭の文脈において介入を行うことは，教育や子育てにおける一貫性や応答性を高め，適応的なモデリングとコミュニケーションを伝え，脅威の可能性について適切なメッセージを発信することにつながる。ほとんどのCBTでは，子どもの自己効力感を高め，差し迫る脅威の知覚を減少させる手助けとして，スキル構築に関するトレーニングと段階的エクスポージャーを組み合わせることが推奨されている。

介入の方略と技法

　不安を持つ青少年に対するCBTにおいては，共通して中核となる技法がある。不安をもつ子どもたちが内在化問題から改善を示すためには，一連のコーピングスキルを用いることと，恐怖の対象・場面・出来事への繰り返しのエクスポージャーが有益である。さまざまな認知行動的プロトコルは，コーピングスキルのトレーニングにかける回数や順番，時間は異なるが，ほとんどのパッケージは，（１）身体マネジメント，（２）認知再構成，（３）問題解決，（４）随伴性マネジメントの４つを教えることになる。

身体マネジメント

　不安を持たない青少年と比較して，不安症の青少年は，情動を調整する方法を知らないことが多い。不安反応を改善するスキルを構築するために，自分独自の不安に関する身体反応を特定する必要がある。子どもによって異なる個々の反応（たとえば，耳が赤くなる，声が震える，尿意，吐き気,頭痛）は，「不安」という情動反応へのラベリングに役に立つ。一度ラベリングできれば，子どもたちは身体反応を低減させるさまざまな認知的，行動的方略を学ぶことができる。リラクセーション訓練は，さまざまな場面における身体的覚醒の軽減を手助けする特に強力なツールである。

認知再構成

　子どもの不安支援において認知的技法を用いる際には，不安は不合理な考え，不適応な考え・信念・セルフトークから生じているという考え方に基づいている。不安を有する子どもは，情報処理の歪み，苦痛を感じる出来事への記憶バイアス，脅威的手がかりへの過敏性，曖昧な場面を脅威ととららえる解釈バイアスを持っていることが研究でわかっている（Vasey & MacLeod, 2001）。したがって，不安のセルフトークの不適応な特徴を変容するためには，認知的技法を用いることが求められる。

第 4 章　不安症――学校での認知行動的介入――　75

　子どもたちが不安喚起場面での認知を特定できるように，さまざまな技法が開発されている。ケンドール（2001）による「吹き出し」はその一例である。子どもたちは，人々の考えや声が頭の上の吹き出しとなっているいろいろな漫画を見る。それから，「あなたの吹き出しには何が書いてある？」という質問を受けるのである。ひとたびセルフトークを特定することが上手くなったら，子どもたちは考えについて理論的に分析することを学ぶ。たとえば，そんなことが起こりそうだと予測していた？　以前にも起こったことがある？　もしそれが起こったら本当に悪いこと？　その場面の他の見方はない？といったものがある。そのような分析によって，子どもたちは最初に思いついた不安思考に対抗するコーピング的思考を生み出すことができるようになる。幼い子どもは，セルフトークを特定することや変化させることを学ぶのは難しいかもしれない。その場合，不安反応をマネジメントする認知再構成ではなく，自己教示訓練（Meichenbaum, 1985）に基づくコーピング的思考が有益となるかもしれない。

問題解決

　問題解決の手法では，子どもたちは指導者による訓練を受ける。指導者は，内潜的思考プロセスを通じて，望ましくない行動をコントロールし，コーピング行動を始めるための手段を紙に書く方法や，言語的な方法を教える。アーバインとケンドール（1980）は，さまざまな場面における行動のトレーニングによる具体的な介入手法（たとえば，リラクセーション反応，アサーティブ反応，親和的反応）とは対照的に，問題解決介入は内潜思考のプロセスを訓練することに重きを置いている（たとえば，問題の特定，他の解決方法の案出，結果の評価など）と述べている（p.110）。つまり，問題解決介入は，コンピテンスを通じて般化をもたらす認知プロセスをターゲットとしているのである。

　ズリラとゴールドフリード（1971）は，問題解明を達成するための一連の段階を教えるためにデザインされた，問題解決スキルを開発している（たとえば Bedell & Lennox, 1997; Nezu & D' Zurilla, 1989; Nezu, Nezu, & Perri, 1989）。このアプローチは，単独の問題に対する解決方法を見つけることではなく，現在起きている他の問題や将来問題となる領域に技法を般化させることを目指している。ベーデルとレノックス（1997）はオリジナルの問題解決モデルを修正して，次の7つの問題解決ステップを開発した。（1）問題の存在を認識する，（2）満たされていない欲求を特定し，目標志向的に問題を定義する，（3）有用性の評価を抜きにして，問題解決方法をブレーンストーミングする，（4）案出された選択肢の有用性を評価する，（5）最良の選択肢，またはその組み合わせを選ぶ，（6）選ばれた問題解決方法を実行する，（7）選ばれた方法の有用性を検証する。

　問題解決の認知行動的アプローチでは，共同的経験主義の原則に基づき，セラピストは順を追ってこれらのステップに不安を持つ子どもを導いていくことが求められる。セラピストと子どもは，選択肢が出し尽くされるまで，実行可能性を考えず数多くの解決方法を共に生み出す。子どもが問題を解決できそうな選択肢を特定することができたということは，素晴らしい問題解決方略を身につけたといえるだろう。

随伴性マネジメント

　行動療法の基礎的な原則の一つは，行動の随伴性（先行事象と結果）に重きを置くことである。効果的な随伴性マネジメントを通して，行動の変容が可能となる。効果的な随伴性マネジメント

の計画は，不適応や回避行動を維持するような，また，より適応的な行動を支えるような随伴性（先行事象と結果）の機能分析を基礎としている。

子どもの回避行動は，負の強化をされていることが多い（回避を行った結果，不安感情が短い間は減少する）。さらに，不適応反応（たとえば，泣く，教室から抜ける，保健室へ行く）は，教職員や親によって意図せず正の強化を受けているかもしれない。その場合，支援における重要なポイントは，不適応行動への強化を止めることになる。たとえば，子どもを静かにさせようと躍起になって話しかける方法もあるが，中立的な姿勢を保ちながら教室の脇に子どもを座らせることもできる。そして，教師は子どもが適応的な行動に取り組んでいることにより大きな注目を払うことが良いかもしれない。

勇敢な行動（つまり回避より接近する方略）を増やすために，CBT のプロトコルでは，不安を持つ子どもに正の強化子を与えることが多い。そのような正の強化や「ご褒美」システムによって，ホームワークやエクスポージャー課題，自己評価手続きのような支援方略に取り組むことが促されることになり，不安の低減という有益な成果につながると考えられている。強化子は行動の改善を形成し維持するために利用されているが，これは子どもの望みや好みに合致しているときにしか効果的ではない。つまり，強化子は望まれているときにしか報酬価を持たないのである。随伴性マネジメント手続きが成功するためには，一人ひとりの子どもに合わせた報酬の選択が求められる。報酬は物（たとえば小さなおもちゃ，ゲーム，スポーツカード）であったり，社会的なもの（親とミニゴルフで遊ぶ，友だちと映画を見る）であったりする。たいてい，支援の初期は物による報酬が用いられ，後半になると社会的報酬となる。このような方法によって，親はうまく即時的に（コストをかけずに）報酬を与えられるようになり，最終的には支援効果が維持されるようになる。

エクスポージャー

スキル獲得の介入段階の後，CBT では新しく得たコーピングスキルを活用する練習のために，段階的エクスポージャー課題（つまり，恐怖を感じる場面，物事，出来事に対して段階に挑戦すること）を実施する。恐怖刺激へのエクスポージャーは，行動と結果の連合関係を断ち切るために行われる。この切断においては，拮抗条件づけが用いられることがある。つまり，個人の恐怖場面（直接的に，またはイメージで）に直面しながらも，不安と相いれない反応（たとえばリラクセーション）に取り組むのである。または，消去の手続きを用いる場合，恐怖が誘発される刺激を呈示された個人が，不安を管理できるレベルに低減するまで認知的行動的方略（つまりコーピングスキル）を用いながらその場面に居続けるという方法が取られることもある。エクスポージャー療法によって，効果を発揮する際に重要であると考えられる認知的変数（たとえば，評価，期待，自己効力感）も変化する可能性がある。エクスポージャーは，現実（in vivo）エクスポージャーかイメージエクスポージャーか，または両方行われる。さらに，面接室内だけでなく面接室の外でも行われる。

エクスポージャーは，段階的な行動形成のプロセスとしても考えることができる。そこでは，不安を引き起こす対象や出来事の階層表が用いられる。また，セラピストは，より複雑な場面，出来事，やり取りへ移る前に，まずは基本的な構成要素のスキルを扱う必要がある。たとえば，「新しい人に会う」が階層表で取り上げられたなら，まず初めにその場面を構成する要素となるスキル（たとえばアイコンタクト）が扱われることになるだろう。よって，エクスポージャーの手続

きは，段階的に進む漸進的な手法でもある。エクスポージャー課題は「実験」であるという考え方のもと，共同的経験主義に基づき，不安階層表が作成されることになる。「実験」の後，子どもとセラピストは「データ」を評価して（たとえばエクスポージャーの前，間，後の自覚的障害単位（SUD）を用い），エクスポージャーの効果について検討する。ここで扱った問題や，子どもの不安に対するエクスポージャーの実践面の説明についての更なる議論についてはケンドール，ロビン，ヘドケ，スヴァーゴ，フラナリー・シュレーダーとゴーシュ（2005）を参照されたい。

学校場面への示唆と応用

　本章の初めで述べた通り，不安症は青少年において最も一般的な精神病理症状の一つである。罹患率は21%にものぼると見積もられている上に（Kashani & Orvaschel, 1990），関連する問題もあることから（社会的問題，仲間関係，学業成績，将来の情緒的健康など），不安症の予防や支援は必要不可欠なものといえる。

　不安症に対する学校現場における認知行動的介入が推し進められる理由はいくつかある。第一に，不安はしばしば学校場面で起きたり，学校に関する問題として顕在化したりするからである。不安を抱える子どもの中には，宿題に対して完全主義を示したり，テストやパフォーマンスへの不安を示したりする。あるいは学校に行けなくなったり，保健室に頻繁に行ったり，家へ電話をしょっちゅうかける。また，スピーチや音読を渋ったり，社会的なやり取りに困難を抱えたり，新しいことに挑戦することへ抵抗を示すことも珍しくない。これらの行動の多くは特に学校において見られるものである。CBT を計画する際には，不安を生じる状況において子どもたちの練習する機会を設けられるように最大限配慮する。不安が生じる状況のリストに学校関連の出来事が含まれている場合は，学校場面におけるコーピングスキル訓練やエクスポージャーを支援計画の中に含むべきである。不安喚起場面での練習を数多く実施することが，支援の効果を高めることにつながる。外来診療やクリニック場面において，学校環境でのエクスポージャーを実施するためには，特別の努力が必要となる。しばしば，セラピストは学校環境への接近を用いることがある（例，テスト不安の子どもに対して，セッション内で模擬試験をさせたり，社会不安の子どもにセラピストの前で音読させたりする）。しかしながら，これらの模擬的試行は"現実世界"である学校でのエクスポージャーほどの効果はないことが多い。すなわち，学校現場での介入は自然な生活環境へのスキルの移行を確実なものとする可能性が高い。特に，この点は学校で顕在化することが多い分離不安や社交不安に当てはまるといえる。

　第二に，学校での介入は集団や教室での適用になじみやすい。教室での支援では，特別な介入を受けることによって，子どもがひどいレッテル（スティグマ）を貼られる可能性を避けることができる。特に，不安症に関連する CBT で焦点となっているコーピングスキルの獲得や訓練は，不安のない子どもや中程度の不安を示す子ども（非臨床群）にも利益をもたらすかもしれない。教室での介入は，いつものメンバーの前で行われる上に，子どもたちは学校ではスキルを学ぶことに慣れている。ポジティブな健康行動が保健の授業で教えられるのと同じように，情緒的健康のためのスキルも同じように教えることができるかもしれない。認知行動的介入は介入の一定水準（治療順守性：treatment integrity）を確保するために標準化された手続きを含む一方で，介入は最大限柔軟に応用される（児童期の不安症に対する CBT の柔軟な応用については，Kendall, Chu, Gifford, Hayes, & Nauta, 1998 を参照）。クラス全体への適用が容易であるこ

と，柔軟な応用が可能であること，そしてクラス全体に利益となる一般的なスキルが教えられるといった点から，児童期の不安症に対する学校現場でのCBT介入は魅力的なアプローチといえるだろう。

　さらに，学校現場における不安症の介入は，すぐに利用しやすい資源をたくさん有している。学校では多様なシステム（仲間，学校，家族，コミュニティなど）を巻き込みやすい。そのため，児童生徒へ影響を与える多くのシステムの中で，良いコミュニケーションを確立する試みが可能となる。システムに焦点を当てることは，支援効果に良い影響をもたらすだろう。加えて，学校場面に自然と存在している資源と状況は，創造的で効果的なエクスポージャーのための素晴らしい素材となる。たとえば，仲間や学校職員，校長，教師，あるいは現実のパフォーマンス活動を利用できることは，有効性の高いエクスポージャーを構成するための豊かな素材を得ることになる。そのことによって，セラピストは，子どもの不安，心配，恐怖の中核に切り込むことができる。高い社交不安をもつ子どものケースの場合，ペア活動やピアサポートといった仲間を介した取り組みは重要な要素となるが，仲間の参加を促しやすい学校内ではこのような支援を容易に行うことができる。現実場面でのエクスポージャーを通して，子どもが特有の不安行動についてどの程度再学習できるのかという点に，支援の成果は左右されることが多い。そして，教師や仲間のサポートをすぐに利用できることは，高い不安もつ子どもが効果的な学習に必要な指導を受け，教えられた不安に立ち向かうスキルを用いるのに有益に働くことになる。

　そして，教師と協力関係を築きやすいということは，それ自体が自ずと支援にとって有益な側面をもつことになる。まず，教師は子どもの行動に対する重要な視点をもたらす。学校以外では観察できないような状況（例，大勢の人の前で話す）についても，教師は学校での観察が可能である。また，教師からは，子どもの不安の支援計画を立てる上で欠かせない情報が提供されることが多い。このような情報は，教室内での不安行動を発見し，改善することに関して教師をトレーニングする機会があると有効に活用できるだろう。教師は多くの時間を子どもと過ごし（1日およそ6〜7時間），手本となる重要な人物である。よって，教師が子どもの不安を除去するために重要なこと（不安喚起状況への接近行動やポジティブなセルフトークの使用を促進するなど）に精通していることは，大いに役立つだろう。さらに教職員へのトレーニングについて言えば，問題となってからの対応的方略よりも予防的方略の効果的な活用を目指す方が，現在の不安症の罹患率の低下につながるかもしれない。児童期の不安症の予防に重点を置くことは，治療に焦点を当てている現状を補うことになるだろう。以下に，子どもの不安症に対し，学校場面での支援が上手くいったケースを紹介する。

事　例

　この章の最初では，クリスの困っていることについて紹介した。学業の課題が学習上の問題により生じたのか，不安により生じたのかをアセスメントするために，11歳のときカウンセラーのもとに紹介された。概して学校での問題行動は無かったが，クリスは口頭での発表と一緒に課されていた読書感想文を提出できなかった。また，テストや課題を早々にあきらめてしまい，教室で「つぶれてしまう」ことがあった。時には，泣いて教室を飛び出そうとしたこともあった。教師はその問題について話をしようとしたが，クリスはなぜ自分の作業をできないのか，ほとんど語ろうとしなかった。教師が両親に話すと，感想文が未提出であることに驚いていたものの，クリスの完全主

義や恥ずかしがり屋なところが，他の生活領域（例，スポーツなど）でどのように問題となっているのかを教えてくれた。たとえば，以前は楽しんでサッカーをしていたが，昨年になって小さなミスの後や接戦の時には，試合に出ないということが何度かあった。そして，両親の励ましにもかかわらず，現在は完全にサッカーをやめてしまっていた。両親は，クリスの困難の原因となるようなストレスの原因や変化は思い当らないとしていた。クリスが他の課題については上手くやれているので，クリスの昔からのシャイな性格や社会的状況を避けようとする傾向が，現在の学校における問題と関連しているのではないかと両親は考えていた。

　同時に，子どもは学習上の問題から，副次的に不安を抱える可能性があると知っておくことも重要である。このような子どもたちに対しては，学習と不安の両方の問題をターゲットにした介入がしばしば有効である。しかしながら，学業成績や認知スキルのアセスメントにおいては，クリスの課題が学習や認知の問題から説明できるものであるとは示されなかった。一般的な心理面接に加え，学校心理士はクリス本人と親に対してADISによる面接を行った。そして，心理士はクリスが全般性の社交不安症（重篤度6〜8），全般不安（5〜8）の診断基準を満たすと判断した。クリス本人からは多くの症状が報告されなかったが，クリスは自分が社交不安をもつことについては認めていた。

　両親と教師からはクリスの回避について多くの情報が得られた。クリスはほとんどの社会的状況で不安を感じており，両親や幼稚園の時から知っているような親しい友だち以外と会話することを避けていた。人付き合いを避け，直接呼びかけられた時のみ教師と話すことで学校生活をやり過ごしていた。STAICやMASCといった尺度で臨床水準の得点を示しており，クリスは面接では話さなかった多くの項目に合致すると回答していた。これらの測定はクリスの症状の変化を追っていくために，支援の開始時，中間地点，終結時にそれぞれ実施された。

支援経過

　クリスの学校での困難さを克服してもらうため，週1回，全18セッションのCoping Cat Programに基づく，不安症の子どものための学校集団療法に参加してもらった（表4.1；Kendall, & Hedke, 2006a）。Coping Cat Programでは，不安のため以前は回避していた活動に挑む際に，コーピング方略を使うことを子どもたちに教える。これらのコーピング方略はFEAR Plan[15]と呼ばれている。これを身につけることによって，不安喚起場面に遭遇した時，子どもたちは次の4つの自問自答ができるようになることを目標としている。質問は，**(1) 恐怖や不安を感じている？（ステップF：身体的覚醒や不安状態を認識する），(2) 何が起こると思っていた？（ステップE：不適応なセルフトークや恐怖を認識する），(3) どんな行動や態度が役立つ？（ステップA：適応的な問題解決へ向かう），(4) 対処で自分はどんな自己評価やご褒美が受けられる？（ステップR：現実的な自己評価を行い，自己報酬を得る）**という4つで構成される。これらの介入はより短いセッションで運用可能で，子どものニーズに合わせて適用可能である点には留意されたい。

　クリスのグループは，それぞれ個別の困難はあるが，全員が不安症を持つ3人の男児で構成されていた。一人はトムという少年で，母親との分離不安を抱えており，それにより出席が難しく，その結果，頻繁な欠席や保健室通い，毎日の自宅への電話，教室で泣き続けるといった問題行動が見られていた。もう一人はフレディという少年で，「心配性」と言われていた。フレディの心配は学校での発表やスポーツ，家計，家族や自分，そしてペットの「ローバー」の健康まで，多岐にわたっ

---

15) Coping Cat Programの第1版の翻訳書では「こわいよ」プランとなっている。詳細は，翻訳書（Kendall P. C. et al.（著）市井雅哉（監訳）（2000）．子どものストレス対処法—不安の強い子の治療マニュアル　岩崎学術出版社）を参照のこと。

表4.1 Coping Cat集団プログラム

セッション1	プログラムの導入

ラポールの形成とグループの凝集性の構築

  A）似ているところ探し，覚えているよゲーム
  B）グループの名前とシンボルを協力して考える
  C）仲間リストを共有する
  D）Coping Cat ノートの配布
  E）STIC 課題…ノートに1週間の内で良い感情だった時を記録する
  F）参加報酬

セッション2	感情教育

  A）覚えているよゲーム
  B）STIC 課題の振り返り
  C）身体的手がかりと感情を結びつける
  D）ブレーンストーミングによる感情のリスト化
  E）感情についてロールプレイ
  F）元気を出すポスターの作成
  G）セッション内でのSTIC 課題の練習
  H）STIC 課題…1週間の不安な経験と不安でない経験について書く

セッション3	不安の身体的手がかりを見極める

  A）STIC 課題の振り返り
  B）感情のマッチングに関するワークシート
  C）不安の身体症状について説明
  D）不安の身体的手がかりの発見（ロールプレイ・実践）
  E）FEAR プランの開始（ステップF こわいと感じる？）
  F）不安温度計（1～5段階）の導入
  G）STIC 課題…1週間，不安に対する身体反応を記録する
  H）仲間課題…次回までにグループの仲間と会ってある質問に答えるようにする

セッション4	不安反応の心理教育とノーマライゼーション

  A）STIC 課題と仲間課題の振り返り
  B）ほとんどの人が不安になる状況のリスト作り
  C）不安反応の心理教育とディスカッション
  D）不安経験のノーマライゼーション
  E）尊敬する人物（例，ヒーロー）がどのようにして不安に対処しているか協力して物語を考える
  F）メンバーの恐怖（匿名）を用いて不安喚起場面の階層表の作成を開始する
  G）凝集性構築のための課題（例，借り物競走）
  H）STIC 課題…人物の中に不安の身体反応を描き入れる
  I）仲間課題…グループの1週間の間に新しい仲間と会ってある質問に答える
  J）親セッションについて話し合う

親セッション	個別の親面接

  A）プログラムに関する情報を伝える
  B）子どもや心配について話し合う
  C）階層表の作成
  D）親からはどのような関わることができるか

セッション5	認知再構成

  A）親セッションの振り返りと質疑応答
  B）STIC 課題と仲間課題の振り返り
  C）不安評定ワークシートの記入
  D）リラクセーションの説明
  E）ぬいぐるみとロボットの練習
  F）漸進的筋弛緩法の練習
  G）不安に対してリラクセーションを用いるモデル呈示
  H）STIC 課題…リラクセーションの練習を3回行う
  I）仲間課題…次回までに仲間と会って"はい"か"いいえ"かの質問に答える
  J）STIC 課題ができたときの報酬を選ぶ

セッション 6	認知再構成

A）STIC 課題と仲間課題の振り返り
B）リラクセーション訓練の振り返りと実践
C）吹き出しとセルフトークを用いて思考と感情のつながりについて説明する
D）FEAR プラン（ステップ E 悪いことが起こると思っていた？）を導入する
E）マンガやモデリング，ロールプレイを使ったセルフトークを見つける訓練
F）セルフトークに挑む練習
G）凝集性構築のためのゲーム
H）STIC 課題…次回までに 2 つの不安状況における不安の強さとその時の思考を記録してくる
I）仲間課題…次回までにメモなしで仲間と会って 2 つの"はい"か"いいえ"かの質問に答える

セッション 7	問題解決技法：不安対処プランを考える

A）STIC 課題と仲間課題の振り返り
B）不安とコーピング・セルフトークを見つける練習
C）FEAR プランの復習
D）身体的覚醒（ステップ F）や不安に関する思考（ステップ E）への対処方略を話し合う
E）FEAR プランのポスター（ステップ A の導入 助けとなる活動や態度）
F）問題解決のステップを教える
G）問題解決訓練
H）集団の話し合いを通じて思考に挑む
I）STIC 課題…次回までに 2 つの不安状況でステップ FEA を実践する
J）仲間課題…次回までに仲間と会い自分で考えた質問を 2 つ尋ねる

セッション 8	評価と報酬

A）STIC 課題と仲間課題の振り返り
B）リラクセーション訓練の実践
C）FEAR プランポスター（ステップ R の導入 評価と報酬）
D）自分のパフォーマンスへの自己評価と自己強化を教える
E）個人のパフォーマンスバロメーターと報酬リストを作成
F）自己評価と自己強化のモデリングと実践
G）STIC 課題…2 つの状況で FEAR プランを使う
H）仲間課題…仲間に会い，グループのリーダーにより提示された開かれた質問（"はい"か"いいえ"で答えられない）をして，さらに追加の質問をする

セッション 9	FEAR プランの復習と実践

A）STIC 課題と仲間課題の振り返り
B）FEAR プランの考え方と使い方の振り返り
C）ポケットサイズの FEAR プランカードの作成
D）ストーリーを用いた FEAR プランの実践
E）次の実践セッションに関する話し合い
F）STIC 課題…FEAR プランを別の人に説明する，1 つの不安状況で FEAR プランを使う
G）仲間課題…仲間に会い，2 つの開かれた質問と追加の質問をする

親セッション	個別の親面接とアセスメント

A）質疑応答
B）子どもの進歩と親の心配について話し合う
C）プログラムのエクスポージャーのための親の準備
D）FEAR プランの振り返り
E）階層表の作成

セッション 10	エクスポージャーの準備とグループ凝集性の向上

A）STIC 課題と仲間課題の振り返り
B）エクスポージャーの理論的根拠と手続きに関する話し合い
C）グループでのお楽しみ（社会的イベント）
D）STIC 課題…ある不安場面における FEAR プランの使用

セッション11	エクスポージャーと FEAR プラン－グループ実践－
	A) STIC 課題と仲間課題の振り返り
	B) エクスポージャーの理解（期間，反復，回避の概念など）を高める
	C) FEAR プランを用いながら，グループで低い不安喚起場面においてイメージ，あるいは現実エクスポージャーを行う
	D) 次回の実践のために中程度の不安喚起場面を協力して選ぶ
	E) リラクセーション訓練
	F) STIC 課題…ある不安場面での FEAR プランの実践，不安に対処する子どもを助けてくれるキャラクターを描く
	G) 仲間課題…自分のことを仲間に話す
セッション12	エクスポージャーと FEAR プラン－グループ実践－
	A) STIC 課題と仲間課題の振り返り
	B) FEAR プランを用いながら，グループで中程度の不安喚起場面においてイメージ，あるいは現実エクスポージャーを行う
	C) STIC 課題…2 つの不安場面での FEAR プランの実践，キャラクターによる対処の物語をつくる
	D) 仲間課題…仲間と電話でその物語を共有する
セッション13	エクスポージャーと FEAR プラン－グループ実践－
	A) STIC 課題と仲間課題の振り返り
	B) FEAR プランを用いながら，グループで高い不安喚起場面においてイメージ，あるいは現実エクスポージャーを行う
	C) 不安の高い場面でのリラクセーション訓練を行う
	D) STIC 課題…2 つの不安場面での FEAR プランの実践，自分の FEAR プランポスター作成
	E) 仲間課題…プログラム終了時のパーティーのアイデアを仲間とブレーンストーミングする
セッション14	エクスポージャーと FEAR プラン－個人による実践－
	A) メンバーが中心になって STIC 課題の振り返りを行う
	B) 仲間課題の振り返り
	C) 低度・中程度の不安喚起場面に対するエクスポージャーにそれぞれが対処する（ロールプレイ）
	D) FEAR プランを用いながら，個人で低いまたは中程度の不安喚起場面においてイメージ，あるいは現実エクスポージャーを行う
	E) リーダーが対処方略のモデルを呈示する
	F) 各メンバーが現実エクスポージャーで対処方略を実践してる所をビデオで録画する
	G) ビデオを見て自分のパフォーマンスを再評価する
	H) STIC 課題…2 つの不安喚起場面で FEAR プランを実践する，個人の FEAR プランポスター作成する
	I) 仲間課題…仲間と自分たちのグループについて感じていることを話す
セッション15	エクスポージャーと FEAR プラン－個人による実践－
	A) メンバーが中心になって STIC 課題の振り返りを行う
	B) グループについて感じていることを仲間と話し合う
	C) FEAR プランを用いながら，個人で高い不安喚起場面においてイメージ，あるいは現実エクスポージャーを行う
	D) 高い不安喚起場面でのリラクセーション訓練を行う
	E) 現実エクスポージャーの中でさらに対処方略を実践する
	F) STIC 課題…2 つの不安喚起場面で FEAR プランを実践する，コマーシャルの計画を始める
	G) 仲間課題…リーダーからの枠組みなしで仲間と電話で話す
セッション16	エクスポージャーと FEAR プラン－個人による実践－
	A) STIC 課題と仲間課題について話し合う
	B) FEAR プランを用いながら，個人で高い不安喚起場面においてイメージ，あるいは現実エクスポージャーを行う
	C) STIC 課題…2 つの不安喚起場面で FEAR プランを実践する，コマーシャルの計画
	D) 仲間課題…リーダーからの枠組みなしで仲間と電話で話す

セッション 17	エクスポージャーと FEAR プラン－個人による実践－
	A）STIC 課題と仲間課題について話し合う
	B）FEAR プランを用いながら，個人で高い不安喚起場面においてイメージ，あるいは現実エクスポージャーを行う
	C）次回のコマーシャル作成のための計画
	D）STIC 課題…2 つの不安喚起場面で FEAR プランを実践する，コマーシャル作成に必要な小道具を収集する
	E）1 週間互いに交流するようメンバーに促す
セッション 18	終了と再発予防
	A）メンバーで STIC 課題について話し合う
	B）コマーシャルをビデオテープに録画する
	C）メンバーや家族とコマーシャルを見る
	D）グループでのお楽しみ（社会的イベント）
	E）それぞれのメンバーが達成したことを話し合う
最終セッション	支援後の子どもとプログラムの評価
	A）支援後のアセスメントを実施
	B）子ども・親とともに子どもの進歩について話し合う
	C）FEAR プランの復習と将来の場面での使い方
	D）質疑応答と再発予防プラン
	E）さよならの会（例，修了証明書のプレゼント）

ていた。加えて，時間厳守に強くこだわっており，さらに，自分がバカにみられないかと過度に心配していた。

　教育場面では自然なことかもしれないが，集団形式での実施では質問やゲーム，ユーモアを通して参加者を励ますことが可能となる。さまざまな練習や，セッションを楽しいものとすることで，集団の凝集性を構築することに重きを置くべきである（Flannery-Schroeder & Kendall, 2000）。本プログラムでは，セッションの最後には，ジェンガやナーフバスケットボールのようなゲームが行われた。また，子どもたちは宿題をやっていくと報酬がもらえることになっていた。宿題は Show That I Can（STIC）[16]課題と呼ばれるもので，セッションの合間に新しいスキルを練習し，効果の般化を促すための課題となっている。各セッションはこれらの課題の振り返りから始まる。セッション内でこれらの課題を振り返ることは，セッションの内容を子どもたちの現在の体験に合わせてカスタマイズするのに役立つ可能性がある。セラピストは支援過程において，親との面接を何度か行った。そこでは，子どもに関する情報を集め，子どもの進捗状況を親に知ってもらい，家庭や学校での不安喚起場面においてエクスポージャーを行う際に子どもを援助してもらえるように努めた。また，教師も情報提供やクラスでのエクスポージャーの観察，適応行動を行えるように子どもを褒めるといった形でプログラムに関与した。

　最初のセッションでは，グループメンバー間のラポールの形成やプログラムの導入，メンバーの参加を促すことに焦点を当てた。セッションの間，クリスは沈黙し，ほとんどの質問に一言で返すだけであった。グループ内の相互作用を促進するために，子どもたちは自分の情報に関するゲームを行った。また，プログラムで使う自分用のワークブックは飾りつけをして，プログラムの中でもらいたい報酬のリストを作った。クリスは報酬を 2 つしか書かなかった。バスケットボールカードとレゴブロックであった。セラピストは来週までにリストに何か追加しておくように伝えた。活動（映画を見るなど）や社会的イベント（母親とのゲームなど），具体的なもの（玩具など）を含む豊富で

16）同じく，Coping Cat Program の第 1 版の翻訳書では「できたよ」課題となっている。

本人にとって意味のある報酬リストを作るよう子どもたちに促した。

セッション 2 から 5 では情緒についての学習と不安の身体反応を扱った。セッション 2 では，異なる感情がどのように身体表出と結びつくか，これらの身体表出が自分の感情を知るための手がかりとしてどのように働くのかを話し合った。そして，異なる表情をした子どもの写真を見て，交代でどんな感情なのかを読み取り，判断の基になる表情・姿勢の手がかりを特定していった。子どもたちは，"感情シャレード（ジェスチャーゲームの一種）"をして遊び，"感情大学"を創った。セラピストはまた，"感情温度計"を導入した。感情温度計とは，温度計の大きな絵を使って 0 ～ 8 段階の不安の程度を測定するものである。感情温度計は，クリスがいろいろな状況において自分の不安の程度を知る手助けとなった。さらに，不安の水準に違いがあることに気づくことや，他人に対して感じる自分の感情を言葉で表現することができるようになった。次に，子どもたちは，不安の低いもの，中程度のもの，高いものを含めて，不安喚起場面について自らの階層表を書き始めた。最初，クリスはほんの少ししか不安喚起場面を書くことができなかった。しかし，教師や親からの情報で後半のセッションではたくさんの不安喚起場面を挙げることができた。

セッション 3 では始めに，不安を感じるときにはどのような身体反応を体験するかを話し合った。たとえば，有名なバスケットボール選手が同点の試合の終了間際にフリースローしなければならないとき，体にはどのような不安を感じるかを話し合った（手汗，胃痛など）。それから，子どもたちは，ある状況における自身の身体反応を話し合い，これらの反応が不安を感じている手がかりとしてどのように役立つかについて相談をした。子どもは交代で自分の身体反応を特定するために，普段自分が不安を感じる場面を想像していった。クリスは答えがわからない時に教室で先生に指名される状況を想像した。その時には，胃の縮みや足の震えがあると述べた。そこで，床に置かれた大きな紙に身体の輪郭を描き，マーカーを使って不安の身体反応を書き込んだ（胃の縮みを表すために胃の中に "蝶々"[17]，頭痛を示す赤線，筋肉の緊張なら肩に影をつけるなど）。

セッション 4 では，不安体験とは正常なものであることを伝え，自身の不安階層表を作成し，グループの凝集性を築くことを目指した。まず，不安反応は一般的で適応的な性質をもつということを学んだ。クリスは 10 人中 1 人の子どもが困難なほどの不安を抱えていること，すべての人が通常の生活の中の一部として何らかの不安を経験することを聞いて安心しているようであった。セラピストは自分が緊張する状況の例（人前でのスピーチ）を使って，この恐怖に対処するためにどのようにプログラムのステップが役に立つのかを教えた。そして，このプログラムがこれまで他の子どもたちをどのように助けてきたかを話した。クリスは後々になって，このプログラムが自分にとって助けとなるものであると信じていたと述べた。なぜなら，プログラムの最終目標とは不安を完全に消し去るのではなく，不安をより扱いやすくするものであると説明があったことに加え，他の子どもたちもプログラムによって助けられていたことを知ったからであった。

セッション 5 では，グループでリラクセーションのトレーニングを始めた。まず，セラピストは誰かが不安や心配を感じているとき，身体の一部が緊張していることを教えた。そして，もし緊張している部分をリラックスさせることができれば，不安に対処する第一歩となることを説明した。リラックスしたときと緊張したときの感覚の違いに注目しながら，子どもたちは順番に握り拳を作って腕を緊張させた。グループの中の希望者には，筋肉の緊張状態の例としてロボットを演じてもらった。別の子どもは，リラックスした筋肉の状態を示すために水を含んだ麺の真似をした。次に，寝転んで目を閉じながら，漸進的筋弛緩法を行った。この訓練は，リラクセーション状態を達成する

---

17) 緊張していることを，お腹に「蝶々」がいると表現することから

ために異なる筋肉群を順番に緊張させたり緩めたりを繰り返すものである（幼い子どもに用いるリラクセーションの教示はケーペン（1974），年齢が上の子どもに用いるリラクセーションの教示はオレンディックとサーニー（1981）を参照のこと）。子どもたちは支援期間を通して，リラクセーションの教示を読み上げるテープを聴きながら，自宅でもこの練習を行った。加えて，グループセッションの多くの回では，このリラクセーション法を復習し練習した。

　セッション 6 の目標は，子どもたちが自分の思考に対する気づきを得ること，特に不安状況で特定の思考が不安を強くすることを理解することであった。まず，空白の吹き出しのある漫画を見ながら，キャラクターがどんなことを考えているのか調べていった。そして，セラピストは人がある思考を持つことで，どのようなことを感じ，どのような行動をとるのかを結びつけていった。さらに，同じ状況に対する別の考え方について紹介していった。そのことによって，子どもたちは，人によって同じ状況に対する思考や行動が異なるということを理解できるようになる。このような例を通して，子どもたちはこれから悪いことが起こるという予期が，不安に随伴しているということを学ぶ。つまり，ある種の考え（何か悪いことが起こるという予期）を持つことによって，ある人はある感情を持つが，同じ人が別の種類の考え（何か良いことが起こるという予期）を持つことで，別の感情を持つということを学ぶのである。さまざまな漫画やシナリオを見ながら，キャラクターがどのようなことを考えているか子どもたちは順番に答えていった。クリスはセッション中，まだ黙っていることも多かったが，ときには質問に答え，グループの他の子どもの話を聞いているようであった。その後，セラピストは中程度の不安喚起場面（廊下で本を落とす）を呈示し，その状況におかれたとき，不安への対処に役立つ（苦痛を低減する）思考，不安を導く（苦痛を増やす）思考とともに，それらの思考に続いて起こると思われる行動についてグループで話し合ってもらった。実践を通して学ぶことで，子どもたちは不安を喚起するセルフトークを，気分を良くするのに役立つコーピング・セルフトークに変化させることができるようになる。そこで，子どもは，自分の思考やその中に潜み人間を不安感情に"ひきずりこむ"ことが多い"思考の罠"を変化させるのを助けるような質問をいくつか学んだ。

　それから，不安対処のステップの最初の 2 つをクリアするために，ロールプレイによる練習を開始した。クリスは教室で質問されるところをイメージした。そして，FEAR プランの第 1 ステップ（ステップ F）にしたがって，クリスは自分が不安を感じているかどうか，不安を感じているという手がかりが身体から送られているか（手汗など）を自分自身に聞いてみるように教えられた。すると，クリスは胃の縮みを感じ，少し不安を感じていると報告した。その後，第 2 ステップ（ステップ E）に進んだ。ステップ E では，何か悪いことが起こるのではないかという予期があるか自分に問いかける。クリスは「自分はバカで，他のみんなが自分を笑い，変な奴だと思われている」と考えていた。セラピストは，ホワイトボードに表を書いてから，クリスに不安喚起状況，その状況下での感情（ステップ F）と思考（ステップ E）を書き込ませた。それによって，クリスは自分のセルフトークに特徴的ないくつかの思考の罠に気づいた。それから，クリスのネガティブな予期を支持あるいはそれに反証するための証拠についてグループで話し合った。クリスは思いつく対処的な思考を書き留めた。「もし質問の答えがわからなくても，クラスの子にはバカだと思われるかもしれないけど，このグループのみんなは僕をバカだと思わないだろう」，「たとえクラスの子が僕を笑っても，僕を変だと思っているわけじゃない。人気のある子でも時に笑われることもあるのだから」，「もし笑われたら，気分は良くないけど，それは 20 分くらい（クリスの見積もりによる）したら収まって永遠には続かないだろう」，「他の子は僕がどんなふうに答えるかを大して気にしていないかもしれない」

などの考え方がクリスから挙げられた。

思考の妥当性を問題にする際，共同的実証主義の態度をとることが最も重要である。潜在的な危険性や，悲惨な結果に関する子どもの思考に対して，セラピストは反論することを一足飛びに急ぎすぎてしまうことがある。子どもはセラピストから異議が唱えられると，その意に添うために口先で同意するかもしれないが，ネガティブな自分の思考に心からは疑問を持っておらず，それを信じ続けているということがある。どのみち，大部分の子どもは，親や先生からは自分の恐怖が馬鹿げていてあり得ないことだと言われたり，想像しているような悪い事態は起こらないと励まされたりしてきている。このような声かけは役に立つこともある。しかし，セラピストが子どもの不安の深刻さを取り上げ，子ども自身に自分の非現実的な思考を支持，あるいは反証するための実際のデータを集めてもらうようにする方が，これまでのネガティブな思い込みに疑問を持ちやすくなることが多い。また，子どもは認知再構成に取り組むだけで，自身の考え方を完全に変えることはまれである。むしろ，この練習は変化への扉を開ける役割を担う。つまり，子どもの実際の体験が，新しい信念を取り入れ確固たるものとするのだろう。

セッション7は，グループで問題解決法を学んだ。これは，不安に対処するためのFEARプランにおける第3段階（ステップA）にあたる。セラピストは，どんな時に不安を感じるか気づくこと，不安のセルフトークを変化させること，そして不安に対処するために行動を起こしたり，対処するための計画を実行したりすることが役に立つという説明を行った。子どもたちは，軽度の不安喚起場面（学校に行くときに，学校用のスニーカーが見つからない）を通じて，問題解決のプロセスを学んだ。まず，グループでブレーンストーミングすることにより，馬鹿げたもの（母親の靴を履いていく）や役に立たないもの（かんしゃくを起こす），適応的なもの（最後に靴を履いたのはいつか，記憶をたどる）を含めて，できる限り多くの解決法を案出した。最初子どもたちからは一つ二つしか解決策が出てこなかったが，セラピストがいくつか解決策の例を示し，促していくことによって，どんどん考えが子どもたちから出てきた。また，子どもたちはその解決策の良悪を判断しないことと，頭に浮かんだ考えはどんなことでも話すように教えられた。解決策の長いリストが完成したら，グループで各解決策の長所と短所からそれぞれを評価した。最後に，グループはどの解決策を使えば上手くいきそうか投票して決めた。その後で，グループメンバーが書いた不安喚起状場面のカードを準備し，それを読み上げ，それぞれが1分間でそのカードに書かれた不安喚起場面に対して多くの解決策を思いつく限り書くというゲームを行った。このゲームでは，子どもは互いのリストを比較し，誰も書いてない解決法を挙げた分だけポイントが得られることになっている。そして，グループメンバーはそれぞれ，自分の不安喚起場面に対してコーピングプランの3つのステップを当てはめていった。

セッション8では，不安に対処しようとする自分への評価と報酬について考えるという，不安に対処するためのプランの最後のステップ（ステップR）が扱われた。最初に，グループで人が報酬を得られるのは，どのようなときかについて話し合った。たとえば，犬はビスケットをもらうために「お手」を学び，子どもはお小遣いをもらうためにお手伝いをする。まず，子どもたちは活動，おもちゃ，おかしといった素敵なリストを作り，その報酬として飴をもらえるといったゲームを行った。報酬を受け取るのは楽しいことであり，報酬をもらったり，自分で自分にご褒美を与えたりするのは気分が良いものであることを確認した。その後，人はどのように自分を罰し，自分に報酬を与えることが多いのかを話し合った。時には，気づかぬうちにセルフトークによって罰や報酬を与えていることもあることも確認した。それから，いろいろなポジティブなシナリオやネガティブな

第 4 章　不安症——学校での認知行動的介入——　87

シナリオ（例，野球でホームランを打つ，数学のテストで良くない点数をとった）を見ながら，子どもたちはそのキャラクターがどのように感じ，どのようなセルフトークを持ち，それぞれの状況で何をするかを話し合った。セラピストはネガティブなセルフトークで自分を罰するなら，キャラクターはできなくなることがあるかもしれないことを確認した（たとえば，クラスメートに挨拶したときに，自分はバカに思われたかもしれないと自分自身に語りかけたのなら，もうこの先は挨拶できなくなりそうである）。シナリオに少し変化をつけ，単にポジティブな結果だけではなく，ポジティブな努力にも報酬を与えることが重要であるということがわかるようにした。さらに，セラピストが自分の人生において自身を奮い立たせ，新しい挑戦をするために用いてきた報酬についてのコーピングモデルも教えた。

　セッション 9 では，グループ全体で FEAR プランの 4 つのステップの復習を行った。具体的には，グループの子どもたちが遭遇する現実場面（例，教室での発表やテストなど）において，4 つのステップを応用するという練習を行った。プログラム前半のまとめとして，グループの凝集性をさらに高めるために社会的イベント（例，ピザパーティー）を行った。

　プログラムの後半は，不安喚起場面への段階的エクスポージャーを通じて，新しく獲得されたスキルの応用から構成された。この段階ではグループメンバー同士の協力が非常に重要となる。不安喚起場面は個人の抱える恐怖に合わせて作られているため，グループ内でも内容が異なっていた。同時に，メンバーで共通の不安を扱うことによって，グループエクスポージャーを実施できるようにも努めた。その結果，訓練段階はイメージエクスポージャーから始まり，グループ全体での現実エクスポージャー，そして，メンバーそれぞれが個人で行う現実エクスポージャーへと展開していった。

　最初のエクスポージャーはイメージから始められ，3 人のメンバーの恐怖の重なっている対象をターゲットとした。このエクスポージャーは，子どもたちにとってこれまで持っていた予想に反する最初の成功体験となる。プログラムの後半はゆっくりとした滑り出しで進行した。最初にロールプレイでエクスポージャーを行った。それぞれが役割を演じ，初対面を装い出会う場面や知らないところへ一人で出かけるところを想像したり，社会的あるいはパフォーマンスにおける失敗，重要なイベント（学校，誕生日パーティーなど）に遅刻したりする場面でのエクスポージャー訓練を行った。

　次の段階として，イメージエクスポージャーから現実場面でのグループエクスポージャーへと移行した。この段階では，グループメンバーは一緒にそれぞれの上位目標を目指していくこととした。たとえば，近くの公園にサッカーをしに行くという現実場面でのエクスポージャーを行う場合，分離不安を持つトムは，他のグループメンバーを最短距離で公園まで連れて行くという役割を負うこと，クリスはサッカー中に意図的にミスをすること，時間厳守に対して不安を抱えるフレディは，言われた時間よりも後にサッカーボールを体育の先生に返すということが決められた。このように，子どもそれぞれに特有な不安喚起要素が課題に組み込まれており，メンバー同士の協力と各自の勇気ある行動がなければ達成されない課題となっている。他にも，似たような症状のメンバーが組んで課題の達成を目指すエクスポージャーが行われた。あるエクスポージャーでは，他者の反応を観察するために，クリスとフレディは，バカげた恥ずかしい思いをするかもしれない行動を交代して行った。2 人は嘲笑が起こると予想していたが，見ていた子どもたちの中にそのバカな行動が広まっていって，嘲笑するよりもむしろ，そのバカな行動に加わる子どもがいることを目の当たりにして驚いた。また，他の子どももバカげたクラスメートの行動を無視していただけだった。

　最後の段階では，それぞれのメンバーが個人で現実場面でのエクスポージャーに挑んだ。クリス

の場合，学校で新しい友だちを作ること，クラスで質問したり，質問に答えたりすること，数学のテストでわざと間違えること，だんだん難易度が上がるスピーチを何度もすることが課題であった。グループの仲間は，エクスポージャー前の準備期間に，不安への対処のための創造的アイデアやサポートをお互いに提案し合った。エクスポージャーの間もお互いの様子を観察し，課題を成功し終えたときには，心温まるねぎらいを交わした。

　プログラムの終結として，不安の対処法を学ぶことについて，グループでビデオコマーシャルをつくらせた。グループでコマーシャルをつくることによって，協力関係と問題解決スキル，グループの凝集性をさらに高めることを目指した。加えて，コマーシャル作りは，プログラムを通して学んだことを確固たるものとし，それぞれのグループ内での役割とグループへの関与を強めるのに役立つ。メンバーは一人ひとりコマーシャルの録画したものを持ち帰った。プログラム終了後，クリスはまだ全般性不安や社交不安の症状を有していたが，どちらも診断基準を満たすほどの症状ではなかった。MASC や STAIC においても，クリスの得点は非臨床群の値にまで低下していた。クラスメートとの交流が増え，先生とも普通に会話できるようになり，必要なときに助けを求めることを恐れなくなった。また，ボーイスカウトに入り，キャンプにも参加した。クリスの両親は，子どもが自分の失敗や間違いを深刻に考えすぎなくなったこと，そして，完璧じゃなくても活動を楽しんで続けられるようになったことを特に喜んだ。

結　　語

　この章でのグループの事例は，認知行動的アプローチが学校という文脈において，子どもの不安に関連した困難をどのように支援できるのかを示す一例である。今回紹介された広範なパッケージの各要素を用いることで，学校場面では短縮プロトコルとして，異なる学年の個別，あるいは集団への介入としても適用できる可能性がある。さらに，学校場面で不安症を発症するリスクのある青少年の予防や早期介入についても大きな期待が持てる。本章で紹介した青少年における不安の問題の発生率，慢性的経過，そして支援の情報を踏まえ，学校において子どもたちが予防的・治療的サービスを受ける機会が増えることが望まれる。

確認問題

1. 現実場面でのエクスポージャーとイメージでのエクスポージャーは，児童期の不安に対する CBT の欠かせない要素になります。エクスポージャーを行うことによって不安が低減する理由を説明してみましょう。つまり，基盤となる不安の変化に影響を及ぼすメカニズムとは何かを説明してください。

2. ある子どものエクスポージャーを行う際に用いることができる学校での不安喚起場面の階層表を作りましょう。また，階層表には不安レベルの低いもの，中程度のもの，高いものを確実に含むようにしましょう。

3. エビデンスはまったく支持していないにもかかわらず，エクスポージャーを用いた支援が子どもにとってトラウマとなるのではないか，ということを多くのセラピストが恐れています。エクスポージャーをやめてしまったり，子どもの回避を促進するようなネガティブな結果にはどのようなものがあるでしょうか？　また，子どもがエクスポージャー

に参加することを拒絶したり，エクスポージャーの実施に際して動揺したりするとき，どんなことができるでしょうか？

第**5**章

不登校行動
——学校での認知行動的介入——

導　　入

　不登校行動とは，学校へ出席することができない，あるいは一日中クラスにいることが困難であることを指す。この用語は学校のある時間に長い間いられない，授業の一部（例，特別な授業や一日の特定の時間）にしか出席しない，学校に遅刻する，学校を休もうと朝不適切な行動を示す，もしくは学校に登校するものの強い苦痛を示し，今後の欠席の言い訳をしているような児童生徒に対して用いられる。不登校行動という言葉はさまざまな構成概念を包含し，しばしば怠学（無断欠席），学校恐怖症，不安を伴う不登校，分離不安のような問題のある欠席行動を分類，あるいは定義するために用いられる（Kearney, 2001）。

　研究者と教育者は，問題のある不登校行動に対して独自の定義を用いている。問題のある不登校行動に組み込まれた定義には以下の内容が含まれる[18]。就学年齢の子どもが，（1）2週間以上の全授業時間のうち25％以上休んでいる，（2）子どもや家族の日々の生活において重大な支障を来すことによって，2週間以上授業に出席することに困難を経験している，もしくは，（3）学期中の15週のうちどこかで10日以上学校を欠席している。なお，この際の欠席は授業時間の25％以上に参加しないことで定義される（Kearney, 2008a）。不登校は，基本的には児童生徒の行動問題であるかもしれないが，一方で後述する幅広い文脈的な変数の中に組み込まれている問題でもある。

　学生生活を通じて考えると，不登校行動は児童生徒の35％までみられる可能性があり，特に新しい学校への移行期にあたる10 〜 13歳の子どもたちの間で最もよくみられる[19]（Pina, Zerr, Gonzales, & Ortiz, 2009）。退学率はヒスパニック系で高くなる傾向にあるが，不登校行動は性別や人種，あるいは社会経済的地位とはそれほど関係がない。不登校行動は，しばしば内在化問題と外在化問題が混在して影響を及ぼしている。通常，内在化症状は全般性不安，社交不安，分離不安，学校関連の刺激への恐怖，抑うつや自殺傾向，疲労や心配，身体的愁訴，自意識の過剰さなどを含む。一方，外在化症状には不服従や反抗的態度，攻撃，かんしゃく，積極的な回避，学校からの逃亡，家出，転居への拒否，他人にしがみついて離れない，といったものが含まれる（Kearney, 2003）。最も一般的な不登校行動に関連した精神科診断は不安障害，気分障害，そして破壊的行動障害である[20]（Egger, Costello, & Angold, 2003; Kearney & Albano, 2004）。

---

18)　文部科学省によるわが国の不登校の定義は，「何らかの心理的，情緒的，身体的あるいは社会的要因・背景により，登校しないあるいはしたくともできない状態にあるため年間30日以上欠席した者のうち，病気や経済的な理由による者を除いたもの」である。

19)　学制の違いを考慮し，我が国の中学校への移行期における中1ギャップの問題に置き換えて考えるとわかりやすい。

20)　DSM-IV の定義による。

不登校行動は多くのネガティブな短期的，長期的な予後と関連がみられる。短期的な結果としては，成績の低下や家族の葛藤，法的あるいは金銭的トラブル，子どもと親の苦痛，仲間からの疎外感，親の監視の少なさなどが挙げられる。長期的な結果としては退学や非行，薬物乱用，傷害，病気，妊娠，暴力などが挙げられる。問題のある不登校の重篤な予後は，大人になっても続くものもあり，経済的損失や社会的，夫婦的，職業的，精神的問題が含まれる（Kearney, 2008b）。

不登校行動のきっかけとしてよくあるものには，家族内の変化や家庭のストレッサー，子どもや親の病気，クラスや先生の変化，学校に関連した脅威，親からの分離，正当な理由ではあるものの欠席の長期化などがあるだろう（Suveg, Aschenbrand, & Kendall, 2005）。しかしながら，不登校行動の多くは明確なきっかけとなる要因がなく，これらについて根掘り葉掘り調べてみても実を結ばないことも多い（Kearney, 2001）。不登校行動はまた，無関心，巻き込まれ，孤立，葛藤といったやりとりに特徴づけられるさまざまな家族のダイナミクスとも関連している（Kearney & Silverman, 1995）。

これまでの研究

教育者や臨床児童心理学者は，不登校のような問題のある児童のために，20世紀初頭から共同で研究を開始した。問題のある不登校は，出席が義務であったために法的問題としてとらえられ，無断欠席（truant）という用語は許可なく休む児童生徒のことを表していた。このような怠学(truancy)は非行行動ともつながり，のちに親が認識していない勝手な欠席と同義の用語になった。今日でも，怠学は，主に法律用語であり，素行症の診断基準の一部となっている（American Psychiatric Association, 2000）。怠学は，不安を伴わない不登校あるいは，ホームレスや貧困に関連した不登校についても指す。

1930年代や40年代の研究者は，学校に出席すると酷いストレスを経験する多くの児童生徒の無断欠席に気がついていた。そして，不安を伴う不登校は，精神神経症的な怠学，登校拒否，学校恐怖症，あるいは分離不安として研究されていた。精神神経症的な怠学と登校拒否は，注目獲得行動だけでなく，シャイネスや不安，罪悪感といった内在化症状のある児童生徒を指しており，学校恐怖症はより明確に，ひどい分離不安と過度な依存のある子どものことを表していた。分離不安は，家庭や主たる養育者から離れることに対して発達的にみて過度な心配をすることを表しており，一般的に学校を長期欠席する主な理由として挙げられていた。

学校恐怖症という概念は1950年代に，それまでの精神神経症的な怠学や登校拒否の記述と類似したものとして広まり，さまざまなサブタイプが紹介された。たとえば研究者は，神経学的あるいは人格学的なサブタイプとして，(1) パニックや前触れのない長期欠席，(2) 徐々に欠席が増える抑うつやパラノイア，といったものを提唱した。関連するアプローチとして，急性と慢性の学校恐怖症の違いに注目が集まっていた。しかしながら，1960年代になると学校恐怖症はより狭義に再定義され，学校に関連する刺激に対する限局的な恐怖を伴う児童生徒にのみ焦点が当てられることとなった。

1970年代，80年代における不登校行動の研究は，統計的，あるいは診断的なサブタイプを通して児童生徒を体系化することに焦点が当てられた。統計的サブタイプには，不安に基づく不登校と非行に基づく怠学に加え，抑うつの有無，そして外在化行動と内在化行動が含まれていた。診断的サブタイプには不安障害や気分障害と，破壊的行動障害の有無が含まれていた。残念なが

ら，このアプローチでは相当の割合で不均衡さ（すなわち，カテゴリーの混在）が目立ったため，不登校行動を伴う子どもたちの多くが分類不能とされてしまった。このように，異なる分野の研究者が独立して特定の不登校行動のサブタイプについて検討してきたものの，不登校の子どもすべてを査定し評価するためのコンセンサスはほとんど得られていないのである。学区の違いについても，問題のある長期欠席を定義し扱うために用いられる傾向にあるが，それによってさらにこの分野の論文が不統一になってしまっている。

　われわれの研究グループは，不登校行動を示す児童生徒全員を定義・分類・査定するための代替手法の開発に焦点を当て，不登校の児童生徒を支援する教育者，臨床家，親，他の専門家が共有できる枠組みを提供し支援にあたっている。問題のある長期欠席を示すすべての児童生徒を含んだ不登校行動の定義は，本章の冒頭で示した通りである。その上で，本書での不登校行動を示す児童生徒に対する分類，査定，そして支援の試みは以下のとおりである。まず，2つの軸に焦点をあてている。1つ目は不登校行動の主要な機能を理解すること，そして2つ目は不登校行動に影響する主な文脈変数について考慮することである。

　本アプローチの第一の軸は，不登校行動の主要な機能に焦点を当てる，すなわち長期欠席を強化あるいは維持している要因に焦点を当てることである。不登校行動を伴う子どもの行動は非常に多岐にわたっており，そのためそのような（表層的な）行動に基づいた分類法はこの集団にはことさら役にたたない。機能モデルは子どもたちを，学校を欠席する理由によって体系づける。つまり，子どもたちは，(1) ネガティブな感情（不安や抑うつ）を引き起こす学校に関する刺激の回避，(2) 嫌悪的な対人場面や評価場面からの逃避，(3) 重要な他者の注目獲得，(4) 学校の外で具体的な強化子を求めるために不登校になると仮定されている。前者2つの要因は，負の強化による不登校，あるいは学校に関連した不快な状況から逃れることに，後者2つの要因では，正の強化あるいは，学校への出席よりも強力な報酬を求めて不登校になっていることを表している。

　ネガティブな感情を引き起こす刺激を避けることによる不登校は，幼い子どもに見られる傾向にあり，学校を休みたいと強く感じるきっかけになった出来事については特定できないことが多い。こういった子どもたちは，全般的な恐怖や，神経質さ，悲しさといった感情の代わりに，身体的不調を訴えることが多い。そして，その身体的愁訴は大げさであることもあるし，そうでないこともある。無理矢理にされれば学校に行くかもしれないが，そのうち学校に行きたくないと親に懇願するようになる。他にも学校に遅刻し，完全に欠席してしまう場合もある。ケースによっては，学校でのきっかけを特定することができる場合もあり，それらは実際の脅威と関連しているかもしれない。しかしながら，ほとんどのケースでは，きっかけがはっきりしないことが多い。

　嫌悪的な対人場面や評価場面からの逃避のために学校を欠席する子どもは，年長であることが多い。そして，欠席に至るきっかけとなった状況や刺激を特定することができることもある。一般的に嫌悪的な対人場面には，仲間との会話の開始や維持（自発的な会話を含む），廊下を歩く，教室に入る，人前で着替える，グループ活動に参加することなどが含まれる。また，嫌悪的な評価場面には，テスト，スピーチ，人の前で書くこと，人前での音楽や体育の実技テスト，クラスで質問に答えることなどがよく見られる。また，給食や体育，数学の授業やテストを欠席してしまうかもしれない。さらに細かい逃避も見られるかもしれない。たとえば，給食の間，トイレに隠れたり，出口の近くに座ったりする，あるいは注目を避けるためにランチルームから別の部屋に帰ったりすることもある。

重要な他者からの注目のために不登校になっている子どもはより幼く，家に居続けるという直接的な行動がみられる傾向にある。明確な分離不安を示す場合もあるが，親からの働きかけや注意を引くために不適切な行動をしようとしている場合もある。中には，親が一日中一緒にいてくれるなら学校に行く子どももいるかもしれないが，家に残るか親と仕事に行くと主張する子どももいる。たとえ学校にいても，繰り返し親を呼びつけたり，家に帰るために校舎から抜け出そうとしたり，自分を家に送り返させるために不適切な行動を取るだろう。これらの行動を親が黙認してしまったり，家に居続けるために朝激しく不適切な行動を示したりすることもよくみられる。

　具体的な報酬のために不登校となっている子どもは，友だちと一緒に学校を欠席するか，遊びの約束をしていることが多い。このような子どもたちは年長であることが多く，午後の授業だけといった形で一部欠席する場合と，全日休んでしまう場合とがある。このような不登校行動は親が知っている場合であっても，そうでなくても，家族のダイナミクスの問題と関連していることが多い。子どもたちはまた，複数の要因によって欠席していることがある。当初はネガティブな感情を引き起こす刺激を避けていたが，その後に親に黙認されるようになって，家での楽しみをみつけたために，二次的に具体的な報酬のために不登校に至っているケースがある。逆に，学校を具体的な報酬のために長期間休んでいたために，その後で新しいクラスや教師の元へ戻ることについて不安になってしまうということもある。

　本アプローチの第二の軸は，不登校行動に影響する文脈変数について考慮することである。機能的アプローチは，不登校行動が始まったばかりのケースに対応する際には有用であるとはいえ，慢性的な欠席においては，さらに複雑な臨床像を示す傾向にある。不登校にまつわる文脈的要因は，子ども，親，家族，仲間，学校，そして地域の要因に分けられることが文献展望から明らかになっている（**表 5. 1**）。重要な例としては，精神病理の併発や学習障害，妊娠，親の監督不行き届き，交通機関の不便さ，家族の変化，逸脱した仲間の影響，危険な学校環境，そして退学率に影響する経済的要因が含まれる。

　不登校への機能的アプローチは，不登校の発生，悪化，そして時には長期化に対しても最も有用であると考えられるため，本章の中では強調していきたい。しかしながら，言うまでもないことであるが，学校心理士やスクールカウンセラー，スクールソーシャルワーカー，進路指導担当者といった，教育の最前線にいる専門家たちは，多くの文脈的変数が関連した深刻で慢性的な不登校ケース，長期欠席者の多さ，そして退学の問題に直面している。このようなケースに対する介入は，中学や高校での代替教育の方法，無断欠席に関する裁判所の判断のようなシステム的なアプローチに加え，後述する臨床的な手続きが必要となるだろう（Sutphen, Ford, & Flaherty, 2010）。これらのシステム介入の側面については，臨床アセスメントや支援の手続きの後に示すこととしたい。

アセスメントのツールおよび技法

　不登校行動を示す子どもを評価する主要なアセスメント法には面接，質問紙，観察，日々の経過を測定する尺度と記録が含まれる。

面接

　不登校行動を示す子どもとその家族に対する面接は，非構造化面接あるいは構造化面接の形式で行われる。非構造化面接を行う場合，子どもの不登校行動の経緯と特徴，併発している症状，そして誘発要因に焦点を置く。他の関連情報としては日々の家族機能の障害度，現在もある生活のストレッサー，社会的コンピテンス，学業コンピテンス，危機的問題，長期欠席に対する家族構成員の考え方，そして関連する文化的変数が含まれる。紹介元（例，家族，学校，裁判所），支援への障壁，そして支援に対する期待や動機に加え，特定の方法や特定の時間を希望する理由を含めた支援の方向性についての情報も重要である。

　不登校行動を示す子どもに対する構造化面接としては親子版不安症面接スケジュール（ADIS; Silverman & Albano, 1996）がある。この面接は内在化問題と外在化問題を網羅しており，不登校行動の経緯，症状，子どもと親の考え方，回避場面，日常生活の障害度，媒介変数を査定するための項目を含んでいる。

　教職員に対しては，支援に重要な情報についても聞いておくべきである。一般的には，成績状況，追試験課題，子どもの再登校の方針とその障壁，校則や代替教育プログラム，過去や現在の出席パターンに焦点が当てられる（Kearney & Albano, 2007）。多くの場合，進路指導担当者，教師，学校メンタルヘルスの専門家，管理職，そして専門家から，このような情報を得ることができる。

質問紙

　子どもの自己報告の質問紙の多くは，全般性不安，社交不安，抑うつ，恐怖といったような内在化症状に焦点を当てているものの，不登校行動の査定にもよく用いられている。頻繁に使用されるツールとしては，Multidimensional Anxiety Scale for Children（March, Sullivan, & Parker, 1999），Social Anxiety Scale for Children Revised（さらに，Adolescent Version; La Greca & Lopez, 1998），Social Phobia and Anxiety Inventory（Kovacs, 1992），Youth Self-Report Scale（Achenbach & Rescorla, 2001）などがある。

　親評定や教師評定の質問紙としては，子どもの行動チェックリスト（CBCL TRF; Achenbach & Rescola, 2001），Child Symptom Inventory-4（Sprafkin, Gadow, Salisbury, Schneider, & Loney, 2002），Conners Rating Scales（Conners, 2008）などが挙げられる。さらに，問題のある家族のダイナミクスに関する質問紙として，Family Environment Scale（Moos & Moos, 1986）や，Family Adaptability and Cohesion Evaluation Scale（Olson, Portner, & Lavee, 1987），Family Assessment and Measure（Skinner, Steinhauer, & Santa-Barbara, 1995）を親に対して実施することも多い。

　子どもの自己報告や親，教師の質問紙の多くは，子どもの不適切な行動に焦点を当てている。しかしながら，不登校行動の機能については School Refusal Assessment Scale-Revised（SRAS-R; Kearney, 2002, 2006）を用いることで信頼性の高い査定を行うことができる。[21] SRAS-R は 24 項目で構成されており，先に述べた不登校行動の 4 つの機能に対する関連の強さを査定することができる。この尺度は子ども用と親用があり，それぞれの機能の査定として 6 項目が当てられている。子どもと親の回答のそれぞれの項目を統合して各機能の得点が得られ，支援は最も関連の強い機能を基に行うことができる。面接や観察といった他のアセスメントで得られたデータからも

21）　日本語版については 72 ページを参照のこと。

表5.1　不登校行動にまつわる主要な文脈変数のまとめ

鍵となる子どもの要因

学校外での長時間の勉強
外在化症状・外在化障害
課外活動への不参加
現級留置
欠席歴
内在化症状・内在化障害
学習に基づく欠席の強化子・機能
自尊心の低さと学校でのコミットメントの低さ
個人的な特性と帰属スタイル
不健康さ，もしくは授業の習熟度の遅れ
妊娠
権威のある大人との関係における問題
人種と年齢
トラウマ
社会的スキル，学業スキルの未発達

鍵となる仲間の要因

非行グループや非行グループにかかわる活動へのかかわり
課外活動への不参加
グループ内で形成された欠席へのプレッシャー，あるいはその他の非行行動への要求によるプレッシャー
欠席，もしくはその他の非行行動
逸脱した仲間との親密性
学外での誘惑（薬物使用等）に対するサポート
いじめっ子や他の子からのいじめ

鍵となる親の要因

不十分な養育スキル
学業成績や出席への期待の低さ
虐待
問題のある養育スタイル（甘やかし，独裁的）
出席に対する不十分な監督
教職員とのコミュニケーションのなさ
関わり合い不足，監督の不行き届き
親の精神病理
親や親族の退学，中退
片親

鍵となる家族要因

葛藤の渦中にあったり，激しい葛藤状態であったりすること，あるいは家族が混乱状態であること
教職員との民族的な違い
ホームレス・貧困・教育的補助へのアクセスのなさ
家族が多すぎること
絆の弱さ，家族内の表現の乏しさ
文化的適応への反抗
ストレスフルな家族の変化（離婚，病気，失業，引っ越し）
交通手段の問題

鍵となる学校の要因

危険・悪い学校の雰囲気
教師の欠勤の多さ
現級留置の規則の厳しさ
問題のある欠席に対する一律的な懲罰や法的処罰の厳しさ
不十分，不適切，あるいは魅力の欠いたカリキュラム
児童生徒の学習や出席に対する不十分な賞賛
さまざまな問題に対する不十分な対応
欠席に対する一貫性のない結果，あるいはほとんど結果が提示されない
児童生徒・教師間の不十分な関係性
学校全体にある人種差別意識や差別

鍵となるコミュニティーの要因

秩序の無い・安全でない近隣
経済的要因（例，正式な教育をほとんど必要とされない収入の多すぎる仕事）
地理的価値，文化的（下位文化的）価値
非行関係活動の多さ
人種間での重篤な緊張状態
社会的，教育的支援サービスの欠如
学区の方針と欠席に関する法的立場

Kearney（2008a）より

確認すべきであるが，SRAS-R では当該ケースに影響している可能性のある二次的な機能についてのデータも得ることができる。

観察

観察は，子どもの不登校行動の形態や機能についての仮説を検証する上で大きな意味を持つ。行動観察は学校のある日の朝や，学校での子どもの動きとして授業時間において行うと特に有効である。行動観察は完全な形式で実施するには，時間的に難しいかもしれない。その場合，相談場面での観察，あるいはある場面についての学校での観察が，不安や回避，親にべったりする行動，反抗的な子どもの行動，あるいは，子どもの行動に対する親の反応や家族のダイナミクスについて明らかにする際に有効であるかもしれない（Kearney & Albano, 2007）。教師やスクールカウンセラー，あるいは他の教職員による観察は，不登校行動を概念化する上でも価値のあるものである。

日々の経過の測定および記録

毎日の日誌や日記は出席や不適切な行動，不安や抑うつといった情緒状態，子どもの行動に対する両親の反応，家族間の葛藤のエピソードなどの記録に役立つ。適切な記録を見直すことで，長期欠席に対する矛盾した解釈を排除したり，改善が必要な関連する問題を見つけ出したりすることができるかもしれない。記録の例としては，医療に関するもの，精神医学関連の情報，出席や成績に関するもの，さらには個別教育計画（IEP）や心理教育検査の結果などが含まれる。

不登校行動の認知行動的概念化

認知行動的な見立てによる不登校行動の事例概念化は，一般的にキューケンらのグループ（2009）による原理，およびガイドラインに従う。この事例概念化モデルは，不登校行動の理解にかかわる複数の原理や段階に基づいている。事例概念化アプローチの主たる原理には，概念化の初期段階，共同的経験主義，強みの焦点化が含まれる。そして，概念化の初期段階には，現在の問題，きっかけや維持要因，保護要因，素因といったいくつかの領域がある。

不登校行動に対する初期の事例概念化では，第一段階としてクライエントと関係者の情報から，感情的，認知的，行動的な用語によって現在の問題を記述する。不登校行動では，何かしらの順番（連鎖）でこれらの問題が存在していることがよくみられる。一般的な感情的要素としては，苦痛，不安，恐怖，悲しみ，不満，退屈などが挙げられる。次に，認知的要素には，学校でのネガティブな結果や評価についての不合理な心配，学校を休みたいという願望，体調不良についての思考，脅威の認知あるいは実際の脅威，疎外感，成績不振に関する思考などがある。最後に，子ども側の行動的要素としては，回避，逃避，安心のための再確認，かんしゃく，不従順，家にいるため，もしくは学校を休むための他の不適切な行動が含まれる。そして，親側の行動的要素には，お金を使った解決，交渉，黙認，および腰，説教，非難，過度なしつけが含まれる。

臨床家は，それぞれのケースについて，感情・認知・行動の3要素の連鎖を評価しなければならない。よくみられる連鎖の例としては，初めに学校を休みたいという身体的訴えや体の苦痛があり，それから不従順がみられるようになり，それに対して親が大人しく黙認してしまうといったものがある。また別の連鎖として，身体的な不安症状を引き起こすような学校に関する心配があり，それから安心を求める再確認行動へとつながる場合もある。臨床家は不登校行動の鍵とな

る行動的要素，特に日々の出席や欠席のタイプ（例，全日，半日，怠学）についても評価しなければならない。

　不登校行動の初期の事例概念化における第二段階は，きっかけや維持要因を明らかにすることである。既に述べたように，不登校ケースの中には，学校での脅威や家族の変化，親または子どもの病気，進学や転校，トラウマとなるようなイベント等，明確な要因が存在する場合がある。臨床家は何かしらの方法で子どもの不登校行動が正当である可能性について注意を払わなければならない。たとえば，もし子どもが実際に学校で脅かされているならば，この章の臨床的手続きよりも先に，その問題に対して取り掛からなければならない。しかしながら，不登校行動の特定のきっかけというのは明確ではないケースの方が多い。

　維持要因の検討は，特定の不登校行動のケースを理解する上では非常に重要である。既に述べたように，鍵となる機能あるいは維持変数には（1）ネガティブな感情（不安／抑うつ）を引き起こす学校に関する刺激の回避，（2）嫌悪的な対人場面や評価場面からの逃避，（3）重要な他者からの注目獲得，（4）学校の外での具体的な強化子，という4つが含まれる。面接，School Refusal Assessment Scale-Revised，あるいは観察は，子どもの不登校行動の主たる機能を明らかにするのに役立つ。

　不登校行動の初期の事例概念化における第三段階には，素因や保護要因が関わる。素因は通常の支援手続きの効果が左右されてしまうような特異性を持つものである。これらの要因は表5.1に示す文脈的なものや，親の仕事，出席にかかわる校則のような特定ケースにおける特殊な状況も含まれる。保護要因には困難な出来事に対する子どものレジリエンスや，学校に復帰する動機，支援計画の初動におけるコミットメントなどがある。

　不登校の事例概念化モデル（Kuyken et al., 2009）における第二の原理は，共同的経験主義である。不登校行動のケースにおける共同的経験主義には，主たる要素についての説明や，維持要因，支援目標について臨床家，家族，教職員の間で合意が得られるよう，継続的な連携を持つことが含まれる。不登校行動のケースでは，全日出席を再度目指したスケジュールを含めた統合的なアプローチが求められるのである（Hendron & Kearney, 2011）。

　事例概念化モデル（Kuyken et al., 2009）の第三の原理は，クライエントの強みを含めることである。不登校行動のケースにおいて，クライエントの強みを組み込むことは，子どもにとって学校の中の受け入れやすい側面を見つけ出すことにつながる。たとえば，ある授業は楽しんで参加できる生徒がいたとしても，部分登校がその学校では認められていないために，学校を完全に欠席するようになってしまうかもしれない。本支援においては，学校の一日のうち子どもにとって最も受け入れやすい一部，たとえば，昼食や理科の授業，あるいは音楽などに出席するかどうかを尋ねるところから始められる。この手法は，教職員と連携できていなければならない。この手法は，当該の子どもが，（1）そこで，学校及び社会的の相互作用に触れること，（2）朝，学校に行く準備をしなければいけないこと，（3）成績を維持するために勉強できるようになること，を目的としている。初期のスケジュールは，今後授業への出席の増加を目指したエクスポージャーの段階を設定することにもつながる。それ以外の重要な強みとしては，社会的支援ネットワークの動員（例，子どもを学校に送迎できる祖父母），学校でのポジティブなピアサポート，教師への指導などがある。

支援計画と介入方略

　不登校行動の支援計画には，臨床家，親，そしてかかわっている学校関係者（他にもちろん保護観察官や医療の専門家のような者も）の協力が不可欠である。本書で紹介する手続きには，これらの関係者間での定期的な連携が求められる。これは，必要に応じて素早く支援方法を修正し，子どもの欠席についてお互いに知らせ，子どもを詳細に観察し，さまざまな場面で支援技法を実施し，経過をチェックし，そして必要に応じて関連した手続き（例，個別教育計画（IEP））を打ち立てるために必要となる。不登校行動を示す子どもへの介入は，一般的に子ども，親，そして家族ベースの実践に分けることができる。学校関係者への提案は後述することとしたい。メンタルヘルス専門家は，これらの介入に関するマニュアルを利用可能であり，重篤ではないケースに対しては親や学校現場の専門家たちも利用できる形にデザインされている（Kearney, 2007; 2008b; Kearney & Albano, 2007）。

子どもベースの介入

　不登校行動の子どもベースの支援技法には，心理教育とセルフモニタリング，身体感覚コントロール活動，認知療法，エクスポージャーに基づく実践練習，が含まれることが多い。心理教育とは，子どもの不登校行動の性質と付随する不安や抑うつの症状について，家族メンバーに教えることを指す。子どもたち自身の長期欠席が持つ身体的，感情的，認知的，行動的要素だけでなく，その形態や機能についても教育することが重要である。また，子どもたちは，情緒的状態と支援の進捗状況を把握するために，継続的なセルフモニタリングを行う。その子にとってどのように症状の構成要素が連鎖しているのかを特定することが必要である（先の例を参照）。

　身体的な不安症状を抱える子どもに対しては，身体的覚醒を低減させ，回復をもたらすために，身体感覚コントロール運動を用いることができる。この際，一般に子どもには筋弛緩訓練が用いられる。筋弛緩訓練は，さまざまな筋肉群の連続的な緊張と弛緩の形式をとる（Ollendick & Cerny, 1981）。他によく用いられる身体感覚コントロール活動は，呼吸訓練である。子どもには，深い呼吸のために横隔膜を押し込みながら鼻からゆっくり吸い込み，そして口からゆっくり吐き出すということを教える。幼い子どもたちに教える際は，風船やタイヤを膨らませたりしぼませたりするイメージが役立つ。これらの技法を学んだ子どもは定期的に練習することで，ストレスフルな状況におけるエクスポージャーに基づく実践練習の際に応用することができるようになる。

　認知療法もまた，不登校行動を示す多くの青年，その中でも特に登校や仲間，人前でのパフォーマンスに関して不合理な考えを持つような者にとって有用である。こういった子どもに対する認知療法の一般的な内容は，歪んだ考えを特定して分類すること，内省と質問によってそれらの考えを評価すること，それらの考えをもっと現実的で柔軟なものに修正していく方法を実施すること，そして，本人がこれらに取り組むのを強化することが含まれる。一般的な認知的技法には以下のようなものがある。子どもに，ある特定の考えについて，それを支持する証拠と否定する反証とを吟味させること。さらに悪いシナリオについての正確な（そして普通は操作が可能な）随伴性を調べること。よくない出来事を起こした他の原因についてよく考えること。問題をもっと建設的あるいは現実的に組み立てなおしたり分類したりすること。そして，よくない出来

事が起きる正確な確率を検証するための行動実験を実施することである（Reinecke, Dattilio, & Freeman, 2003）。

　最後に，エクスポージャーに基づく実践練習は，不登校行動を示す子どもへの支援の中で鍵となることが多い構成要素である。これらの実践は，シェイピングを通して子どもを段階的に学校へ再び戻していくことが含まれる。再登校には学校生活のうちの特定のクラスや時間をターゲットとする。たとえば，まず初日には１時間だけ登校し，それから１日１時間ずつ増やしていくという方法がある。エクスポージャーに基づく実践練習は，馴化，感情処理理論，自己効力感の強化といった理論に基づいている。子どもに期待されるのは，学校環境にもっと慣れることを通じて，環境が危険なものではないと学習し，環境をコントロールできるようになると感じるようになることである（Kearney, 2005）。エクスポージャーは，この章で説明する他の技法と組み合わせて使われることが多い。

親ベースの介入

　不登校行動を示す子どものための親ベースの介入には，随伴性マネジメントや，毎朝の日課の設定，指示の改善が含まれることが多く，時には強制的な登校も用いられる。ここで言う随伴性マネジメントとは，親が家庭のルール（特に子どもの朝登校する前の行動）を設定するのを手助けること，すなわち，ルールに従った場合（つまり登校する）のご褒美と，従わない（欠席する）ことへの意欲を妨げるような工夫を設けることである。小さい子どもであれば，トークンエコノミーシステムが用いられるかもしれないが，年長の子どもには，賞賛や他の直接的な強化子への反応の方がよいかもしれない。

　このやり方においては，子どもが朝から学校に行けるような余裕を持って準備するという日課に対してよい結果を伴わせるということが多い。たとえば，学校が始まる時間よりも１時間半から２時間前に起きる。洗顔，着替え，朝食，歯磨き，最後の準備（例，カバンに荷物を詰める，上着を着る）の時間を決めるといった具合である。少し手間取った場合にも余裕を持てるように，日課は柔軟であるほうがよい。ただし，定められたステップを達成できなかったら嬉しくない結果が伴うように，十分に厳密にしておく必要がある。さらに，朝の親の指示も，より簡潔で明確なものへとシェイピングしていくようにする。

　強制的な登校とは，親が２人で子どもを学校へ連れていって，子どもを教師に預け，教師がクラスまで付き添って様子を詳細に観察するという方法である。強制的な登校を用いることができるケースは限られている。子どもの登校できる日が登校できない日よりも多く，登校に対する不安感がなく，かつその間，親と学校が協力し合える状態にある場合のみ，最後の手段としてのみ使うべきである（Kearney & Albano, 2007）。しかしながら，家庭のルールと日課に合致した随伴性マネジメントを用いることの方が，理想的であることは強調しておきたい。

家族ベースの介入

　不登校行動を示す子どもへの家族ベースの介入には，しばしば随伴性マネジメントに関する"契約"という形での約束とコミュニケーションスキル訓練が含まれる。随伴性マネジメントに関する約束では，登校や学校の準備を達成したらもらえる具体的な物によるご褒美と，欠席や不服従を防ぐ結果について，親と子どもの契約文書を書くようにする。この約束は，家族の問題解決プロセスの機能を高め，対立を減らすのに有効な方法であるが，必ず全員が強制されることなく同

意できている場合のみ実行するようにしなければならない。人の話を聞くことや，言い換え，相手の意見に応答するといった家族による的確なコミュニケーションスキル訓練を約束の中に組み込んでもよい。

　契約という形での約束が，うまくいくかどうかは，ひとえに子どもが実際に登校できるかどうかにかかっている。それゆえ，まずは子どもが約束のご褒美を手に入れられるように，登校の際に送り迎えをしてあげたり，クラス移動に付き添ってあげたりする支援が必要になる。これに関して，子どもが先生に登校したというサインをもらう出席日誌も役立つかもしれない。さらに，子どもが仲間から学校をサボるように誘われても断れるように，仲間からの誘いを拒否するスキル訓練が必要になることもある。さらに，ロールプレイを用いることで，学校にとどまり続けながら，友だちとの信頼関係も維持できるような主張の仕方や振る舞いを学ぶこともできる（Kearney & Albano, 2007）。

不登校行動の機能的モデルに基づいて規定された支援法

　ここで取り上げる技法は，先に概説した不登校行動の機能的モデルの中で用いられてきたものである。この支援パッケージは，多様な不登校機能を有する子どもたちのために定められている。ネガティブな感情を引き起こす学校に関する刺激の回避のためや，嫌悪的な対人場面や評価場面からの逃避のために不登校行動を示す子どもへの支援としては，子どもに対する心理教育や身体感覚コントロール活動，認知療法，エクスポージャーに基づく実践練習が含まれる。注目獲得のため不登校行動を示す子どもの場合，親に対する随伴性マネジメントとそれに関連する実践が含まれる。学校外の具体的な強化子を得るため不登校行動を示す子どもの場合，家族ベースの随伴性マネジメントに関する契約とそれに関係するスキル訓練が含まれる。不登校行動に複数の機能がある子どもの場合は，複数の組み合わせが必要となる。

　ここで取り上げている規定された支援方法は，さまざまな個別の状況にぴったり合致するように仕立てられなければならない。たとえば，ネガティブな感情を引き起こす学校に関する刺激の回避のために不登校になっている子どもが抱える状況には，親から薬を飲むことや自宅学習を強要されること，スクールバスに乗る際の問題，日曜の夕方からの不安，身体的な症状などがあるかもしれない。嫌悪的な対人場面や評価場面からの逃避のために不登校になる子どもの場合，乏しい社会的スキルや，パニック症状，他の人のからかい，完璧主義，体育への不参加などが問題となる状況としてみられるかもしれない。注意獲得のために不登校になる子どもの場合，休み明けに登校する際の困難，親子一緒に学校に来てしまうこと，遅刻が繰り返されること，校舎からの逃げ出してしまうことが含まれる可能性がある。最後に，学校外の具体的な強化子のために不登校になる子どもでは，睡眠の問題，親の監督不行き届き，触法問題などが考えられる

学校場面への示唆と応用

　本章で説明してきた方法は，すべて，もしくは一部について学校で適用可能である。学校心理士，教育相談担当者，他の専門家は，不安マネジメントスキルに関するトレーニングを子ども自身に実施することもできるし，親に随伴性に関する方略を教えることもできる。事実，本章での多くの支援方法は，学校で実施されることで最も効果を発揮するだろう。学校での実施は，学校へのエクスポージャーや子どもの様子を観察する機会を増やし，必要な専門家（メンタルヘルス

の専門家や学校関係者）を支援に巻き込むことが可能となる。ここまで説明してきた構造化された支援手続きの他にも，現場で働く学校関係者は子どもの登校を促す介入を実施することができる。カーニーらは（Kearney, 2008b; Kearney & Bates, 2005; Kearney & Bensaheb, 2006），そのような現場で活用できる取り組みについて論じているので，ここで簡単に紹介したい。

　現場での取り組みの1つのカギは，学校での子どものあらゆる様子を観察することである。子どもをよく観察しておくことで，授業をさぼったり，電話での呼び出しや回避のような行き過ぎた行動を減らすことができる。理想的には，学校での様子を一日中観察できる学校関係者，特別支援者，同級生によって行われると良い。難しい場合は，先生が次の授業の橋渡しをしてあげると良いだろう。先に述べたように，教師に日々の出席日誌をつけてもらうことも有益である。

　2つめのカギは登校を妨げる要因を取り除くことである。たとえば，教師は子どもの成績を常に把握できるので，時間割を修正することや，補習をしてあげることが可能である。子どもに合わせた的確な教育をすることは非常に重要であり，教師と子どもとの間が難しい関係になっていたら，それをなるべく早く解決してあげることも求められる。加えて，登校した場合，学校でのご褒美を与えてあげることも良いアイディアである。この場合は，書面での契約という形で児童生徒と約束することが良い。たとえば，適切な課外活動や集まりに参加したら称賛するようにしたり，学級での取り組みとして，向社会的な行動に対してトークンエコノミー法を適用したりすることできる。

　学校での介入は親の養育行動と密接に関連付けておかなければならない。不登校が始まったとき，あるいはその可能性が考えられる場合，親と学校関係者は綿密に連絡を取るべきである。家庭では勉強に関連すること以外はさせないようにして，登校目標を達成できるように努め，必要に応じてさらなる支援方法を探すようにする。登校計画を立てる際に問題が生じている場合には，特にこの点が重要である。目標が達成できないといった事態の長期化を避けるためには学校と親との正式な話し合いの機会をなるべく多く設けることが望まれる。約束した目標が達成できないときには，支援計画の目標が高すぎたり，複雑すぎたりすることが多い。あるいは，目標達成を妨げる大きな要因に十分にアプローチできていなかったり，子どもを観察することが不足していたり，現状維持を望んでいる親や子どもからの抵抗があったり，家族間の葛藤が生じていたり，重篤な精神疾患がみられたり等も考えられる（Kearney & Bates, 2005）。約束が守られないことは，継続的に取り組むべき課題であり，以下のような観点から修正を図るとよいだろう。たとえば，頻度，家族とのポジティブなかかわり，セッションに参加したことに対するご褒美，支援計画の単純化，送り迎えやその他の支援，家族に対する社会的サポートネットワークの提供，そしてそのような社会福祉機関を含めた正式な学校での合同会議が挙げられる。

　さらに，現場の専門家が実施可能なシステムに基づく不登校に対する介入には以下のような要素も含まれる（Sutphen et al., 2010）。

- 代替教育プログラム：定時制学校，職業訓練，実験室やオンラインでの仕事・学習，職業見習い，もしくは，他の形式での教育経験
- 外国や多文化の家族との共同関係の強化：家庭訪問，通訳，学校での特別支援の紹介。
- 病気による欠席を解消するために学校でできる健康サービス
- ホームルームや授業を通じての仲間関係の維持，課外活動への参加
- 薬物使用や情緒問題，学習障害に対するメンタルヘルスプログラム，養育スキル，コミュ

ニケーションスキル，子どもの社会的スキルに対する支援プログラム
- 平日，週末，夏休みの補習と宿題をする機会の増加
- 学校が提供できる不登校対策の紹介と学校ベースのコミュニティサービス
- 不登校のリスクのある児童生徒を発見し，働きかける面での担任教師の役割の見直し
- 社会的スキルと学業スキルを維持し，スムーズな進学を支援する長期休業期間に実施する橋渡しのプログラム
- 不登校児童生徒に対する教師の観察と集中的な個人指導の機会
- 仲間による見守りと補助役割：不登校児童生徒とコミュニケーションを取り，学校に戻ってこられるように促す

2つの事例
事例1

タイラーは13歳の男子生徒である。近頃不登校になったということでクリニックに紹介された。タイラーは4カ月前に中学校へ入学，その後すぐに登校の問題を示し始めた。とりわけ，新しい教師の何名か，授業のいくつか，さまざまな同級生，そして宿題に困っているようであった。さらに悪いことに，近所の友人たちが，タイラーとは別の学校に行ってしまったり，時間割がずれてしまったりしていた。この事実が，タイラーに孤独と憂うつを感じさせていた。

タイラーは教育相談担当者と両親によって支援に繋げられた。そして，彼らは皆，タイラーの欠席と気分の変化を心配していた。教育指導担当者によると，過去4カ月間で全日欠席が30日，部分欠席が22日となっているとのことであった。加えて，学校にいるときでも，涙もろくなり，ただただ家に帰りたがっていることが多いということであった。タイラーの両親からも同じ報告があった。加えて，息子は小学校で問題なかったが，繊細で内気だったと話した。また，タイラーはいつでも友だちが遊びに誘ってくれるのを待っていたが，友だちは中学校になってから忙しくなってしまった，とのことであった。学校がある日，タイラーは家で学校の宿題をこなし，母の手伝いをして過ごしていたとのことだった。

セラピストは，面接，自己報告，親への質問紙，そして一日の感情の状態と問題行動（依存やかんしゃくなど）と欠席を詳細に書いた日々の記録からなる一通りのアセスメントを実施した。アセスメントの情報から，タイラーが社交不安症の基準を満たしていること，そして抑うつの症状が見られることが明らかになった。加えて，機能分析を行ったところ，タイラーは，主に社会的かつ/または評価的な嫌悪場面（特に新しい同級生と関わったり人前でパフォーマンスしたりすること）を回避するために欠席していたことがわかった。

そこで，セラピストはタイラーとその両親に支援の概要を説明した。支援計画は，鍵となる社会的・評価的場面における不安マネジメントと段階的な登校形成から構成された（表5.2）。まず，社交不安についての心理教育が行われた。これは，身体的，認知的，行動的といった多面的な不安を持つタイラーにとって大変当てはまる説明であった。たとえば，よくある朝の一連の出来事として，学校でみっともないことをするのではないかという心配によってお腹の張りと吐き気が発生し，それに続いて学校へ行くのを回避するためにぐずぐずするといった行動が見られた。タイラーの経験は例として，心理教育の中で活用された。

タイラーは聡明な生徒であったため，セラピストは，不安想起場面での不合理な思考を修正するのに役立つ認知療法のテクニックを紹介することにした。セラピストは，失敗するのではないか，

表 5.2　タイラーのセッション概要

セッション 1	心理教育，面接室内での不安マネジメント技法，人前で恥をかくことに関する思考に対処するための認知療法の導入，教室への出席や校舎へのエクスポージャーのスケジュールを決める最初の話し合い，教育相談担当者との話し合い。
セッション 2	登校前の朝の時間における不安マネジメント技法の応用，人前で恥をかくことに関する思考を扱う認知療法の継続，タイラーが一番好きなクラス（音楽）に出席することへの同意，成績維持のために教員が提案する学業課題。
セッション 3	出席した授業における不安マネジメント技法の応用，学業での失敗に関する思考へ対処するための認知療法の応用，授業 2 時間と昼食（音楽，昼食，科学）に参加することへの同意，タイラーが現在の課題に加えて補習課題をこなすための時間割。
セッション 4	学校での即興演奏の社会的場面における不安マネジメント技法の応用，認知療法の継続，社会的スキル教育に関する最初の話し合い，授業 4 時間と昼食（数学と社会科を追加），補習課題と現在の学習との時間割の調整。
セッション 5	不安マネジメント技法の継続，認知療法の応用としてさまざまな社会的・評価的状況についての予測を調べること，仲間とのかかわり合いの開始と持続に焦点を当てた社会的スキル訓練の応用，英語以外の授業へ参加することへの同意，補習課題時間割の継続。
セッション 6	英語のクラスでの口頭発表に焦点を当てた社会的スキル訓練の応用，英語も含めた全ての授業へ参加することへの同意，友人と同じ授業になるような時間割の調整，2 つの課外活動への参加。
セッション 7	再発予防策についての話し合い，セラピストからの定期的な電話連絡によるフォローを受けながら少なくとも 2 週間問題なく出席できることの確認，出席を妨げる可能性のある要因について教職員と親の毎週の情報交換。

　恥をかくのではないかという考えを支持する証拠と支持しない証拠を集めるとともに，そのような出来事に対するテイラーの予想について調べるようにした。また，タイラーの社会的スキルはさらなる向上が求められたため，セラピストと一緒に数セッションかけてスキルの実践練習を行った。特に，仲間との会話を始めることと継続すること，そして口頭での発表を効果的に行うことに焦点を当てた。

　エクスポージャーに基づく実践練習は，支援の重要な役割を担っていた。まずは，タイラーが最も楽しめる授業を選んで出席してみるようにした。このエクスポージャーに引き続いて，他の授業にも参加してみることや，他の生徒と関わりを持つこと，人前でのパフォーマンスを含む補習授業への参加が導入されていった。タイラーは，新しい友人を作るために 2 つの課外活動に参加するように促された。さらに，教育相談担当者は，時間割を調整して最も困難な 2 つの授業については，小学校からの友人と同じ時間にすることにした。8 週間の支援の結果，タイラーは引き続き友人とのかかわりについていくらかの不安を感じているものの，完全登校に至っている。

表5.3 カーリーのセッション概要

セッション1	支援計画と登校目標については最初の話し合い，朝の学校の支度に関する書面での約束，長時間の欠席を考慮した再登校におけるカーリーの心配事についての話し合い，部分登校計画について教育相談担当者との話し合い。
セッション2	朝の学校の支度を進められるように約束を修正，1時間の登校を促す2つめの約束，親の監視と学校外での活動を防止するための親との話し合い，約束を達成するうえで障壁となりそうなことについての継続的な話し合い。
セッション3	両親に娘を学校に連れていくことについての依頼を含めたカーリーが登校契約を守れるような追加の手続きについての話し合い，登校日誌の実施，学校でのカーリーの様子を観察する機会を増やすように教育相談担当者に依頼。
セッション4	約束を守れていないことやセッションのキャンセルについての家族との話し合い，学校へ連れていくことが継続できない要因についての話し合い，教育相談担当者とカーリーの学業成績についての話し合い。
セッション5	単位部分認定プログラム等の代替教育プログラムについて教育相談担当者との相談，3時間の夕方・夜間開講プログラムの選択可能性についての家族との話し合い，当該プログラムへの出席率を高めるための約束を作成，出席を妨げる可能性のある要因についての話し合い。
セッション6	部分登校プログラムについての話し合いと良好な出席状況を保つための契約の微調整。同級生や先生とのかかわり方についての話し合いと他人から学校を休もうと誘われたときに用いる断るスキルのトレーニング。
セッション7	部分登校プログラムと登校維持契約についての話し合い，宿題を親が見てあげる機会の増加，新たな通学問題についての話し合い。
セッション8	再発防止方略についての話し合い，セラピストからの定期的な電話連絡よるフォローを受けながら少なくとも2週間問題なく出席できることの確認，出席を妨げる可能性のある要因について学校職員と親の毎週の情報交換。

事例2

　カーリーは16歳の女子生徒である。長期の不登校行動によってわれわれのクリニックに紹介されてきた。カーリーはここ数カ月学校を欠席しており，また前年度から今年度にかけても出席は断続的になっていた。教育相談担当者は，単位を落として学校を退学することになるかもしれないという以上のアドバイスはできていなかった。両親はカーリーの行動に不満を抱えており，学校を退学しても仕方がないと思ってしまっていた。最初の面接でカーリーは協力的であったが，学校は好きではなく行く必要も感じていないとはっきり言った。高校を卒業しないで仕事を見つけた先輩もいるので，自分も同じ道をたどることができるとも述べていた。

　セラピストは，家族が日誌には協力的ではなかったため導入は見送ったが，それ以外はタイラーと同じアセメントを実施した。アセスメントデータからは，カーリーは精神障害の診断基準には合致しないものの，不服従と不登校の問題は深刻であることは明らかであった。機能分析からは，カー

リーは学校外の具体的な強化子によって不登校となっていることがわかった。友だちの家に行ったり，テレビを見たり，寝たり，ショッピングをしたりして楽しんでいた。

　カーリーと両親のセッションへの参加は不定期であったものの，学校の支度や登校行動の改善に向けた随伴性のコントロールには取り組んでいた（表5.3）。カーリーと両親は，セッションの間に適切な"契約"を取り交わしたものの，カーリーが約束を守ることは長続きしなかった。両親がカーリーを学校に連れていくというものも含めて約束を守るためのさらなる努力が続けられたものの，状況は結果的には好転しなかった。

　そこで，セラピストは，教育相談担当者と代替教育プログラムの導入可能性について話し合った。カーリーと両親にいくつかのプログラムを紹介したところ，部分的に単位認定が可能な3時間の夕方・夜間開講プログラムへの参加を希望した。このプログラムでは友だちと過ごす時間が取れる上に，それほど圧迫的なものではないので課題も負担にはならなかった。両親は宿題と出席状況を注意深く監督しておくことに同意し，出席が増えるような"契約"をカーリーと取り交わすことにした。両親は支援を夏休みに終結することにしたが，カーリーは1学年を通して，このプログラムに出席することができた。

結　　語

　不登校はよくみられる行動である一方で多種多様な問題があり，児童青年の成長を妨げる問題となる。不登校に対しては，詳細なアセスメント，規定された支援法，メンタルヘルスや教育の専門家たちとの協同，そして本人と親との協力が必要不可欠である。多くのケースでは，さまざまな併存する問題，家族関係の問題，他の広範囲な文脈的要因を含めた創造的な支援が求められる。また，必ずしも完全登校ではない個に応じた登校目標を考慮しなければならない。メンタルヘルスと教育の専門家は，不登校に対するアセスメントと支援方法の今日の急激な発展に遅れずについていかなければならない。

確認問題

1．不登校行動の事例概念化はどのように行ったらよいでしょうか？
2．支援について困難を抱えるタイプの不登校のケースには，どのような個別の環境が存在しているでしょうか？
3．不登校のケースを支援する際に助けとなる専門家の中で，どのような領域の人たちと関係を築けているでしょうか？

第**6**章

選択性緘黙症
——認知行動的アセスメントと介入——

　選択性緘黙（selective mutism）[22]は誤解され続けている児童の障害である。選択性緘黙はまれな障害であるため，このケースに出会ったことがない臨床家や教育関係者は多い。一般的に選択性緘黙は，就学前や小学校低学年頃に，言語によるコミュニケーションが求められる状況になるまで，その症状が認められないことが多い。選択性緘黙が認められる就学前や小学校低学年といった初期の段階にこそ，学校や社会適応のための介入や支援が必要不可欠である。

　本章では，専門家として選択性緘黙の子どもにかかわる人々に，選択性緘黙に関する対処法，評価，概念化，支援についての理解を広げることを目的とする。児童期の障害に対するエビデンスに基づいた治療（たとえば，認知行動療法（CBT））に関する文献は増えつつあるが，選択性緘黙に関して一貫して成功をもたらすような支援方法や評価方法は多くはない。選択性緘黙は，以前考えられていたように同質ではなく，さまざまなサブタイプが存在することが示唆されている（Mulligan, 2010）。結果的に，このことが臨床家や学校教育関係者（例，学校心理士，スクールカウンセラー，ソーシャルワーカー）に，支援の選択肢を薦める上で支障となっている。選択性緘黙の臨床像に関する誤解もいくつかある。それは，彼らが反抗的で，権威者（先生など）に抵抗するために絶対に話そうとしないという考えである。この考えは一般には正しくない。なぜなら，限られた文献ではあるが，選択性緘黙の子どもたちは，不安のない場面において外在化行動障害を示すことが示唆されているからである（Dummit et al., 1996）。

選択性緘黙とは何か

　19世紀の終わりに，カスマウル（1877）が，話す能力があるにもかかわらず，ある状況においてまったく話さない障害について記述した。彼はこの障害を，自発的失語症（aphasia voluntaria）と名づけ，話さないことを自らの意思で決定しているという彼の考えを強く主張した。1934年に，トレーマーが選択的緘黙（elective mutism）という用語を用いた（Dow, Sonies, Scheib, Moss, & Leonard, 1995）。トレーマーは，これらの子どもたちが話さないことを "あえて選んでいる" と考えていた。DSM-IV（American Psychiatric Association, 1994）に選択性緘黙（selective mutism）という用語が採用され，近く発表されるDSM-5においても変更をめぐる議論はなく，最新の用語として引き続き用いられる[23]。選択性緘黙とは，子どもたちが話そうとするか，しないかを選択していることを暗に示している。主に，新しい環境や普段とは違う環境

---

22)　本書ではDSM-5にしたがい selective mutism を「選択性緘黙」としたが，後述のような議論を踏まえ，訳語を「場面緘黙」とするべきであるという主張もある（久田ら，2014）

23)　DSM-5において，選択性緘黙は新たに不安症群の中に含まれることになった

において，子どもが居心地の悪さを感じるときに緘黙が起こる。そのため，選択性緘黙は不安に基づく病因学的理論との整合性がある（Dow et al., 2004）。DSM -IV-TR（American Psycliatric Association, 2000）によると，選択性緘黙の主な特徴は，特定の場面以外では話すことができるのに，特定の社会的場面や話すことが求められる場面でなかなか話すことができないことである。たとえば，多くの選択性緘黙の子どもにおいて，家では簡単に普通に話せるのに，学校やその他の社会的状況では話せなくなることがよくみられる。

　選択性緘黙の診断基準を満たした場合，その障害は教育面・職業面での達成や社会的機能を妨げる。選択性緘黙のケースでは，全般的なクラス活動への参加ができなくなるともに，クラスメートやそれ以外の教職員との社会的なかかわりが減ってしまう。このような問題は，少なくとも1カ月続くが，これは学校での最初の1カ月に限らない。また，選択性緘黙において，話すことができないのは，その社会的状況において求められる話し言葉を知らない，もしくはその不安のためではない。このような理由のため子どもが話すことができない場合は，コミュニケーション障害と関連する機能的障害（たとえば，吃音や音韻障害）の結果として症状が生じるとされ，選択性緘黙には当てはまらない。さらに，自閉性スペクトラム障害（Autism Spectrum Disorder: ASD），小児期の統合失調症やその他の精神障害がみられる場合も，選択性緘黙の診断から除外される。選択性緘黙の子どもたちは，普通の言語によるコミュニケーションの代わりに，ジェスチャー，うなずいたり頭を横に振ったり，引っ張ったり押したりすることでコミュニケーションを図ろうとする。あるケースでは，短音節の短い単調な発声やささやき声，または変わった声を用いる場合もある（American Psychiatric Association, 2000）。

選択性緘黙に関する文献展望

　選択性緘黙は比較的まれな障害だが，その有病率は一貫して0.2～0.7％の間と報告されている（Kolvin, Raaska, & Somppi, 1998）。学校場面における教師報告に基づいた最近の調査結果では，有病率は0.71％と報告されており（Bergman, Piacentini, & McKracken, 2002），選択性緘黙は，以前報告されていたほどまれな障害ではない可能性がある。一般的に，選択性緘黙は男児に比べて女児に多くみられ，その性別比は，1：1.5～2（女児は男児の1.5倍から2倍の有病率の高さ）とされる（Black & Uhde, 1995; Kristensen, 2000）。また，選択性緘黙は，社会とのかかわりが少ない家族，両親が子どもの選択性緘黙について介入の必要性があると認識していない，あるいは主に学校において緘黙行動がみられるために，実際より少なく報告されている可能性がある（Hayden, 1980）。

　選択性緘黙は，さまざまな経過をたどり，数カ月から数年続くことがある（Krysanski, 2003）。しかし，適切な支援を受けなければ症状は改善されず，むしろ悪化し，より支援することは困難となる（Manassis, Fung, Tannock, Sloman, Fiksenbaum, & McInnes, 2003）。実際，子どもの頃に選択性緘黙と診断された青年41名を追跡した研究では，診断を受けた後12年経っても，彼らのうち61％が自信，独立，学業，社会的コミュニケーションに関することで悩みをかかえていることが明らかになった（Remschmidt, Poller, Herpertz-Dahlman, Hennighausen, & Gutenbrunner, 2001）。

　現在の研究では，不安，特に社交不安と選択性緘黙との病理学的関連が示されており，選択性緘黙を社会恐怖の一つのタイプとして概念化すべきという意見がある（Black & Uhde, 1995）。

これは，選択性緘黙の子どもに，社会的場面を回避する，またはそのような場面で苦痛を感じる，見知らぬ人の前で話すのが不安であるなど，社交不安症を持つ子どもと共通する特徴が多くみられることが理由である（Beidel & Turner, 1998）。ブラックとユーデ（1995）も選択性緘黙と不安との関連，特に最も併存しやすい心理社会的問題の一つである社会恐怖との関連を報告している。ブラックらは，過度な社交不安は，彼らの選択性緘黙の研究の参加者全員に広くみられる特徴であり，その家族にも選択性緘黙や社会恐怖の有病率が高いことを示した。彼らは，選択性緘黙を子どもの頃にみられる話すことの抑制や社交不安とのスペクトラム（連続体）上に位置づけ，その最もひどい極限を示すものが選択性緘黙ではないかと結論づけており，これは選択性緘黙に関する他の研究結果と一貫している（Dummit et al., 1997; Kristensen, 2000）。

　選択性緘黙の子どもは不安や社交不安の併発率が高いため，彼らに社会面，感情面での障害が存在するのではないかと予測することは合理的である（Mulligan, 2010）。一般的に，選択性緘黙の子どもは恥ずかしがり，内気，引っ込み思案を示し，これらの症状は，ある水準の社会的不適応の子どもたちにおいても共通してみられる。また，このことは社会的機能の障害と不安の高さの関連を示した研究結果により支持されている（Wood, 2006）。選択性緘黙の子どもに関するデータは限られているが，驚いたことに，ある研究では，選択性緘黙の子どもたちは同年齢の健常な子どもたちに比べて，いじめ被害や社会的な悩みを抱える割合が特別高いわけではないと示されている。たとえば，ある研究では，選択性緘黙の子どものうち16％が仲間はずれにされており，5％の子どもがいじめを受けていることが示された。これらの割合は，選択性緘黙でない子どもに比べわずかに高いものの，ほぼ同じであった（Kumpulainen, Rasanen, Raaska, & Somppi, 1998）。この研究からは，選択性緘黙の子どもは，自分のことを話したり，会話を始めることに困難を抱えているが，選択性緘黙ではない子どもに比べて，他者からの拒絶やいじめの対象にされてはいないことが示されている。このように，選択性緘黙の子どもたちは，一部の信頼できる友だちとは安心してコミュニケーションをとり，小さな限られた仲間関係をつくり，維持しているようである（Mulligan, 2010）。

　ハーバード乳幼児研究の報告によると，選択性緘黙とされる子どもたちの行動特徴は，"行動抑制（Behavioral Inhibition: BI）"によって評価される（Kagan et al., 1998）特徴ときわめて類似していることが証明されている。この研究では，乳児の頃に，定型発達の子どもたちの中には，新奇な刺激や見知らぬ人を回避する傾向を示し，親を探し，遊びを止め，声を出すことが"抑制される"傾向を有する子どもと，反対に新しい状況において接近し，探索し，おしゃべりである傾向を有する子どもがいることを示している。この抑制的な気質特徴は，パーソナリティ特性としての恐れや内向性・外向性，シャイネスのような理論的構成概念とも関連しているとみなされている。選択性緘黙の人は，しばしば新しい刺激に対する反応，移行や変化への対応が困難であり，行動抑制を示す子どもの主たる特徴を有している（Ford et al., 1998）。

　社会恐怖と選択性緘黙の間には共通点があるにもかかわらず，大きく異なる点もいくつかある。異なる点として，発症年齢が挙げられる。社会恐怖の子どもの発達年齢は10歳頃（Vasey, 1995）であるのに対して，選択性緘黙は5歳より前であることが多い（American Psychiatric Association, 1994; Steinhausen & Juzi, 1996）。また，社会恐怖の子どもとは異なり，選択性緘黙の子どもの多くは，実際は社会的状況を楽しんでいる。これは，彼らが仲間や大人とかかわり合いを恐れているわけではなく，楽しく学校に通い，さまざまな状況や文脈の中で仲間や大人との非言語的コミュニケーションを活発に行うことを示している。このことからある研究者たちは，

選択性緘黙の子どもは，社会的に不安な状況に遭遇した時にうまくやれる回避方略（例，選択的に話す行動）を見つけ出しており，よって彼らの不安はこのような社会的状況の中で小さくなる可能性を挙げている（Yeganeh, Beidel, Turner, Pina, & Silverman, 2003）。このような子どもは社会恐怖の基準を満たさない。なぜなら，社会恐怖の子どもは，不快な気持ちの原因となる社会的状況を避けるからである。また別の研究者たちは，選択性緘黙は，社会恐怖の他の症状よりも早い時期に始まる社会恐怖の発達的なサブタイプだと考えている（Bergman et al., 2002）。このような選択性緘黙の幼い子どもを早期発見できるという可能性は，専門家たちが社会恐怖症状の治療に当たって，早期介入を実施する際に役立つかもしれない（Black & Uhde, 1995; Ford et al., 1998）。

　マナシスたちは（2003），社会恐怖の子どもたちと選択性緘黙の子どもたちは，多くの標準化された全般性不安や社交不安のアセスメントにおいて，よく似た得点を示す傾向があることを明らかにした。しかし，子ども自身によって報告された分離不安，身体的不安，もしくは親によって報告された社交不安の得点については，社会恐怖を持つ子どもの方が高い傾向がみられた。これらの尺度では，選択性緘黙児が社会恐怖児よりも低い得点が示されているため，選択性緘黙は社会恐怖の深刻なサブタイプではないかという議論に反している（Anstendig, 1999）。しかも，選択性緘黙の子どもは主に回避行動を示しているものの，報告される不安は低いこともある（Kristensen, 2001）。このように，選択性緘黙は社会恐怖のサブタイプであり，不安が根本原因であるとする説に対立する証拠も示されているため，単に不安に基づく障害として選択性緘黙を捉え直すのはまだ早すぎる。たとえば，選択性緘黙のうちのあるサブグループのみが，不安に基づく評定尺度に関して臨床レベルの重篤度を満たす（Bergman, 2002）という事実は，選択性緘黙と社交不安症が2つの異なる障害であることを支持している。

　コミュニケーション障害は，選択性緘黙の子どもに多くみられる。選択性緘黙の子どものうち，28％の子どもに表出性言語障害[24]（expressive language disorder），20％の子どもに構音障害[25]（articulation disorder）がみられる（Steinhausen & Juzi, 1996）。また，まれではあるが支配的な行動，要求的な行動，反抗的な行動を示す選択性緘黙の子どももいる（Kumpulainen et al., 1998; Steinhausen & Juzi, 1996）。ある研究では，6.8％の選択性緘黙の子どもたちが反抗挑発症（ODD）（Manassis et al., 2007），11.1％の選択性緘黙の子どもたちが注意欠如・多動症（ADHD）の診断基準をそれぞれ満たしており，併存が認められる（Arie, Henkin, Lamy, Tetin-Schneider, Apter, & Sadeh, 2006）。移民の子どもたちは，そうでない子どもに比べて，4倍近く高い選択性緘黙の有病率を示す（Elizur & Perednik, 2003）。ある研究においては，一貫して移民の子どもと移民ではない子どもに違いがみられ，2つの選択性緘黙の症状に関するクラスターが示された（Elizur & Perednik, 2003）。最後に，選択性緘黙の子どもたちの多くは，不安やその他の情緒的状態を制御することに困難がみられる。これらの子どもたちには，しばしば，光や触覚，質感に対する感覚過敏，実行機能が要求される操作に困難がみられる（Mulligan, 2010）。

　すべての選択性緘黙の子どもたちが同じというわけではなく，選択性緘黙にはサブタイプがあり，それに応じた異なる診断や支援法がある可能性がはっきりと示されている（Mulligan, 2010）。これらの子どもたちの臨床像や選択的に話さない理由について，それぞれ異なる説明がなされうる。加えて，選択性緘黙の子どもたちには，完全に声を出さない子どもからうなり

---

24)　DSM-IV-TR の訳語に基づいている。

25)　DSM-Ⅲ-R の訳語に基づいている。

声，うめき声，または動物のような声が出せる子どもまでさまざまな程度がある（American Psychiatric Association, 2000）。最も普及した一般的な理論として，選択性緘黙は高い水準の不安に起因し，社会恐怖と密接に関連するというものがある（Dow, 1995）。しかし，不安の自己制御が妨げられるような情緒状態の制御において困難を示す子どももいる（Bronson, 2000）。さらに，選択性緘黙の子どもたちの中には，コミュニケーションや言語スキルに影響するような神経発達の脆弱性を有する可能性がある子どももいる（Viana, Beidel, & Rabian, 2009）。このことは，選択性緘黙の子どもたちの中には，第二言語の獲得と問題が関連している可能性を示している（Cohen, Chavira, & Stein, 2006）。最後に，選択性緘黙の子どもたちの中には少数ではあるが，支配的，要求的，反抗的，攻撃的行動の傾向を示す場合があり，そのために話すことを拒絶している可能性もある（Kumpulainen et al., 1998; Steinhausen & Juzi, 1996）。

選択性緘黙の子どものアセスメント

選択性緘黙の子どものアセスメントは特に困難である。なぜなら，選択性緘黙の子どもは，コミュニケーションを行うために言語を用いないからである。言語能力は選択性緘黙の診断のための決定的な要素であるが，この障害に及ぼす言語の異常性の影響についてはほとんど論じられていない（Tancer, 1992）。子どもが海外出身で，その子どもが現在いる国の言語を話さない場合は，さらに診断プロセスが複雑になる。公用語に堪能でない多くの子どもは，選択性緘黙が原因ではなく，誤った発音や誤ったアクセントによる発話を恥ずかしがっているために，沈黙を維持しているのである。移民家族の選択性緘黙の子どもは，親が公用語を話さない場合，より一層問題が複雑になるかもしれない。このような家族の場合，家族から声が上がりにくいだけでなく，典型的には子どもの緘黙行動がより深刻で強固になる小学校の高学年まで学校の専門家への紹介も遅れてしまう。

行動評価尺度は，子どもの不安水準を査定する際に有益な手段となる。自己報告の形をとる場合，子どもが非言語に反応できるようにするために（たとえば，回答を指さす，回答の数字に該当する数だけ指を立てるなど），子どもに読み聞かせる必要がある。改訂版 児童用顕在性不安尺度の第2版（Revised Children's Manifest Anxiety Scale, Second Edition: RCMAS-2; Reynolds & Richmond, 2008）やベック青年用不安目録の第2版（Beck Anxiety Inventory for Youth, Second Edition: BAI-Y-2; Beck, Beck, & Jolly, 2005）などといった，ピンポイントに子どもの不安を測定できる尺度がいくつかある。不安を査定するだけでなく不安と併存している他の状態を除外するために，親や教師に行動評価尺度に答えてもらうこともできる。児童用行動評価システムの第2版（BASC-2; Reynolds & Kamphaus, 2004）のような，広範囲の問題を測定できる尺度はこの目的で使用することができる。親や教師から情報が得られれば，場面間の査定が可能となる。さらに不安や合併条件を査定するために使われる親用，子ども用の構造化面接もたくさんある。選択性緘黙の子どもへの介入を行う際に特に役に立つのは，親子版不安症面接スケジュール（Anxiety Disorders Interview Schedule, Child and Parent versions; ADIS; Silverman & Albano, 1996）である。伝統的なアセスメントツールの補助的なものとして，学校内（たとえば，教室や運動場，食堂）での観察を実施できれば，さらに有用なデータが得られる。同じく，親がビデオカメラを使って，家庭での自然な子どもの様子を撮影することができれば，子どもの言語スキルを査定することが可能となり，子どもの言語発達に障害があるか否か確かめるためのデータを得ることができる。

知能検査のような標準化された子どものアセスメントを行う場合は，非言語測度が最も正確

な結果をもたらしてくれる。国際的非言語知能検査（Universal Nonverbal Intelligence Test: UNIT; Bracken & McCallum, 1998）や包括的非言語的知能検査の第2版（Comprehensive Test of Nonverbal Intelligence, Second Edition: CTONI-2; Hammill, Pearson, & Wiederholt, 2009）はどちらも有効である。伝統的な言語性検査のバッテリーでは，不当にIQ得点が低くなる恐れがある。幼児を対象とした場合，IQ尺度と強い関連のあるブラッケン基礎概念尺度の受容領域の第3版（Bracken Basic Concepts Scale, Receptive, Third, Edition: Bracken, 2006）も役立つツールである。他の選択肢としては，ウェクスラー児童用知能検査の第4版（WISC-IV; Wechsler, 2003）に基づく知覚的推論の下位検査を使用する方法もある。

　すべての子ども，特に選択性緘黙の子どもに実施する際には，検査の前に十分なラポールを形成することが重要である。検査の前に複数回，選択性緘黙の子どもを検査者と検査環境にさらすことは，査定プロセス以外の場面において沢山の利点がある（Mulligan & Christner, 2006）。査定の間，子どもが過度に不安になる場合は，検査者は検査をすぐに中止するべきである。このような目にみえる不安症状には，躊躇や開始，作業の中断などがある（Shipon-Blum, 2002）。

　選択性緘黙の子どもを対象にする場合，関連領域の査定が重要である。言語と運動の状態を考慮すれば，聴覚の処理過程や受容言語，表出・談話的な言語スキルを査定するためにスピーチや言語の評価を用いることができる。一方，作業療法のアセスメントを実施することによって，子どもの視覚・運動スキルの発達や感覚統合のニーズを確認できる。

　最後に，ブラックとユーデ（1995）が近親内で選択性緘黙と社会恐怖の高い発生率を見いだしていることから，家族歴について詳細に調べることは重要である。一方，クリステンセンとトージャーセン（2001）は，選択性緘黙の子どもの親族は有意に高い確率で精神障害があることを明らかにしている。家族関係の情報によって，後の支援結果に影響を与え得る要因を特定するのに役立つだけでなく，事例概念化のために役立つ洞察を得ることができる。査定のために必要な家族についての情報には，子どもとその家族の病歴や，過去のトラウマになるような出来事，選択性緘黙の症状の開始，社会的・情緒的発達，家族内の不安や精神的健康に関わる経歴が含まれる。さらに，子どもの身体面に関する情報を得ることも必要である。身体面に関する情報は，親や，養護教諭によって記録された健康歴を通して得ることができる（たとえば，最近の健康診断や過去の病気，アレルギーに対する薬物治療，視力検査，聴力検査）。子どもが選択性緘黙であるか否かを判断する前に，子どもが話さない原因となるような医学的状態（たとえば，難聴のような）は除外しておくべきである。

選択性緘黙の概念化

　選択性緘黙の子どもは，自身の認知過程に関する理解を示さないため，CBTの枠組みによって選択性緘黙を概念化することは，臨床家にとって多くの場合難しくなる。さらに，選択性緘黙でない子どもと同様に，認知は幼児期から青年期にかけて発達し，多くの文脈的要因（たとえば，家族や仲間，学校）がこの発達に影響を与える。メヌッティとクリストナー（2005）が指摘しているように，CBTの特定の構成要素は，子どもの発達水準に対して合致していなければならない。認知的方略の使用方法は，幼い子どもに関しては修正される可能性があるが（Friedberg & McClure（2002）を参照），多くの場合，言語的方略のみを使用するよりもむしろ，参加型の行動的介入の比率が高くなったり，イメージを使用したりする傾向がある（Drinkwater & Stewart, 2002; Mennuti, Christner, Freeman, 2006）。身近な家族以外と話さない場合，行動的介入が選択

性緘黙の子どもの支援には特に役立つ。

認知行動療法（CBT）の枠組みで選択性緘黙を概念化する際には，その目的は不安スペクトラムに従って選択性緘黙について理解することにある。したがって，支援の中心となるのは，"子どもに話させる"ことではなく，子どもの不安を認識したり，効果的な方法で子どもの不安に対処したりすることになる。不安の低減の補助的なものとして，他者とのコミュニケーションをより促し，正の強化を行うことが必要である。最初から認知再構成を用いることは困難であるため，支援開始時には行動的介入を行うことが有益になるだろう。しかしながら，支援が進むにつれて，認知に基づく介入を行うことがより重要になってくる。

支援開始時には選択性緘黙の子どもにとって CBT の認知的側面はあまり利用できないとはいえ，他の支援領域，特に親に対して行う際には，認知的構成要素や認知的方略は不可欠なものとなる。親との面談を行う際に，臨床家が親の信念や思考の査定を行ったり，不適応思考に対処するために認知再構成を用いたりすることは重要である。たとえば，"私はカーリーに学校で話させなければならない。学校は私のことを悪い親であると考えているだろう。"という考えをもっていることは，選択性緘黙の子どもをもつ親によくみられる。興味深いことに，発達研究によって，親の認知と子どもの認知は関連していることが見いだされた（Garber & Robinson, 1997）。特に，子どもの障害の原因となっているかもしれない不安について家族歴もしくは遺伝的関連があるときに，親は自責の念に駆られることが多い。これらの理由から，選択性緘黙の子どもをもつ親や養育者に対する心理教育的なトレーニングは，非常に有益であると言える。このトレーニングによって，親は選択性緘黙や，評価プロセス，症状の支援，および家庭でできる介入について理解することができる。

行動論的観点のみで選択性緘黙の概念化を行っている専門家は，選択性緘黙を一連の長期間にわたる負の強化による学習パターンによって生じたものであると捉えている（Leonard & Topol, 1993）。一方，ボーデス（1992）は，選択性緘黙を"環境を操作する方法としての発話拒否という学習された反応"（p. 369）として捉えた。行動理論に基づく研究者の中には，選択性緘黙の子どもは沈黙行動によって，特定の機能を得ることができるということを指摘している者もいる。さらに彼らは，環境によってこの相互作用の様式が維持されるということを主張している（Anstendig, 1998）。この立場においては，選択性緘黙の子どもの行動の一部について説明可能であり，全般的には不安の捉え方と矛盾は生じていないものの，選択性緘黙の子どもたちが経験する認知的要素を全てにおいて無視してしまうのは，臨床家としての責務を怠っているということになりかねない。しかしながら，行動的・"機能的"見地から事例を概念化することによって，親や教職員に対して，臨床家は病的行動というよりもむしろ適応行動として選択性緘黙の子どもの行動を説明することができる（Powell & Dailey, 1995）。どのような見立てであっても，発話の抑制はほとんどの場合，子どもの二次性変化として生じていると考え，そのために維持されていると捉える（Anstendig, 1998）。すなわち，他者が選択性緘黙の子どもに発話以外の方法でコミュニケーションをとることを認めたり，発話を要求することをやめたりすると，その後の緘黙行動や沈黙行動が強化されることになると考えられる。

選択性緘黙のサブタイプの概念化

この章の初めに提示した情報に基づくと，選択性緘黙は比較的発症率が低い障害であるが，個人差が大きく，選択性緘黙の発症に影響を与える要因が複数存在するといえる。子どもの選択性

緘黙の症状には多くの合併性の問題があるが，これらの合併性の問題は，全ての子どもにおいてはっきりとみられるわけではない。選択性緘黙の子どもの症状に差があるので，診断の違いにつながる可能性のあるさまざまなサブタイプと関連した特有の特徴があると考えられる。したがって，このことが選択性緘黙の支援に不可欠となるかもしれない（Mulligan, 2010）。

選択性緘黙の概念化において，臨床家はその証拠となりうる特有の特徴について調べなければならない。選択性緘黙のさまざまなサブタイプについて考えることは，支援計画に影響を与えることになるので，臨床家にとって必要不可欠である。最近の研究で，選択性緘黙のサブタイプには，(1) 全般性緘黙（Global Mutism），(2) 不安性・言語性緘黙（Anxiety/Language Mutism），(3) 低機能緘黙（Low Functioning Mutism），(4) 感覚性・病理性緘黙（Sensory/Pathology Mutism），(5) 情緒性・行動性緘黙（Emotional Behavioral Mutism）があることが示されている（Mulligan, 2010）。これらのサブタイプはそれぞれ他の型とは区別される，独自の主要な特徴と二次的な特徴の両方を示す。サブタイプに関する選択性緘黙の概念化は，臨床家が個々のサブタイプに最適な支援の選択肢を分類する際に有益な手段の一つとなる。

一般的に，全般性緘黙には，他のサブタイプよりも機能的障害の程度が軽いという特徴がある。全般性緘黙の子どもは他のいくつかのタイプの緘黙を示している子どもよりも比較的年長であるため，これらの子どもは，発達と必要に応じて，不安や感覚の問題のような深刻な障害を示していたサブタイプから，全般性サブタイプに移行してきた可能性がある。全般性緘黙の子どもは自尊心や柔軟性に問題があるかもしれないが，一般的に学力はある。全般性緘黙の子どもは，ほかの緘黙のタイプのように，感覚的・感情的・行動的問題を示さない。全般性緘黙については，男女比は2：1で女性の方が多いとする文献と一致しており，その傾向はどの人種でも見られる。選択性緘黙の子どもの大部分が全般性緘黙であると考えられる。

不安性・言語性緘黙は，概して，高い水準の不安を示し，併発して不安症の基準を満たすことになる。不安性・言語性緘黙の子どもは，生活の中の深刻な環境的ストレスを受けている危険性もある。不安性・言語性緘黙の子どもは学力的に困難があり，発話と言語において重要な発達段階で遅れを示している可能性がある。したがって，不安性・言語性緘黙の子どもはたいていの場合，学校場面での発話・言語の支援を必要としている。

低機能緘黙は，他のサブタイプと比べて，全般的に学力が低いということによって特徴づけられる。低機能緘黙の子どもは概して，精神科疾患の併発を示さないことが多い。しかしながら，うつ病や幼い頃の選択性緘黙の病歴といった母親の精神病理のリスクは高いかもしれない。低機能緘黙のそのほかの特徴としては，情緒的な不安定さ，感覚や実行機能の障害がある。これらの障害は，低機能緘黙の顕著な特徴である学業での問題の原因となっている可能性がある。ほとんどの低機能緘黙の子どもは，低学力の支援のために特別支援教育を受けている。

感覚性・病理性緘黙は，**感覚統合の障害**を併発している。このサブタイプは，反抗的な行動や障害によっても特徴づけられる。感覚性・病理性緘黙は，バイリンガルの子どもの割合が比較的高く，最も人種間で多様化した型かもしれない。感覚性・病理性緘黙の子どもは，分離不安の問題と運動スキルの遅れを示すこともある。全般的に見ると，感覚性・病理性緘黙は，他のタイプの緘黙と比較して機能的に最も重篤であるように思われる。学習障害やADHD，ODD，うつ病が感覚性・病理性緘黙の合併症として頻繁に診断される。

最後に，情緒性・行動性緘黙は，男女比が特有であり，10：1で女性に多い。情緒性・行動性緘黙の子どもは，実行制御と情緒的な不安定性，反抗的な行動を示す。また，感覚統合と関連し

た二次的なニーズもあるかもしれない。情緒性・行動性緘黙の子どもの顕著な特徴は，他のサブタイプの緘黙と比較して，学業的な問題がみられないことである。このことは，実行機能の障害を考慮すると驚くべきことである。なぜなら，実行機能に問題のある子どもは，典型的には学業的に上手くいかないことが多いからである。

　選択性緘黙のサブタイプを区別することで，これらのタイプの違いに基づいて，臨床家が透明なレンズで選択性緘黙の子どもを概念化できるようになった。さらにサブタイプの分類によって，なぜ特別支援教育を必要とする子どももいれば，**第504条における支援**や普通教育に基づいた支援を必要とする子どももいるのかについて，さらに明確にすることができる。これらの新たな見解（Mulligan, 2010）によって，臨床家が，この複雑な障害を概念化するための重要な洞察と能力を得ることができるようになるだけでなく，それぞれの選択性緘黙のサブタイプに対して効果的な実証に基づく新たな支援の開発を始めることができるようになるだろう。

選択性緘黙への介入の方法と技術

　今日，選択性緘黙への効果的な介入の多くには，行動的要素（たとえば，強化，刺激フェイディング法，トークンエコノミー法，シェイピング法，随伴性マネジメント，セルフモデリングや反応イニシエーション法）が用いられている（Giddan, Ross, Sechler, & Becker, 1997; Kehle, Maduas, Baratta, & Bray, 1998）。選択性緘黙の子どもへの最も効果的な支援アプローチには，その子どもと環境への徹底的な分析が必要だろう（Anstendig, 1999）。これらの方法の利点は，専門家がこれらの介入のすべてを，家庭，学校，そして地域など，さまざまな環境で使用できるということである。

　先に述べたように，選択性緘黙の子どもが喋らないのは，不安に対する学習された反応であるとみられている。ゆえに，選択性緘黙の症状を表す子どもへの早期介入では，不安に対処するために沈黙以外の対処方略を教えることに焦点を当てることが重要になる。シポン・ブルーム（2002）は，選択性緘黙の子どもへの支援の主な目標は，不安を減らし，自尊感情を高め，社会的環境への自信を高めることであると述べている。繰り返しになるが，"子どもに喋らせること"を強調するべきではない。シポン・ブルームはさらに，不安が低下し，自信が高まれば，子どもの言語表出が結果的に伴うと述べている。

　今日では，成功している対処法の多くは，行動療法の技術を含んでおり，強化，刺激フェイディング法，トークンエコノミー技法，シェイピングまたは随伴性マネジメント，セルフモデリング，そして反応イニシエーション法などが用いられている（Giddan, 1997; Kehle, 1998）。快適な環境での発話を徐々に促し，それを新しい活動，場所や人物へ移していくプログラムが，カニングハムとマクホルム（2001）とグランドウェル（2006）によって支持されてきた。同じように，クローンら（1992）の選択性緘黙に関する文献展望においては，ほとんどの研究が選択性緘黙の子どもの発話を回復させるために何らかの形の分化強化を使用していると報告されている。

　選択性緘黙の子どもの支援を目的とした応用行動分析による介入の例には，随伴性マネジメント，刺激フェイディング法，シェイピングや脱感作が含まれている（Albert-Stewart, 1986; Bailey & Hirst, 1991; Kehle, Owen, & Cressy, 1990; Labbe & Williamson, 1984, Masten, Stacks, Caldwell-Colbert, & Jackson, 1996; Pordes, 1992; Richburg & Cobia, 1994）。これらの研究は，単

26）　特別支援教育を満たさないが学業的に支援を必要とする児童生徒のための米国における公民権

一事例研究計画の使用を支持しており，これが選択性緘黙の子どもに対する応用行動分析の技法を適用した個別支援計画の効果を分析する上での最適の方法であると勧めている。応用行動分析は，他の一般的に使用される介入（つまり，家族療法，遊戯療法，力動的心理療法，精神薬理学的療法）と比べて，沈黙を保っている子どもに会話を促す手助けとして，効果的な支援方法であるとされている（Kratochwill, 1981; Labbe & Williamson, 1984; Louden, 1987）。

　どの支援法においても，教職員と親双方の連携が重要である。最近の研究では，選択性緘黙を支援する上で，この連携によるアプローチが支持されているにもかかわらず，残念ながら，アセスメント，支援計画，支援の実行，そして評価の役割を教職員と親双方に担わせて活用している研究はほとんどない（Joseph, 1999）。連携型行動コンサルテーション（conjoint behavioural consultation: CBC）は，学校における実証に基づくメンタルヘルスの実践の導入を促すのに活用できる（Auster, Fenney-Kettler, & Kratochwill, 2006）。このアプローチでは，選択性緘黙への親の関与が重要となる。なぜなら，親は唯一，子どもが話しかける相手だからである（Schill, Kratochwill, & Gardner, 1996）。そして，親こそが正の強化子を最もうまく見つけ出し，行動マネジメント技法を実行する最良の人物であるからである（Gortmaker, Warnes, & Sheridan, 2004）。教師の関与もまた支援のための重要な要素である。なぜなら，ほとんどの選択性緘黙の子どもは，学校で話すのを拒否する（Auster et al., 2006）。このことが学業成績に悪影響を与える可能性があるからである。

　臨床家の多くは，選択性緘黙の子どもの支援にあたって，子どもを理解することと，子どもに自らの不安を認識させるという点からアプローチする。このような不安を査定するための認知行動的なツールの一つとして感情温度計がある。感情温度計は，子どもが自分の感情の強さを特定する手助けとして，幅広く使用されている（Castro-Blanco, 1999; Silverman & Kurtines, 1996）。ほとんどの子どもは，この温度計の概念を理解でき，楽しんで自分が感じていることの強さを表現できる。感情温度計は，非言語的なやり方で反応できるので，選択性緘黙の子どもが使うのに理想的である。たとえば臨床家は，子どもに温度計を指さきせたり，子どもが色を塗れる温度計のシートを渡したりすると良い。

　臨床家は，不安のベースラインを定めるため，子どもに不安を引き起こす状況に対峙させたり，想像させたりする前の感情を評価させる。ベースラインを得た後で，臨床家はある状況（たとえば，同級生の前に立つ，質問をされるなど）での不安のレベルを，子どもに予想させてみる。そして，喚起場面のイメージか現実的な実験を実施した後で，子どもは再び温度計を使って不安を評価する。このエクササイズは，子どもの不安についての根拠を調べる手段としての役割を果たす。時おり，子どもの実際の不安は，自分で予想したよりも低いことがある。これらのケースでは，子どもは，自分が不安な気持ちを予想して感じていたにもかかわらず，課題には取り組むことができることを学ぶことになる（Friedberg & McClure, 2002）。

　時にはグループワークが望ましいこともある。なぜなら選択性緘黙の子どもがクラスの子どもに話しかける機会が得られる可能性があるからである。一緒にいて居心地の良いと感じる他の子どもと遊べるようにして，その後で話すという行動を般化していくために，徐々に新しい集団のメンバーを加えていくことは効果的であるかもしれない。また，集団のメンバーを加えるということだけでなく，話すことができる場所を増やしていくことも重要である。こうすることで，選択性緘黙の子どもが臨床場面でしか話さなくなる心配がより少なくなるだろう。

　CBT は，選択性緘黙の子どもを援助するために用いることができるアプローチの一つである。

CBT では，心理教育を通して，自分の選択性緘黙への気づきと認識を高めることに焦点が当てられている。さらに，不安と心配を和らげるために自分の考えと行動を修正するように促し，学校場面での自信を高めなければならない。CBT による介入は，欠けている部分に対処するだけでなく，子どものポジティブな性質を重視するべきである。多くの臨床家は，CBT の技法では言語化が必要と考えているが，これらの技法を，選択性緘黙の子どもを援助するために修正する方法はたくさんある。クネル（1993）は，認知行動的介入を伝統的なプレイセラピーの要素と統合し，認知行動遊戯療法と名付けた技法を開発している。これは幼い子どもへの技法として有望なだけでなく，選択性緘黙の子どもとかかわる際にも理想的な方法といえる。

　CBT の支援における重要な側面として，他にも親の関与や仲間とのかかわりなどがある。これらについても，選択性緘黙の子どもに用いる際には調整が必要とされることが多いだろう。ラペー（1997）は，親の養育スタイルが子どもの不安症と関係していると述べている。そこで，ペアレントトレーニングを親への教育の支援のために用いることが可能となる。同時にペアレントトレーニングは，子どもの強みを支持し，正の強化を与えるための創造的な方法を親たちが見つけられるように支援することができる。また，行動の修正に頻繁に用いられるトークン強化子システムも上手く働くかもしれない。オレリーとドラブマン（1971）はこれらのシステムには３つの基本的な特徴があると指摘した。その特徴は，(1) 強化される行動が明確に述べられ，(2) ターゲット行動が生起したときに強化刺激が与えられるように手続きがデザインされ，(3) 強化にあたる物や出来事とトークンの交換に適用するルールが考案されていることである。

　親がかかわる他の方法として，選択性緘黙の子どもに，エクスポージャーの機会をつくることがある。これは，他の子どもとの相互関係の達成を強化し身につけさせるのに素晴らしい方法である。特に選択性緘黙の子どもにエクスポージャー法を使用する際には，段階的なエクスポージャーが最も有望な方法である。臨床家と親は，現実経験を利用して，エクスポージャーをできるだけリアリティのあるものにすべきである（Hope & Heimberg, 1993）。親もエクスポージャーの機会を与えることで，支援プロセスに参加することができる。ただし，子どもをその状況へ無理に放り込んではいけない。

　親主導型のエクスポージャーの例として，ジャネットのケースが挙げられる。ジャネットは，不安軽減法（たとえば，リラクセーション訓練やイメージエクスポージャー）や社会的スキル訓練に重点を置いた４セッションのカウンセリングに参加した。セッション間での実験として，ジャネットの両親は，家で対人場面へのエクスポージャーを徐々に始めることとした。両親は１人の友だちから始めるようにという助言の通り，ジャネットが自宅で友だちと遊ぶ約束を取り付けた。自宅は大抵落ちつける場所なので，家を利用することは，子どもが会話に参加するチャンスを増やすことになる。その際両親に，はじめの遊びの間は，子どもは話さないだろうと注意を促しておくことは重要である。しかしながら，ジャネットのケースでは，ほとんどの間静かにしていたものの，人形遊びのときに，人形を持ってお互いに話すことで，声を出し始めたのである。次の遊びの約束までには，友だちと会話をするようになった。そして，それが学校や地域など，他の場面に般化し始めた。このエクササイズはジャネットに言葉を使うという冒険の機会を与えただけでなく，同級生のポジティブな社会的スキルを観察するという建設的な経験も与えたのである。

学校場面への示唆と応用

　多くの場合，選択性緘黙は子どもが入学するまで見られないため，学校側のサポートが支援

には欠かせない。学校側に選択性緘黙を不安症として取り組むように促すことは，典型的な特別支援教育や補習教育に頼るよりも，生産的な支援を得ることにつながるだろう（Shipon-Blum, 2002）。選択性緘黙の児童生徒は学校内での援助を必要とするが，多くの場合は，特別支援教育に進むのではなく，第504条で合意された支援を受けることになる。このような子どものニーズに特化して応えるためには，学校がリソースを包括的な評価のために用いることが重要である。

　選択性緘黙の子どもが，教育環境の中でもっと快適に感じられるようにするために，担任教師ができることについていくつかの示唆がある。その子どもが自分の「縄張り」で，新しい教師とリラックスして快適に感じる機会が得られるように，家庭訪問について考えておくとよい。もし他の児童生徒が学校に登校する前に，親が子どもを朝に学校に連れてくることができ，教師と親しく会話することができるなら，選択性緘黙の子どもに，親と教師の良好な関係を見せるのも有益であろう。さらに，教室では，選択性緘黙の子どもと他の児童生徒に休憩時間や昼食で二人組（バディ）を組ませれば，社会性を高める手段として機能するだろう。また，最初は教師が子どもに非言語的に反応する手段を認めたり，促したりすることも可能である。これは「おはよう」や「さようなら」と書いたインデックスカードの使用などを通して行うこともできる。朝に，子どもは教師に，「おはようございます」の面を見せることができたなら，これは子どもがコミュニケーションしようとしたことになる。そのため，その行動は報酬を受けるべきということになる。社会的なコミュニケーションをとる努力への報酬は，どのような学級における教師主導型の行動プランにおいても必要不可欠である。教師が，選択性緘黙の子どもはすぐに恥ずかしく感じてしまうということを，理解しておくことが重要である。教師は，その子どもに注目することを避け，直接子どもに話しかけるときは，アイコンタクトを最小限にするべきである。最後に，教師は，医師，心理士，または他の支援の専門家といった学校外の専門家と子どもを繋ぐ窓口となるべき人物であるといえる（Shipon-Blum, 2002）。

　もし選択性緘黙の子どもが，特別支援教育のサービスを受けられるなら，配慮すべきいくつかの提言がある。シポン・ブルーム（2002）は，子どもに小規模なグループで作業させたり，支援的な「バディ」と組ませたりすること，学校での親のかかわりを促すこと，あるいは友だちと二人きりになる時間を与えるといった，調整を推奨している。課題やテストの時間の延長，テープによる録音や筆記による口頭での発表，非言語的コミュニケーション，ルーチンを変えるための事前準備，教師との一対一の時間，そして創造的な学習環境（たとえば，教育課程に視覚／空間的活動を含めるなど）といった，他の介入も考慮されるべきであろう。非言語そして言語によるコミュニケーション双方における全ての努力に対して，報酬が与えられ，認められるべきである。さらに選択性緘黙の子どものための関連するサービスも検討するとよいだろう。これらのサービスは，選択性緘黙の子どもの支援プログラムに必要な要素であるかもしれないし，そうでないかもしれない。学校での発話・言語支援，作業療法や心理的カウンセリングなどがそれにあたる。

　支援が進捗していくにつれて，学校で活動する臨床家は，子どもの行動の改善にたびたび気づくようになるだろう。選択性緘黙の子どもが，頻繁に言語化したり，仲間と社会的にかかわったりするようになるだけでなく，もし不安を感じたとしても，それは顕著に弱まっているだろう。不安の軽減は，子どもが笑顔の増加，アイコンタクトの増加，子どもがよりリラックスした姿勢を見せること，言語的または非言語的コミュニケーションを楽に始められるようになること，そして子どもが質問に以前よりもはやく反応することなどから観察できる。選択性緘黙の子どもの支援チームにとっての最大の報酬は，他者とかかわっているその子の声が聞けることである。

第6章 選択性緘黙症──認知行動的アセスメントと介入── 119

事例研究：ヘンリー

　ヘンリーは，両親と二卵性双生児の兄弟であるジャックと一緒に住んでいる8歳の男の子である。ヘンリーの母親は，自身が子ども時代に選択性緘黙に悩まされたことによる抑うつに苦しんでいた。彼女は今でも新しい社会的な環境に入っていくことに困難を抱えており，働けずにいる。ヘンリーの父親が，一家の大黒柱である。彼は長い時間働き，仕事の関係で，日曜日以外は家族に会えないことがしょっちゅうである。

　ヘンリーは普段静かな子どもで，抑制的気質が特徴である。彼の兄弟であるジャックも控えめである。しかし彼は，遊ぶ約束をしていたり，一緒に遊ぶように誘ったりすれば，初対面の子どもとも遊ぶし，教師とやりとりすることもできる。ヘンリーは大抵，ジャックよりも，新しい勉強のスキルを獲得するのがゆっくりであった。ヘンリーが話し始めたのは遅くて困難も抱えており，就学前の読みスキル（アルファベットと音韻認識）にも苦労し続けている。保育園でヘンリーが喋らないことで初めて両親は問題に気がついた。ヘンリーは教室で兄弟と一緒にいて，ヒソヒソ話をしていたが，学年が進むにつれて，ジャックは活動範囲を広げるようになり，他の子ども2人と親しくするようになった。一方ヘンリーは一人ぼっちのままで，学校ではジャックとさえ話すのも拒むようになった。ヘンリーが入門期の読書スキルや計算のスキルを備えていないことが明らかになったため，学校側は特に心配するようになった。学校側は，ヘンリーの両親と何度か相談しようとしたが，電話での呼出に応答してもらえることはなかった。唯一のコミュニケーション手段は，毎日家に送られる親－教師間の連絡ノートであった。ここで学校側ははじめて，母親が社会恐怖に苦しんでおり，父親が長時間働いていることに気づいたのだ。母親も，ヘンリーの学業と社会性の発達の不振について心配していることを書き留めてはいたものの，彼女自身の状態がよくないために，彼への支援を求めることができずにいたのである。

　家では，ヘンリーは母親やジャックには話していた。彼は，父親とはあまり話したがらなかった。ヘンリーの母親は，自身の心理的不調のために，心に余裕がもてないことが多かった。ヘンリーとジャックは仲良しであり，しょっちゅう遊び相手となっていた。しかし，ヘンリーは明るい陽射しが好きでないため，特に夏と春は家の中で遊ぶのが好きで，兄弟や同い年の子どもと一緒に外の遊具で遊ぶことが少なかった。ヘンリーには食事の習慣においても特徴があった。彼は，スパゲッティ，ヨーグルトやピーナッツフレーク入りのピーナッツバターといった，「変な」舌触りがすると感じた食べ物を嫌っていた。

　家庭内環境の問題から，ヘンリーはその抑制的気質について，これまでにいかなる外的支援も受けることはなかった。彼は小学校でのはじめの4年間を，教師や同級生から目につかない存在として過ごした。ヘンリーは授業を妨害することは決してなく，学習環境に溶け込もうと最大限の努力をした。ヘンリーは，学校では悲しそうにみえることがよくあったが，それは話さないこと，学習の問題，そして感覚の問題が原因になっているように思われた。

　感情面と学習面の両方に問題を抱えていたために，学校側は照会前介入（pre-referral intervention）を始めることとした。読みの専門家とスクールカウンセラーによって，追加支援がなされたが，残念ながら，ヘンリーの学業機能と感情機能には目にみえる成果を出すことがなかった。ヘンリーは特別支援教育のもとで評価された。彼は，読解力の領域における限局性学習障害と，選択性緘黙による情緒障害の両方の基準を満たすと判断されたのである。そこで，ヘンリーは学習支援と心理的支援を受けることになった

　当初，学校心理士は，ヘンリーを支援することについて不安をいだいており，選択性緘黙を専門

とする外部のセラピストに診てもらった方が良いと考えていたようだった。しかし，ヘンリーの母親の社会恐怖と父親の仕事のスケジュールのため，それは現実的な提案ではなかった。それゆえに学校心理士は，選択性緘黙の支援ワークショップに参加し，論文を読み，意味のある支援効果をあげるために必要な知識を得ようとあらゆる手を尽くした。

学校心理士は文献研究とワークショップを通して，ヘンリーは選択性緘黙のある特定のサブタイプではないかと考えるようになった。食べ物の触感や光に対する敏感さ，不器用さ，未熟な運動能力，抑うつ気分といった関連する臨床所見から，学校心理士は，ヘンリーは選択性緘黙の感覚・病理サブタイプ（Mulligan, 2010）ではないかと考えた。このサブタイプは，より治療抵抗性が高い。よって，ある一つの支援法が有効であると判断する前に，異なるいくつかの方法を適用する必要があると考えられた（Mulligan, 2010）。

学校心理士が試した最初の方法は，言語的媒介(verbal mediator)の使用である。このケースでは，指人形が用いられた。彼女はヘンリーと個別にかかわり，努力には報酬を与えた。はじめ，ヘンリーは学校心理士を受け入れてすらいなかったようだったが，支援をはじめて 1 カ月ほどで，言語化は起こらなかったが，指人形を上げるようになった。その支援は継続され，未だ喋ることはないが，ついに人形を使った遊びもするようになった。学校心理士は，ヘンリーの双子の兄弟であるジャックも加えることを考えた。学校心理士が観察している間，2 人に指人形が与えられた。ジャックはすぐにヘンリーに話し始めたが，ヘンリーは喋らなかった。しかし，ジャックがヘンリーの指人形をとったとき，ヘンリーは「だめ！」と口に出した。その言語化は明確で，声も大きかった。このことが二人の間の言語によるやり取りに拍車をかけることとなった。ヘンリーは，彼の家族それぞれが好きなアイスクリームの味に投票するというワークシートを与えられた。これがうまくいったあと，ヘンリーには投票したい友だちか教師 1 人を選ぶように求めた。好ましい結果が続き，さまざまなエクスポージャーの方法が用いられた。

教室では，ヘンリーはまだあらゆる言語的コミュニケーションを始めようとはしていなかった。しかし，彼には非言語的コミュニケーションを苦痛なくできるための道具が与えられた。それは，片方の面が緑色で，もう片方の面は赤色のインデックス・カードであった。彼はそのカードで，「はい」か「いいえ」の質問に答えることができた。また，話すことを重要視するのではなく，社会的なコミュニケーションへの努力を認めることに重点が置かれていた。たとえば，もしヘンリーがアイコンタクトをしたり，他の子どもと何らかのコミュニケーションを始めたり応答したりすると，ヘンリーには報酬が与えられた。その報酬は，連絡帳で褒めてもらえるというものだった。これはヘンリーを大変やる気にさせるものだった。

ヘンリーの家での生活は複雑であり，支援への最大限の関わりが常に実行されたわけではなかったが（たとえば，コミュニケーションの練習をするために，ヘンリーを外へ連れて行って，レストランや書店へ連れて行くなど），母親は，ヘンリーに遊ぶ約束をして家に呼べる友だちをつくらせようと努力した。母親は，3 時間ほど離れているところで暮らしている祖父に，電話をかけて話すようにも勧めた。両親はヘンリーの社会的・情緒的な，そして学業における進歩がみられたことに対して学校側に大変感謝していた。

学校心理士は，当該学年を通じてヘンリーとかかわりを続けた。教師はヘンリーの情緒的，学業的ニーズに対して，一貫して，あたたかく，支持的な態度を取り続けた。また，感覚の問題に取り組むために，ヘンリーは作業療法の相談も受けることになった。こうして，学校と家庭のラポールはさらに強められた。ヘンリーは，計画がきちんと決められていないときでも，自発的に喋り出す

ようになった。ヘンリーが悲しくみえることは減っているようであったが，それはアイコンタクトの上達，勉強しているときの集中力が伸びたこと，同級生との社会的な交わりが増えたことに裏付けられる。ヘンリーは，校長先生や事務員といったあまり親密でない大人と話すときにはまだ苦戦していた。会話を始めることがいまだに困難であるとはいえ，大きな進歩が得られ，この年度はうまくいったように思われた。ヘンリーの両親は，彼を兄弟と一緒に1週間ほどのサマーキャンプに参加させ，そして友だちと約束をして遊びに誘うことを続けている。

　ヘンリーの予後は良好である。さまざまな環境での継続した介入と支援によって，ヘンリーは機能的で意義のあるコミュニケーションを持てるようになるだろう。ここまで達成されれば，情緒的支援は巡回相談レベルまで引き下げることができる。これは，ヘンリーをこれから担当する教師のための心理教育や，学期ごとの学校での様子の連絡をもたらすことにつながる。ヘンリーが中学校に進む前に，このような形になることを学校心理士は望んでいる。

結　語

　選択性緘黙は，子どもが学校に入るときになって初めてみられることが多い，稀な状態である。多くの場合，教育者は選択性緘黙の症状を示す子どもに苛立ち，結果として，こういった子どもを反抗的であると判断してしまう。学校で活動する臨床家は，選択性緘黙の基本的側面についての知識を持っておかなければならない。そこからは，選択性緘黙の子どももすべてが同じ症状を示すわけではないことや，かつて考えられていたほどこの障害は均質ではないことが示唆されている (Mulligan, 2010)。選択性緘黙の子どもへの支援方法に関する研究はごく僅かであるとはいえ，不安の強い子どもへのCBTの現在の知見は，選択性緘黙に対する支援法を発展させるための方法の一つとなり得る。言語的な意思疎通に頼ることができないため，これらの介入方法をアレンジする創造性が専門家に重要となる。

確認問題

1．選択性緘黙の子どもに対応するには，どのような技術や知識を得る必要があるでしょうか？
2．さまざまな選択性緘黙のサブタイプによって，どのように介入方法を変えていく必要があるでしょうか？
3．選択性緘黙の子どもへの介入方法を選ぶとき，あなたが対処しなければならない主な領域は何ですか？
4．あなたが以前に対応した選択性緘黙の子どもを思い出してみましょう。この章の知識を持っていたとして，そのケースに対して，今ならどんな違った方法でアプローチするでしょうか？

第**7**章

抑 う つ
──学校での認知行動的介入──

　アメリカでは，青少年のうち約5人に1人は心理的健康に関する障害を抱えており，大うつ病性障害（MDD）が若者の心理的健康の問題の一番の原因となっている（American Academy of Pediatrics 2004; Substance Abuse and Mental Health Services Administration［SAMHSA］, 2008; World Health Organization［WHO］, 2001）。抑うつなどの子どもの内在化問題は，世界的なレベルではおろか，国レベルでも公衆衛生上の優先度が低いままだと論じる研究者もいれば，精神保健上の問題の重要性はここ20年間でわずかに高まったのみだとする研究者もいる（Herman, Merrell, Reinke, & Tucker, 2004; Horowitz & Garber, 2006; National Institute of Mental Health［NIMH］, 2008）。落ちこぼれゼロ法（No Child Left Behind［NCLB］legislation）は，学校における精神保健への取り組みがあまり進展していないことを示すよい例である。落ちこぼれゼロ法は，学校教育上の精神保健を向上させる要素を含んでいるが，その条項の複雑さゆえに取り組みの進展は遅々としている（Daly et al., 2006; NCLB, 2001）。たとえば，教師や精神保健の専門職，あるいは関係者は，児童生徒の成績に関する説明責任や資金の問題，地域の理解，そして学校における精神保健への取り組み上での教師の役割を理解することに苦悩している（Daly et al., 2006）。

　20％もの青少年が精神保健上の支援を必要としていることを考えれば，若者への精神保健支援が不十分であることは目に見えて明らかである（Burns et al., 1995; National Advisory Mental Health Council Workgroup on Child and Adolescent Mental Health Intervention Development and Employment［NAMHC］, 2001; US Department of Health and Human Services［DHHS］, 1999）。支援の利用という点に関していえば，児童の20％が重大な社会的・情緒的障害を抱えているにもかかわらず，そのような支援を受けていない（Burns, 1999; National Association of School Psychologists［NASP］, 2008）。以上のように，大うつ病性障害をはじめとする社会的・情緒的障害の予防と治療は喫緊の問題である。2004年の公衆衛生局長官報告では，精神保健の予防が提唱され，予防的精神保健サービスが遅々として進展しないことに懸念が示されている（Public Health Service, 2004）。

　この章では，抑うつに関する文献と，抑うつ症状を呈する児童生徒に対する認知行動療法（CBT）の適用に関する文献について概説する。次に，紹介の方法と経路，スクリーニング，事前・事後アセスメント，そして経過モニタリング用の査定ツールを紹介する。その後で，抑うつ障害を認知行動的な観点から説明する。続いて，学校環境に関連する個人・集団への介入を紹介する。最後に，個人と集団の事例について解説することとしたい。

文献展望

抑うつ

学校教育での精神保健システムは，さまざまな精神疾患を予防することを目的としている。抑うつは青少年にとって重大な精神保健上の問題である。前述のように，抑うつは，青少年において精神保健上の主たる懸案事項である（NAMHC, 2001; US DHHS, 1999）。フーバティ（2008）は，リスク要因を悪化させないことを目的とした予防策が重要であると述べた。つまり，小中学校で抑うつが生じるより先に，もしくはその期間に，何らかの介入や予防策を講じることが重要となる。

アメリカ精神医学会の DSM-IV-TR（2000）によれば，抑うつやうつ病性障害は気分障害の一種とされる。そのタイプのひとつとして，大うつ病性障害（MDD）がある。これは気分の落ち込みに加えて，興味や喜びの喪失と，その他の症状が 5 つ以上表出している状態が 2 週間以上続くものである。大うつ病エピソードは軽度，中程度，重度のものがあり，精神病性の特徴やメランコリー型の特徴はみられることもあれば，みられないこともある。また，反復性や慢性の特徴を有することがある。他のタイプとして気分変調性障害がある。これは 2 年以上ほとんどの日に一日中続く気分の落ち込みがあり，(1) 食欲の減衰または過食，(2) 不眠または過睡眠，(3) 気力の減退や疲労感，(4) 自尊心の低下，(5) 集中困難や決断力の低下，(6) 絶望感のうち，2 つ以上の症状を呈するものである。青少年では，気分の落ち込みにはイライラ感も含まれ，2 カ月以上症状がない期間がみられなければ，その期間が 1 年以上でも診断が下される。

典型的に，他の精神保健上の問題（注意，不安，行為の問題など）と同様に，抑うつ性の疾患をもつ子どもは IDEA 2004 に基づいた特別な教育支援（ED）を受ける資格があると認定されることがある。学校において，ED を受ける資格の認定は子どもの状態が (1) 知的，感覚的，健康的要因では説明不可能な学習上の困難，(2) 同級生や教師と良好な関係を形成または維持することにおける困難，(3) 通常環境における不適切な行動や感情，(4) 全般的で広汎的な，不幸なまたは抑うつ的な気分，(5) 個人のまたは学校の問題に関連する身体症状や恐怖を増悪させる傾向，のうち 1 つ以上の基準を満たすことで得られる（IDEA, 2004）。

CBT と抑うつ

抑うつの子どもの支援において，認知行動療法（CBT; Elis, 1969; Stark et al., 2005）には膨大な実証的裏づけがある。CBT は待機（wait-list）統制群，リラクセーション訓練，支持的療法，システム論的家族療法，そして伝統的なカウンセリングよりも効果があることが示されている（Stark et al., 2005; Weersimg & Brent, 2003）。対人関係療法と比べると，CBT の効果量はおよそ 0.11 大きかった（Horowitz, Garber, Ciesla, Young, & Mufson, 2007）。しかしながら，自己報告の抑うつ症状の非常に重篤な青年（自己報告の抑うつ測定尺度の上位 25 パーセンタイル）においては，CBT が上回ってはいるものの，その効果量の差は約 0.05 に縮まった。

また，CBT は治療場面以外でも有効であることが示されている（Weersing & Brent, 2003）。さらに，デイビッド・ファードンとカスロー（2008）は，抑うつ症状を呈する子どもに対しては，集団，または集団と親対象の構成要素を加えた CBT が十分に確立された介入（well-established intervention）であると結論づけた。一方，青年においては，集団で行われる CBT のみが実証的に裏付けられた介入とされている（David-Ferdon & Kaslow）。

第7章　抑うつ——学校での認知行動的介入——　125

　ルウィンソンとクラーク（1999）は，抑うつの治療に関する研究文献のレビューを行った。そこでは，抑うつに対してCBTによる介入は他の介入よりも優れており，CBTによる支援のバリエーションを検討するよう奨励した（集団対個人のものや，特に若者向けなど異なる対象者層向けのものなど）。さらに，10歳未満の子どもに対しては統制された効果研究が行われていないことや，効果の維持に関する構成要素を組み込んでいる研究は少ないということに言及した。加えて，児童や青年の抑うつの予防に関して行われている研究は限られているとしている。

　一般的に，CBTは子どもや青年の抑うつ症状の低減に効果的であることが示されている（Stark et al., 2005）。さらに，マイノリティの青年においてもCBTが効果的であると示されていることにも言及するべきであろう（Rossello & Bernal, 2005）。まとめると，CBTは現在，青少年の抑うつ障害に対して，心理社会的支援法の中で"第一選択肢"であるということができる（Compton et al., 2004）。

アセスメントツールと技術

紹介

　児童生徒が紹介に至る仕組みや，どのように紹介されるのかについては，学校ごとに大きく異なる。これらは，資金的な要因や，学区・学校レベルでの問題解決モデルの概念化の違いによって規定されることが多い。時に，教職員，同級生，そして児童生徒自身の学業面・行動面の懸念から，学校における問題解決チーム（Student Assistant Programs［SAP］，Intervention Assistance Programs［IAT］など）からの注目を向けられることもある。外在化行動には緊急性があるのに対して，抑うつに関連した症状を呈する児童生徒は，その内在的な特徴のために周りから見過ごされる可能性がある。しかし，とにかくそれぞれの学区ですべての児童生徒のニーズが満たされるような紹介システムを構築すべきである。

　問題解決チームへの適切な紹介が図られるためには，紹介に当たる人物が抑うつ自体に関する教育と，その兆候や症状が紹介につながる根拠についての教育を受ける必要がある。この教育はプレゼンテーションや研究会，書籍の講読，あるいは重要な文献の紹介を通じて行われる。関係者すべての教育が終われば，症状に基づいた紹介のシステムを導入することができる。症状に基づいた紹介では，ある児童生徒にみられる具体的な症状に関する情報が，問題解決チームに伝えられる。そのため，紹介は「大うつ病性障害」「気分変調性障害」「気分障害」といった用語を使わず，観察可能な行動や症状（同級生を避ける，集中力が低い，泣き続けている，など）について報告すべきである。

スクリーニングと事前検査，事後検査のデータ収集

　上記の紹介は教職員，児童生徒自身，仲間，そして親を通じて行われる。典型的には，これらの人物からの観察が行われた際，紹介が行われ，その適切性と主な問題の把握のため，スクリーニングが実施される。複数の紹介元を利用するといった，包括的な方法も考慮されるべきである。このようなスクリーニングとして，Teen Screen National Center for Mental Health Checkups（TeenScreen, 2011）がある。これは児童生徒の思考，情緒，行動の自己報告すべてに関する情報を収集するために広く用いられているスクリーニング法である。Teen Screenは内的な感情についての質問項目もあり，抑うつに関連する問題を特定できる可能性がある。個人に対するスク

リーニングとしては，構造化・半構造化面接が用いられることが多く，抑うつに関連する症状を特定するとともに，思考や観念，支援参加についての関心を調べることができる。スクリーニングと経過の観察に用いることができる査定ツールは，さまざまなものがある。最低限，介入前・介入後の比較に使用できるものから，週ごとに計測できるものまである。尺度と使用方法を以下に述べる。

ベック青年用目録

　ベック青年用目録の第2版（Beck Youth Inventories 2nd Edition：BYI-II; Beck, Beck & Jolly, 2005）は，子どものスクリーニングに，また介入後の経過の測定指標として用いることができる。BYI-II は7〜18歳用の自己報告式の尺度であり，抑うつの症状とともに，不安や怒り，破壊的行動，自己概念など他のメンタルヘルスの問題を査定することができる。この5つの目録には社会情動的機能の問題に関する信念・感情，行動についての質問項目がそれぞれ20項目含まれており，合計で100項目になる。BYI-II は5分間での実施を想定している。5つの目録とは，自己概念・不安・抑うつ・怒り・破壊的行動である。スコアはTスコアとして算出される。BYI-II は個人または集団へのスクリーニングツールとして，児童生徒の継続的な追跡，支援の必要な子どもの特定に用いられる。

　ベック青年用抑うつ目録（Beck Depression Inventory for Youth：BYI-Y）は，BYI-II のうちの一つの目録であり，抑うつ症状や自己・人生・将来についてのネガティブな考えについて早期に発見することを目的として作成されている。悲しみや罪悪感，睡眠に関する問題が査定される。BDI-Y は「悲しい」「孤独だ」「泣いている」「将来について考える」などの項目から構成される。児童生徒は0〜3点までの尺度で，0「まったくない」1「たまにある」2「よくある」3「いつもある」として自分自身について評価する。よって，児童生徒の素点の合計は0〜60点となる。素点は4つの集団規範（女性7〜10歳，男性8〜10歳，女性11〜14歳，男性11〜14歳）に基づき，Tスコアに変換される。Tスコアは平均50（SD=10）になり，70点以上は「極めて高い」，60〜69点は「高い」55〜59点は「やや高い」，55点以下は「平均」となる。抑うつの経過観察を目的とするのであれば，BDI-Y が最も適切である。

児童用行動評価システム（BASC）

　児童用行動評価システムの第2版（Behavior Assessment System for Children 2nd edition：BASC-2, Reynolds & Kamphaus, 2004）は，一連の尺度である。BASC-2 の教師評定尺度（BASC-2-TRS）および 親評定尺度（BASC-2-PRS），児童・青年自己報告尺度（SRS-C/SRS-A）は，スクリーニングや介入前後におけるデータ収集のための，児童生徒の社会・情緒的機能の測定に適している。BASC-2 は2歳から21歳を対象としており，スコアはT得点として算出される。BASC-2-TRS と BASC-2-PRS の所要時間は10〜20分程度である。BASC-2-TRS は100〜139項目あり，対象の子どもの学校場面での適応行動や問題行動を教師に1「まったくない」から4「ほとんどいつも」の4件法で評価させるものである。BASC-2-PRS は4年生の読解レベルで書かれたもので，134〜160項目あり，地域や家庭での適応行動や問題行動を評価するものである。

　「内在化問題」として合成された得点には抑うつ症状に関連する要素も含まれている。しかし，この合成得点には他の内在化障害の症状も含まれている。さらに特化した情報は「引っ込み思案」の下位尺度から得られる。スクリーニングのプロセスにおいてはすべての尺度が有用であるかもしれないが，介入前後のテスト時には特定の下位尺度を用いることも考慮に入れるべきである。

疫学研究用うつ病尺度（CES-D）

　疫学研究用うつ病尺度（Center for Epidemiologic Study Depression Scale：CES-D; Radloff, 1977）もスクリーニングや介入前後のデータ収集に適したツールである。また経過のモニタリング用としても用いることができ，セラピストや介入者が患者の症状の変化に気づく手助けとなる。CES-D は，元来一般成人における抑うつ症状の疫学研究用に開発されたツールである（Clarke, Lewinsohn, & Hops, 1990; Radloff, 1977）。従来の抑うつ尺度よりも短縮化されており，そのため，CES-D の項目は過去に実証された他のいくつかの尺度から選ばれたものである（Radloff, 1977）。

　CES-D は 20 項目の自己報告式の尺度であり，得点範囲は 0 ～ 60 点である。得点は 4 件法のリッカート尺度への回答の合計点で表される。回答者はこの 1 週間の抑うつ症状について「めったにない」から「ほとんど，またはいつも」のいずれかで回答するよう求められる。成人や青年であれば 27 点以上で「大うつ病性障害の可能性がある」と考えられる（Radloff, 1977, 1991）。16 点から 26 点であれば「軽度から中程度の症状である」とされる（Radloff, 1977, 1991）。しかしながら開発者らは，個人を対象とした場合，得点よりも症状について読み取るべきであるし，合計得点よりもその方が重要であると強調している。青年期の「軽度から中程度の症状」にあたる得点はより頑健な結果であり，女性のほうが高く得点する傾向があると示した研究もある（Manson et al., 1990; Radloff, 1991）。したがって開発者らは，得点が高い場合であるほど，解釈に当たっては，なおさら症状について捉えていくよう推奨している（Radloff, 1977, 1991）。

　CES-D の開発にあたって，多くの研究者が青年に対して CES-D を用いており，青年用に修正された尺度も開発されているが，オリジナルの CES-D であっても青年用の規準を用いれば同じように有効であることが示されている（Clarke et al., 1990）。

　Adolescent Coping With Depression Course（CWD-A）の開発者らは，その研究の中でCES-D を多く用いている（例，Clarke et al., 1995, 2001; Rohde, Lewinsohn, & Seely, 1991）。その結果として，クラークら（1990）は，CES-D の将来の使用法について示唆している。ガリソン，アディ，ジャクソン，マッキーウンとワラー（1990）は，2,000 名を超える青年を対象として，スクリーニングとして CES-D を用いている。フィールド，ディエゴとサンダース（2001）は CES-D を用いて 79 名の青年の抑うつとリスク要因について検討している。

　ロバーツ，アンドリュース，ルウィンソンとホップス（1990）は，9 年生から 12 年生を対象とした研究において，CES-D が高い内的一貫性と再検査信頼性を有していることを示している。この研究では，CES-D の青年に対する使用の適切性を示している。プレスコットら（1998）は，CES-D のマイノリティの青年に対する使用について検討しており，結果として，マイノリティの文化的背景を持つ青年に対するスクリーニングツールとしての有用性が支持されている。ショーエンバック，カプラン，グリムソンとワグナー（1982）では，中学生（6 年生から 8 年生）に対する CES-D の使用が検討されており，中学生に対しても CES-D が高い内的一貫性を有することを明らかにしている。

CBT の概念化

　CBT は，認知の歪みを修正し，ポジティブな気分を増やし，生活上のストレスフルな出来事に対する問題解決スキルを高めることによって抑うつ症状を減らすことを意図している（Beck, 2002; Weersing & Brent, 2003）。CBT は，個人の環境，素因，行動が互いに影響し合うとともに，

個人の行動は常に発展し変化していくという理論的基盤に立っている（Friedberg & McClure, 2002）。そして，CBT は社会的学習理論に基づき発展を遂げた。フリードバーグとマクルーアは，CBT の 5 つの要素を明らかにしている。すなわち，(1) 対人的文脈，環境的文脈，(2) 生理反応，(3) 情緒的機能，(4) 行動，(5) 認知である。また，クリストナーとウォーカー（2008）も抑うつ障害を示す青少年に関わる臨床家は，6 つの領域について抑うつ症状の概念を理解するべきであるとしている。それは，(1) 感情，(2) 認知，(3) 動機づけ，(4) 環境・対人関係，(5) 身体的反応，(6) 文化・性である。

　青少年に対する CBT の技法は，成人と比べたときには，類似点と相違点の両方がある（Friedberg & McClure, 2002）。CBT はどの年齢層を対象とした場合でも，誘導的発見（guided discovery），セッション構造の柔軟性（すなわち，アジェンダの設定とフィードバック），ホームワークが含まれており，問題解決的視点を有し，目標志向的である点は共通している。青少年に対する CBT の異なるところは，彼らが自身の問題を抱えていることを認めていることは少ないということと，支援を開始することと終了することについて選択権はないということである。青少年の行動は，自分自身に直接影響を与えるというよりも，システム（家族や学校）に変化をもたらすことが多い。支援すべき青少年はさまざまな社会・認知的能力を持ち，言語的発達もさまざまであるため，発達的な感受性を高めるとともに，子どもの発達に合わせた技法を用いるべきである。マーフィーとクリストナー（2006）は，このような問題を詳細に論じており，クライエントの気分のあり方について理解するために用いることができる事例概念化ワークシートを提唱している（図 3.1）。この情報は特にモジュラー形式の CBT を実施する際に必要となり，この点については本章で後述する。

　上述のように，抑うつは個人の年齢，性，文化，発達水準によって異なる様相を呈する。先ほど述べた CBT の構成要素は，抑うつに対する心理社会的介入の際によく用いられるものである。これらの CBT 要素は，オペラント条件づけや古典的条件づけに基づく行動的技法と組み合わせることができる。また，問題解決やリラクセーションのような技法は，行動的構成要素に追加することができる。また，CBT の基本的構成要素は，子どもや大人が持つ，自身，他人，周囲，そして将来に対する否定的な見方に挑んでいくことにある（Friedberg & McClure, 2002）。抑うつのような内在化障害を有する児童生徒に対しては，認知の歪みを理解し修正することに焦点を当てるべきである（第 1 章の認知の歪みを参照）。典型的に，CBT セッションは，気分や症状のチェック，ホームワークの振り返りから開始される。その後，クライエントとセラピストによってアジェンダが立てられる。そして，アジェンダにしたがってセッションが進められ，ホームワークが提案され，セッションの終了時にはフィードバックがなされる（Friedberg & McClure, 2002）。

　本章のこれ以降では，CBT の原則に従って開発された，Primary and Secondary Control Enhancement Training for Youth Depression（個人療法），Penn Prevention Program，Self-Control Therapy，Coping with Depression（CWD-A）という 4 つの介入について紹介していく。ここで，この 4 つの介入を紹介したのは，研究によって十分に検討されており，その効果が複数の研究によって評価されているためである。さらに，この 4 つの介入は，Promising Practices Network（2008）と，アメリカ行動療法認知療法学会（ABCT）（2010）において，抑うつに対する介入方法として「効果的である可能性がある治療法（probably efficacious treatment）」とされている[27]。

27）最新のエビデンスについては，アメリカ心理学会第 53 部局のホームページを参照のこと（http://effectrcchildtherapy.org/）。

介　入

マニュアル化プログラム

　抑うつに影響する要因は多く，否定的な認知，負の強化の割合が高いこと，正の強化の割合が低いこと，ストレスフルなできごとの発生，リスク要因の存在，そして保護要因の不在などがある（Clarke et al., 2003; Frank, Poorman, Egeren, & Field, 1997; Lewinsohn, Hoberman, Teri, & Hautzinger, 1985）。上記の抑うつの病因に関する理論に基づき，抑うつの予防や治療の理論が導かれてきた。そして，研究者たちはこれらの技法を研究し，エビデンスや実証に基づく介入法を開発してきたのである。

　エビデンスに基づいた介入，あるいは実証に基づいた介入はますます重視されるようになってきている（Mufson et al., 2005; Silverman & Hinshaw, 2008）。アメリカ心理学会によれば（American Psychological Assosiation, 2005），心理学における「エビデンスに基づいた実践」とは，「患者の特徴，文化，および志向性という面からの臨床的判断を伴う際に参照できる最善の研究」を指す。さらにアメリカ心理学会の推奨では，エビデンスは妥当な効果量，統計的手続き，実証性・有意性の担保された系統的展望論文に基づいた，臨床的に適切な研究に根ざしたものであるべきだとしている。学校心理学の分野ではアメリカ心理学会のガイドラインを利用しており，現場での「最善の実践（best practice）」の発展のためにそれを適用している。

　前述したように，学校教育に基づいたメンタルヘルスモデルは，子どもがより深刻な臨床的症状へと発展しないように予防するものである（Adelman & Taylor, 2000; Christner, Forrest et al., 2007; Doll & Cummings, 2008; Nastasi & Varjas, 2008; Weist et al., 2010）。ストレインとケーラー（2008）は，介入プログラムの成功のための最善の実践の10の特徴を示した。その主たる特徴として，予防プログラムは，効果の示された認知・行動的または行動・教授的な方法であるべきであるとしている。そこで，認知・行動理論に基づいており，行動・教授的な方法を含む介入を紹介することとしたい。これらの介入は，個人のみ，集団のみ，個人と集団の組み合わせとなっている。

Primary and Secondary Control Enhancement Training for Youth Depression.

　Primary and Secondary Control Enhancement Training for Youth Depression（PASCET; Weisz, Southam-Gerow, Gordis, & Connor-Smith, 2003）は，8～15歳向けのCBT介入の一つである。PASCETは，15回の個人セッションからなり，1週間に1回，60～90分で行われる。この介入では問題解決，快活動，コーピング方略に重点を置いており，2つの重要なステップ——「行動することと考えること（act and think）」に焦点が当てられている（Weisz et al., 2003）。PASCETによる介入の焦点は，抑うつ障害の治療というより抑うつ症状を低減することに当てられており，子どもにおいて抑うつ症状を低減することが示されている（Weisz et al., 2003）。具体的には，PASCETによる介入後，参加者の抑うつ症状は，学校での8～15歳の青少年の通常の範囲内にまで低減することがわかっている。PASCETの研究はまだ発展途上であり，ワイズらは将来的にさまざまな研究を計画している。現時点でPASCETは市販されていない。

Penn Prevention Program.

　Penn Prevention Program（PPP; Jaycox, Reivich, Gillham & Seligman, 1994）は，学校で行う集団予防プログラムであり，90分のセッション12回で構成されている。思考と感情を結びつけ

ることや，問題解決スキル，コーピングスキルの向上に重点が置かれている。PPP は抑うつ症状に基づき，抑うつや不安のリスクがあるとみなされた中学校の生徒（ここでは，10 〜 13 歳）向けに開発された。現時点では，PPP のコストや利用可能性に関する文献やインターネット上の情報は限られている。

　デイビッド・ファードンとカスロー（2008）によれば，アメリカ心理学会の「心理学的介入の促進・普及にかかわる特別委員会（Task Force on the Promotion and Dissemination of Psychological Procedures guidelines）」のガイドラインに従うと，PPP は「効果的である可能性がある治療法（probably efficacious treatment）」であるとされている。しかし，抑うつと不安の症状を呈する郊外の中学校に通う生徒（7 年生）を対象とした研究では，介入群と通常の支援を受ける（Treatment-as-usual: TAU）群との間で，抑うつ症状については有意差が見られなかったとされている（Roberts, Kane, Thomson, Bishop, & Hart, 2003）。この研究では，9 校が PPP に，別の 9 校が通常の支援のカリキュラム（健康教育クラス）にランダムに割り付けられた。実験群では不安の症状は低減したものの，抑うつ症状については差がみられなかった。このように，PPP の有効性については相反するエビデンスが存在している（Jaycox et al., 1994; Roberts et al., 2003; Yu & Seligman, 2002）。ただし，これらの研究の中においては，すべてのセッションは放課後に行われており，授業内では実施されていないという点は，特記すべき事項である。

Self-Control Therapy

　Self-Control Therapy（SCT; Rehm et al., 1981）は子どもにセルフモニタリング，自己評価，自己強化を通じて，セルフマネジメントのスキルを教えるものである。個人・集団の介入どちらにも用いることができる。しかしながら，研究の多くは集団介入に関するものである。SCT は，当初は成人を対象に研究されていたものの，青少年を参加対象とした研究も存在する。SCT による介入は，PASCET や PPP のように構造化されてはいない。むしろ，SCT は個人への支援を通じて CBT を行うための理論的アプローチといえる。よって，モジュールは特に存在しない。SCT は，抑うつの背後には，ネガティブな出来事に対する選択的注意，強化機会の制限，自罰的傾向の増長，非現実的な基準，そして責任の帰属の誤りがあるという理論に基づいている。SCT には教示の提示，教示に基づくエクササイズ，ホームワークの割り当てがある。たとえば，セルフモニタリングのようなスキルは直接的な教示によって伝えられる。長期的な結果のブレーンストーミングや自己強化の計画，帰属スタイルの理解，自分について肯定的陳述をすること，目標を立てること（個人の健康や，活動水準など）のうち，いくつかは SCT の中で取り上げられる可能性がある。ホームワークは，セルフモニタリング方略を実行し，セッション内で教えられたスキルを般化させるために設定される。SCT は本来臨床場面で行われるものであるが，学校場面で行われることもある。臨床場面における介入では，5 週間 12 セッションの終了後，および 8 週後のフォローアップにおいて，自己報告や面接による抑うつの測定値が低下していた（Rehm et al., 1981）。学校場面での研究では，1 セッション 45 〜 50 分として，5 週間 12 セッションが行われた。9 〜 12 歳の子ども 29 人が，SCT 条件，行動的問題解決条件，もしくは待機条件に割り付けられた（Stark, Reynolds, & Kaslow, 1987）。行動的問題解決群では，快活動の予定をたてて社会的関係を築くことと問題解決スキルを身につけることに焦点を当てた。分析の結果，SCT 群と行動的問題解決群の子どもは，自己報告や面接による抑うつの測定値が有意に改善した（Stark et al., 1987）。そして，SCT 群と行動的問題解決群では同程度の改善がみられた。

Adolescent Coping with Depression course.

　Adolescent Coping with Depression course（CWD-A; Clarke et al., 1990）も，効果が証明されている CBT 介入である。集団介入である CWD-A では，児童生徒用のワークブックを用いることになるが，英語版の必要な材料はすべてインターネットから無料で手に入る[28]。CWD-A は，当初成人の抑うつを対象として Coping with Depression（CWD; Antonuccio, 1998）として開発されていた。しかし，研究によって強力な成果が示されるにつれ，抑うつを示す青年向けのもの（CWD-A; Antonuccio, 1998）など，バリエーションも開発されるようになった。それにしたがって，CWD-A の抑うつの予防的介入への適用（Clarke et al., 1990），若年層への適用といった，新たな活用方法も探索されている。

　CWD-A による介入は，もともとスキル獲得を基盤とした小グループ介入を意図したものであった。CWD-A の 1 セッションは 2 時間から構成され，8 週間 16 セッションに渡る。各回には台詞も準備されている。CWD-A は，抑うつは行動を阻害するようなストレッサーから発生し，"正の強化の随伴性が少ない（Antonuccio, 1998, p.3）" ことに起因するという理論に基づいて作成されている。正の強化は，強化への接近と影響のある出来事への接近，そして環境とポジティブな相互作用をもたらす個人的スキルに関連している（Antonuccio, 1998）。抑うつ状態では，注意水準が高まっているため，それが引っ込み思案や自己批判へとつながっている可能性がある（Antonuccio, 1998）。そのため，介入は，快活動の頻度や質を向上させる一方で，抑うつ状態において青少年や成人が効果的に発揮できていない社会的スキルを向上させるように作成されている（Antonuccio, 1998）。加えて，CWD-A は不安や抑うつ的な認知を低減させ，コミュニケーションや問題解決の訓練の場を与え，将来の計画を行うこともねらいとしている。

Taking ACTION

　Taking ACTION は CBT の理論をもとに，およそ 9 歳以上の青少年への使用のために開発された（Stark & Kendall, 1996）。個人・集団どちらの介入にも使用可能であり，児童生徒向けのワークブックもある。Taking ACTION では，臨床家に対する目的や詳細についての説明は準備されているが，台詞までは用意されていない。Taking ACTION は 1 セッション 1 時間程度，30 セッションで構成される。感情教育や快出来事の計画，セルフモニタリング，問題解決，リラクセーション技法，エクササイズ，自己評価，ネガティブな思考のモニタリング，認知再構成，そして目標設定が含まれる。コイペルら（2004）は，待機統制群と比べ，18 回の Taking ACTION のセッションを受けた 10 〜 12 歳の子どもは，4 カ月後のフォローアップにおいて，親評定や自己評定の抑うつが有意に低いことを示している。

モジュール形式のもの

　モジュール形式の介入方法は，個人・集団どちらにも用いることができる。モジュール式の介入方法においては，マニュアル化された介入のうち特定のセッションを抜き出して使うことが多い。セラピストの概念化に基づき，そのグループや個人のニーズに応じて，セッションを選択する。しかし，モジュール形式の介入方法は扱うことが難しいこともあり，高度な事例概念化のスキルを必要とする。優れた事例概念化のスキルを備えていれば，介入方法の選択において "試行錯誤的な" 方法に頼ることなく，かつクライエントに不必要な，もしくはすでに十分優れている

28）日本語版は現在準備中（佐藤ら，準備中）。

表 7.1　青少年の抑うつに可能なモジュール

認知的介入	社会的スキル訓練
心理教育	コミュニケーションスキル
活動スケジュール	自己報酬
維持介入	リラクセーション
問題解決	行動契約
セルフモニタリング	モデリング
目標設定	アサーショントレーニング

ようなスキルを学んでしまうことも避けられる。モジュール式の介入方法は，介入や支援アプローチの統合性を損なうことなく，柔軟性をもたせることができる。ケリーとレイネック（2003）は，"モジュール形式の介入方法は一連の流れを組み上げる必要はなく，またモジュール形式のCBTは，順序を決めておく必要もない上に，集団向けである必要も高度に構造化されている必要もない"と記している。すなわち，モジュール形式のアプローチを用いることによって，臨床家は個人や集団に合わせて，セッションを仕立てることができる。

　研究によれば，一般的なCBTの介入は，いずれも青少年に対して有効な支援アプローチの特徴を持っているようである（Kaslow & Thompson, 1998; Kazdin & Weisz, 1998）。つまり，快適で気分を上げるような活動への参加を増やす，社会的相互作用を向上させる，社会的問題解決スキルを高める，身体的な緊張をほぐす，不適応的な思考を修正する，といった内容を含んでいることになる。臨床家はこのような研究の知見を活かし，基本的なモジュールを組み立てるべきである。**表7.1** には，事例概念化を行い，支援計画を練る際に検討すべきモジュールを示した。また，モジュール形式のアプローチを用いる場合，支援の進行をモニタリングしたデータを継続的に収集・分析して介入の有効性を確認することが重要になるだろう。

学校場面への示唆と応用

　学校におけるメンタルヘルスシステムを予防的な支援提供モデルと捉えて検討した研究は限られており，学校環境で有効なエビデンスに基づいた介入方法を特定して徹底的に検討した研究はさらに少ない。加えて，学校におけるメンタルヘルス支援を受ける必要がある子どもたちの多くが抑うつ症状を経験しているにもかかわらず，学校場面においてエビデンスに基づいた介入方法について実証的に検証されていることは少ない。

　学校におけるメンタルヘルス対策を改良し拡張していくために，学校心理学の分野では，研究で効果が示された介入方法に一層重きを置くようになってきている。研究分野での特筆すべき実践の開発は進められてきたものの（CBTにおける筋弛緩法などのモジュール），研究で効果が示された包括的メンタルヘルス介入プログラムはわずかである。そのため，学校にとって，あるいは学校で活動する臨床家にとっては，データを収集して児童生徒の進捗を観察し，児童生徒個人に対する有効性だけではなく，学校におけるメンタルヘルスプログラム全体としての有効性を評価することが必要不可欠といえる。

第7章　抑うつ──学校での認知行動的介入──　133

事　例

抑うつに対する個人介入

　カイルはA小学校に通う3年生である。成績表には，落第が記録されており，今年2度目の3年生をしている。1年生の頃から，担任はカイルがクラスでの活動に苦労していること，先生や同級生となじめていないことを報告していた。カイルは，学校で活動をしておらず，ほとんど興味ももっていない。家では，母親は赤ん坊の世話に忙しく，父親は刑務所に入っていて，出所まで4カ月ある。母親は，カイルが何か上手くいっていないことには気づいていたが，それが何かはわからないと言っていた。カイルは，学校から帰ってくると孤立していた。社交的にふるまうとトラブルを起こしていた。隣の家には年長の子どもがいて，夕方にはよく一緒に遊んでいた。カイルは，森に迷い込んだり，火で遊んだりするなど危険な行動をしてトラブルを引き起こしていた。落第にもかかわらず，行動に変化がみられないので，心理教育的アセスメントを受けるよう紹介されることとなった。アセスメント結果からは，カイルの知的能力は高く学習面の能力も平均的であることがわかった。普段の様子を観察したところ，課題に取り組んでおらず，注意散漫で，積極的ではなく，授業に参加していない様子がみられた。BASC-2における親・教師評定とBYI-IIにおける自己評定から，社交性，幸福感，自尊心，活力，希望，そして学校への興味という点において困難があることが示された。

　カイルは臨床的に重篤な抑うつ症状に苦しんでいることがわかった。さらに，これらの問題は学業成績にも影響しており，情緒障害のために特別支援教育を受ける基準に合致していた。そのため，カイルは学校におけるメンタルヘルスシステムを通じて，学校で参加可能な個人カウンセリングの紹介を受けた。これらのセッションは，授業時間内に行われることもあったが，それ以外は放課後に行われた。カイルの母親は，時折一緒にセッションに参加した。カウンセラーは事例概念化のスキルに長けており，柔軟なアプローチでカイルのニーズを逐一扱いたかったので，モジュール形式のアプローチを用いることにした。カウンセラーは，CWD-Aのマニュアルから快適な出来事の予定を立てることと問題解決訓練を，Taking ACTIONから感情教育とエクササイズを選択することとした。また，支援の進行の指標としてBDI-Yを選び，またBYI-IIを介入後の指標として用いた。

抑うつ障害のリスクのある子どもに対する集団介入

　ジャミーはB小学校に通う5年生である。この小学校には学校メンタルヘルスプログラムが確立されており，その中には全体のスクリーニング，紹介，集団・個人への介入も含まれていた。ジャミーは全体のスクリーニングにおいて大きな心配はみられなかった。しかし，年次が進むにつれ，担任教師は，ジャミーがいつも眠たそうにしており，体重が減り，休み時間に同級生とも話さなくなってしまったことに気づいた。また，かつて楽しんでいたバンドでのサックス演奏も止めてしまっていた。11月にジャミーの担任は同様の症状を持つ子どものためのグループについての情報を得た。そこで，担任教師はジャミーに抑うつ予防グループのスクリーニングを受けるよう紹介した。評定尺度と半構造化面接の結果から，グループの基準を満たし，本人も参加に意欲的であった。そのため，ジャミーはグループに参加することになった。

　グループのリーダーはマニュアル化された介入方法であるPenn Prevention Programを採用した。ジャミーはそのグループに12週間参加した。介入期間を通じて，ジャミーや他のメンバーの変化を観察するためにはCES-Dが用いられた。12週間後には，親評定，教師評定，そして自己評定が実施され，紹介された段階やスクリーニング時点での評価と比較することとした。そして，

ジャミーの変化を観察したデータを分析するとともに，必要に応じて適切なアドバイスをするために，介入後の面接を行うこととした。

結　語

　青少年の時期における抑うつは一般的な疾患であるものの，学校場面では見過ごされてしまうことがある。しかしながら，抑うつは児童生徒の将来に重大な影響を及ぼす。若者に対する抑うつの支援に関する研究や実践が進展したとはいえ，検証されるべき研究課題（特に，学校場面でのスクリーニングと介入に関する研究）との間には未だ隔たりがある。CBT は抑うつを抱える青少年に対する介入の第一選択肢であることが明らかにされており，子どもへの使用を支持するエビデンスも存在する。ここでは，現在開発されているエビデンスに基づいたいくつかのプログラム（Penn Program, CWD-A など）を紹介することに加えて，モジュール形式の CBT のアプローチの使用についての検討も提案した。この章の最後の事例は，学校ベースの介入において重要な点を浮き彫りにするために紹介された。引き続き研究やプログラムの評価が必要とされているとはいえ，青少年への CBT を学校で用いることについては前途有望であるといえる。

確認問題

1．あなたの学校における，抑うつなどの内在化障害に対する全体スクリーニングのプロセスとしてどのようなものがありますか？ またこのプロセスはどのような方法で改善することができるでしょうか？
2．抑うつを示す子どもに対し，マニュアル化された介入，もしくはモジュール形式の介入を用いるにあたっての利点と欠点はどんなものだと考えられますか？ またどのようなときに，それぞれのアプローチを用いるでしょうか？
3．あなたがこれまでかかわり，支援してきた抑うつを示す児童生徒のことを思い出してみましょう。この章を読んだ今では，他にどんな方法を取ることができたと考えられますか？

第8章

思春期の摂食障害
──学校での認知行動的介入──

　摂食障害は現代社会において，青少年の間でますます広まってきている（Graber, Brooks-Gunn, Paikoff, & Warren, 1994）。実際，摂食障害は，多くの西洋諸国において，思春期の女性の憂慮すべき健康問題として広がっている（Grave, 2003; Lewinson, Hops, & Roberts, 1993）。この障害によって，多くの健康的，心理的危険がもたらされる。そして，深刻な場合は死に至る（Grave, 2003; Kohn & Golden, 2001）。さらに，摂食障害を示す人の多くは，アメリカ精神医学会の DSM-IV-TR によって設定された神経性無食欲症（AN）と神経性大食症（BN）の基準を完全には満たしておらず，「部分的症候群（partial syndromes）」，または「特定不可能の摂食障害（eating disorder not otherwise specified: EDNOS）」とラベルづけられている。

　摂食障害（AN，BN，EDNOS）は児童期後半に発症する傾向が強く，また，思春期後半，成人期まで続くことが研究から示唆されている（Lask & Bryant-Waugh, 2000）。つまり，多くの女性は思春期の間，ネガティブな摂食パターンを経験する（Grave, 2003）。近年では，摂食障害はアメリカに住んでいる思春期の女性の間で，3番目に多い疾患とされており，その発症率は5%となっている（Touchette et al., 2011）。さらに，多くの研究では，学齢期や高校生の女子の5%から15%が，摂食障害と診断される基準のすべては満たさないとしても，いくつかの症状を経験するとしている（Graber et al., 1994）。本章の焦点は主に摂食障害の思春期の女性であるけれども，臨床的な摂食行動の症状を訴える思春期の男性の数も増えていることに注目することが重要である（Striegel-Moore & Smolak, 2002）。これらの統計から，思春期における憂慮すべき傾向が明らかにされている。

　摂食障害を発見，治療，そして予防するためのプログラムの開発を開始するにあたって，これらの統計の重要性を認識し，理解することは不可欠である。そのことが，このネガティブな傾向の悪化を軽減する第一歩であるといえる。多くの教職員は学生の大半と継続的にやり取りをもつことができることを踏まえると，摂食障害あるいは臨床的な摂食症状を示す青年に対する予防や早期発見において，重要な役割を果たすことになる（Boes, Ng, & Davison, 2004; Massey-Stokes, 2000）。すなわち，教職員は，ネガティブな摂食パターンがある児童生徒を援助するための早期予防尺度を確立し，制度化するのに理想的な立場に自然と位置づけられる（Massey-Stokes, 2000）。早期発見や予防を通じて，学校におけるメンタルヘルスの専門家や養護教諭，教員はネガティブな摂食と関連する問題を明確化したり，この問題を軽減するための予防的アプローチを提供したり，健全的な発達を促進することが期待される（Boes et al., 2004; Grave, 2003）。

思春期の女性と摂食障害

　思春期という発達段階は，若者に多くのストレッサーや課題をもたらす。このような課題には，思春期の心理的，身体的変化への対処や，自立への移行，友人関係の発達，統一された自我同一性の確立が含まれている（Graber et al., 1994; Massey-Stokes, 2000）。このような葛藤の多くは彼女たちの健康や幸福のどちらにも危険をもたらす。思春期は急速な感情的，身体的，社会的，心理的成熟の時期にあるため，この時期の移行が上手くいくことは思春期における健康全般や生活の質にとって重要である（Massey-Stokes, 2000）。

　思春期の女性は変化という流れの中にいるため，多くの影響に対して脆弱である（Graber et al., 1994）。時には，生活のプレッシャーは彼女たちが扱うにはあまりにも大きくなり，完全にコントロールできないと感じることがある（Attie & Brooks-Gunn, 1989）。よい決定を行ったり，自己概念を強めようと懸命に努めるが，時として，彼女たちの選択が違った方向をもたらす。このような脇道にそれてしまうことによって，ネガティブな対処パターンがもたらされ，否応なく関係性が断ち切られ，自分の内にある声を発することができず，自尊心の低下がもたらされる（Surrey, 1991; Brown & Gilligan, 1992）。そして，このネガティブな特徴は，潜在的に摂食障害の発症への道を切り開いてしまう可能性がある（Kohn & Golden, 2001; Massey-Stokes, 2000; Mishne, 1986）。一般的に，摂食障害は AN や BN，EDNOS に分類されている（Grave, 2003）。フェアバーンとワルシュ（2002）によると，摂食障害は，「摂食行動または体重をコントロールしようとする行動が繰り返される障害であり，このことによって，身体的健康や心理的機能が重大に損なわれる。この障害は，広く認められている一般的な医学的障害やいずれの精神疾患の二次的な問題ではない（p.171）」とされている。

　特に，AN の診断基準には，「年齢と身長に対する正常体重の最低限またはそれ以上の体重を維持することへの拒否，体重の増加や肥満に対する強い恐怖，体重または体型に関する体験の障害，そして最後に無月経」がある（American Psychiatric Association, 2000, p.589）。BN の診断基準には，「むちゃ食いエピソードの繰り返しがある。むちゃ食いエピソードは区切られた時間の中で，同様の環境においてほとんどの人が食べると思われる量よりも明らかに大量の食物を食べること，また，制御することができないという感覚を伴う。自己誘発性嘔吐や下剤，利尿剤，浣腸剤，他の薬剤の乱用，絶食，または過度な運動といった体重増加を防ぐための不適切な代償行動がある。むちゃ食いと不適切な代償行動が 3 カ月間にわたって少なくとも平均週 2 回起こる。自己評価は体型と体重に過度に影響され，AN のエピソード期のみに障害は起こらない」がある（American Psychiatric Association, 2000, p.594）。

　最後に，EDNOS の診断基準は，「特定の摂食障害の基準を満たさない非定型の摂食の障害すべて」とされている（American Psychiatric Association, 2000, pp.594-595）。

　パイファー（1994）は，摂食障害やネガティブな摂食パターンは思春期の女性がコントロールを維持しようとして，自分の内的感情を表出するコーピングメカニズムとして出現することを示唆している。思春期の女性が自分の内声を失い，個人的欲求に気がつけないようになると，結果的に，外部の期待に応えようと努める。摂食障害の症状は，思春期の女性が自分や周囲に関して思っていることの正確な投影というのがふさわしい（Surrey, 1991）。ステイナー・アデア（1991）によると，青年が自分の考えや感情，意見を言葉で表現することができなくなったと感じると，

彼女たちの身体は行動を通じて隠喩的に語る外的自己となる。彼女たちの自己価値は，疾患を通してコミュニケーションをとろうとする試みに裏付けられているのである（Steiner-Adair, 1991）。

　しばしば，このような方略によって，生活は独特の形式を帯びるようになり，彼女たちは自分の体重や生活，世界をコントロールしようと没頭する。彼女たちにとっての喜びはしばしば，怒りや絶望，罪悪感といったネガティブな感情に置き換えられる。彼女たちの制限あるいはむちゃ食い／下剤といった行動は隠れた習慣となり，さらに，これらは罪悪感や悲哀感をもたらす（Pipher, 1994）。見かけ上，摂食障害の思春期の女性は必死に他者を喜ばせたり，仲間や家族に受け入れてもらっている社交的な人のように見える。内心では，彼女たちは虚しくなったり，手におえなくなったり，本当の感情を話すことができないと感じ，また，自己感覚に乏しい。そして，自分の摂食障害に追われるようになり，結果として，内声や真の自我同一性を失うことになる（Pipher, 1994; Steiner-Adair, 1991）。

　摂食障害はまた多くの発達的，心理的，文化的，行動的特徴を含んでいる。発達的側面からは，思春期の間に多くの身体的，心理的変化を経験する。これらには，安定したまとまりのある自我同一性への発展だけでなく，身体的な思春期の変化（例，体脂肪の増加）や社会・情緒的変化（例，児童期と成人期間の移行，親との関係性の弱まり，さらなる自立性の確立）が含まれている（Attie & Brooks-Gunn, 1989; Graber et al., 1994）。研究によって，初経からの時間経過と初経に続く体重の増加の両方は，食事やボディイメージ，減量行動への関心の増加と関連していることが明らかにされている。このようなリスクの高い時期に摂食障害を発症する若い女性もいる（Abraham et al., 2009）。

　心理的側面からは，多くの思春期の女性の認知や思考，態度が歪んでいることが示されている（Attie & Brooks-Gunn, 1989; Mishne, 1986）。大きな歪みの一つが，体型や体重を含むボディイメージである。この歪みは痩せたい，体重を減らしたいといった願望や，肥満への恐怖によって形成される（Hsu, 1996; Lask & Bryant-Waugh, 2000）。最終的に，これらの歪みは気分をコントロールする手段につながる。思春期の女性は食べ物だけでなく，下剤の使用で落ち着きと安心感を得る。このような行為はコントロールの手段だけではなく，慰めを得たり，怒りや罪悪感を表出するために，非常に常習的になる。やがて，これはまさにコントロールできない行動になり，その結果，過度の苦痛や無力感を感じる（Costin, 1996）。症状の発現は不安や緊張，あるいは退屈といったさまざまな要因によって引き起こされる。むしろ空腹が制限やむちゃ食い／下剤パターンのきっかけとなるのは稀である（Brownell & Fairburn, 1995）。

　文化的側面からは，思春期における認知の歪みの確立には社会がかなり寄与しているといえる。これは社会が痩せを強調していることが原因である。西洋文化では，痩せていて，身体的に整っていることが魅力やコンピテンス，コントロール，成功を象徴している（Fallon, Katzman, & Wooley, 1994; Mishne, 1986）。さらに，痩せていてきれいな理想像を重視する傾向が増加している。社会は，自己価値は個人の魅力の水準に寄るものとして，特定の基準に潜在能力を当てはめようとしている。社会が設けた基準は，思春期の女性の多くにとって達成するのは非現実的である。自身の健康や身体にいくら犠牲を払ってでも痩せようとするのは，社会が設けたこの非現実的な基準が原因である（Attie & Brooks-Gunn, 1989）。

摂食障害の思春期の男性

　ここ 50 年，女性における摂食障害が著しく増加しているが，男性においてもまた増加している。多くの人が未だに摂食障害を「女性の病気」とみなしているが，実際には，むちゃ食い障害のケースの 40％以上が男性であり，AN と BN のケースの約 10％から 20％も男性である。同性愛者の男性における摂食障害もかなりみられる。いくつかの研究では，同性愛者や両性愛者の男性の 15％がかつて摂食障害であったと示唆している。実際，同性愛者の男性は，同性愛者の女性または異性愛者の女性よりも摂食障害の可能性が高い。このようにかなりみられるにもかかわらず，男性における摂食障害の認識は低いままである（Jones & Morgan, 2010）。医療研究・品質調査機構（AHRQ）によると，1999 年から 2006 年まで，摂食障害による入院が最も著しく増加したのは 12 歳未満の子どもであった。7 歳の子どもまでも含め，この年齢内での増加は 119％と報告した。このような年齢の男の子の多くにおいて，食べることへの心配は随所で目にするようになっている（Jones & Morgan, 2010 より引用）。

　男性における摂食障害の原因を特定しようとすると，いくつかの要因が挙げられる。その一つが社会的モデリングである。幼少期において，男の子は立派なからだつきをしたアクションフィギュア（ヒーローや怪獣の精巧なおもちゃ）に触れる。これらのアクションフィギュアは極端な筋肉や低脂肪の筋骨型をしていて，肉体的に魅力的である。思春期において，子どもは体力やフィットネス，持久力といったありがちな自慢をするアスリートをテレビでみる。このような特性はさらにテレビゲームのなかで宣伝されており，現在，年間 100 億ドルのビジネスとなっている。

　理想のボディへの知覚は幼少期に形成され，さまざまなモデリングを通じて続けて強化される一方で，全体としてのアメリカ人は，体重がだんだんと重くなっている。現在，アメリカ人の66％以上が体重超過で，32％が肥満とみなされている。体重の重いあるいは「ずんぐりした」子どもはしばしばからかわれたり，いじめられたりしやすく，これが摂食障害の発症リスクを高める。

　多くの男の子や 10 代の男子がよりよくみえる身体つきを得たり，運動能力を増やそうと取る方法には，ボディビルディング／エクササイズやダイエットがある。しかし，遺伝的制限によって，ある程度まで得られうる細さや筋肉量，身体能力が決められている。生まれつきの「セットポイント」を超すためにステロイド剤やストイックで不健康なダイエットに踏み出す者もいる。女性と同じように，理想の体を求めている男性はしばしばイメージされた外見や理想へと機能不全的に没頭してしまい，そのような問題は身体醜形障害（BDD）として知られている。BDDと摂食障害の併発率は高く，研究から BDD の 19％から 39％が生涯的には摂食障害を有することが明らかになっている。摂食障害が BDD より先に発症するよりも，BDD が先に発症することが多いことも研究から示唆されている（Ruffolo et al., 2006）。さらに，いくつかの研究から，BDD と摂食障害の間で主診断が揺れ動く者もいることが明らかになっている（Rabe-Jablonska & Sobow, 2000; Sturmey & Slade, 1986）。

学校場面への示唆と応用

　教職員は，摂食障害が7歳の男の子や女の子においても実質的には増加していることを認識しておく必要がある。「痩せの理想」は最近，思春期前の子どもにおいても強くなっているように思われる。実際，13歳未満の摂食障害の児童生徒はみな，うつ病や強迫症，他の不安症といった発症前の精神疾患を患っている可能性が高く（Rosen, 2010），このことからもなぜ早期介入が重要であるのかが浮き彫りになる。しかし，不安症の児童生徒が二次的に摂食障害を発症するのは珍しくはない。不安とうつの併発率が高いことを考えると，不安とうつの症状がみられる子どもについては，摂食障害に関するスクリーニングをすべきであるといえる。幼い年齢の子どもはむちゃ食い／排出といった行動をする傾向は低いが，ANの行動やカロリー計算，あるいは過剰なフィットネスやダイエットをするかもしれない。幼い子どもはまた，より速いスピードで減量する傾向も高い。

　たいていの摂食障害の青少年は，小児科医あるいは他の医療専門家に率いられた多職種チームによる外来診断を受けている。栄養目標や認知的技法，周囲の協力を強化するために，外的機関の尽力と学校でのチームとの働きが統合されることが重要である。また，学校心理士や教育の専門家が，話し合いや助け合いができるようなかかわりを持って，学区における摂食障害のプログラムや資源の存在を確認するのも役に立つ。教職員は児童生徒に，好ましい食事習慣を教育するだけでなく，一緒にダイエットや運動に楽しんで取り組むべきである。子どもへのCBTの重要な要素は心理教育である。このような子どもは，ダイエットが気分や注意，エネルギーレベル，テストの成績にどのように影響を与えるのかを理解するだけでなく，適切なダイエットの取り組みに関する正確な情報も必要である。

アセスメントのさまざまな方法

　パイファー（1994）によると，アメリカの女性の50％が，常に何らかのダイエットを実行している。子どもたちは5歳から，肥満の子どもや大人を忌避するべきだという，体型についての社会通念を教え込まれている（Sullivan, 1998）。このようにして，子どもたちが自分自身と，すべての他者の肉体に対し愛情と好奇心をもつという自然な傾向は，彼らの発達途上の体に対するイメージに，文化を背景とする批判的な判断を加えるよう短絡化されてしまう。身体の変化，仲間からの圧力，社会通念にかかわる問題が，若い女性の精神医学的問題にもっともよくみられるもののひとつとして，思春期の摂食障害を生み出す（Kreipe & Birndorf, 2000）。教職員はいかにして，問題のある摂食行動のパターン，歪んだボディイメージ，過度の運動，本格的な摂食障害を，見つけ出し評価すればよいのだろうか。優れた面接法はしばしば，摂食障害を見つけ出すための最も強力な手段である。また，標準化されたアセスメント尺度，そして標準化されていないアセスメント尺度も，摂食障害のスクリーニング，方略の構築，支援経過の測定に役に立つ。

面接法

　摂食障害の有無と深刻さの程度を評価する面接者には，何を尋ねるべきかという知識を持つことと，児童生徒とのあいだに中立的かつ協調的な態度を体現する能力が求められる。摂食障害を

抱えている可能性のある児童生徒とのセッションを開始するにあたっては，手持ちの技術すべてを用いてラポールを形成することが大切である。このとき，児童生徒が自分の人生全般，家族，友人関係，学校環境のなかの出来事を，どう受けとめているか尋ねることになるかもしれない。摂食障害症状は思春期の情緒的葛藤の反映，または関係性の中の経験を暗に示すものとして現れることがあるため，感情を表現する言葉として症状をみなして，文脈の中の子どもを理解することが重要である。その文脈は，女の子や若い女性としてどうあるべきかという社会的期待に置かれる中で，自分自身をどう捉えているかというような幅広い問題であると同時に，家族関係の対人的葛藤における特定のテーマがわかるように具体的でもある。摂食障害の症状は，不意に訪れて自身の存在を侵すような独立した問題ではなく，言葉で十分に表すことができない何らかの苦しみの表現，もしくは解決法である可能性がある。要約すれば，面接は双方向的かつ動的で，子どもを自身の経験の専門家として尊重するものでなければならない。

　最初に，なぜこの面接のためにここへ来ているかを児童生徒に尋ねるとよい。面接について知っていることや期待していることについて尋ねた後で，彼女が理解していることの中から面接の必要性に関することを説明し，またこのセッションで取り扱う話題について説明することで，セッションのアジェンダを協調的に形成することができる。面接者は，顕在化した，あるいはするかもしれない摂食障害症状の危険が，いかに深刻で差し迫っているかを感じ，次の面接を確保したいと思うかもしれない。一方で，児童生徒が尊重され，勇気づけられていると感じ，食事やボディイメージという個人的なことを共有することにより恥ずかしい思いをしていないということも確認したいと思うことだろう。面接者は，最低限その状況がどれほど危険かを把握しながらも，ゆっくりと質問し，より深い回答を得るために時間をかけることが必要不可欠である。また，彼女が今していることの詳細を知ることと同様に，食事，ボディイメージ，そのほかの生活面について子どもにはっきりと話してもらい耳を傾けることも重要である。

　最初に，自由に話したり，質問したりする。たとえば，「あなたのことを話してくれるかな？」「一緒に過ごすことが多いのは誰？」「学校以外では何をしてるの？」などが，彼女がどんな人で，生活がどんなふうであり，自分自身をどう感じているかについての会話を引き出すうえで役立つ。いくつかのやりとりが得られれば，彼女が自分について，食事と体の関係の中でどう感じているかに関する質問をもっと自然に続けられる。体と食事の話題への感じ方を知ることで，面接者は恥，恐怖，症状からくる重圧や，さらには面接の中でそれらを共有することのプレッシャーといった，予想される感情に敏感になることができる。摂食障害についての詳しい話は非常に個人的な開示となるので，児童生徒の側により多くの勇気を求めるだけでなく，こうした行動をとっていても自分は評価されない，という実感が必要になることが多い。摂食障害のクライエントはたいてい，自分の症状については無知な歴史家のように何も知らないものであると述べたが，いくつかの歪みは，症状を認めるのが恥ずかしい場合や，「食べすぎ」の人を軽蔑し，過度の食事制限を「立派」と称賛するような文化の中で特に引き起こされる。そのため，食べ物とボディイメージは繊細な話題となり，自分が評価されていると感じている児童生徒にとっては，こうした行動について嘘をついたり，不正確なことを述べるほうが楽であると感じるかもしれない。

　摂食障害の症状に関する，節度を守りながらも率直な質問をすることは，診断を下すための情報を引き出すうえで必要となることが多い。中立的にスタートを切る方法のひとつは，児童生徒に，いつもの一日の様子を述べてもらいながら，特に食事について，普段どんなものを，いつ，どんなふうに食べているのか明らかにすることである。答えが「6時に朝食，12時にお昼，夜は

第8章　思春期の摂食障害——学校での認知行動的介入——　141

家族と一緒に」などと，あいまいで一般的なことに終始するときは，はっきり具体的に尋ねなければならない。「いつも朝ご飯に食べるものは？　誰と一緒？　食べるのにどのくらいかかる？　食べる場所は？　食べているとき楽しい？　食べた後はどんな気持ちになるの？」といった具体的な質問により，児童生徒は面接者が知りたい詳細さの水準がわかる。これらについては，面接者が児童生徒と食事の関係について行動的，精神的な理解をさらに展開するために，あくまで純粋な好奇心から出たものとして受け取られなければならない。

　面接者は，児童生徒が普段している行動について正確に知る必要がある。これには意図的なカロリー摂取の制限——嘔吐や，催吐剤，下剤，利尿剤の服用，過剰な運動などの代償行動も含まれる。また過度に大量の食事——食べすぎの自覚，頻繁に食べるが決まった食事を取らないなども含まれる。こうした行動を文脈の中で表出させるために，児童生徒に家族の食習慣，家族のうちの誰か食事の問題を有している人がいるか，もしくは食，体，女性の役割に関する文化性や倫理観について，といった質問をすることで適切な情報が明らかとなる。その人物の食生活に関する事柄，すなわち一日の食事時間，その量，典型的な食事の内容（炭水化物，蛋白質，脂質，デザート），食事についての感じ方（コントロールできているかできていないか，満足か，不満足か），文化や家族の文脈など，すべてが事例概念化を導くうえで重要な情報となる。

　面接者は児童生徒の身体的ウェルビーイングについて知り，また緊急を要する医学的合併症の兆候や症状を確かめるための質問が必要となる。スクールカウンセラー，学校で活動するメンタルヘルスの専門家，あるいは教師としての領分を越えるとしても，健康状態が危険か否か判断するためには，児童生徒に医学的診断を受けるよう言うのも重要である。しかし，特定の兆候や症状は比較的緊急の医学的診断を必要とする。以下の症状が存在するか否かを評価する手短な質問を行うべきである。つまり，胸の痛みや息苦しさ，頭のふらつきや意識を失うこと，めまい，排泄物や吐瀉物に血が混じっていないか，摂食の問題が影響する可能性のあるあらゆる医学的状態（糖尿病，適切なインシュリンの使用），腹痛，生理不順，睡眠時無呼吸，歯の問題（嘔吐を伴う過食の場合特に）といったものがある。このいずれかでも認められたとき，特にそれらが摂食障害の始まりに先行していない場合や，摂食障害の症状が治まるのにあわせてみられなくなる場合には，摂食障害による健康への悪影響が考えられる。自分はまったく大丈夫で健康だという自己報告があっても，児童生徒とその家族の医学的検査を考えるべきである。面接者は現在かかっている医者への児童生徒の満足感を明らかにすること，あるいはその医者と，これらの事柄をオープンに話すことが十分思うようにできないのであれば，医者を替えるよう勧めることでも力になれる。加えて，精神的健康に関わる問題のアセスメントは，しばしば摂食障害と関連するため必要である。これには，気分障害，衝動性の問題，自傷衝動や行動（リストカットなど），強迫症，不安症，その他の嗜癖（ドラッグやアルコール）が含まれる。

　家族が学校での面接や相談に，外来の臨床のようにはかかわらないとしても，子どもが摂食障害であることが明らかになるということは十分に衝撃なことなので，概して家族のかかわりや学校側の援助がある程度は期待できる。摂食障害は深刻な危険を生じうるので，学校で活動するメンタルヘルスの専門家が児童生徒の摂食障害を発見したら，ほとんどの場合，親に知らせる必要がある。症状の深刻さに応じて，親に知らせるかどうか判断を下すことは，学校で活動するメンタルヘルスの専門家の職分である。多くのケースでは差し迫った危険はないため，親に情報を伝えるという話題を児童生徒と協調的に切り出すのが一番である。それによって児童生徒は，打ち明けたときに親が混乱してしまったとしても，そのことを共有することや，支えられているとい

う感覚を得ると言った準備が整えられていると感じることができる。そして，そのような反応は
ほとんどの親にとって，自分たちの子どもの摂食障害を知ったときの反応としては普通なことで
あると捉えられる。学校におけるメンタルヘルスの専門家はこのプロセスの橋渡しとなり，児童
生徒が自分で親に告げるか，専門家が親を呼ぶか，どのように説明するのが最適か，どの程度ま
での詳細を共有すべきか，について決定する手助けをし，一緒に，前向きで，有益で，援助的な
意見交換ができるような，片親もしくは両親との面接を整える。

　学校におけるメンタルヘルスの専門家は，児童生徒と家族面接についてのプランを話し合い，
児童生徒の側が準備が出来たと感じたときには，親，臨床的にみて必要な場合可能であればきょ
うだいにも，来てもらうためにあらゆることを試みなければならない。摂食障害の開示はさまざ
まなやり方で行われるが，臨床的に適切な方法で行われる。児童生徒がそうしてもかまわないと
感じた場合には親に打ち明け，専門家は親を電話で呼び出したり，家族カンファレンスに呼んだ
り，個人的に伝えたりする。面接に出席できなかったり，その方が望ましかったりする場合，電
話でこの問題について話し合う。家族面接では，学校で活動するメンタルヘルスの専門家は，以
下の事柄についての情報を集めアセスメントしなければならない。

- 家族関係の質，全体の雰囲気とコミュニケーションの仕方
- 家族一人ひとりの摂食障害に対する考えや感じ方，本人や他の子どもや自分たちの心配事
- 摂食障害および問題のある食事や運動の家族歴，家族でも特に親の食事とダイエットのパ
ターンに関する詳細
- 現在の困難を乗り越えるうえで助けとなる家族や他の援助システムの強み
- 摂食障害が続いた場合の家族の状況

尺度

　標準化された質問紙も支援を促進するための付加情報を集めるのに用いられる。青少年のため
に用いることができる尺度はごくわずかで，それらは主に成人向けの尺度を改定して利用されて
いる。以下に利用可能な検査を挙げる。

- Children's Eating Attitudes Test（ChEAT; Maloney et al., 1988）
Eat Attitudes Test（EAT; Garner & Garfinkle, 1979）を改定した26項目の自己報告質
問紙で，危険のある子どもを同定するためのスクリーニング・ツールとして用いられて
いる。ボディイメージの認知，食べ物に対する強迫観念や思い込み，ダイエットの方法
について扱う。8〜13歳を対象に用いられ，30分ほどで記入できる。
- Kids Eating Disorders Survey（KEDS; Childress et al., 1992）
子どものために簡略化された14項目の質問紙で，「はい」「いいえ」「わからない」の形
式で回答する。
- Child Eating Disorder Examination（CEDE; Bryant-Waugh, Cooper, Taylor & Lask,
1996）
Eating Disorder Examination（EDE; Fairburn & Cooper, 1993）の児童版である。この
アセスメントは，7〜14歳の子どもに用いられる摂食障害の行動や態度の評価の重症
度を評定するための半構造化面接である。抑制，食べることへの関心，体型への関心，

体重への関心の4つの尺度からなる。診断と支援経過の観察を補助する目的で用いられる。CEDEの基になっているEDE（Fairburn & Cooper, 1993）は，年長の青年や成人の評価ツールとしてはゴールドスタンダードといっていい。

成人用の調査には，年長の青年を対象に含むものもある。
- Eating Disorder Inventory-2（EDI-2; Garner, 1991）は91項目の自己報告式質問紙である。神経性やせ症と神経性過食症の心理的，行動的特性を査定する。11の下位尺度によって，(1) 痩せることへの動因，(2) 過食，(3) 体型の不満足感，(4) 無力感，(5) 完全主義，(6) 対人不振，(7) 抑制の意識，(8) 成長への恐怖，(9) 禁欲主義，(10) 制御衝動，(11) 社会的不安定（Garner, Olmsted, & Polivy, 1983）を調べる。質問紙はスクリーニングのほか，支援効果の測定と症状の重症度を測るのにも用いられる。
- Eat Attitudes Test（Garner & Garfinkle, 1979）
  40項目からなる自己報告式質問紙で，ANとBNと関連する態度と行動を査定する。
- Body Shape Questionnaire（BSQ; Cooper, Taylor, Cooper, & Fairburn, 1987）
  摂食障害における体重と体型への関心を34項目のテストで査定する。

支援のための概念化

　データが集められたら，支援の道筋が導かれるように事例概念化が行われる。面接とアセスメント手法は，関連する情報を集めるために，児童生徒の話を文脈にしたがって聞き取る，児童生徒のエンパワメントを高めるのを助ける，回復を手助けする支援を計画し心理士とともに前進するよう意識させる，などの多様な目的で用いられる。

　情報収集と文脈の中での話の聞き取りによって，学校で活動するメンタルヘルスの専門家は，摂食の問題に至る特有の経緯とこれまで何とかやってきた点について理解することができる。面接者が子どもの話を聞くにつれ，収集された情報は具体的な疑問を解き明かしていく。いくつかの事例では，これらの質問を直接尋ねる必要はなく，自分の話をしようとする児童生徒自身が自然とそれらに回答してくれるかもしれない。あるいは，面接者が理解の上でのギャップに気がついたときはこれらを直接尋ねたり，関連する質問を用いてより具体的に調べたりすることが有益であるかもしれない。最終的には，児童生徒の個別の必要に合わせた支援を概念化し個別化させるためには，面接者自身が**表8.1**に示された質問に答えられる必要がある。

　必要な情報すべてを集めた面接者は，どのようにして摂食障害が始まったのかと何がそれを維持しているのかを結び付け概念化を行い，障害の関連する側面すべてを対象として個別支援計画を作成する必要がある。

認知行動的介入

　認知行動療法を学校場面で使用するメンタルヘルスの専門家の役割は，児童生徒が，つぎのようなことを理解できるように手助けをすることである。その理解とは，(1) 出来事に関する自分の解釈，(2) 自分のスキーマ，(3) 自分の中核信念が自分の体験を形成しているということ，そして，(4) 自身の思考プロセスや信念を注意深く精査することは，今の自分から変化できる素晴

表8.1 摂食障害における事例概念化の質問

機能分析に関する質問	思想と信念に関する質問
・症状がいつ，どのように始まったか ・症状を維持・強化しているのは何か ・症状が発生するときの条件は何か	・自己の隠された信念についてわかっていることは何か ・食事やボディイメージと関連する，どのような思考の過程が過度な，歪んでいる，もしくは普通でないのか
関係性に関する質問 ・社会的環境，家族や学校で児童生徒が直面している関係性の障壁は何か ・どのようにして，子どもは，その関係に留まるために，あるいはさらなる拒絶から身を守るために，自身の真の姿を隠しているか ・その症状がどのように子どもの態度を維持させるのか	**摂食障害の文脈（家族と学校）に関する質問** ・どのような食と関係する家族文化による規準が，摂食障害の症状の発生ないし維持に寄与しているのか ・どのような学校の文化が摂食障害の症状の発生ないし維持に寄与しているのか。たとえば，活動への参加や，他の児童生徒，教師，同調圧力，いじめの影響など
変化の段階に関する質問 ・変わる意志はあるか ・症状のうち子どもが好んでいる部分は？ ・症状のうち子どもが嫌っている部分は？	

らしいきっかけとなるということである。したがって，専門家は，クライエントの来歴を調べる際，これらの不正確な信念がどのくらい現実につながっているのかを児童生徒が認識できるように，本人が決めつけたりしていること，歪んだもしくは極端なことについて耳を傾ける。さらに，専門家は，2つの方向から，歪んだもしくは極端な信念にアプローチする。その2つとは，(1)自分にそのような信念を持ち続けることによる自分の気分や自己の価値に与える影響に気づくことができるように手助けをしながら，その信念の正確さについて直接的に変容を試みる，(2)"下向き矢印"アプローチのようなさまざまな技法を用いて，中核信念が歪みの上に成り立っていることを認識できるようにする，ということである。

　後者の例において，専門家は，「もしその信念が本当だとしたら，自分にとってどういうことなの？」と児童生徒に尋ねる。このようにして，専門家は，自己概念，自尊心，ボディイメージ，社会的文脈におけるエンパワメント，自己効力感といった問題に影響を及ぼしているテーマに取り組んでいく。いわゆる歪んだ考え方は，真実の核心を突きつけていることが多い。専門家は，児童生徒がこのような歪みと考えの中の真実の側面を区別できるように，また，その真実の側面がもはや適応的ではない場合に，それを変容させることができるスキルを身につけることができるよう手助けしなければならない。たとえば，彼女がひどくやせていて，賞賛と心配の両方を得ているため，家族や社会の中である種の力を行使しているということが真実ならば，彼女はその力を保つために，より健康的な方法をみつけなければならない。もしくは，むちゃ食いによって自分の気持ちが楽になるとともに，人々との距離感を保てているならば，自分の気持ちを楽にすることができる，もしくは人と必要な距離感を保つことができる，より健康的で，より効果的な方法を見つけなければならない。これらの変化を生じさせるのは，言うほど簡単なことではない。児童生徒に対するこのプロセスは，これらの症状がその人にどのように作用しているか，同時に，歪みが，時には不正確で害をもたらしているかということを認識することから始める。かなり良好な支援的な関係性の文脈が築けていれば，児童生徒はこれらを結びつけられるようになり，そ

して変化を生むような試みをしても良いと思うようになるかもしれない。このことは，最終的には，摂食障害の症状を頼みにすることを減らし，より効果的で，より健康的な新しい行動を頼りにすることにつながるだろう。

事　例

14歳の女子であるクリシーは，お風呂場で食べたものを吐き出しているということから，学校でメンタルヘルスの専門家のところに行くよう勧められた。彼女は，しぶしぶ予約を取り面会に来た。食事の問題や自分のボディイメージの問題について他人に話すのをいやがっており，嘔吐していることを恥ずかしく感じていたけれども，誰かが自分を助けてくれるかもしれないとわかり，内心安心もしていた。

この問題について連絡を受けていたので，専門家は，嘔吐について知っており，クリシーとラポールをとりたいと考えていた。そして，クリシーを大いに支援するために更なる取り組みをすることにした。専門家はクリシーに，予約をとって会いにきてくれて偉いね，とほめた。

学校で活動するメンタルヘルスの専門家は，クリシーはどれくらいの期間食べたものを吐き出していて，今日それを話にくることについてどう思っているのかについて，いくつか質問をすることから始めた。クリシーは「たいした問題じゃないよ。そんなに大げさにしないで」と答え，彼女は腕を組んで椅子の後ろの方に下がって腰掛けていた。そこで，専門家は前屈みに座り，質問を続けてクリシーに話に入ってもらうように試みた。「じゃあ，何かがあなたをここに来させてくれたのね。でも来てくれて本当にうれしいわ。今日ここでどんなことをすると思う？」「わかんない」とクリシーは言った。このときクリシーは葛藤状態だった。彼女には言うことはたくさんあったけど，答えるには本当にリスクがあった。最後にはこの恥ずかしい秘密や，彼女をいやな気持ちにしたり決まりが悪く感じさせたりするような行動を打ち明けてもらわなければならない。専門家はとても直接的に尋ねることにした。専門家が彼女にさらに質問しようとするにつれ，最初クリシーは短くひと言，ふた言だけか，「うん（はい），ううん（いいえ）」と答えるだけで，自分の立場を守ろうとしてあまり共有しなかった。専門家は穏やかさを保ち，我慢強く「初対面の人になにか話そうとするのは難しいよね。あなたがもっと気分良くいられるように，私に何かできることないかな？」と言って，クリシーの立場が正当であると示した。

クリシーは，自分の意に反して，瞳に涙を浮かべた。彼女は専門家から目をそらし，涙を止めようとした。専門家は，「難しいってことはわかるよ。助けを求めようとしたことは，とてもすごいことなのよ。」と優しい声で言い，再び彼女を肯定した。最後に，クリシーはむせび泣き，自分の摂食障害について話し始めた。「食べ過ぎたときは食べたものを吐き出さなきゃいけないの。私は自分が太っていると思うし，太りたくないの。やめたいと思ってるし，するべきじゃないってわかってるんだけど，やめられないの」。

クリシーは数年間食べたものを吐き出してきたが，これを人に話したのは初めてだと明かした。では，どのようにしてその行動を始めてしまったのだろうか。クリシーは，魅力的に見られるために，やせていなければならない，というたくさんのメッセージを聞かされてきたと説明した。母親はいつもダイエットしていて，"5ポンド（2.3キログラム）"やせなければならないといつでも言っていた。かつて，クリシーが父親に「ブクブクしている」と言われたこと，4年生の時，校庭でクラスの好きだった子に「デブ」と言われたことを覚えていた。先生やコーチが他の子どもに対して，

体重を気にする必要があると言っていたのを耳にしたことがあった。たとえクリシーに対して言われなかったことでさえも，彼女は他の女子のことを悪く思い，コーチにそんなこと絶対に言われないようにしたいと思った。他にも多くの，体重をコントロールせよという内容のメッセージがあって，クリシーがそのことを話していくうちに，記憶が次々に浮かび上がった。そして最後に，およそ2年前，アイスクリームサンデーを食べて，その後胸が気持ち悪くなったことを思い出した。彼女は，非常に恐ろしく，太っていて，価値がないと感じて，この恐ろしいカロリーを取り除くために，食べたものを吐き出そうとした。クリシーは，このことを他の女の子からダイエットの秘訣として教えてもらっていた。そして，のどに指を入れたらすごく簡単に食べたものを吐き出せることに驚いた。彼女は食べることができるが，カロリーから解放されるのだとわかり，安心した。

　繰り返すうちに，食べたものを吐き出すことは，ついには彼女の習慣になった。最初のうちは体重をコントロールするために時々していたのだが，この方法をとり続けるにつれ，ある日気づいたら，もはやその行動はコントロールできなくなっていた。今やその行動は彼女の生活を支配していて，食事や自分やボディイメージに関するネガティブな感情は，彼女の生活の中心となっていた。彼女は，一日のうちの95%は，体重を落としたいとか，なんて太ってるんだろうとか，自分の秘密を隠す方法とか，午後のむちゃ食いの食べ物どうやって手に入れようかとか，両親からあらゆるものを隠そうとするとかといったことに，思いを巡らすことに費やしていた。彼女は普段，学校から帰ってきて家でむちゃ食いをする。なぜなら，たいてい家には誰もおらず，好きなだけ食べられ，好きなだけ食べたものを吐き出せるからだ。クリシーの行動は，ある日のほんの小さな発見から，毎日の習慣にまで発展してしまった。彼女は，未だにもっと体重を落としたいと思っているし，食事を「コントロールできない」と感じていた。メンタルヘルスの専門家が見たところでは，彼女は14歳にしては平均的な体型に思われた。

　クリシーは，クラスで人気のある子どもだったが，学校でうまくやっていくことに緊張していて，最近は引きこもりがちになっていた。やせて魅力的になって，バランスがいい人，幸せな人，明るくて楽しい人だとみんなに思われていたいという気持ちが，ひとりになりたいと彼女に思わせてしまったのだ。ある意味，彼女が一人のときは，自分の気持ちにより正直になれた。自分に満足していない，自分に自信がない，そして誰からもポジティブな注目を受ける価値がないと感じた。だから，彼女が一人で家にいるときは，見せかけからのひとときの休息なのである。むちゃ食いすることで，少なくともこの瞬間だけは，自分に決して得られないもの，欲しいものなら何でも，得ることができるが，その後，彼女は律儀にもそれを「返上」しなければならないことになる。そのプロセスは，その瞬間には満足のいくものである。しかしそれは，報酬と罰が一緒になっているようであった。

　パーソナリティや行動の変化は，他人の気づきによって始まった。友だちは，彼女が放課後「ブラブラ」したがらないのを不思議に思っていた。クリシーは孤独，そして両親と離れていると感じ，周りの人は自分をもはや誰だかわからなくなっているように感じていた。お風呂場で食べ物を吐き出しているという話を聞いたとき，クリシーが前と変わってしまい「もうわたしたちのことなんてどうでもいい」というような感じに見えたので，友だちは彼女に面と向かって，心配していると伝えたのだった。

　専門家がクリシーの話を聞く際，ネガティブな中核信念や思考の歪みに慎重に耳を傾けた。すると，クリシーが自分はポジティブな注目を受けるに値しないと感じており，「もし家に帰って食事を普通に戻したら，代謝が崩れて太っちゃうよ」と語っていることに気がついた。専門家は，歪みの可能性や，極端な言い草に注意を払ってはいるものの，必要もなく「それは間違ってるよ」と言って相

手を責めることは本質的にはしない。たとえば，クリシーに，「なぜ自分は他の人に好かれないと思うの？」と尋ねた。クリシーは，「嘘つきで，気持ち悪いから」と答えた。「食事のことで嘘をついているということは，あなたにどのような意味があるの？」と続けるとクリシーは，「嘘つきで悪い子なの」と言った。そこで，「ほとんどの人は，摂食障害に正直になれるまでは，自分の摂食障害に関して嘘をつくって知ってる？」と伝えることにした。彼女の行動をノーマライズするため，クリシーに君は悪い子じゃないよと言ってあげるのではなく，専門家は「自分は悪い子だ」というクリシーの中核信念を変容する手助けをする。その介入は彼女の気分を自動的に改善したりはしないが，彼女が非常に困難な問題に直面した際に，自分は悪い子だとラベリングすることがあったという事実を認識することを可能にするのである。

　同様に，クリシーが「もし5ポンド以上太ったときは，自分のことをもっと嫌いになる」と言ったとき，専門家は，これは極端に思えるかもしれないけれど，彼女にとっては本当のことかもしれないと気づいた。これは現実が真実かもしれないという点で歪みではない。だから，「5ポンド増えると言うことは，あなたにとってどんな意味があるの？」と聞く。専門家は，クリシーにこの質問について詳しく調べるように言ったのである。クリシーは，「自分をコントロールできないし，弱くて，不細工なの」と答えた。徐々にクリシーは自信喪失や安心感のなさ，魅力的ではないと感じることに苦しんでおり，これらの感情は，おそらく彼女の中に根本的に存在し，ある程度，摂食障害とは無関係であることが明らかになってきた。クリシーの摂食障害の改善のためには，摂食パターンにのみ取り組むだけでなく，これらの問題に取り組むべきだろう。

　専門家は，症状の重篤度や問題の複雑さから，学際的なチームを結成する必要があると考えた。そして，取り組むべき事例概念化を組み立てるために十分に情報を集めることにした。クリシーの摂食は，重篤な支障を来しており，自分でやめられない摂食パターンを止められるような強力な介入が必要だった。クリシーは自分の思考には歪みがあって，中核信念は人としての価値を問うものであることを認識していた。彼女にとって食べる行動への強化子は，自分への欲求が満たされる（食べ物を食べたくて，食べると幸せになる）ことと，自分を罰すること（食べたものを吐き出すことは苦痛であり，恥ずかしくなる。そして，そのあと恐ろしくなるが，それはするべきことである）であり，このパターン全体が，彼女を，自尊心の低さや，両親とかかわりが持てないこと，学校でものごとを完璧にこなそうとすることという問題に直接取り組むことから回避させているのである。

　学校で活動するメンタルヘルスの専門家は，クリシーに問題の解決策は多面的なものになると伝えた。医師は，これらの行動やその頻度が健康に害を与える可能性があるので，彼女の身体的な健康を評価する必要がある。学校で活動するメンタルヘルスの専門家は，クリシーが医師の診察を受けるための準備を手伝った。栄養士は，彼女の食事を普通に戻すための段階を経た計画を進行していくのに必要とされる。クリシーが「悪い」と考える食べ物を導入しながら，飢えとむちゃ食いのパターンを断ち切るよう，より頻繁に食事をとるようにした。家族の参加も有益であるかもしれない。そのため，家族に対するメンタルヘルスの専門家も支援にかかわることができるかもしれないが，最初は，学校で活動するメンタルヘルスの専門家とクリシーとその家族を交えた面接から始めることとした。まとめると，クリシーの医療面からの安全性を確保し，コーピング方略としての食べ物を用いた行動や症状へ介入し，自信喪失や自分の価値への疑問に対処する新しい方法を身につけさせるようなアクションプランを多職種の支援によって作成することで，クリシーは学校生活に完全に復帰することが可能になる。クリシーは週に一度，学校で活動するメンタルヘルスの専門家との面接に訪れた。専門家のことを心の助けに思うようになり，あらゆる面でよくなるための手助けをす

表 8.2　摂食障害の児童生徒に対する支援の理想的なステージ
（Mennuti & Bloomgarden, 2006）

ステージ	セッション内容
ステージ1	ラポールの形成，症状の重篤度評定，支援のレベル決定
ステージ2	支援チームをつくる（個人セラピスト，家族セラピスト，学校での集団セラピスト，医師，栄養士，その他）
ステージ3	個人への支援開始（ネガティブ思考や歪みへの対処，症状を頼りにすることの軽減，健康的行動や栄養に関するスキル養成，ボディイメージに関する心理教育，不安や抑うつといった合併症に対する支援）
ステージ4	ステージ3の目的達成
ステージ5	支援終了，再発予防プラン，アフターケアサポート，治療関係の処理

る中で，信頼関係が築かれるようになった。

　学校関係者は，地域の資源や外来チームと協力すべきである。また，支援中はその効果を観察し続ける必要がある。**表8.2**に理想的な5段階モデルを示しているが，実際は児童生徒やクライエントによっては，簡単にこの段階を素早くこなす場合もあるだろうし，うまく経ていかないこともあるだろう。たとえば，健康的なコーピングメカニズムを増やして，症状を減らす試みが望ましい結果を生み出すと考えられない場合，ステージ3または4の児童生徒の支援には，より高いレベルの支援（たとえば集中的外来治療，終日の治療，入院治療）が必要となる。さらに，併発の問題や，摂食障害の症状が長期化している場合，多くのケースでは，外来チームのみでは有益な支援を提供することが難しくなるだろう。

　学校場面での応用

　児童生徒の摂食障害が進行している場合，彼らの学習や学校生活全体，発達過程すべてに影響を及ぼす。たとえば，クリシーは，摂食障害が彼女の頭の中や時間の大部分を支配してしまうことによって，さらに孤立し，引きこもりがちになってしまった。摂食障害の児童生徒は，「うまく生活している」ように見えるが，心の中では，しばしば自分には価値がないと思っていたり，自己批判をしていたり，自分をかわいくないと思い込んでいたり，誰も自分に期待していないと思っていたりする。いくつかのケースでは，摂食障害は学習や集中力にも影響を及ぼしうる。仮に彼女たちが学校ではうまくやれていたとしても，栄養上の問題や摂食行動に関する強迫的な思考の程度によって，集中をそがれているため大変な思いをしているかもしれない。発生しうる医学的影響として，以下に示すものがある。

- 心循環系の問題：不整脈，徐脈，低血圧

- 血液の問題
- 胃腸の問題
- 腎臓の問題
- 内分泌系の問題
- 骨格上の問題

　医学的検査をしないでこれらの問題を特定することはできないが，明らかな症状や訴えとしては，疲労感，胸痛，腹痛，意識もうろう状態が含まれる。その一方，多くのケースでは，児童生徒は元気で，自分の行動によって体が蝕まれていることに気づいていないかもしれない。「元気だよ」もしくは「いつもより元気だよ」と答えるかもしれない。ポジティブな自己報告は，必ずしも本当の健康状態を反映していない。

　摂食障害の進行と関連する原因は豊富にあるが，学校での経験もその一つである。学校環境は，障害の進行や病状の維持に関連するプレッシャーを生み出しうる。摂食障害の進行において，いじめや関係性攻撃，からかい，仲間はずれといった経験は，いずれも10代の子どもにとって耐えられないほどのストレスを生む。仲間からの受容がとても重要な時期に，仲間はずれにされることは耐えがたいほどの苦痛を伴う。もし，その子どもが人気があるならば，みんなが期待するように外見を保つのにプレッシャーを感じるかもしれないし，注目を浴びることに罪悪感を持ったり，それに値しないと感じたりするかもしれない。外からの観察では，彼女がどのように学校生活を思っているかを正確に評価することができない。学業面でのプレッシャーや競争も，青年期の機能に影響を及ぼす新たなストレッサーを形成する。優れた成績をとる必要性や，クラスでの順位が重要視され過ぎると，人生の情緒的・社会的側面を取り巻くバランスを保つことができなくなってしまう。

　児童生徒は，学校の規律と同様に，食べ物への態度，体型，教師やコーチやスタッフの体重にも大きく影響される。教師同士のダイエットに関する何気ない会話や，コーチから体重を減らすように言われることは，大きな影響を持つ可能性があるし，児童生徒にダイエットを始めさせることになるかもしれない。クリシーのケースのように，いったん体重をコントロールしなきゃいけないと思ったり，何かをダイエットとして始めたり，一度食べたものを吐き出してしまうと，他の問題も存在した場合，完全な摂食障害につながりうる。学校関係者も多くの場合は，自身も問題を抱えていたり，食べ物や体重について偏った見方を持っていたりする。また，何の問題もない完全な人間などいないが，これまで述べてきたように，些細な言葉が，外的，もしくは内的に脆弱性のある児童生徒に対してネガティブな効果を与えうるということを理解しておくことが重要である。学校関係者自身が，食べ物，体，体重に関する問題を抱えていることに気がつくように教えられると，これらの問題に苦しんでいるかもしれない児童生徒にとって悪いモデルにならないために，公の場でこれらの問題について触れるのを控えるよう，気をつけられるようになる可能性がある。

　その一方，学校関係者は，回復の促進や，摂食障害の予防のために働くこともできる。児童生徒が自分を良いと思えるように手助けし，問題解決を促し，児童生徒のポジティブ友だち関係を促すことによって，教職員は，子どもがポジティブな精神状態になれるような環境を生み出すことができる。女性の外見やセクシャリティが知性や興味，才能よりも過剰に価値がおかれる文化の影響を弱めるために，教師たちは，児童生徒の人としての強みを引き出したり，スポットを当てたりすることに配慮するべきである。外見や人気ではなく，児童生徒自身を励まし，元気づけることは，身体面の美しさやお金といった浅はかな人間の側面を超える，よい性格を強化する環境を生み出す

ことを可能とする。子どもたちを健康的に，全体的に，そして人間としてポジティブな自己イメージを持って成長していくことができるように手を差し伸べていきたいと考えている思慮深い教師・親・大人たちによって，昨今西洋文化で強調されている上記のようなことを打破することが求められているのである。

　他にも，摂食障害の児童生徒の回復のプロセスにおける学校の役割として，援助的であり続けること，子どもたちとのつながりを維持すること，そして介入プロセスにおいて積極的な役割を担うことがある。いったん摂食障害と診断されると，その児童生徒は治療場面に紹介されることとなり，学校では他のサービスが組まれたり，利用できたりすることがあまりにも少ない。支援にはチームアプローチが必要となることが多く，その中で学校が重要な部分を占める。利用可能な直接的なサービスとして，学校における CBT に基づくカウンセリングがある。CBT では，現在に焦点を当て，積極的かつ協同的な問題解決方法を奨励することで，児童生徒が行動や感情に影響を及ぼす非機能的な思考を調べて再評価できるよう支援する。周りの人々から学んだり，以前に身につけてしまった非機能的な思考を，普通はいくつか持つものだということを認識することによって，学校で活動するメンタルヘルスの専門家は，思考と感情の強いつながりについて児童生徒たちに教えることができる。そしてそのことは，ある思考パターンに挑戦するときや，創造的な方法で問題を解決するときに，最終的に子どもたちの気分を改善することにつながる。CBT は，思考パターンの変容やセルフケアに取り組むことから，対人関係における強みを増すことや，友だちや家族と社会の問題を解決することまで，児童生徒に自分自身ができることを認識できるようにして力づける手法である。子どもたちには，今日という日を変えることができる力がある。友だちや親からのプレッシャーに対処することから，自らに課す成功したいというプレッシャーまで，「私はダメだ」とか，「自分にはできない」といった非機能的信念が，成功を妨げるネガティブなサイクルを生じさせるだろう。CBT の技法は，限られた時間内に効果的な方法で，こういったパターンを断ち切ることを可能とする。

　一般的な問題と同様に，摂食障害においても予防は最も有益であるといえる。1985 〜 2002 年に実施された研究を対象としたメタ分析では，学校ベースの摂食障害予防プログラムには，有害効果はなく，むしろ摂食障害の青年たちを助けるポジティブな効果があるとしている（Grave, 2003）。若者によくある，何かを話すことは悪く働くという懸念は，データによって支持されていない。したがって，そのような懸念は，まさしく体系的な推論の誤り，もしくは非機能的な信念であるといえる。反対に，社会問題について話したり，教育したりすることには最悪何も害はないし，摂食障害の初期段階の人たちにとっては助けになるかもしれない。適切な教育や認識によって，児童生徒がより早く支援を探すことができるようになったり，仲間や教師が摂食障害の兆候や症状を出している児童生徒に対処できるようになるかもしれない。今後の研究としては，摂食障害の広がりを食い止めるような最良の予防プログラムに関する研究がさらに必要となる。摂食障害の早期発見・早期介入は症状の重篤度だけでなく，医学的・心理学的に重大な結末をも軽減させうるため，摂食障害の問題に取り組むことを重視していかなければならない。

結　語

　摂食障害は，思春期という多くの変化に直面する，もしくはプレッシャーや自分たちの世界の影響に脆弱な時期にある女性と男性によく見られる障害である。摂食障害の医学・心理学的な結

果は，若者の身体的，情緒的，社会的，学業における発達や機能に影響を与える。彼らの生活にとって，学校が重大な役割を果たすことを考慮すると，学校が支援の必要性を特定するための開始点，もしくはこの破壊的な行動を抑える目的の予防プログラムを行うのに重要な役割を果たすと考えることは自然である。効果的な支援とは，各個人においてよく考え抜かれた事例概念化に基づき，青年期の発達水準，特定の中核信念，思考パターン，それに続く行動に根ざすものである。摂食障害を特定することは決定的な最初のステップだけれども，それだけでなく教職員は，個人，学校，システムレベルにおいて支援方略にも取りかかっていかなければならない。早期段階で摂食障害を認識し，支援を行うことによって，成人になってからの慢性的な摂食障害による身体的・情緒的な後遺症を予防することが可能となる。

確認問題

1. あなた自身の食べ物とボディイメージとの関係は，摂食障害に苦しむ若者たちへの見方や支援に，どのように影響していると思いますか？
2. あなたが接する最も近いある特定の学生集団を頭に浮かべてみましょう。この章を読んで，その人たちの，食べ物，ボディイメージ，食習慣に関する基準について，何か新しい発見がありましたか？
3. あなたの学区において，体，運動，食習慣のいずれかについて，健康的な関わり方を模索している児童生徒に対して，あなたはどのようにポジティブな影響を及ぼすことができるでしょうか？

第9章

怒りと攻撃性
——学校での認知行動的介入——

　教育場面で，怒りや攻撃性の問題を示す児童生徒の存在は，ますます憂慮すべき問題になってきている。これらの問題は，安全や秩序への挑戦を突き付けるだけでなく，円滑な教育の妨げになる。攻撃者も，その被害者も，教職員も皆，学校場面で表される怒りから生じる悪影響を背負うことになる。攻撃的行動を示す子どもも，攻撃行動を受ける子どもも，学業上の諸問題（例，Ma, Phelps, Lerner, & Lerner, 2009）や欠席傾向（例，Juvonen, Nishina, & Graham, 2000; Kokko, Tremblay, Lacourse, Nagin, & Vitaro, 2006）のリスクを抱えている。さらに，攻撃傾向のない児童生徒であっても，教室に攻撃的な行動が頻発している状況があれば，学習を妨害される。（Dodge & Pettit, 2003）。教師にとって，児童生徒の攻撃的行動を扱うという課題は，仕事上のストレスやバーンアウトを高めることにつながってしまう（Kokkinos, 2007）。

　怒りや攻撃性の問題を示す児童生徒には，他の重要な領域の機能に困難を抱えるリスクがある。これらの児童生徒は，外在化障害（例，反抗挑発症，素行症）のほか，抑うつや不安のような内在化障害を含む，メンタルヘルスの障害に高いリスクを持っている（American Psychiatric Association, 2000）。攻撃性は，仲間との関係を壊す可能性があり，攻撃的な児童生徒は，仲間から拒絶されることが多い。学習面で言えば，攻撃性は，読み（例，Cornwall & Bawden, 1992）や算数（例，Pagani, Fitzpatrick, Archambault, & Janosz, 2010）だけでなく，学習意欲，学業への取り組み，課題従事行動のような，学業達成にとって重要なスキルとも関連がある。攻撃的な児童生徒は留年することが多く，中退する可能性も高い（Risi, Gerhardstein, & Kistner, 2003）。長期的にみると，怒りや攻撃性をもつ児童生徒が野放しの状態にあると，非行，暴力行為，物質乱用を含む深刻な結末を迎えるリスクをはらむことになる（例，Tremblay, 2000）。

　青少年の怒りと攻撃性への懸案から，これらの問題を標的とした介入プログラムが開発されることとなった。子どもたちはほとんど全員が学校に出席すること，学校現場には資格のある専門家がいることを念頭において，児童生徒の攻撃的行動の問題に対処するための学校ベースのプログラムが開発されてきた。徐々に学校のシステムは，児童生徒の情緒的，行動的問題に対処するために，実証に基づく介入プログラムの導入に目を向けるようになってきている。こうした介入プログラムの多くには，認知行動療法（CBT）の原理が含まれている（Eyberg, Nelson, & Boggs, 2008 参照）。本章では，児童青年期の怒りと攻撃性の問題を治療する上でのCBTの有用性を支持する実証的な証拠を展望し，その後，CBTの観点からこれらの問題の概念化について述べる。また，アセスメントと支援計画について考察する。これに引き続いて，CBT技法を取り入れた効果的なプログラムについての展望を行い，最後に事例を紹介することとしたい。

青少年における怒りと攻撃性を対象とした CBT に対する実証的支持

　青少年における怒りと攻撃性に関する問題は，なかなか改善しにくく，支援は困難であるけれども，CBT 技法方略は，外在化障害を抱える児童青年に，ポジティブな変化を引き起こすことが示されてきた。いくつかのメタ分析研究によれば，青少年の行為の問題の予防や治療に対して，CBT 技法が効果的であることが支持されている。特別支援教育の必要な児童生徒における怒りマネジメントが実施された CBT に関する展望論文（Ho, Carter, & Stephenson, 2010）は，特に本章と関連が深い。この展望には，18 の効果研究が含まれていたが，それらの大部分は，学校現場における高校生の怒りに焦点を当てた CBT の実施に関するものであった。総数 408 人の参加者のうち，ほとんどは情緒的問題か，行動的問題に対する特別支援教育を受けている生徒であった。結論によると，CBT 技法は，中程度の効果サイズで，怒りや攻撃性の表出を減少させ，怒りをコントロールするスキルを改善させ，社会的認知能力や感情の欠如の改善に向けた対処がみられた。

　外在化問題行動を示している健常の青少年に対する CBT に焦点を当てたより広範なメタ分析からも，同様の結論が得られている。サクホドルスキー，カシノーブとゴーマン（2004）は，7 〜 17 歳の青少年に対する 40 の CBT プログラムの効果研究を検討した。これらのプログラムは，主に，グループ形式が用いられており，期間は短期間で，8 〜 18 時間の範囲であった。その結果，全研究の統合された効果サイズは，中等度（0.67）であることが報告された。怒りや攻撃の重症度が中等度の範囲に分類される青少年では，重篤な子ども（0.59）や軽症の子ども（0.57）より大きい効果が得られた（0.80）。また，サクホドルスキーらは，CBT の介入要素の違いについて分析したところ，スキル学習（0.79），複合的トリートメント（0.74）で大きい効果サイズが得られ，以下，問題解決（0.67），感情教育（0.36）という結果を得た。

　他の 3 つのメタ分析においても，青少年の怒りや攻撃性に対する CBT 介入の効果が支持されている。ロビンソン，スミス，ミラーとブラウネル（1999）は，外在化症状に対する CBT の効果を調べた 23 の研究を対象としたメタ分析において，0.64 という中程度の平均効果サイズを報告した。ベネットとギボンズ（2000）は，児童青年の反社会的行動を対象とした 30 研究を展望した。その結果，これらの研究には，短期的効果（終結後の平均効果サイズ = 0.23）と長期的効果（フォローアップの平均効果サイズ = 0.51）の両方があることが明らかにされた。さらに，青年や小学校高学年では年少の子どもよりも，CBT の効果が高い傾向にあること，構成要素，セッションの数，セッションの長さのような要因は，結果とは関連がないことなどが示唆された。マッカート，プリエスター，デイビスとエイゼン（2006）は，71 の CBT 効果研究を検討し，年少の子どもよりも青年を対象にした場合に効果サイズが大きいことを明らかにしており，CBT 介入の有効性は，認知発達の進行に伴って高まることを示唆した。

　以上のように，怒りや攻撃性に関する問題を表す青少年に対する CBT 介入の有効性を支持するエビデンスが多く存在する。CBT 技法は，感情調整，怒りのコントロール，社会的認知スキルのような，介入の標的となっているプロセスを変化させ，問題行動の低減に導くようである。年長の児童，あるいは青年は，最も多くの利益を得る可能性があり，学校で，集団の形式で，そして比較的短期間に，CBT が実施されたときに効果が得られる可能性があるといえる。

学校における怒りと攻撃性に関するアセスメント技法

　怒りや攻撃性の正確なアセスメントは，学校で子どもに介入する際の重要な第一歩である。学校で行うこれらの問題のアセスメントは，機能不全，特定の問題行動や症状，そしてスキル不足だけでなく，子どもの強みをつきとめることにも焦点を当てるべきである。さまざまなアセスメントツールが，多面的で包括的なアセスメントの一部として，学校において使用できる。さらに，情報源の間で起こる重大な矛盾を明らかにしたり，解消したりすることが，それぞれの子どもの事例をうまく概念化するのに役立つだろう（Sattler, 2001）。

　アセスメントは，まず，子どもの機能不全を考慮すべきである。なぜなら，長期的な予後は，診断的症状ではなく，機能不全の程度によって予測されることがわかっているからである（Pelham & Burrows-Maclean, 2005）。Children's Impairment Rating Scale（CIRS; Fabiano et al., 2006）は，仲間関係，学業，教室行動のような領域における機能不全を査定することができる。この尺度は，素早く効率的に処理できるので，経過モニタリングとして手軽に使うことができる。

　アセスメントの立案において，集中困難や社会的スキルの不足，抑うつ症状のような，合併する問題を査定することも重要である。怒りや攻撃性の問題をもつ子どもたちは，他のメンタルヘルスの問題を合併している可能性が高く，そのことが，さらに多くの機能不全を引き起こしたり，介入に影響したりすることがある（McMahon & Frick, 2007）。さらに，知能検査や学力検査は，子どもの現在の機能レベルを明らかにするのに役立つだけでなく，学習障害や低い認知機能の可能性を排除する際にも有益である。こうしたことが子どもの怒りや攻撃性に影響することがあるかもしれない。

　さらに，それぞれの場面を通じて行動の一貫性を調べるために，親と教師の両方からの情報を集めることが有益である。しかし，これらの報告は，評価者から見た主観的なものであり，バイアスが生じる可能性があることに留意しておかなければならない。また，おおよそ8歳以上の子どもは，自身の症状について妥当な評価をすることができるので（Kamphaus & Frick, 2001），いくつかの評定システムには，子どもの自己報告尺度を入れている。さまざまな行動的，社会的，情緒的コンピテンスを測定するために，数多くの信頼性と妥当性を有する行動評価尺度がある。児童用行動評価システムの第2版（Behavior Assessment System for Children—2：BASC-2; Reynolds & Kamphaus, 2004），Revised Behavior Problem Checklist（RBPC; Quay & Peterson, 1996），コナーズ評価スケールの改訂版（Conners' Rating Scales—Revised：CRS-R; Conners, 1997）は，多様な情報提供者からの情報を比較したり統合したりするために使われる。さらに，Student Behavior Survey（SBS; Lachar, Wingenfeld, Kline, & Gruber, 2000）や子どもの行動チェックリスト（Child Behavior Checklist：CBCL; Achenbach, 1991）とその教師用（TRF）と子ども用（YSR）は，行動の問題に関するスクリーニングに使われる。

　子どもの行動に関する，より徹底した，そして詳細な情報を得るために，親や教師を対象とした臨床的面接も行われる。準拠する基準を有している Diagnostic Interview Schedule for Children（DISC; Fisher, 2000）のような構造化面接も役に立つ可能性がある。この方法の短所として，面接には時間がかかるため，多忙さを極める学校においては，問題になるかもしれない。

　教室での子どもの直接的な行動観察も，より客観的な子どもの行動測定に測度として役立つ。標準化された観察システムには，BASC-2 の児童生徒観察システム（BASC-2 SOS; Reynolds &

Kamphaus, 2004）やCBCLの直接観察フォーム（CBCL DOF; Achenbach & Rescorla, 2001）がある。学校での観察的手続きの包括的展望としては，ノックとクルツ（2005）を参照していただきたい。これらの測度は，行動の機能分析の一部として使われることがある。機能分析では，子どもの行動の先行事象や結果事象が特定されることになる。そして，これらは介入のターゲットとして利用されることになる。

　怒りや攻撃性に影響を与える子どもの社会的機能に関する情報を集めることも有益である。教師は社会的スキル評価システム（Social Skills Rating System：SSRS; Gresham & Elliott, 1990）を使って，子どもたちの社会的スキルを評価することができる。教師が子どもの仲間関係についてある程度の実態把握をしている場合でも，仲間は子どもたちの社会的関係や社会的行動について，さらに正確に報告できるので，仲間から情報を集めることは重要である。クラスの子どもたちは，ある子どもが，どのくらい好かれているか好かれていないか，どのくらいの頻度で喧嘩を始めるか，他者をいじめるか，トラブルを起こすかについてのデータを示すことができる。

　最後に，子どもの社会的認知スキルを理解することが重要である。なぜなら，これらは，怒りや攻撃性をもつ子どもたちに対する介入の重要なターゲットとなる上，子どもの問題に大きな役割を果たしうるからである。これらの社会的認知プロセスを査定するために，小話や仮説場面が用いられる。すなわち，このような場面において，どのようにその状況を知覚するのかをつきとめたり，どのようにしてある行動を起したりするのかを明らかにするのである。臨床的に有用な社会的認知の測度として，セルマンとバーンによる検査（1974），手段・目的問題解決目録（Means-End Problem Solving Inventory：MEPS; Platt & Spivack, 1989），Social Cognitive Skills Test（SCST; Van Manen, Prins, & Emmelkamp, 2001）などがある。

攻撃についての認知行動的概念化

　認知的欠如と行動的欠如は怒り感情や攻撃的行動の一因とみられている（例，Crick & Dodge 1994）。これらの欠如を考慮すると，怒りやそれに関連した問題を処理するのに役立つ方法は，認知再構成や適応的行動の指導に焦点を当てなければならないということになる。怒りマネジメント介入の大半は，CBTに基づいており，CBTは行動変容（Dodge, 1993）と，どのように人が現実を解釈しているかの両方に焦点をあてている。

　CBTの中心をなす前提は，思考が個人の感じ方や行動の仕方に影響するということである。この前提には，出来事の知覚を含む，多くの重要な要素がある。つまり，どのように情報を符号化し，処理し，解釈し，感情を表し，そして反応するかが，その行動を規定するということが含まれる。CBTは，社会的学習理論や社会的情報処理理論に基づいている。社会的学習モデルは，個人の強化への期待が，行動に影響することを強調したロッター（1954）にさかのぼる。この視点は，報酬をもらう他者を観察することが，主観的な報酬随伴性や意志決定プロセスに影響するという理論にまで拡張された（Miller & Dollard, 1941）。認知社会的学習モデルは，ある状況の諸側面の符号化，行動の結果の予期，感情的反応，個人が達成したい目標や価値，目標志向行動に従事する能力のような変数を組み入れることで，この理論をさらに精緻化されていった（Mischel, 1973）。このことにより，行動は，個人と環境の変数の両方の産物であると理解されるようになった。また，効果のない問題解決も，問題行動の一部として考えられる。問題解決を治療の構成要素に含めることによって，改善が1年後まで持続したという報告もなされている

(Shure & Spivack, 1980)。

　社会的情報処理モデルは（Crick & Dodge, 1994），認知的処理の産物として行動を説明しようとする（すなわち，経験している出来事における選択的情報の符号化，記憶内での変換，記憶から導かれる複数の潜在的反応へのアクセス）。これに続いて，個人にとって利用可能な言語的，運動的レパートリーによって決定される行動的反応を選択し，それを実行する（Dodge, 1986）。攻撃的な子どもは，攻撃的でない子どもとは異なったやり方で，情報を符号化し，解釈する傾向があることが立証されている。たとえば，攻撃的な子どもは，社会的出来事について，敵意的ではない手がかりを少ししか想起できない（Lochman & Dodge, 1994）。そして，攻撃的な子どもは，反応的に敵意的な帰属バイアスを示す。つまり，彼らは，社会的状況において，他人の動機づけに対してネガティブな意図を不正確に帰属させる（Dodge et al., 1997; Lochman & Dodge, 1994）。

　それに加えて，攻撃的な子どもは，社会的情報処理の後半の段階においては認知的欠如を示す。すなわち，社会的状況における彼らの目標は，支配や報復によって特徴づけられ（Lochman, Wayland, & White, 1993），問題状況に対して彼らが生み出す反応は，言語的主張性や和解のような，より効果的なスキルではなく，不適切にアクション志向で，非言語的であることが多い（Dunn, Lochman, & Colder, 1997; Lochman & Dodge, 1994）。さらに，攻撃的な子どもは，攻撃的行動を肯定的に評価する傾向があり（Crick & Werner, 1998），攻撃的行動が，彼らにとってポジティブな結果につながると予測している（Lochman & Dodge, 1994）。

　社会的情報処理に関しては，さらに２つの構成概念が重要となる。１つはスキーマの役割であり，もう１つは，非常に高水準で生じるネガティブな感情的・情動的覚醒である。まず，スキーマ（状況を通じて一貫しているわれわれの根底にある信念とみなされる）は，ある状況の一側面に向ける注意の質を決定しているものであり，社会的・情動的葛藤を処理する際に社会的手がかりの知覚に影響を与える。非機能的スキーマは，それぞれの社会的情報のステップにネガティブな影響を与えることによって，情動的・行動的な問題を生じさせる。（Lochman & Dodge, 1998）。次に，社会的状況における情報処理は，ネガティブな感情や情動覚醒のレベルによる影響を受けるとともに，それらに影響を与えている。なぜなら，情動は，帰属と行動の関係を媒介する傾向があるからである（Weiner, 1990; Williams, Lochman, Phillips, & Barry, 2003）。生理的覚醒は，生物学的，気質的性質だけでなく，ある出来事に対する人の解釈によっても影響をうける。覚醒水準が高い攻撃的な子どもは，社会的問題に対して有効な解決策を生み出したり，実行に移したりすることが難しくなる。

支援計画と介入戦略

個別事例における戦略

　本節では，攻撃的行動と怒りの調節が難しい子どもに対する介入戦略として用いられる７つの要素について概説する。

1. 目標の設定

　一般的に，攻撃性の強い子どもへの CBT アプローチのはじめに行われるのは，家庭と学校において長期目標と短期目標を設定することである。子どもたちは，自分個人にとって意味のある，

現在の学年での長期的な目標を特定する（例，成績をCからBにあげる，進級するなど）。教師からの情報も参考にしながら，臨床家は子どもたちが長期目標を達成可能な段階や短期目標に細かく分けることを手助けする。短期目標は通常，問題行動の「向社会的裏返し（問題行動を向社会的行動に置き換える）」である。短期目標を行動目標シートに記入し，教師や親が毎日実施状況を確認し，合意された報酬が得られるように指導する。CBTプログラムにおける目標設定は，子どもの行動変容を学校や家庭の場面に般化させるのを促すことが明らかにされている。目標設定によって，子どもたちを日常的な行動の結果に，より注目させることができる。

2. 課題整理と学習のスキル

外在化問題と学校での行動上の困難はしばしば同時に起きるため，CBTプログラムでは課題整理スキルと学習習慣の重要性にも直接取り組むことが多い。攻撃的な子どもが併せて抱える学習上の問題に対処するために，子どもに役に立つ学習習慣と役に立たない学習習慣を見つけてもらい，宿題や学校での長期的課題に取り組む際に役に立つ習慣を用いるよう計画させる。子どもはいつ，どこで宿題を終わらせ，親はそれをどのように監視し，宿題を終えたら報酬を与えるといったように，親子で宿題の約束を決めることもできる。

3. 情動への気づき

怒りマネジメントトレーニングに先駆けて，子どもたちは，さまざまな情動を経験するのは普通のことであるということを理解し，正確に自分の感情を認識して名前（ラベル）をつけるとともに，感情のきっかけについて把握する手助けとなる活動に参加する。児童生徒は，さまざまな情動を，それと結びついた生理的な感覚や，行動，認知によって説明する。そのことによって子どもたちは，他者だけでなく自分の中に生じる感情への気づきがより正確になる。ここで最初に取りあげることは，子どもが経験する広範な情動についてである。この情動の中には，彼らが傷つくと感じるもの(悲しみや不安など)もあれば，彼ら自身には認識できないものも含まれている。その後，怒りと結びついた認知（「怒りの思考」の反芻^{すう}）や生理に焦点が当てられる。児童生徒は，自分の中の怒りの強さの範囲を把握できるように体温計のたとえを用いる。体温計の各レベルにあわせて感情に名前をつける（最も低ければ「むっとする」，中間なら「頭にくる」，最高なら「激怒」）。この活動は，自分の感情をオン・オフだけで感じているため，感情の強さの程度を認識できず，そのために早い段階で怒りに対処する機会を逸してしまうような子どもにとって有益である。そして，子どもは，各レベルの怒りの手がかりを特定することを学ぶ

4. 怒りマネジメント

怒りの覚醒への気づきが向上すると，興奮をおさえるさまざまな怒りマネジメントの活動へとつなげることができる。気をまぎらわせる，リラクセーション（腹式呼吸や漸進的弛緩法，誘導イメージ法など），自己陳述への対処など，セルフコントロールのための能動的な方法をいくつか学ぶ。情動に押し流される前に，もしくはまだ怒りをコントロールできるレベルのうちに，あるいは怒り覚醒の後で素早く元に戻るためにも，怒りのマネジメントスキルを用いることができる。怒りレベルのコントロールの手助けのために，児童生徒は，いらだたしい状況から注意をそらす練習に参加することになる。自己調整スキルの練習には通常，段階的なエクスポージャーが用いられる。まずは間接的な状況（例，人形を用いたロールプレイなど）からはじまり，人形を

用いたロールプレイにおいてスキルを巧みに用いることができるようになった後で，直接的な対人的状況におけるロールプレイを行う。臨床家は，子どもの覚醒状態を観察し，ロールプレイの間はコーチ役を果たす。

5. 視点取得

　外在化障害をもつ子どもは，しばしば視点取得に困難を抱える。特に，敵意的帰属バイアスをもつ子どもの場合はそれが顕著である。攻撃的な子どもたちが，直面している問題状況を正しく解釈できるようになり，社会的問題解決の手続きを開始できるようになるためには，その前に正確に他者のものの見方と意図を理解する能力を身につけなければならない。1つの状況がどれだけ多様に解釈できるかを説明する楽しいゲーム課題の後，子どもたちは，ある出来事における他者のさまざまな解釈の仕方を探るようなロールプレイ課題に参加する。通常は仲間同士の理解に重点がおかれるが，臨床家は必要であれば，教師と子ども，親と子どもの関係に焦点化することもできる。攻撃的な子どもへの視点取得トレーニングの主たる目的は，受動的攻撃を示す子どもに典型的にみられる敵意的帰属バイアスの再教育である。そこでは，曖昧な状況において誤って敵対的な意図を想定するのではなく，不確かな状況の場合は，他者の意図がわかりにくいことが多いと考えるように促す。

6. 社会的問題解決

　問題解決スキルのトレーニングは，怒りマネジメントトレーニングと同様に，攻撃的な子どもに行われる最も一般的なCBT技法である。子どもたちは，段階的に問題を解決する考え方を学ぶ。一般的に，問題の定義，選択肢や解決方法の生成，それぞれの解決策の結果の検討，実際に行う行動の意思決定の方法が含まれる。問題解決は，直面している問題に対して，達成可能なポジティブな目標という形で再構成されるときに成功を収めることが多い。また，最初は低度から中度の怒りが喚起される問題に取り組むとうまくいきやすい。ある問題に対する解決策を生成する際には，子どもたちは選択肢を幅広くブレーンストーミングをするよう促される。次の段階である結果の検討の論点とするために，臨床家は「悪い」選択肢も受け入れるようにする。案出された各選択肢の結果について意見を出し合うことは（ポジティブ，もしくはネガティブと感じられるか，短期的結果と長期的結果），問題解決プロセスのおそらく最も重要な側面である。話し合いに始まり，ゲーム課題，ロールプレイ，問題解決プロセスの実行の録画・録音に至るまで，問題解決スキルを段階的に発達させ，磨きをかける一連の活動を用いることができる。録画・録音を用いることで，児童生徒の問題解決への理解を高めるとともに，さまざまな選択肢を実行しながら子どもたち自身に自分のスキルを見つめ，批判的に捉えられるように促すことができる。

7. 仲間からの重圧に対処する

　子どもが青年期に入るにつれ，CBTは発達的に敏感な問題に対して対処することに焦点が向けられることがある。たとえば，反社会的な行動をとるようにかけられる仲間からのプレッシャーが挙げられる。ここでは仲間からのプレッシャーに抵抗する方法をロールプレイで練習したり，自分の周囲でどのように仲間からのプレッシャーが起きているかを話し合ったりする。児童生徒は，自分のグループや仲間内とのかかわりについて話し合い，さまざまなタイプのグループとの付き合いについて考える。彼らは自身の強みやリーダーシップの質について考え，その能力を使っ

ていかに逸脱した集団とのかかわりを減らし，向社会的なグループとの付き合いを増やすかについて話し合う。

マニュアル化された実証的な CBT プログラム

学齢期にある攻撃的な子どものための CBT プログラムは，教室単位，学校単位のユニバーサル予防から，攻撃的行動が強いとスクリーニングされた子どもに対するターゲット介入まで，さまざまなタイプのものがある。後者の場合，プログラムは，リスクの高い子どもに対するターゲット予防プログラムとして実施することもできるし，破壊的行動障害（disruptive behavior disorders: DBD）と診断された子どもに対する治療プログラムとして利用することもできる。本節では，両方のタイプのプログラムを紹介する。なお，より包括的なリストは，他書を参考にされたい（例，Matthys & Lochman, 2010 など）。

就学前や小学校低学年では，効果的なユニバーサル予防プログラムとして，Promoting Alternative Thinking Strategies（PATHS）が利用できる。PATHS は，訓練を受けた教師によって行われ，子どもの情緒への気づき，情動調整，社会的問題解決を促すように作られている。1～2年後の追跡調査の結果によれば，PATHS の介入に参加した子どもたちは，統制群の子どもたちよりも，情緒への気づきが高まり，問題解決に優れ，問題行動や衝動性が減ったと報告されている（Greenberg et al., 2001; Greenberg & Kusche, 2006）。

就学前および小学校低学年の子どもを対象としたターゲット予防ないし治療プログラムとして，研究が進んでいるものに Incredible Years プログラムがある。Incredible Years は，ペアレントトレーニング，子どもへのトレーニングプログラム（Dinosaur School），破壊的行動障害をもつ年少の子どもを受け持つ教師向けの介入要素とからなっている（Webster-Stratton, 2005）。Incredible Years の効果研究では，子ども，親，教師の個別の介入も，これらを組み合わせた介入も，さまざまな参加者に対する有用性に関して，驚くほどの再現性があることが明らかにされている。Incredible Years の子どもへの介入は，待機統制群の子どもに比べて，学校や家庭での行動上の問題を有意に減らし，社会的問題解決スキルを向上させていることが示されている（Webster-Stratton & Hammond, 1997; Webster-Stratton, Reid, & Hammond, 2004）。

児童期後期の子どもを対象とした Seattle Social Development Project（SSDP）は，ポジティブな学校環境をつくることで攻撃性を減少させることをねらいとして作成されたユニバーサル予防プログラムである。教師は，正の強化など懲罰的でない教室での行動マネジメント法を学ぶ。最新版では，ペアレントトレーニング，子どもの問題解決訓練と社会的スキル訓練が追加されている（Hawkins, Catalano, Kosterman, Abbot, & Hill, 1999）。SSDP の縦断的研究では，このプログラムへの参加によって，学校への参加意欲の高まりと学業成績の向上が報告されている（Hawkins et al., 1999）。さらに，飲酒の防止（Hawkins et al., 1999; Lonczak et al., 2001），非行の減少，そして，男女ともに妊娠に関する報告の減少が有意であった（Hawkins et al., 1999）。

前青年期の子ども向けのターゲット予防と治療プログラムとして，Problem Solving Skills Training plus Parent Management Training（PSST+PMT）と Coping Power という 2 つのプログラムがある。PSST+PMT は，7～13歳の学齢期の破壊的行動問題を示す子どもを対象とした 25 週セッションからなるプログラムである（Kazdin, Siegel, & Bass, 1992）。PSST と親に焦点をあてた PMT を組み合わせた介入は，PSST のみ，または親のみに焦点を当てた介入よりも，

成人の報告による子どもの攻撃性と非行の大きな低減を示した（Kazdin et al., 1992）。

Coping Power（CP）プログラムは，それ以前に行われていた Anger Coping Program の研究成果から開発された（Lochman, 1992）。CP は，認知行動的な子どものためのプログラムと，親へのプログラムから成る（Lochman, Wells, & Lenhart, 2008; Wells, Lochman, & Lenhart, 2008）。CP はもともと，小学 4～6 年生を対象にして，学校やクリニックでの実施用に開発されていたが，今ではそれより低い年齢でも高い年齢でも適用可能となっている。ランダム割り付けされた統制群と比べた場合，CP を受けた群は，自己報告による非行と物質使用，そして学校での攻撃行動の有意な減少が，1 年フォローアップ時点で示された（Lochman & Wells, 2003, 2004）。パス解析を用いた媒介分析によると，CP の 1 年後の介入効果は，介入によって生み出された親の一貫性のあるかかわり，子ども自身の内的な統制の所在，帰属バイアス，対人認知，攻撃的行動は効果的でないという子どもたちの期待といった要因に媒介されることが明らかとなった（Lochman & Wells, 2002）。臨床サンプルを対象とした場合，CP は通常のケアと比べて，オランダの外来治療施設の ODD や CD をもつ子どもの外的な攻撃行動を減少させることが明らかになっている（Van de Wiel, Matthys, Cohen-Kettenis, Massen, Lochman, & van Engeland, 2007）。また，マリファナと喫煙に対する予防効果があることも，通常のケアとの比較によって示された（Zonnevylle-Bender, Matthys, van de Wiel, & Lochman, 2007）。

青年期では，Life Skills Training Program が，薬物乱用を防ぐユニバーサル予防プログラムの例となる（Botvin & Griffin, 2004）。このプログラムは，中学生を対象に作成されている。また，認知行動的なスキルトレーニングの技法を用いて，生徒個人のセルフマネジメントスキル，社会的スキル，薬物への抵抗スキルが教えられる。このプログラムは，ランダム化比較試験と，2 つの有用性検討研究において，飲酒，喫煙，マリファナ，多種のドラッグの乱用に対して非常に効果的であることが示されている。

マルチシステミックセラピー（Multisystemic therapy ; MST）は，非常に研究が進んでいる青年向けの治療プログラムである。MST は，家族と地域に根ざした集中的な治療プログラムであり，慢性的で暴力的な青年期の犯罪者，物質乱用者，性犯罪者，精神医学的緊急事態にある若者（つまり，殺人，自殺，精神障害），虐待的な家族を対象に実施されてきた（Henggeler & Lee, 2003）。MST を実施する臨床家は，9 つの MST の指針（たとえば，システムの強みに焦点を当てる，発達的に適切な治療を行う，効果的な家族機能を改善する，などの概念）にしたがって介入を行う。MST は慢性的で暴力的な青年犯罪者に対し，確実な効果があることが明らかにされている。複数の研究において，MST を受けた家族においては，他の治療条件と比較して，青年の行動の問題が減少し，家族機能は治療後に向上し，4 年間の追跡において常習的な犯行が減少していることが報告された（Borduin et al.,1995; Henggeler, Melton, & Smith, 1992）。

学校現場への示唆と応用

怒りと攻撃性は，しばしば学校での成功を阻害する（Arnold et al., 1999）。怒りと攻撃性を示す子どもは，教室内で気が散りやすく，学習環境に悪影響を与える。攻撃的な子どもは，反社会的行動を示すので，教師や友だちからの怒りや懲罰的，あるいは回避的な態度を経験しやすい。この双方向の攻撃的で拒否的な関係は，問題を悪化させる。反社会的行動は仲間からの排斥を生み出しやすい。そして，拒絶されたという経験がさらなる攻撃性の引き金となる（Loeber,

1990)。教室での攻撃性の否定的な結果は，攻撃者だけでなく，仲間，教師，管理職にまで影響をもたらす。攻撃者もその被害者も，学習能力の低下のリスクがあることが示唆されている（Ma et al.,2009)。

　怒りと攻撃性を減らすために，しばしば厳格な指導や家庭への電話，居残りといった，懲罰的な方法がとられる。これが教師や管理職に多大な時間を使わせることになるが，子どもたちのニーズに対応していない。このことは重要である。教師や管理職からの懲罰的な反応は，子どもが適切な行動の仕方を知っていることを前提にしている。しかし，問題行動は，やる気がないのではなくて，スキルが足りないために起こることが多いのである。怒りと攻撃性の問題をもつ子どもは，怒りの調整，衝動のコントロール，問題解決のようなスキルの獲得に焦点を当てた介入を必要としている（Larson & Lochman, 2011)。

　行動規範，教室のルール，社会・情緒的教育といったユニバーサル予防は，多くの子どもの行動のニーズに対応している。しかし，一部の子どもたちは，学校で成功するために行動スキルを身につけられるような個別の支援を必要としている。これらの児童生徒は，ここまで見てきたような CBT 的な介入を学校現場で適用することが効果的である（例，Lochman & Wells, 2003, 2004)。これは，子どものメンタルヘルスへの対処という役割を，教育システムに依拠しているという点において特に重要である（Rones & Hoagwood, 2000)。学校環境は，(1) ニーズのアセスメントと進捗状況を観察する機会，(2) 積極的行動支援と効果的に結果を随伴させることによる教室でのスキルの強化の機会，(3) 児童生徒に対して向社会的な行動の観察と実施の機会，そして，(4) 教育専門家に相談し協働する機会を提供することができるのである（Larson, 2005)。

　実証に基づく心理社会的な介入は効果的ではあるけれども，日常場面への普及があってこそ，治療結果に有意な効果があると言える。効果的で効率的な普及は，重要な挑戦である。徹底的なトレーニング，カウンセラーの特性，学校の環境などの要素は，効果的な普及に影響を与える（例，Lochman, Boxmeyer, Powell et al., 2009)。Coping Power プログラムの統制された普及研究においては，スクールカウンセラーへの徹底的なトレーニングが，子どもへの効果に影響することが明らかとなった。標準的なトレーニングワークショップ，月ごとの打ち合わせ，セッションの記録に基づくスーパーヴィジョン的な即時のフィードバックをスクールカウンセラーに提供すると，子どもの外在化問題行動が減少し，社会的スキル，学業スキルが向上することがわかった。これらのポジティブな成果は，標準的なトレーニングワークショップに参加しただけのカウンセラーにはみられなかった（Lochman et al., 2009)。介入への忠実性（fidelity）もまた，介入効果を高めることと関係がみられた。そして，介入への忠実性は，介入者と学校の要因によって影響を受ける可能性も示された。同調的で誠実なカウンセラーは，セッションの目標をよく達成し，親や子どもとうまくかかわることが示された。逆に，管理的統制が強く，スタッフの自律性が低い学校で働いている，皮肉癖のあるカウンセラーは，プログラムをうまく実行することが難しかった（Lochman et al., 2009)。

　これらの知見は，実証的に効果があるとされた怒りと攻撃性への介入は，学校でもうまく導入することが可能であることを示唆している。しかし，効果的な普及を保証するためには，徹底的なトレーニングとカウンセラーの選別を行うべきである。学校現場での介入は，ニーズのある子どもばかりでなく，その仲間，教師，管理職にも介入への参加のチャンスをもたらし，その結果として怒りと攻撃性の軽減がもたらされれば，学区全体にわたってポジティブな影響を与えることができる。

第9章　怒りと攻撃性——学校での認知行動的介入——　163

事　　例

グループによる Coping Power の実施

　ビトナー先生は大都市近郊にあるノーウッド小学校の学校心理士であった。彼女は3つの指導レベルのうち段階2と3の行動的介入を要する児童に行動的介入を施す責任があった。ビトナー先生は，破壊行動や攻撃行動といった問題への行動的介入を要する5・6年生数名を受け持っていた。彼女には研究によって効果が証明されている介入を実施するように求められていた。そこで，実証に基づく介入のリストから，Coping Power プログラムを選んだ（各セッションの目的は**表9.1**に示す）。

　グループの人数は5，6人が推奨されているので，ビトナー先生は Coping Power に参加させる破壊行動や攻撃的行動を伴う6人の児童を決めた。また，社会福祉の研修生であるエリクソン先生に自分と一緒にグループのコ・リーダーになってくれるよう頼んだ。グループを始める前にビトナー先生とエリクソン先生は，それぞれの児童や親／保護者と個別に面会を行い，グループの目的について説明し，参加への意思を尋ねた。グループには以下の子どもたちがいた。

　ジャロッド：5年生の男の子。自分を怯やかすと思うとその子に食ってかかる傾向がある。
　ジャエラ：6年生の女の子。いつも人を喜ばせたいと思っているけれども，横柄な気性と情緒の
　　　　　　不安定さのせいで仲間から受け入れられていないことが多い。
　マーク：6年生の男の子。破壊的行動が目立つが，それは支援を受けていない多動性／衝動性を
　　　　　主に反映していると思われている。
　エドゥアルド：5年生の男の子。ケンカ，窃盗，他人への脅迫によって何度も停学を受けている。
　スカイラー：5年生の女の子。クラスメイトや先生にいじめっ子だと言われている。
　アンソニー：6年生の男の子。たびたび不機嫌さをあらわにしており，他人と問題を起こす。

　最初のセッションで，ビトナー先生はグループの目的を説明し，お互いを知るための活動を行った。それから，子どもたちにグループのルールを作ってもらった。ルールが決まったところで，ビトナー先生は，各セッション中にルールに従うと1ポイントを得られると説明した。もしルールを破ったら，子どもは「ストライク」という警告を受けることになる。もし，3つのストライクを受けたら，ルールに従うことによってポイントを稼げなくなってしまう。これを聞いたところで，スカイラーは"これは悪い奴らのためのグループなんだろ!?"と叫んだ。そこで，ビトナー先生はグループに悪い子はいないけれど，特別な支援を利用できるから，グループに招待されたのだと答えた。マークはジャロッドに"それは俺たちが悪いと言っているのと同じだよな?"とささやいてジャロッドを笑わせ，あきれた表情を見せた。エリクソン先生は，このやりとりを見ていて，マークにジャロッドにビトナー先生の話を聞くように身振りで示した。マークとジャロッドが邪魔をし続けると感じたので，エリクソン先生は彼らの間に座った。そうするうちに，彼女はアンソニーが机の上に顔を伏せているのに気がついた。そこで，彼の肩を軽くたたいて体を起こして参加するよう促した。

　ビトナー先生は，なぜこのグループが Coping Power と言われるのか，どのようにこのプログラムが，激しい感情や困難な場面に対処したり，うまく扱ったりする新しい方法を学ぶ手助けになるのかについて，グループに話し合うように指導した。そして，効果的に対処できるようになるこ

表 9.1 セッションごとの Coping Power における介入の目標

子どもの構成要素		親の構成要素	
セッション	内容と主な目標	セッション	内容と主な目標
1	プログラムの目的と構造の説明を行う。ラポールを形成し，グループの団結力を育む。	1	プログラムの構造と内容の概要説明。自宅での親の勉強に関する支援を説明する。
2・3	目標設定の概念を説明する。児童が長期的・短期的な個人目標を定めるのを手助けする。目標達成を妨害することについて話し合う。	2	親と教師の間で宿題の監督についての話し合い，仕組みを決定する。
4	学業の成功のための課題整理と効果的な勉強習慣の重要性について話し合う。	3	親のストレス管理について話題として取り上げる。ストレスの影響について話し合う。ストレスマネジメントのためのリラクセーションの練習を行う。
5・6	情動（特に怒り）についての行動的・身体的・認知的手がかりを特定する。	4	ストレスマネジメントのためのタイムマネジメント法を説明する。ストレスマネジメントのための認知的モデルの使用について説明し練習を行う。
7	怒りに対処するための気晴らしの練習を行う。	5	行動を形成する先行事象と結果の役割を含む，社会的学習理論を説明する。賞賛の使い方について話し合い，モデルを示す。
8・10	怒りに対処するためのコーピング的な自己陳述を用いる練習を行う。	6	軽微な破壊的行動に対処するための無視について話し合い，ロールプレイングを行う。
11	怒りに対処するためのリラクセーションを用いる練習を行う。	7	効果的な指示の出し方の特徴を説明する。
12・14	視点取得の概念について説明する。他人の行動に対する敵意のない動機づけについて考えるように促す。	8	ルールの重要性と家庭で期待されることを話し合う。
15	PICC 問題解決モデルについて説明する。最初のステップである「問題の特定」について話し合う。	9	しつけと罰について話し合う。効果的にタイムアウトを用いる段階を提示する。
16	PICC モデルの「選択」のステップを導入する。社会的問題に対する可能性のある解決方法を特定する練習を行う。	10	お手伝いを課すことの方法について話し合い，ロールプレイを行う。
17-18	PICC モデルの「結果」のステップを導入する。さまざまな解決方法の結果を特定する練習を行う。結果の評価を練習する。	11	夏休みの準備と計画について親を手伝う。
19	問題解決の妨害となることを特定し，それらを粘り強く克服する練習を行う。	12	家庭での学業支援の振り返りを行う。
20	PICC でビデオ制作活動の計画を始める。	13	家族のつながりを促進する活動を探る。

子どもの構成要素		親の構成要素	
セッション	内容と主な目標	セッション	内容と主な目標
21	子どもが PICC モデルを説明し，問題場面の同定，選択，結果についてロールプレイをしている場面をビデオ撮影する。	14	家庭で起こる問題への PICC の適用を話し合う。
22	ビデオを完成させる。ビデオを振り返り話し合う。内容を振り返る。	15	家庭でのコミュニケーションを円滑にする構造を整えられるように親を手助けする。
23	グループの目的と構造について振り返る。	16	鍵となる概念を復習し，まとめを行う。家族が利用できる地域資源を特定する。
24	課題整理と学業スキルを振り返る。		
25	教師も参加して社会問題解決の練習に PICC モデルを用いる。		
26	ポジティブな仲間集団への参加と友だちを作る社会的スキルの練習を行う。		
27	仲間集団へ入ることや友だちとの話し合いに関する社会的問題解決の練習に PICC モデルを用いる。		
28	きょうだいも参加して社会的問題解決の練習に PICC モデルを用いる。		
29	仲間からのプレッシャーに抵抗するスキルをみつけだす。		
30	さまざまなロールプレイ場面を用いて，仲間からのプレッシャーに抵抗するスキルを練習する。		
31	子どもの近隣で起きるかもしれない問題に対する社会的問題解決の練習に PICC モデルを用いる。自分の集団内での役割と地位について明らかにできるように，子どもを支援する。		
32	仲間からのプレッシャーに抵抗するスキルを説明するポスターを作る。		
33	ポジティブな仲間集団に参加する方法を話し合う。		
34	鍵となる概念を見直し，まとめる。プログラムの集結に際して，子どもたちが達成感を得られるように手助けする。		

注　PICC ＝問題の同定，選択肢，結果（Pfoblem Identification, Choices, and Consequences）

とはある種のスキルであり，他人と仲良くしたり，自分の設定した目標を達成したりする助けとなりうることを説明した。ビトナー先生は，個人的な目標とはどんなものでしょうかと尋ねた。ジャエラは，興奮気味に手を上げて「自分の何かしたいこと」と言った。「そのとおり」とビトナー先生は言った。「目標とは自分が達成したかったり，到達したいと思うことです。長期的な目標は，将来自分が達成したいと思っている目標であり，短期的な目標は，毎日または毎週行えるようなことで，長期的な目標を達成する助けとなります」と加えた。ビトナー先生は，次回からの数週間の間に目標の設定についてさらに話し合う旨を伝え，グループのメンバーに自分が達成したい目標や改善したい行動について考えるよう言った。そして，グループのメンバーにとって可能な行動目標について，子どもたちの親や先生の考えを知るために話をしようと思っているとも伝えた。

　初回のセッションの終わりに，ビトナー先生は Coping Power への挑戦を受け入れたこと，そして初回うまく参加できたことを褒めた。セッション後半で机にうつぶし，参加していなかったアンソニーを除く全員に "積極的な参加" のポイントを与えた。ビトナー先生は，アンソニーに次のグループセッションで頭を伏せず話し合いに参加したらポイントを与えることを教えた。また，ビトナー先生は5人に "ルールを守る" のポイントを与えた。エドゥアルドは，他のグループメンバーを蹴ったりリーダーに口答えしたりしたため，ストライク3つでポイントをもらえなかった。エリクソン先生が，グループのメンバーが学んだことを順番に共有するという毎回のセッションの終わり方のモデルを示すことで，他のメンバーのポジティブな行動をほめるという行動の強化を図った。ビトナー先生とエリクソン先生は，グループに "ご褒美の箱" を見る時間を設けた。その中には学校から支給されたものが入っていた。たとえば，宿題のフリーパス，小さなゲームやおもちゃといったご褒美のためのクーポン券であった。そして，このクーポン券は，グループのメンバーが Coping Power セッションで稼いだ自分のポイントで購入できることになっていた。

　グループが Coping Power を続けるうちに，グループのメンバーは週ごとの行動目標を自分自身で設定し始め，毎日のフィードバックをもらうために担任教師に目標についてのシートを持っていく役割を担うこととなった。8セッション目までに，ジャロッドは，「怒りの温度計で中程度かそれ以下に自分の怒り保つ」という目標に取り組んでいた。ジャエラは，「他人に適度なパーソナルスペースを与える」という目標に取り組み，マークは，「授業中先生から目を離さない」という目標を設定していた。スカイラーの目標は，「他人とうまくかかわること」であった。最後に，アンソニーの目標は「教室での話し合いに，それぞれ2回はかかわること」とした。エドゥアルドは，5回のセッションに参加していたが，学校で問題行動を続けていて，先生の携帯を盗んだ後，代替教育プログラムへ移っていった。ビトナー先生は，その学校でも行動的介入を児童に行っていたので，エドゥアルドと個別に会って，Coping Power でグループで学んでいるのと同じスキルを練習することにした。

　セッション11までに，グループは設定している長期的・短期的目標に向かって練習するとともに，出された宿題を忘れない，かばんの中を整理する，積極的な勉強習慣を続ける，といった学業スキルを学んでいた。また，子どもたちは，特定の感情を正確に命名したり測ったりすることを学び，怒りの身体的兆候（動悸，顔のほてり，手を握る）を認識することを学ぶという感情への気づきについての単元も始めていた。グループは自分の考えていることや，自分が自分に言っていることと，自分がどのような感情を持っているかということとのつながりを意識できるようになった。怒りを感じた場面を毎日最低1つ以上ノートに記録して，そのとき何があったのか，経験した怒りの程度はどれくらいだったか，どうやってその怒りに対処したのかについて説明するという宿題を数回行った。

　セッション11において，スカイラーは学校で起こった問題について話してくれた。彼女は，ク

ラスメイトを怒鳴りつけたために，校長室へ連れていかれたことに腹を立てていた。スカイラーは，これは不公平だと感じていた。なぜなら，最初失礼な態度をとったのはクラスメイトの方であり，自分を放っておくように言っても，彼女はしつこくやめなかったからである。スカイラーは，クラスメイトがトラブルに巻き込んだ人物のはずだと思っていた。ビトナー先生は，グループで実生活の問題を共有してくれたことに感謝を述べた。そして，その日の学習の例として，グループで使ってもいいか尋ねると，スカイラーは同意してくれた。

　グループでの報告の間，グループのメンバーは怒りに対処するための方法を練習していたことを思い出していた。特に怒りやメンバーによるからかいで起こる怒りを伴う考えや感情を減らすため対処的な自己陳述を使うことを振り返った。ビトナー先生は，クラスメイトが自分をバカにし始めた時，何を考えていたか思い出すように言った。スカイラーは，あの子の負けよ。自分に跳ね返ってくるから，気を付けておきなさい。」と思っていたと言った。ビトナー先生はスカイラーにそれらの考えが彼女をより怒らせたか，怒りを抑えたか尋ねた。「ええと，これらのことは事実だけど，これらについて考えるとさらに頭にきたかもしれない。」と答えた。そこで，「自分の怒りを下げられるように，代わりに自分に言い聞かせられることはどんなことだと思う？」とビトナー先生は尋ねた。スカイラーは「私は自分に彼女の言うことを聞かないように言うべきだった。だって彼女は私を怒らせたかったのだから。」と答えた。ビトナー先生は，もしその代わりのことを思っていたらどう感じていたと思うかスカイラーに尋ねた。スカイラーは自分の怒りは減っていたんじゃないかと思うと言った。そこで，ビトナー先生は，「さて，あなたはコーピングとなる自己陳述のよい例を出してくれたわね」と言った。「私があなたに嫌な思いをさせた女子のようにしてもいいかしら？　私が何か意地悪なことを言う間，あなたは冷静に保つための対処的なことを言う練習をできるように」スカイラーは大丈夫だといった。エリクソン先生から少し指導を受けて，ビトナー先生が彼女に意地悪くふるまっている間，スカイラーはコーピングとなる自己陳述を復唱することで怒りを低く保つことができた。このロールプレイでのスカイラーの反応について話し合った後，ビトナー先生は，コーピングとなる自己陳述を使って，グループのメンバーが各自順番に自分たちの怒りを抑える練習をさせた。

　セッション 22 の時点で，エドゥアルドはノーウッド小学校に戻り Coping Power グループに再度参加することに関心を持っていた。その間，アンソニーは暴力的な激しい感情の爆発のために入院しており，デイトリートメントクラスへの在籍することになっていた。ビトナー先生は，グループがエドゥアルドのグループへ再参加を歓迎できるように，また，アンソニーが戻りそうにないという事実を受け入れられるように手助けをした。エドゥアルドがグループの学びに追いつけるように，対人関係の問題を解決するために学んでいる新しいアプローチを学ぶこととなった。彼らは PICC（Problem Identification, Choices, and Consequences），つまり，立ち止まり，選択肢についてブレーンストーミングを行い，問題解決の方法を決定する前に結果について考えること，の使い方を他の児童に教えるためのビデオを制作する準備をしていた。そして，このグループでは，先生がクラスでおしゃべりしていた子を怒鳴るという問題場面で演技することを決定した。それぞれの観点から問題を特定した後，彼らは 3 つの異なる問題解決のための選択肢を演じることになった。1 つ目の選択肢では，その児童が失礼な態度で先生に言い返したため，連絡帳に問題を詳しく書かれてしまった。2 つ目の選択肢では，その児童は自分の隣の子が話していたと文句を言ったが，先生からは「静かにしなさい。自分の事だけ気にしていればよろしい。」と言われてしまった。3 つ目の選択肢では，その児童から謝り，授業中静かにしていた。後で，先生が忙しくない時にその児

童は先生の席へ行き，礼儀正しく自分がクラスメイトにどのページをしているのか教えようとしたということを説明した。3つ目の選択肢の結果，先生は自分の説明を理解してくれて，感謝してくれていたようだった。グループメンバーはビデオを作ることを楽しんでおり，同時に行われている親のグループの終わりで，そのビデオを見てほしくて仕方がないようだった。

　その後のセッションにおいても，子どもたちは何度も会って，ポジティブな仲間との関係集団を促進すること，逸脱した仲間の影響に対して抵抗すること，Coping Power の実施中にグループによって得られたメンバーのポジティブな点や前向きな変化を喜ぶことに焦点が当てられた。ビトナー先生や他のグループメンバーは，ジャロッドが立ち止まって他人の視点から物事を考えられるようになったことを褒め，この変化が他人との言い争いを減らすのに役に立っている点を指摘した。また，ジャエラには，挑発されるような場面において，怒りを返すよりも落ち着きを保っていることと，他人に対して広くパーソナルスペースを与えられるようになったことについて，グループからポジティブなフィードバックがあった。エリクソン先生はスカイラーが，いかに他人と上手くかかわれるようになったかという点について大きな進歩があったこと，怒りをコントロールするためにコーピングとなる自己陳述を使うことを学んだことについて褒めた。グループのメンバーは，エドゥアルドに彼が戻ってきて自分たちが嬉しかったことを伝え，より信用できるようになったことを褒めた。最後にグループのメンバーはマークがいつも他人を手助けしてくれて，よりおだやかできちんとしていた点を賞賛した。グループはチームとして働いたときに得られる合計ポイントのうち70%を得たことで，ピザパーティを行うことができ，Coping Power の終了をお祝いした。グループの終了後，ビトナー先生は各児童の行動の進歩を親と個別教育プログラム（IEP）チームに説明し，必要に応じて追加介入の推奨を行うことを説明した。

事　例

Coping Power の個人的実施

　エドゥアルドが代替教育プログラムへ出席している間，ビトナー先生は個人面接を行い，Coping Power を続けていた（エドゥアルドの支援計画については図9.1参照）。彼の反社会的行動の経緯を考慮して，ビトナー先生はエドゥアルドとのラポールを促進するためにもっと時間をかけることにした。そして，どのように自分の行動が人間関係の目標を阻害しているのかを理解できるように支援した。ビトナー先生が直面した困難のうち1つは，エドゥアルドが自分の未来をそれほど理解していないということだった。エドゥアルドは自分は学校が嫌いだということ，放課後のほとんどの時間を高校生のいとこと一緒に過ごしているということ，そして，その間母親は家族を養うために2つの仕事をしていることを話した。学校で唯一好きなものは体育とコンピュータで時間を潰すことだといった。彼は学校のバスケットボールチームに参加したいといったが，彼は停学中であるため参加資格がないのだと言った。

　エドゥアルドとビトナー先生は，次の学期でバスケットボールのチームに参加するという長期目標を一緒に決めた。そして，停学を減らすことで参加資格を得られるように学校で自分の行動を改善するための短期的な目標を一緒に決めた。たとえば，ケンカせずに問題を解決する，自分の怒りに早く気づき，穏やかでいられるようにコーピングとなる自己陳述を用いる，他人からものを借りる前に許可を求めるなどであった。ビトナー先生は担任の先生にお願いして，エドゥアルドが毎日「ケ

図9.1 エドゥアルドのための支援計画例

問題の説明：当該の児童（当該児）は，頻繁に怒りの爆発を示し他児とケンカを始める。当該児は教師を尊敬しておらず，教師がクラスのルールを強いると逸脱行動を示す。当該児は身体的にも言語的にも他児の脅威となっている。当該児は学業にはほぼ取り組まず，授業中クラスの邪魔をする。

支援目標1：学校とのつながりと学習意欲の増加
目標1を満たすための支援法：個人的な短期的・長期的目標を決める手助けと，自分の学業と現在と未来の個人の目標達成の間のつながりを見いだす手助けとして，子ども用 Coping Power カリキュラムの目標設定場面を使用する。学校との結びつきを高めることも含め，学業への取り組みを増加させるために，学校における報酬システムを確立する。家庭と学校のコミュニケーションを高め，子どもの学校での学習や行動に対する親の支援を高めるために，親用 Coping Power カリキュラムを用いる。
目標1に向けての進歩状況を評価する方法：進歩の状況は出席，学校での課題や宿題の完成度，Coping Power 目標の記録シートに記載されたクラスへの参加にかかわる日々の行動目標の達成度，および子どものクラスでの行動に対する構造化・非構造化されたアセスメントに基づき評価される。

支援目標2；情緒対処スキルの増加
目標2を満たすための支援法：早期の怒りのサインに結びついた思考や感情，生理的な手がかりを子どもが認識する手助けとして，子ども用 Coping Power カリキュラムの情動へ気づきと怒りへの対処の単元を使用する。怒りを低いレベルから中程度のレベルに保つために広範なコーピング法（たとえば，気を紛らわせる，リラクセーション，深呼吸，コーピングとなる自己陳述を用いた自己教示）を用いる。子どもが学校や家での生活でこれらのスキルを用いるように教師や親が奨励するサポートをする。
目標2に向けての進歩状況を評価する方法；進歩の状況は，子ども，親，教師からのフィードバック（構造化・非構造化された両方を含む），Coping Power 目標の記録シートに記載された情緒的対処に関する日々の行動の達成，および懲戒処分の減少などに基づいて評価される。

支援目標3；問題に対する攻撃的ではない解決策の増加
目標3を満たすための支援法：対人的問題に対する代替解決策の学習の手助け，および自分の行動の結果を予想する手助けとして，子ども用 Coping Power カリキュラムの問題解決の単元を使用する。対人場面において，子どもが効果的で攻撃的でない解決策を用いるように教師や親が励ますのをサポートする。
目標3に向けての進歩状況を評価する方法：進歩の状況は，子ども，親，教師のフィードバック；Coping Power 目標の記録シートに記載された効果的な問題解決に関する日々の行動目標の達成，および懲戒処分の減少などに基づいて評価される。

ンカせず問題を解決する」という目標を達成した時には，コンピュータを使用できる時間を10分間追加できるようにしてもらった。加えてエドゥアルドが Coping Power のポイントを25点稼いだときには，いつでもその日の1年生の体育の授業で先生役の上級生として働くことが認められた。

目標とご褒美が一度確立すると，エドゥアルドは自分の行動を改善するために著しい努力を見せた。ビトナー先生は，攻撃的な解決が自分の思うほど，目標達成の役に立たないと認識することが重要であると考えていたので，エドゥアルドにとっては Coping Power の問題解決の要素が最も有益であると感じていた。エドゥアルドは，社会的スキルを用いた解決方法（言語的主張，交渉や妥協による解決など）を案出できるようになった。最初は，ビトナー先生と練習することから始め，その後で現実場面において問題解決を応用するようになり，案出された解決方法をより効果的に実行することもできるようになった。ノーウッド小学校と Coping Power グループにエドゥアルド

が戻るまでに，彼は攻撃的な関わり方を30％減らし，他人との関わりにより興味を示していた。

結　語

　怒りと攻撃的行動は教育環境の重要な課題である。怒りと攻撃行動の悪影響は短期的な妨害を越えて，青年期において深刻でネガティブな長期的な結果をもたらすリスクを高めるという結果にまで広がっていることを考慮すると，これらの問題に対する取り組みは非常に重要であるといえる。学校は実証に基づくCBT介入の実施によって怒りと攻撃性を伴う児童の問題に対応してきている。そして，CBTは学齢期前から高校生の間の児童生徒に適用可能である。攻撃行動の問題を伴った青少年に共通する認知の欠如と認知の歪みに目標を定め，あるいは，社会的スキルの欠如，情動調整を伴う問題，社会的問題解決での困難に対処することで，これらの介入は破壊行動の減少と児童生徒の社会的機能の改善を示すことが明らかにされてきた。最近の研究で，これらのプログラムの効率的な普及にかかわる要因が検討されている。この領域での継続的な研究は，怒りと攻撃性の問題をもつ児童生徒に対して，効率的な取り組みを行う支えとなっていくだろう。

確認問題

1. あなたは，教室で反抗的であり，頻繁に仲間へ暴力をふるう5年生を評価するよう頼まれた学校心理士であるとします。あなたのアセスメントへのアプローチを説明してください。その際，情報収集の方略と相談する相手（情報源）を含むようにしましょう。
2. 上記の子どもについてアセスメントをした結果，怒りの制御にはほとんど問題はないが社会的・道具的な要求を満たすために攻撃を用いているということが明らかになったとします。この場合，どのCBT方略が，この子どもへの支援計画に重要となるでしょうか？そして，どのようにこれらの方略を実践に組み込めるでしょうか？
3. あなたは攻撃的行動の問題を伴う青年のための学校でのグループ介入を行っているとします。あなたはメンバーが示す可能性のある敵意的帰属バイアスにどのように対処できるでしょうか？　メンバーが他人の行動についての相手の（敵意ない）理由を考えられるように促すいくつかの活動のアイディアを出しましょう。

第10章

いじめとおどし・強制
──学校での認知行動的介入──

　仲間への攻撃は，子どもたちの日常生活においてよくみられる出来事である。仲間間の葛藤の性質や頻度は，子どもの発達段階にわたって変化している。たとえば，幼児の間は身体性攻撃が多くみられる一方，言語的攻撃や関係性攻撃は，青年期において一般的となる。仲間との相互作用の中にあるこのじゃれ合い的世界において，攻撃に対して適切に対処・反応する能力は，重要な適応的スキルである（Cairns & Cairns, 2000; Pellegrini, 2005）。しかしながら，時に仲間の攻撃の形態と強度によっては，子どもたちがうまく対応することは難しく，また，そのようなことを子どもたちに期待することが不当なこともある。本章は仲間攻撃における一つの形態である"いじめ"を説明する。それは決して適応的でなく，いじめる側といじめられる側の子どもたちにとって，しばしば大きなダメージとなる。いじめとは，より広い枠組みの児童期の攻撃の中の一部であり，社会生態学的文脈内で生じる認知行動的現象として記述される。

いじめとは[29]？

　いじめとは，より力を持った子どもが個人または複数の弱い仲間たちに対して，繰り返し，故意に傷つけたり脅かしたりするような，極端な仲間の攻撃の形態である（Greif & Furlong, 2006; Olweus, 1993; Vaillancourt et al., 2008）。初期のいじめの定義は身体的攻撃，すなわち，ぶったり，蹴ったり，突き飛ばしたりすることを強調していた。これらの定義は後に言語的攻撃，すなわち，からかったり，侮辱したり，脅迫したり，中傷したりといったものや，関係性攻撃，すなわち，うわさを広めたり，排除したり，嘘をついたり，仲間の評判や関係を崩壊させる行動をとるよう他者を引き込んだり，といったものを含むように拡張された。近年いじめの形態学は，サイバー型のいじめの出現によって変化が起きている。すなわち，攻撃行動が電子メディア（たとえば，ソーシャルメディア，ウェブサイト，携帯メール，オンラインゲームなど）を用いながら行われているのである（Wang, Iannotti, & Nansel, 2009）。サイバー型いじめは，その匿名性のために，発見し止めることが困難である。その上に，サイバー型いじめの被害者は，学校側が介入する力を持っていないと信じていたり，親からインターネット利用を制限させられることを恐れていたりするため，従来の方法でいじめられた子どもたちほど事件を報告する可能性が高くないかもしれない（Cassidy, Jackson, & Brown, 2009）。

29）　いじめ防止対策推進法の施行に伴い，平成25年度より文部科学省によって以下のように定義されている。
「いじめ」とは，「児童生徒に対して，当該児童生徒が在籍する学校に在籍している等当該児童生徒と一定の人的関係のある他の児童生徒が行う心理的又は物理的な影響を与える行為（インターネットを通じて行われるものも含む）。であって，当該行為の対象となった児童生徒が心身の苦痛を感じているもの」とする。なお，起こった場所は学校の内外を問わない。

いじめと悪意の少ない仲間の攻撃の形態との鍵となる差異は，いじめっ子の意図である。定義によると，いじめは常に危害を引き起こす意図を含む，あるいは幼い子どもたち向けの単純な言葉に変換すると，いじめは"いじわるとして"これらの行動をとっている。いじめに詳しくない大人たちは，すべての仲間攻撃が悪意のある意図から生じると考えているので，この違いについて不思議に思うかもしれない。しかしながら，広範囲にわたる調査によれば，子どもたちは多種多様な理由で仲間に対して攻撃的にふるまっている。多くの場合，子どもたちは，友だちとよくある遊びをしている間に，見せかけの攻撃を繰り返している。つまり，言語的には互いにからかい，侮辱し合ったりするし，身体的にはぶったり，押しのけたり，蹴ったり，押し倒しあったりすることもあり，あるいは，立ち去ったり，無視をしているようなふりをすることもある（Pellegrini, 2005）。実際の攻撃行動ではなく，子どもたちの意図や認識でしか区別ができないので，教師や他の大人の観察者はこの見せかけの攻撃と実際のいざこざをいつでも見分けることは難しい（Boxer, Musher-Eizenman, Dubow, Danner, & Heretick, 2006; Lawrence & Green, 2005）。

研究者たちは，このような見せかけの攻撃を"荒っぽい遊び（rough-and-tumble play）"や，"押し合いへしあい（jostling）"という造語で呼び，その意図が互いに楽しむためだということを明確に証明している。それでも，押し合いへしあいは，子どもたちが相手の意図を誤解したときや，本当の攻撃の標的となっていると考えたときには，実際に衝突の原因になりうる（Doll, Song, Champion, & Jones, 2011）。そして，幼いときの荒っぽい遊びが，後のいじめ行動につながるかもしれないことが新たな研究から示唆されている（Flanders et al., 2010）。

他にも，子どもたちは自分自身や友だち，あるいは所有物を守るために，お互いに攻撃的になっている可能性もある。必要とされる対象の所有物を手に入れたり維持したりするために身体的・言語的攻撃がなくてはならないと子どもたちが考えているとき（運動場のボール，ブランコ，なわばりなど），あるいは，他の子どもの攻撃を止めるために，身体的，あるいは言語的攻撃が必要だと感じているとき，道具的攻撃と呼ばれる行動が生じる（Crick, 2000; Kempes, Matthys, de Vries, & van Engeland, 2005）。しかし，無関係の第三者からみた場合，道具的攻撃の正当化には必ずしも賛成できるわけではない。子どもたちは，必要なものを失うリスクを誤って判断したり，攻撃的な仲間の危険度や意図を過大評価したりし，過剰反応をしてしまうこともあるからである。

さらにいえば，他の子どもたちを傷つけるよう意図された攻撃的な行動でさえも，いつもいじめとは限らない。たとえば，子どもは仲間のせいでできたと考えた傷，あるいは実際の傷に対して，彼らは仕返しとして食ってかかることがある（Pellegrini & Van Ryzin, 2011）。そのような行動は反応的攻撃と呼ばれる。この攻撃はしばしば衝動的で，熱くなる瞬間における歯止めがきかない情動的反応によって刺激される。さらに，反応的攻撃は，情動調節における根本的な弱さを反映している可能性がある。一方，いじめには，いじめ加害者の怒りを受けるに値する行為に何ら関与していない被害者に対して，傷つけようとする意図をもった反復的で計画的な行動が含まれる。

いじめといじめには含まれない仲間の攻撃は，いじめが優越の行為，すなわち権力を誇示し，その権力を被害者に無理矢理認めさせる行為だということになる（Vaillancourt, McDougall, Hymel, & Sunderani, 2010）。この意味において，いじめは，ある人物がもう一方の人物を特定の方法で行動するように強要する，すなわち社会的強制（おどし）の特別な事例と考えることができる。こういった独特ないじめについて，本章では，いじめの背後にある社会的ダイナミクス

を説明するためにパターソン（1982）の強制サイクルを参考にすることとしたい。すなわち，強制やおどしはそれ自体単独で起きうる一方で，いじめという言葉を使う場合には，長期間，繰り返し起こること，弱い仲間に向けられていること，強制することとともに，危害を加えようとする意図を反映していることなどが加わっている。

まとめると，いじめとは，いじめっ子の意図といじめられっ子の認識と攻撃行動の性質から区別される。さらに，被害者に負わされた痛みは，身体的な痛みよりむしろ，いじめの言葉や面目を失うことによって引き起こされた精神的な痛みの方が大きい。したがって，認知行動的モデルは，顕在的な攻撃行動と同様に，いじめに関与する子どもたちの潜在的な認知に対して直接的に焦点を当てるため，いじめの介入に非常に適していると考えられる。

いじめの問題はいかに広まっているか？

いじめは，非機能的な子どもの行動であるにもかかわらず，ある意味正常なものだと考えられるほどに広く知られている。研究者間のいじめと被害の測定方法にもよるが，学齢期のいじめへの関与は29.9％から75.2％にわたる（Bradshaw, Sawyer, & O'Brennan, 2007; Nansel et al., 2001; Wang et al., 2009; Williams & Guerra, 2007）。短期間でのいじめの発生を調査している研究においては，一般的により低い発生率が見いだされている。ナンセルら（2001）は，子どものおよそ30％が直近の学期においていじめに関与していることを明らかにした。一方でウィリアムスとグエーラ（2007）は，子どもの75％以上が学校の前年にいじめとかかわりをもっていたことを見いだした。いじめの発生率に影響している他の要因として，対象者の所在地（田舎・都会）や調査されたいじめの種類（身体的・関係性攻撃）がある（Dulmus, Sowers, & Theriot, 2006; Olweus, 1993; Renfro, Huebner, Callahan, & Ritchey, 2003）。これらや他の研究は，いじめが子どもたちの個人的な特徴のみから生じるのではなく，仲間との相互作用における社会的環境の産物でもあるということを明確に示している（Doll et al., 2011; Espelage & Swearer, 2010）。したがって，いじめは仲間との相互作用が生じる社会的環境を反映する社会生態学的現象であるという前提を基に本章は構成されている。そのため，本章で記述されている認知行動的介入は，いじめっ子といじめられっ子の行動に焦点を当てることに加えて，社会的生態を形成している仲間の傍観者，教師，参加していない子どもたち，家族をターゲットにしている。

最後に注意すべき点を付記しておきたい。攻撃，強制，そしていじめは大人の職場やコミュニティーを含むいかなる年齢においても生じうる。そのため，いじめの発達的特徴について議論することは年齢を超えた示唆を得られるとはいえ，本章では青少年の間に生じるいじめやおどし，そしていじめの観察者を混乱させ，介入の試みを複雑にさせる発達的変化に限定することとしたい。

誰がいじめ（強制）に参加するか？

いじめっ子やいじめられっ子は，仲間いじめにおける当面の直接的な参加者である。いじめる子どもたちの残虐的に繰り返される行動やおどしは，衝動的な性質，共感性の欠如，支配性に一部，帰属可能である（Olweus, 1997）。それでも，他の状況下では別の仲間からいじめられていることもあるため，いじめている子どもたちを単に"いじめっ子"だというのは不適切で

ある（Olweus, 1993; Taki, 2010）。中には，遺伝的な素因によっていじめ行動の原因をもつ子どももいるかもしれないが（Ball et al., 2008），社会的・文化的・あるいは仲間の影響でいじめに従事している子どももいるかもしれない（Rigby, 2010）。したがって，いじめの背後にあるものの説明をするためには，個人や家族，仲間，学校，地域の文脈を考慮する必要がある（Espelage & Swearer, 2004）。特に，子どもたちは，（1）大人たちの監視が最低限しかないときや捕まったり罰せられたりする可能性が低い場合（Kasen, Brenson, Cohen, & Johnson, 2004），（2）いじめられっ子がいじめっ子よりも弱く，力がないように見え，仕返しもしなさそうな場合（Hazaler, Miller, Carney, & Green, 2001），（3）目撃者や傍観者がいじめの行動をけしかけたり，あるいは手伝ったりする場合（Kärnä, Voeten, Poskiparta, & Salmivalli, 2010），（4）いじめられた子どもを守ったり手助けしたりする介入を誰もしない場合（Kärnä et al., 2010; Salmivalli, 2001），（5）学級環境がいじめ文化を促進するようなものである場合（Allen, 2010; Roland & Galloway, 2002; Sullivan, Cleary, & Sullivan, 2004），いじめをしやすくなるとされている。リグビィ（2010）は，いじめ行動の原因となる基盤を理解するためには，いじめっ子の親や友だち，仲間，学校，地域との関係性が重要となることを強調している。

　いじめられている子どもたちは，身体的な弱さや不器用さ，知的能力の限界，十分でない言語スキル，仲間や担任教師からの保護的サポートの欠如によって，攻撃に対して効果的に自分自身を守ることが出来ない（Hazler et al., 2001; Pellegrini, 2005）。いじめられていて，自身を被害者だととらえている子どもたちは，被害を内的・安定的，かつ統制不可能な個人の特徴に原因帰属する傾向がある（Perry, Hodges, & Egan, 2001）。しかしながら，もしいじめられている社会的環境から上手く抜け出せるとしたら，いじめられていた子どもたちの多くは，新しい仲間関係の中でいじめられ役ではない役割を構築することができる。いじめられた子どもは，仕返しを恐れたり，大人たちがいじめを止めることができない，あるいは止める覚悟がないと思っていたりするため，指導している大人たちにいじめを秘密にし続け，いじめを長引かせるかもしれない（Pepler, Craig, Ziegler, & Charach, 1994）。仲間集団内での友情は，いじめられることから子どもたちを守る可能性がある。数人の友だちがいて，その友だちがおどしに立ち上がり，彼らを守ろうとする場合，その子どもたちが頻繁にいじめの被害にあうことは少ない（Kärnä et al., 2010; Salmivalli, 2001）。

　重要なこととして，いじめっ子といじめられっ子の両者が，心理的苦痛をかなり報告している点がある。他者をいじめる子どもたちは，学校での全般的な不幸感を報告し（Forero, McLellan, Rissel, & Barman, 1999），高い割合で抑うつと自殺念慮を示しており（Swearer, Song, Cary, Eagle, & Mickelson, 2001），さらには無力感や対人関係の苦痛を報告している（Kumpulainen et al., 1998）。一方，いじめられている子どもたちは，高いレベルの不安を報告しており（Schwartz, Gorman, Nadamoto, & Toblin, 2005; Swearer et al., 2001），さらには仲間受容感が低い（Olweus, 1993; Salmivalli & Isaacs, 2005）。認知行動的介入は不安と抑うつ症状の両方に効果的であることが実証されていることから（Weisz & Kazdin, 2010），いじめを止めたり防止したりする介入において，認知行動的モデルを用いることの理論的根拠は示されているといえる。

　傍観者とは，いじめを目撃しているが，自身はいじめておらず，いじめられてもいない人のことである。子どもたちや，教師，管理職，ボランティア，親も傍観者として行動することがある（Twemlow, Fonagy, & Sacco, 2010）。傍観者はいじめを長引かせるか，積極的に阻止するかに

30）　本章では観衆や仲裁者にもなりうる第三者の意味でも用いられている。

おいて重要な役割を果たす。前者において，傍観者は受動的にいじめが生じることを承認したり，賞賛のコメントによっていじめを強化したり，あるいは，いじめっ子の威厳や特権を認めることによって，いじめを永続させている（Twemlow et al., 2010）。積極的にいじめを促していなくても，傍観者の沈黙はいじめっ子のおどしを続ける暗黙の許可として機能しうる。反対に，被害者を守る存在となり，いじめを妨げ，被害者を元気づけ安心させることによって，傍観者は積極的にいじめをやめさせることができる（Salmivalli, 2001）。

　傍観者の行動基盤となる社会認知的枠組みは，いじめを止めるための鍵となる。仲間は，いじめっ子といじめられっ子の間の力のアンバランスを変えることが可能であり，いじめられている子どもたちの共通のサポート源となり，学校システム内に生じている自然なリソースとなって（Song & Stoiber, 2008），しばしば早い段階でいじめを見つけ出すことができる（Cowie & Hutson, 2005）。さらには，頑健な保護的仲間環境をつくることは，"子どもたちの内的・外的ストレス源に対する盾となりうる相互作用の側面"を強めることにつながり，いじめを予防するために役立つに違いない（Song & Stoiber, 2008, p.243）。このように，ポジティブな仲間関係は，いじめの発生の少なさと関連している（Pellegrini Bartini, & Brooks, 1999）。だが一方で，傍観者がいじめを強化したり，ほとんど被害者を守ったりしないような教室においては，いじめの発生率が高いことも示されている（Kärnä et al., 2010）。重要なこととして，保護的な仲間環境は，反社会的行動に注目することやインクルージョン教育活動などを加えることによって（Song & Stoiber, 2008），現在ある学校規模の予防や介入の枠組みへと統合できる可能性がある（例，Positive Behavior Support; Sugai & Horner, 2006）。多くの面から，いじめる行動に対しては，いじめられている子どもたちよりも傍観者がより影響力を持っているといえる上に，いくつかの事例においては，いじめている子たちよりも影響を持っているということができる。

　行動的規範について責任を持つ指導者の大人もまた，いじめにおいて重要な関与を有する。いじめの多くがクラスメイトの間で生じるため，研究の多くが子どもたちの学校での行動を監視している教師の役割を的確に調査している（Crothers & Kolbert, 2010; Hanish, Kochenderfer-Ladd, Fabes, Martin, & Denning, 2004; Salmivalli, Lagerspetz, Bjorkqvist, Osterman, & Kaukianinen, 1996）。攻撃的行動が幼い頃によくあるばか騒ぎであると信じているとき，あるいはそれらの害はないと信じているとき，教師たちは目撃していたとしても，いじめを過小評価しがちだという十分な証拠がある（Stephenson & Smith, 1989）。また，教師は，自分が効果的に行動を管理できると信じており，いじめられている子どもに対して共感的であるときや，そして，いじめは深刻なものだと考えているときに，いじめを止めようと介入する可能性が高い（Yoon, 2004）。たとえば，教師たちは言語的あるいは身体的いじめと比較して，関係性のいじめの深刻さを低いものだとみなしているため，関係性のいじめ攻撃に対して介入することは少ない（Yoon & Kerber, 2003）。おそらくその結果かもしれないが，いじめが生じた際に，教師のいじめに対する対応は継続的に不十分であるといえ，そして実際の対応は効果的でないことが明らかになっている（Allen, 2010; Craig, Henderson, & Murphy, 2000; Craig, Pepler, & Atlas, 2000; Dake, Price, Telljohann, & Funk, 2003; Holt & Keyes, 2004）。最も重要な点として，教師は多くのいじめ事象を見逃してきており，自分が効果的に対応できていないということにも多くの場合気がついていないのである（Pepler et al., 1994）。

　親はめったにいじめについて目撃していないため，何が生じているかについて，自分の子ども，よその子ども，あるいは教師の理解による間接の報告に頼っている。しかしながら，親の価

値や養育の実践は，いじめの発生に多大なる影響を持つという十分な証拠がある。この点において，親はいじめに“陰の参加者”として関与しているといえ，実際に参加することはめったにないが，いじめの発生前後における自分の子どもへのメッセージを通じて，いじめの発生をしばしば形作っている。たとえば，親の辛辣さや拒絶は，子どもが仲間に対して強制的で攻撃的な方法で振る舞うリスクを高める（Olweus, 1993）。また，家庭内で身体的攻撃を頻繁に見せる親，その中でも特に，子どもたちに対して攻撃的な身体的罰を用いる親の子どもは，いじめっ子であることが多い（Espelage, Bosworth, & Simon, 2010; Nickerson, Mele, & Osborne-Oliver, 2010）。加えて，いじめをする子どもたちは，自分の親からの情緒的サポートが少ないと感じており（Demaray & Malecki, 2003），結束した家族の中にいることも少なく，親とかかわりを持つことが少ないとされている（Berdoni & Smith, 1996; Bowers, Smith, & Binney, 1994）。それどころか，子どもの頃他者をいじめていた親が，子どもたちのいじめを奨励し，促し，容認するとき，いじめへの参加は世代を超えて伝達されるという縦断的な証拠が存在する（Farrington, 1993; Eron & Huesmann, 1990）。親の情緒的サポートや家族からのサポートの低さは，いじめられた子どもたちの開示とも関連している。たとえば，子どもたちが家族のサポートを高く認識しているとき，いじめられているということを子どもたちは親に伝えやすいのである（Holt, Kantor, & Finkelhor, 2009）。

　子どもたちがいじめられているとき，多くの親は子どもと話すことによって介入する（Waasdorp, Bradshaw, & Duong, 2011）。学校の雰囲気への認識によっては，親はいじめについて学校と連絡をとるかもしれない。親が学校にポジティブな雰囲気を感じているときには，学校と連絡を取ることは少ないが，ポジティブな雰囲気をあまり感じていないときには，学校と連絡を取ることが増える。学校は，必然的に複数の方向へ引き込まれる。いじめられている子どもたちがいるときに教師が介入するように求める親がいる一方で，彼らの子どもたちがいじめているときには，教師の介入に対してよく思わない親もいる。そのため，いじめを効果的に予防するためには，学校と家族は協力することが必要不可欠なのである（Christenson & Carlson, 2005; Leff, 2007）。いじめの予防プログラムへの親の参加は，親のいじめに対する気づきを促進し，いじめが生じているときにいじめに対して立ち向かい，いじめられている子どもたちを守るように促す（Olweus & Limber, 1999）。いじめ介入における親の介入要素があると，家族間の共通意見を生み出すので，学校側がいじめに立ち向かう計画を立てたり，思いやりのある行動を取ったりする際に支持を得られるようになる。

仲間いじめの社会認知的モデル

　本章の仲間いじめにおける認知行動的モデルは，パターソン（1982）の社会的強制モデルに基づいている。正当な理由もなく，いじめっ子は被害者に向かって攻撃し，明確な要求（「ブランコを代われ！」）あるいは暗黙の要求（「俺の前からどけ！」）をする。被害者が拒否するたびに，いじめっ子は攻撃をエスカレートさせ，大声を出し，強く押しのけ，あるいは，より意地の悪い嘲りを用いる。そのまま放っておくと，結局いじめられっ子は一方的に折れることになる。そのことが，いじめっ子の攻撃を強化し，攻撃が再び起こる可能性を高めている。さらに，もし認めることでいじめが止まった場合，受け入れることで屈辱や苦痛がすぐに減少することを学んだいじめられっ子たちにおいては，“容認すること”が強化されるのである。

第10章　いじめとおどし・強制——学校での認知行動的介入—— 177

　しかしながら，強制のこのサイクルは，さらに大きな社会生態的枠組み内で生じている。いじめっ子の攻撃はまた，傍観者からの集められた名声と尊敬の向上（Rodkin, 2004），そして発生した力と勝利の感覚によって強化されている。その代わりに，いじめっ子の攻撃は，指導している大人たちの懲罰的介入によって，あるいは被害者を守る友だちの嘲りや攻撃によって罰を受ける。いじめられている子どもたち側の抵抗は，傍観的な仲間たちの嘲りや攻撃によって罰を与えられるが，支持的な仲間から元気づけや積極的な防御によって強化されているのである。

　状況や文脈の影響もまた重要である。いじめている子どもの攻撃は，指導者がいない場所，被害者を守る友だちがいない状況で生じ易い。同様に，いじめが介入を受けず，観察されない状況において，傍観者はいじめを促し，暗黙のうちに承認しやすい。さらに広く見れば，親が暗黙のうちに仲間攻撃の使用を受け入れたり，奨励したり，あるいは，家庭内でモデルとなるような強制的なやりとりがある場合に，いじめている子どもの攻撃が生じ易い。

　いじめに関与するすべての人における社会認知的認識は，攻撃的行動と同様にこのモデルにおいて重要である。なぜなら，彼らの認識はいじめ事象を長期化させ，悪化させる役割を担うからである（Swearer & Cary, 2003）。社会認知的枠組みにおいて，いじめている子どもの認知の歪みには，拡大解釈（「楽しんでいるだけ」），情緒的意味づけ（「ださい子どもは，いじめに値する」），個人化（「彼は私の話を漏らさないようにならないといけない」），あるいは過小評価（「みんないじめられるものだ。あいつはそれを受け入れられるようにならないといけない」）などが含まれている。いじめを促している傍観的な子どもたちの認知の歪みには，いじめている子どもたちの歪みと似ているものもあり，情緒的意味づけ（「子どもはケンカが好きなものだ」）そして過小評価（「からかっているだけだ。そんなに大したことではない」）が含まれる。加えて，傍観者の子どもたちの共通の歪みは，無力感を反映しているかもしれない。たとえば，過度の一般化（「もしかかわったら次は私の番になるかもしれない」），あるいは選択的抽出（「私には止めることができない」あるいは「私が言っても聞かないだろう」）などが含まれている。傍観者たちの行動の方向を変え，いじめに立ち向かわせ，いじめをやめさせるためには，このような認知の歪みを変容することが重要な要素となる。最後に，いじめられた子どもたちの歪みは，彼らの力不足が反映されており，たとえば，全か無か思考（「いじめは決して終わることがないだろう」），過小評価（「そんなに悪いことではない」「私は苦境に耐えられる」），そして拡大解釈（「これは恐ろしいことだ，死んだ方がましだ」）などが含まれている。

　大人もまた，いじめに対する反応を歪めるような自己陳述を行う。たとえば，いじめを止めることができない教師の認知の歪みには，過小評価（「4年生はこのような行動をするものだ」「そんなに悪いことではない」），情緒的意味づけ（「彼女自身が他の子どもたちとのかかわり方を学ばなければいけない」），そして個人化（「彼女がいじめを招いている。子どもたちは彼女が泣きごとを言うのを好まない」）などが含まれている。いじめっ子の親は，自分の子どもの行動を正当化している（「もし彼があの子をぶったとしたら，おそらくその子がそれに値する何かをしたのだろう」，あるいは「他の子もいつもあの子をいじめているし，誰もそれをやめさせようとしていない」），あるいは，それが子どもの普通の遊び（「子どものときは，みんなからかわれるものだ。あの子は受け入れることを学ばなければならない」）であると確信しているのかもしれない。

　伝統的な認知行動的変容モデルに基づくと，いじめの強制サイクルを断つための介入は，攻撃的行動に加えて，いじめの行動に先立つか同時に生じる認知の歪みを標的としなければならない。特に，認知再構成は，いじめを減少させる支援法を統合する要素である。この方法によって，非

機能的認知の頻度を減少させ，機能的認知を受け入れることが可能となる。子ども，教師，親のいじめに対する信念や認知を調べ，そしていじめ行動手段についての否定的信念と歪められた認知を修正する必要がある。もしいじめに関与する人や傍観者たちがいじめの役割についての信念に立ち向かわず，変容がなされなければ，これらの認知の歪みはいじめの悪循環を永続化させるだろう。

いじめとおどし（強制）のアセスメント

　特定のいじめ事象が学校や地域の指導者に通知されたとき，あるいはいじめの懸念について地元や国内のメディアの報道が高まったときに，いじめを止める対策が学校には求められるだろう。たとえどのような問題が明るみに出たとしても，アセスメントは以下の4つのことが決定的に重要である。

　(1) いじめに関与している子どもからみたいじめ事象の特徴や頻度の記述
　(2) 発生しているいじめ事象についての子どもの社会認知的認識の把握
　(3) 仲間集団内の子どもたちが経験したいじめの結果の記述
　(4) いじめ行動を促進している学校や地域内でのセッティング事象の特定

　いじめを査定する際に多面的な方法，複数情報者を用いることは，いじめの社会生態的文脈を記述する際に最も適したアプローチである（Espelage & Swearer, 2003）。米国疾病予防管理センターは，いじめ経験を測定するための33個のアセスメントツールを開発している（Hamburger, Basile, & Vivolo, 2011）。いじめの強制サイクルの中で子どもたちが考えたこと，感じたことが最も重要であるので，重要な情報の多くは子どもたちの報告と説明から得ることができるといえる。

青少年を対象とした調査

　子どもたちは，仲間集団内で発生しているいじめについて最もよく知っている報告者である。監視している大人たちと比べて，子どもたちはいじめが生じているときにその場にいることが多く，顕在的ないじめ行動と同時に生じている認知（態度・信念・考え）についても，より詳細に気がついていることが多い。いじめの介入の準備のために必要な特有の情報としては，以下5つの子どもの説明が含まれる。

　(1) 最近，子どもがいじめをしたか，あるいは他の子どもたちからいじめられたかどうか
　(2) 教室または学校でいじめが生じやすい場所や時間
　(3) 誰かがいじめをするとき，クラスメイトはその子どもをサポートしようとするかどうか
　(4) 誰かがいじめをするとき，教師や大人たちがどのくらいそれに介入しようとするか
　(5) いじめを止めようとする教師の試みは，成功することが多いか失敗することが多いか

　この情報を集めるために最も重要で効果的な方法は，学級か学校内の全児童生徒を対象に書面によって体系的に調査することであり，いじめ調査の例は文献を参照することができる（Espelage et al., 2000; Olweus, 1989; Rigby & Slee, 1999; Solberg & Olweus, 2003; Swearer & Cary, 2003）。いじめ調査は，どの程度いじめ行動にかかわったか，どの程度特定の期間いじめられたか，いじめが生じた場所，誰がいじめに参加しているのか，教職員はどのように対応したのか，いじめへの態度などについて直接的に子どもに尋ねる。いじめ調査の多くは匿名であるが，調査に子ども

が名前を書いた場合，あとでおどしや復讐の理由とならないようにするため，機密性を保証するような非常に注意深い対策を取るべきである。

Bully Survey-Student Version（BYS-S; Swearer, 2005）は，いじめている子ども，いじめられている子ども，いじめの傍観者を特定するいじめ調査の一例である。項目は，学校あるいは教室のすべての子どもに以下のことを記述させる。

- どこで，どのように，誰によっていじめが行われているのか
- いじめが回答者にどのように影響しているか
- いじめがなぜ起こっていると考えているのか
- いじめられている子どもたちが自身を守れているかどうか
- 教師や学校のスタッフはそのことについて知っていていじめに対処しているのか

いじめや被害者を意味する行動を子どもに思い出させるために，米国保険資源事業局によるいじめの定義が調査の各セクションの冒頭に提示されている。BYS-S を職員室の呼び出しデータと比較すると，いじめをしている子どもが最も高い割合で呼び出されており，続いていじめ加害者と被害者の両方である子ども，いじめに一切関与していない子ども，となっている（Haye, 2005; Swearer & Cary, 2003）。

ClassMaps Survey（Doll, Spies, Champion et al., 2010; Doll, Spies, LeClair, Kurien, & Foley, 2010）の下位尺度である "仲間関係" は，いじめが生じている仲間文脈を査定するために，やや異なった方法を用いている。下位尺度の "クラスメイト" を用いる場合，学校あるいは学級のすべての子どもは，友人とのかかわりや支援されている程度を含めて，自分の友人関係を記述する。"自分のクラスの子ども" という下位尺度の項目は，身体的，言語的，関係性攻撃を含む仲間攻撃に対するクラスメイトの参加について尋ねている。3つ目の下位尺度である "私が心配していること" は，仲間が意地悪していること，故意に傷つけていること，悪口を言うことなどを含めた仲間攻撃についての心配の頻度を評定するよう子どもに尋ねている。基本的な前提として，子どもは繰り返し起こる攻撃や，彼ら自身を守ることのできない状況を最も心配している。初期の研究において，ClassMaps Survey の下位尺度は，強い内的一貫性を示し（α係数は小学校の学級において .79 〜 .93 の範囲にわたり，中学校において .82 〜 .91 の範囲にわたる），他の仲間関係の指標と予測的な相関がみられた。

いじめを査定するための項目の多い調査の代わりに，自己報告尺度を使用することができる。自己報告尺度は典型的に短く（Espelage, Holt, & Henkel, 2003），特定の期間における子どもの行動について質問するものである（例，30日前など; Reynolds, 2003）。典型的ないじめの定義を含まない代わりに，いじめやいじめられることを反映する特定の行動を評定するように回答者に求めている。

いじめ調査や自己報告尺度にまつわる特有の課題は，子どもたちがいじめと他の意図的で行う意地悪や攻撃的な行動をいつでも区別できるわけでないということである。この点について，中学校では，子どもたちにいじめについての明確な定義を提示し，いじめが仲間攻撃の形態とどのように異なるかを説明し，"いじめ" と "いじめでないこと" の例を交えて簡単に説明することで十分であることが多い（Swearer, Espelage, & Napolitano, 2009）。小学校では，いじめの発生を記述するように児童に問う前に，いじめについての授業を数回行う必要があることが多い。別の方法として，クラスでいじめについての物語を一つ二つ読み聞かせ，いじめ調査とその物語を

関連づける方法がある（「サマンサのように何度も何度も他の子に意地悪をさせているのはだれですか？」「今までにライネルのように，何度も何度も他の子に意地悪をしたことがありますか？」「このようなことが教室で起こったことは今までにありますか？」）。それでも，子どもたちのいじめの記述と他の仲間間のいざこざの報告とが混在しているかもしれない。その結果，仲間集団内でのいじめの広まりを過大評価してしまう可能性があることに留意しておくことが大切である。

　アセスメントを子どもの報告に頼る時はいつでも，情報の信頼性について疑問が生じる。このことが特にいじめのアセスメントにおいて重要なのは，大人の注意の及ばないところで生じているために，これらの事象に関する確証的な情報が，ほとんどかまったくない可能性があるという点である。教室や学校内のすべての子どもたちの認識が一致しているときには，子どもの報告の信頼性は高いといえるだろう。実際，仲間たちの社会的適応について集約された子どもの記述は，時間を超えて一貫性があり，安定していることが繰り返し示されており，学業を修了することや軍隊での良好な勤務といった人生における重要な結果を高精度に予測できることがわかっている（Barclay, 1992, Gresham, 1986）。質問が明確で曖昧ではなく，発達的に適切な言語で表されている場合，子どもの報告の信頼性はさらに高まる。調査を通じてシンプルで予測可能な回答様式を用いると，子どもたちの認識を正確に収集することができる。最後に，前もって情報がなぜ集められているのか，これに基づいて何が行われるか，どのようにプライバシーが守られるか，結果を知ることできるかどうかについて子どもたちに伝えられていた場合，子どもたちは正直にかつ注意深く回答しやすくなる。

大人を対象とした報告

　学校でのいじめの認識について，親や教職員からもデータが集められる。いじめに関する大人の認識や信念についてアセスメントすることの利点としては，大人たちが意思決定の力を持っていることや，学校環境に対して直接的に影響を与えることができることが挙げられる。加えて，親や教職員から集められたデータは，子どものデータと比較することができる。通常，報告者間の比較は，予防や介入の目標を定めるのに有効な情報を生み出す。いじめのアセスメントに対する多面的アプローチは，その現象に対する社会生態学的概念化を直感的に理解しやすくしてくれる。いじめは個人や仲間集団，学校，家族，地域，そして社会全体へ悪影響を及ぼすのである。

いじめに対する認知行動的介入

　いじめは仲間相互作用における妨害となるため，いじめに立ち向かい断ち切る介入は，ほとんどいつでも学校環境が中心となる。そして，学校は最も大きく，かつ自然に仲間グループを作り出している存在である。しかしながら，学校での仲間グループによって，いじめの力学が支えられているときでさえも，いじめは学校外でも生じうる。ここで紹介される介入プログラムは，家庭と地域を介入内に統合していることに加え，学校環境におけるいじめ行動とその基盤となる認知を取り扱うという包括的いじめプログラムである。

　オルウェウスいじめ防止プログラム（OBPP; Olweus & Limber, 1999）は，いじめをする子どもたちの監視を強化すること，いじめをする子への敵意的ではない罰の一貫性のある適用，いじめられている子どもたちの社会的孤独の減少，いじめが起きたときに子どもや大人の傍観者がいじめに立ち向かうように協力を要請することなどによっていじめに立ち向かっている。OBPP で

は，OBPP をコーディネートし，いじめの介入効果の報告のためにデータを収集し，学校内における いじめの規則を定義し，子どもに対する大人の監視を改善するという目的のために，各学校にいじめ対策を扱う委員会を設置することを推奨している。教員でないスタッフを含むすべての教職員は，規則を執行できるよう，いじめに立ち向かうことができるようになるようにトレーニングを受ける。適切ないじめの理解を深め（"いじめは私の子どもの学校において許されることではない"），いじめ予防において親の協力を積極的に得られるように，親との話し合いも開かれる。最終的に，教室での介入ではいじめに対する学校内規則を強化することと，向社会的な規範や行動を奨励することなどが含まれている。OBPP はコロラド大学暴力研究予防センターの "Blueprint for Violence Prevention"，そして物質乱用防止センター（CSAP）の "Exemplary Program" として知られている。ノルウェーのベルゲンにおける 2,500 人の子どもを対象とした準実験デザイン[31]の研究においては，OBPP はいじめや被害者の数が 50 〜 70％低減するとともに，学校満足度が向上するという結果が得られた（Olweus, 1993）。さらに最近では，OBPP はより多様な子どもを対象に都市部において効果を上げている（Black & Jackson, 2007）。介入から 4 年後に，いじめは 45％まで減少していた。

　Bully Busters（Horne, Bartolomucci, & Newman-Carlson, 2003; Horne, Stoddard, & Bell, 2008; Newman, Horne, & Bartolomucci, 2000）は，社会生態学的枠組みに沿って，幼稚園から中学生までのいじめを取り扱っている。3 つの使いやすいプログラムマニュアル（幼稚園〜 5 年生用，6 〜 8 年用，親用ガイド）は，教師，幼児児童生徒，そして親に，先行事象，行動，結果事象といったいじめのサイクルについて教えるようになっている。さらに重要なことに，このプログラムでは，いじめに対する子どものネガティブな考え（「おまえはオタクだ」）をポジティブなものに置換し，子どもたちがいじめを見たときに止める方法を計画させ，そして彼ら自身が対応できるいやがらせの場面と対応できない場面状況（「他者からの助けがもう少し必要だ」）を区別させるように指導する。Bully Busters の他の認知行動的要素には他に，怒りマネジメント，葛藤解決，感情教育，共感訓練，認知再構成，社会的スキル訓練，問題解決スキル訓練などがある。子どもたちの活動は，いじめの力学について説明されている担任教師の章に組み込まれており，いじめ介入についてより正確で有効な自己陳述の仕方を助言している。親のガイドは，いじめの特徴と原因，いじめている子どもやいじめられている子どもの警告サイン，親が何を援助できるかの説明などがあり，いじめへの気づきを高められるようになっている。Bully Busters の利点は，学校全体でも，各クラスごとでも，あるいは子ども個人に対してでも，認知行動的介入プログラムを実施できるところにある（Horne, Swearer, Givens, & Meints, 2010）。

　Bully Busters の実施後，ある小学校では攻撃行動の平均値が 40％低減しており，幼稚園児から小学 2 年生におけるいじめ被害の平均値も 19％の低減を示し，3 〜 5 年生ではいじめ被害の平均値に 23％の低減が得られた（Orpinas, Horne, & Staniszewski, 2003）。他の研究では，Bully Busters によって，教室内でのいじめ量が減少し，いじめの介入テクニックに関する教師の知識や使用頻度が増加していた（Newman-Carlson & Horne, 2004）。Bully Busters を評価した別の研究では，いじめの気づきが高まり，いじめ行動の対応に関する教師の自己効力感が高まり，教室内行動のマネジメントに関する知識が向上し，いじめの特定に関する知識が増加し，教室内での問題行動が軽減し，そして職員室への呼び出し回数が減少していることが明らかになっ

31）実験条件や統制条件に参加者をランダム割り付けできていない，あるいは統制条件が用けられていない等，真の実験デザインよりも劣る実験デザインのこと。

た（Browning, Cooker, & Sullivan, 2005; Newman-Carlson & Horne, 2004）。質的評価によれば，Bully Busters プログラムが進行するにつれて，子どもは，いじめに対する気づきが増し，いじめ事象の報告がしやすくなることが示された。また，子どもたちは，さまざまな環境において攻撃行動の減少を報告していた（例，教室，運動場，スクールバス；Horne et al., 2010）。

Steps to Respect（Committee for Children, 2001）は，仲間攻撃を減少させ，児童の社会的コンピテンスやレジリエンスを向上させるために学校レベル，学級レベル，個人レベルの構成要素を統合した包括的な反いじめプログラムである（Frey, Edstrom, & Hirschstein, 2010）。学校レベルの構成要素としては，明確な反いじめ方針を設置するとともに，児童の社会的に責任ある行動を促進するため，スタッフが児童の行動に対して戦略的な監視と反応をしたり，信頼感を生じさせたりするような雰囲気を促進することが含まれる（Hirschstein & Frey, 2006）。教室での授業では，児童の社会的規範やいじめについての信念を変え，そしていじめに対して主張的かつ共感的に対応するスキルを身につけさせる。教室のカリキュラムでは，ビデオ，本，体験的活動などのさまざまな教育活動を用いて，加害者や被害者についての信念，いじめを止める最終目標，視点取得スキル，そしていじめに対して主張的に反応するための能力を高める（Frey et al., 2010）。

教師はいじめをしている児童やいじめられている児童に対して個別のサポートを提供するようにも教えられている。構造化されたプロトコルを用いて，情緒的サポートを与え，いじめに対する児童の信念を再確認・修正するように指導し，児童の問題解決スキルを開発・練習させ，そして向社会的行動を促進するための行動計画を作成する。そして各児童に対するフォローアップセッションを通じて，得られた改善を確実なものにする（Frey, Jones, Hirschstein, & Edstrom, 2011）。

Steps to Respect の効果は，いくつかの研究で証明されている。ランダム化比較試験によれば，介入群においては 24.6％のいじめ行動の減少がみられるとともに，有害な傍観者やいじめ行動についての全体的容認の減少，あるいは傍観者の責任感と大人たちの反応性の向上がみられた（Frey et al., 2005）。フォローアップまで継続された縦断的研究では，上記の結果から引き続き，31.4％までいじめ行動が減少したこと，そしていじめではない攻撃的行動が介入から 2 年目の春までに 36.4％まで減少したことが報告されている（Frey, Hirschstein, Edstrom, & Snell, 2009）。最終的に，関係性攻撃の側面が評価されたが，噂話の事例の低減に差が見いだされた（Low, Frey, & Brockman, 2010）。

いじめを止めることは困難である。なぜなら，報復や被害者へのさらなる罰といったことを加害者に刺激することを避けながら，いじめられている子どもを守る行動を取らなければならないからである。報復を防ぐために，Support Group Method（Robinson & Maines, 2008; いじめ予防のための非難のないアプローチとして正式に知られている）は，いじめる側や傍観者側に被害者に対する共感性を引き起こす働きを担う。一度教室内でいじめの相互作用が特定されると，誰が参加していたのか，子どもの日常生活にいじめが及ぼす影響などのいじめ問題を完全に描き出すために，大人たちは最初にいじめている子どもと面会する。続いて，いじめられた子どもはノートや絵，動画を通じていじめについての状況を伝える。そして，大人たちは被害者がいない状況で，傍観者といじめっ子を含む小集団と面接する。彼らはいじめられた子どものノートを読み，いじめが子どもの人生に及ぼす悲惨な影響について話し，いじめを止めるために何ができるかを考えてほしいと尋ねる。"非難なしの"ミーティングは，傍観者の歪んだ認知（例，そんな

にたいしたことはない）をより正確なものに置き換えることや，いじめられた子どもの仲間として，仲間集団の支持を得ることに特に効果を発揮する。さらに，この話をクラスメイトに伝えるという役割をグループが引き受けることによって，今度は，いじめられた子どもたちの自己陳述（例，いじめは決して終わることがない）をより正確でより力になるものに再構成する手助けをする。"非難なしの"ミーティングは，取り巻く仲間集団が行っている深刻な危害について実感させることによって，すべての事例の内60%のいじめをやめさせることができている（Maines & Robinson, 1998）。

同じように，罰を与えないアプローチには，Method of Shared Concern がある。このアプローチは，スウェーデンの心理学者であるアナトール・ピーカス（Pikas, 1989, 2002）によって開発され，ケン・リグビィ（Rigby, 2005; Rigby & Griffiths, 2010）によってさらに詳細に展開された。Support Group Method と同じく，Method of Shared Concern は，いじめの関与者の関係性をより良好な方向に発展させる働きをし，葛藤解決のためのより適切な方法を養成させる働きをもっている。この方法の重要な点は，当該の葛藤に関与している者全員が共有できる関心事を作り上げ，これに基づき，葛藤解決に向けた共有できる解決策を築き上げるところにある（Pikas, 2002; Rigby 2005; Rigby & Griffiths, 2010）。いじめ事象が報告されたら，いじめている子どもと最初のミーティングが行われる。そこでは，いじめられている子どもの状況については認めさせ，状況を改善させるための提案について話し合う。その後，ファシリテーターは，その改善状況を調べるために，いじめられている子どもに個別に会う。フォローアップミーティングでは，改善に向けた進捗状況を尋ねるために，いじめている子どもと面接を行う。改善が見受けられた後，グループ全体（いじめっ子と被害者）の参加する最終ミーティングが計画され，子どもたちがいじめを終わらせることに成功したことを確認する（Rigby, 2005; Rigby & Griffiths, 2010）。リグビィとグリフィス（2010）は，Method of Shared Concern は中程度の深刻度のいじめのみに使用されるべきで，比較的軽い，あるいは非常に深刻な事例においては使用すべきではないと勧告している（Rigby & Griffiths, 2010）。Method of Shared Concern は，いじめの事象を減少させることに有効であることに加えて，身体的問題，言語的問題やセクシャルハラスメント（悪口を言う，からかう，暴力的脅迫）を含む幅広い範囲の問題を対象とした事例研究において，お互いを尊重した関係を復元させることが示されている（Rigby & Griffiths, 2010）。

Bully-Proofing Your School（Garrity, Jens, Porter, Sager, & Short-Camilli, 2004）は，小中学校の両方でいじめを止めるための予防的プログラムである。プログラムの段階には，いじめを発見した際にいかにしていじめに介入するかを研修するスタッフトレーニング，すべての子どもにいじめっ子へ立ち向かう力を与える学級単位での介入，いじめっ子への介入，そして，いじめられている児童生徒たちのサポートが含まれている。カリキュラム内の認知行動的構成要素としては，共感性訓練，怒りマネジメント，問題解決スキル訓練，社会的スキル訓練，葛藤解決がある。Bully-Proofing Your School には，幼児期，小学校，中学校，高校のカリキュラムがそれぞれある。

介入群と統制群を対象とした5年間の研究において，メナード，グロッツピーター，ギアノラ，ニール（2007）は，小学校では，Bully-Proofing Your School プログラムが，大人がいじめに対して落胆するという点に対する子どもの気づきを高め，いじめ行動や校内暴力を低減させ，そして学校は勉強するために安全な場所であるという意識を促進させることを示した。別の4年間における縦断的研究では，身体的攻撃，言語的攻撃，そして排斥行動を含むいじめ行動を有意に低減させたこと，また，教室，食堂，運動場，学校の登下校における安全性の意識を高めたことが

明らかになった（Epstein, Plog, & Porter, 2002）。類似の研究においても，統制群の学校と比較して，介入群の学校では有意にいじめの報告が少ないことが示された（Beran & Tutty, 2002）。同様に，3年間にわたる研究では，Bully-Proofing の実施によって，その後の身体的・心理的いじめに有意な減少が見いだされている（Gallagher & Crump, 2008）。つまり，子どもたちは，いじめ行動（脅威にさらされることや仲間に入ることを拒否されたり，噂をされること，ぶたれたり蹴られたり押しのけられたりすることなど）を経験したり，目撃したりすることが，有意に少なくなったと報告したのである。

学校場面への示唆と応用

多くの北米の学校では，仲間のいじめは，放置しておくと，子どもたちに重大な問題をもたらす。そのため，多くの学校は，傍観者，指導者の大人たち，親，いじめの被害者と加害者など，すべての関与者を対象とした学校レベルでの介入から恩恵を得られるであろう。いじめを容認し維持させるような認知の歪みに挑み修正すること，さらに，仲間いじめが相手を傷つけるものであり，決して容認されないものであるという理解へとシステムレベルで置き換えていくことに焦点を当てるべきである。上記のプログラムは，学校におけるいじめの雰囲気を断ち切り，再構成することに効果を発揮し，最終的には，子どものいじめの広がりを低減させるとの証拠が得られている。しかしながら，すべてのケースにおいて，これらのマニュアル化されたプログラムは，各学校独自の社会的生態に基づき調節されなければならない。したがって，それぞれの校舎においていじめの発生率を監視することや，実施された介入に対する反応についても調べていくことが非常に重要となるであろう。

2つの事例

個人の事例

ヘブライ小学校4年生のアヴィは，毎日放課後に乗る送迎バスの道中において，継続的ないじめのターゲットになっていた。3人の上級生は彼の本を隠したり，宿題を破いたり，“うっかり”つばを彼に吐きかけたりしていた。そしてあるときには，彼の帽子と手袋をバスの窓の外へ放り投げた。それがきっかけとなって，アヴィの両親は学校長と面談を行い，ひどい状況をやめさせてほしいとお願いした。学校長の最初の対策は上級生たちを停学処分にすることであった。しかし，アヴィは大声で反論し，その罰は状況をさらに悪化させるだけだと主張した。そこで，スクールカウンセラーはいじめを促進している状況の幅広いアセスメントを立案し，続いて仲間集団のいじめに対する理解を変化させ，いじめの悪化を止めるために，Support Group Method（Maines & Robinson, 1998）を用いることとした。

バスに乗車している他の子どもたちから話を聞くと，アヴィの被害は深刻で日常的であること，3人の6年生の男子がいじめっ子であることの確認が取れた。子どもたちが学校に到着すると，監視役がずっと近くにいるために，食堂や教室，運動場においていじめが続く機会はほとんどなかった。子どもたちになぜアヴィを守ってあげないのかと尋ねたところ，アヴィが車内で上級生に向かって怒鳴り散らしたり，食ってかかったりするため，上級生たちあるいはアヴィによってひどい目に遭うかもしれないからであると説明した。ときには，アヴィがそのような目に遭っても仕方ないよう

に見えるとも証言していた。アヴィは学校の宗教リーダーであるラビに6年生のことをしばしば告げ口していたので，彼らは休憩時間や他の権利を剥奪されていた。そのため，他の子どもたちがアヴィに同情することは難しかった。傍観者たちの頻繁な陰口は"アヴィ自身が招いたことである"や"いじめを止めるために自分たちができることは何もない"であった。

　アヴィはカウンセラーの計画に，気乗りしないようであった。アヴィはカウンセラーに，いじめを止めるためにできることはどちらにもあまりないこと，そして最終学年になって学校を離れるときまでいじめは続くと思うと言った。アヴィは，6年生たちが楽しんでいるということ以外に，なぜアヴィをからかっているのかの明確な説明ができなかった。そして，カウンセラーに，いじめをさらに悪化させないでほしいとお願いした。アヴィは，"自分は友だちになるには危険な子どもである"から，学校でほとんど友だちがいない。そのためにいじめられていると考えていた。そして，休み時間のほとんどを一人で過ごしていると言った。アヴィの説明した最良の計画は，午前中の勉強を終わらせないことであった。なぜなら，それを終わらせるため昼休みに教室で過ごすことができるからである。アヴィのいじめに対する反応を形成している認知は，"これは決して終わることがない"，"誰も味方してくれない"，"僕はこのことについて何もできない"があった。

　教師の中には，アヴィがいじめのターゲットとなっていたことを耳にしているものもいたが，いじめの拡大については気がついていなかった。アヴィの担任教師は，アヴィは素晴らしい子どもであるが，他児を言葉で攻撃するなど対人的に不器用なところがあり，人と知り合いになるのが難しいと説明した。担任教師はアヴィが上級生にいじめられているということに気づいておらず，問題について大げさに言っているのだと最初は思っていた。教師の主たる認知は，"アヴィは他の子どもたちと上手くやっていくことを学ぶべきだ"，というものであった。最後に，アヴィのいじめにかかわる最も重要な参加者は，罰則によって上級生を怒らせ，アヴィへの仕返しが正当化だと感じさせた人物であるラビであった。ラビは，いじめをしている上級生に対する行動が，いつでもアヴィへの仕返しを生じさせているということに気がついていなかった。

　Support Group Method に基づき，カウンセラーは最初に，アヴィのクラスメイトに対して，いじめが生じているときに彼がどのように感じ，どのようなことを考えているかを説明する手紙を書くことを手伝った。関与している上級生の不当行為や，彼らに対してさまざまな小さな仕返しをすること，密告したりイライラさせたりすることにアヴィの目は向けられていたため，手紙を書くことが難しかった。そうではなく，アヴィは手紙を書いているときには，自分がどのように感じ，どのように考えているのかについて考えなければならなかった。このことは，アヴィに絶望感の基盤となっているいくつかの理屈を再検証するきっかけとなった。すなわち，いじめを止めるためにできることは本当に何もなかったのか？　他の児童は誰も同情をしてくれなかったのか？というものであった。カウンセラーの手助けによって，アヴィは非適応的な自分の認知を，より役に立つ認知へ変容するための計画を作った。上級生が彼をいじめ始めたら，同情的に見てくれている人がバスにいるかどうか見渡し，そしてその子の隣に座ることにした。アヴィが，誰も味方ではないと考え始めたら，代わりに"他の子もいじめを嫌っているのだ"，という考えをすることにした。加えて，アヴィはいじめを中断させるためにできることのリストを作った。それらは，（1）自分のプリントやものをリュックにしまってチャックを閉めること，（2）運転手の隣，バスの前列に座ること，（3）ラビに3人の上級生のことを告げ口するのをやめること，そうすれば，上級生は報復する言い訳を持てなくなる，（4）バス内の他の子どもたちに対して優しく接すること，そうすれば，グループの一員になれる，であった。

続いて，カウンセラーはいじめっ子や数人の傍観者を含む 10 人の子どもから構成されるグループと面接を行った。カウンセラーは，アヴィがいじめっ子たちと問題があるということを，彼の手紙を用いながら自暴自棄な状態や絶望感について説明した。そして，事実に即して，いじめについて誰かを責めることはしないと述べた。しかし，グループがいじめをやめさせられるということはわかっていると続けた。カウンセラーは，タブレットを用いて，アヴィの隣に座る，取られたものを取り返す，6 年生にいじめをやめるように伝えるなど，援助のためのアイディアをリストにすることを手助けした。グループディスカッションでは，アヴィのいじめに対する認知に挑み，"私たちにはアヴィを助ける責任がある""アヴィはこのように扱われることに値しない"といった認知に変化させた。

　最終的に，いじめ予防計画を作成するため，カウンセラーとラビは教師と会うことになった。自分たちが子どもだったときのいじめの経験を思い起こすと，教師は，いじめられていることについて被害者が責められることはないということを理解し始めた。その代わりに，いじめを禁止する学校のルールを書き，各教室においていじめを指導する授業単元の計画を作った。この授業の最後に，教師がいじめについて報告を受けたときには，いつでもいじめをやめさせるという意思を伝えることにした。すなわち，教師との面接によって，いじめに対する認知的反応が"いじめは決して許されない"，"教師はいじめを止める責任がある"というものに変化したのである。

学校レベルの例
　ニューヨーク（NY）とメリーランド（MD）にある 2 つの私立の学校は，2011 年にオンラインバージョンの BYS-S（Swearer, 2005）を用いてデータを集めた。両校の教職員は，自身の学校でのいじめの全体像を把握することに関心があった。いじめや被害者の包括的調査によって，教職員はいじめの形態や広まり，そして特徴について追跡することが可能となった。このデータは，どの介入が効果的かどの予防がより有効かを決定するためにデータに基づく意思決定アプローチを取るのに利用できる。

人口統計学データの特徴
　両私立学校における児童は，ヨーロッパ系アメリカ人（90%）から構成されていた。性別の割合は似ており，NY の学校において女子は 41%，MD の学校において女子は 46% であった。オンライン調査を完了した児童は 5 年生と 6 年生であった。

いじめられること
　MD の学校では，年間で 5 年生と 6 年生の 42% がいじめられたと報告し，35% は 1 週間に 1 回以上いじめられ，11% は 1 日に 1 回以上いじめられたと報告した。NY の学校においては，年間で児童の 45% がいじめられたと報告し，50% は 1 週間に 1 回以上いじめられ，23% は 1 日に 1 回以上いじめられたと報告した。MD の学校においていじめられたと報告があった場所の上位 3 つは，廊下（26%），体育館（13%），食堂（11%）であった。NY の学校では，休み時間（59%），廊下（45%），教室（47%）であった。両校において，言語によるいじめが，身体的攻撃によるいじめよりも多かった。MD の学校において，いじめの標的にあった児童は，同学年の男子，友だちが多い児童，人気者である児童，力のある児童，そして同学年の女子からいじめられたと報告した。NY の学校においては，同学年の女子が最も多く，人気のある児童，友だちが多い児童，力のある児童にいじめられたとの報告があった。MD の学校において，児童の 5% 以下は，サイバー型のいじめにあったとしていた。しかしながら，NY の学校においては，28% の児童たちが電子媒体を通

じていじめられたと報告しており，その内訳は携帯メール（67%），Facebook（42%），Eメール（8%），オンラインゲーム（8%）であった。両校における65%の児童たちは，いじめによって気分が悪くなったり悲しくなったりしており，その結果，学校での勉強が困難になったと報告していた。意見として，以下のようなものもあった。「私に隠れて誰かが携帯メールを打っていて，友だちからそれを聞くと，気分は最悪になる」，「誰が私の友だちで，誰がそうでないかを信じられない」，「いじめのせいで，良いように偽っているか本当に良い人なのか見破ることを難しい」，「誰も私を好いていないように感じる」。MDの学校において児童が報告した上位5つのいじめの理由は，変わっていること，太っていると思われていること，私の友だちが変わっていると思われていること，弱虫だと思われていること，私がゲイであると彼らに言われることであった。NYの学校においては，変わっていること，太っていると思われていること，弱虫だと思われていること，着ている服，よく泣くことであった。MDの学校の児童たちは，教師の73%がいじめについて知らないと報告した。NYではこれが71%であった，以下のような意見もあった。「先生は何もしない」，「先生たちは止めろと言うけれど，奴らは聞いていない」，「教師は何もしない。その女子は"気にしすぎて"いるんだと言っていた」「何もない。先生はいじめっ子たちの肩を持つ」「先生は，私といじめっ子たちを校長室に送ったが，それでもいじめは続いている」。

他者をいじめること

　MDの学校における5・6年生たちの21%は，1年間の間に他者いじめをしたと報告しており，そのうち18%は1週間に1回以上いじめており，2%は1日に1回以上いじめたと報告していた。NYの学校では13%が，1年間の間に他者をいじめた経験があると報告しており，そのうち40%は1週間に1回以上いじめており，27%は1日に1回以上いじめたと報告していた。両校において，言語によるいじめと関係性のいじめ（例，自分たちのグループの仲間に入れない，隠れて意地悪なことを言うなど）の両方を報告した。MDの学校では，学年でいじめている男子と女子は，友だちが少ない児童，人気者でない児童が報告された。一方，NYの学校では，学年でいじめをしている男子，年上の男子，同級生の女子，弱い児童について報告があった。MDの学校において他者をいじめる理由の上位5つは，いじめられっ子が変わっていること，弱虫であること，怒りがちであること，その友だちが弱虫であること，話し方，であった。NYにおいては，いじめられっ子が痩せていること，弱虫であること，変わっていること，特別支援を受けていること，ゲイであることなどが挙げられていた。MDの児童は，教師の49%はいじめについて知らないと報告し，NYにおける児童は，教師の43%がいじめについて知らないと報告した。

いじめの一般的な意識

　MDにおける43%の児童とNYにおける51%の児童が，いじめは彼らの学校において問題であると感じていた。そして，両校の児童は，教職員がいじめについてもっと何とかする必要があると感じていた。以下のような意見もあった。「"思いやりのある集団"というプログラムがあったけど，それに参加していた人は誰も思いやりを持っていなかった」「子どもたちはお互いに親切にするべきだ」「いじめられているということを誰かに言うべきではない，いじめは有り続けるし，終わることはないから」「自分がいじめているということに気がついていない人がいる」「教師たちはこれらの事象に特別な目を向け続けるべきであると思う，いじめの起こり方がいろいろありすぎる」「遊びの殴り合いと実際の殴り合いの違いを言うのは難しい」。

データに基づく意思決定

　MDの学校におけるデータに基づくと，いじめの多くが言語的攻撃であり，同学年の人気者であ

る男の子たちによって，廊下や体育館などでよく行われていたという報告がなされた。学校スタッフにできる単純な方法は，廊下での見回りを増やし，いじめ予防訓練には体育の先生に入ってもらうことであった。MDの学校における教職員は，高い地位の男の子たちをロールモデルとして働かせ，いじめの加害者になる代わりにより健全な方法でやりとりができるように手助けすることが求められた。身体的いじめより，言語的いじめが多いというデータから，"悪口を言わない"週間の実施は有益である可能性があった。一方で，NYの学校から得られたデータに基づくと，いじめは言語的・関係性いじめが多いことがわかった。この学校におけるサイバー型いじめの高い割合は，関係性いじめの高い報告と関連していることが考えられた（例，Facebookから友だちを外すこと）。また，休み時間や廊下で最もいじめが生じやすいと報告された。そのため，MDの学校のように，休み時間や廊下での見回りを増やすといった単純な方法は，効果的であろう。NYの児童間でサイバー型いじめが高い割合であることを考えると，気づきの訓練（awareness training）やデジタル市民の教室（digital citizenship classes）もまた，効果的な介入になるだろう。

結　語

　仲間のいじめに関する研究の蓄積から，いじめは広くみられる児童期の破壊的な社会的行動であることがわかる。いじめを止めるための介入は，いじめられた子ども側の対処にかかっているという一般的な信念によって難しくさせられている。そうではなく，いじめの力学に関する詳細な調査では，被害者は仲間いじめの相互作用において最も力のない関与者であり，いじめに立ち向かい断ち切る責任は，いじめっ子，指導者の大人，そして傍観者たちにあることを示している。教師，クラスメイト，友だち，家族は，ひとたび，いじめが問題であると確信し，いじめを止めるために自分が取れる行動を認識し，自身が参加することの重要性を理解したならば，学校レベルでいじめを減らすための取り組みにおいて強力な仲間となりうる。このことは，仲間いじめを可能にしてしまう認知の歪みを特定し，それに挑み，修正することが，いじめに立ち向かう介入においていかに重要な構成要素であるかということの根拠となっている。いじめ行動に報酬を与えたり，あるいは抑制したりする即時的随伴性を変えることに加えて，いじめを永続させるような広く見られる認知の歪みにこれらが対処することができることから，学校レベルの認知行動的介入は，学校のいじめ問題に対処することに特に適している。いじめの発生率の変化を追跡するために，そして，いじめを促進または抑制するような学校の社会的生態の独特な条件を特定するために，これらの介入が，定期的な学校全体の評価を組み込まれると，介入がもたらす影響は大きくなるであろう。時間をかけて，入念かつ慎重な努力を積み上げることによって，学校はいじめのない場所へとなりうるのである。

確認問題

1. さまざまな研究が異なるいじめの発生率を報告しています。最も高いものでは4人に3人はいじめに関与しており，最も低いものでは3人に1人しか関与していないとされています。結果が非常に異なっているときに，このような研究結果はどのように子どもに役に立つでしょうか。学校やメンタルヘルスの専門家は，自らの学区において同じような調査を実施することによって，どのような成果を得ることができると思いますか？

2. さまざまないじめ介入は，仲間いじめにおける多様な価値観を反映しています。子どものいじめに立ち向かい，攻撃を止めさせる方法を大人に教えるものもあれば，いじめている子どもを注意深く責めることなく，その代わりにいじめられている子どもに対する気遣いを促そうとするものもあります。この2つの異なるアプローチでは，どのような価値が反映されているでしょうか？ それぞれの介入の強みと限界には，どのようなものがあるでしょうか？

3. 本章でのいじめの記述と説明について，自分が子どもだった頃の経験と関連づけてみましょう。あなたがいじめられていたのは，たとえばいつのことですか？ あなたが他の子どもをいじめていたのはいつのことでしょうか？ どうしてそれが起きたと思いますか？ 最初に起きたときにどのようにしたら，いじめを未然に防ぐことができたでしょうか？ いじめが始まってしまった後で，どのようなことをしたらいじめを止めることができたと思いますか？

第11章

学習障害
——学校での認知行動的介入——

　学習障害という用語は，教育やメンタルヘルスに関する文献で最も広く用いられているものの一つである。誰が"学習に問題のある"人であるか，どこまでを学習障害に含めるべきであるかという点については，多くの議論が残されているが，この名称には特定の学業スキルや処理能力が低い人だけでなく，知的能力障害がある個人や，認知能力が標準に達していない人も含まれているかもしれない。学習障害に関する研究展望においては，さまざまな精神症状を示す人たちとともに，教育や日常生活の場での機能において困難を示す人たちについて議論されている。

　学習障害の歴史的推移もまた，この診断名，教育的分類にどの範囲までを含むかという点についての複雑さを示唆している。初期の名称である「微細脳障害（minimal brain dysfunction：MBD）」は，より重篤な障害との区別を試みていたものの（Fletcher, Lyon, Fuchs, & Barnes, 2007），行動障害と学習障害の区別に曖昧さを生み出す結果となった。「学習障害（learning disability）」は，サムエル・カークの命名によるものであり，1968年に連邦政府によってハンディキャップ条件を特定するために用いられた。全障害児教育法（Education of All Handicapped Children Act of 1975）は，公立学区において，学習障害と判別され，支援を受けるためには，以下の点を満たす必要があるとした。すなわち，学習障害という用語に含まれる児童生徒とは，能力（IQ）と学校の成績にずれがあるものである。より詳細にいえば，学習障害の児童生徒は，認知能力が平均かそれ以上であるのに，学校での成績が標準以下とされた。そして，このずれは，基本的な心理的処理の欠如によると一般的に認められている。20年以上にわたって，学習障害を特定する取り組みは適切なものであると受け入れられてきたものの，このモデルは多くの議論や論議を巻き起こしてきた。

　そのような議論を受けて，学習障害が何から構成されているかを明らかにするために数多くの試みがなされてきた。12の組織を代表する委員会である全米学習障害合同委員会（National Joint Committee on Learning Disabilities：NJCLD）は，学習障害の定義として以下のようなより詳細な説明を行っている。

　　学習障害とは，聞く，話す，読む，書く，推論する，計算するなどのスキルの習得と使用に著しい困難を示す，多種多様な集団からなる障害を指す一般的な用語である。この障害は，個人に固有のものであり，中枢神経系の機能不全によるものと考えられており，人生を通じて生じる可能性のある問題である。学習障害においては，自立調節行動，社会的知覚，社会的相互作用の問題が学習障害と伴って存在する可能性があるが，それらの問題が学習障害を構成するものではない。学習障害は他の障害（例，感覚障害，知的能力障害，重篤な情緒的問題）と併発する可能性があり，外因性の影響（例，文化的相違，不十分，もしくは不適切な教示）を受けうるものの，これ

らの条件や影響の結果として発生するものではない（National Joint Committee on Learning Disabilities, 1991, pp. 18-20）。

2004年に再承認された個別障害者教育法（Individuals with Disabilities Education Act：IDEA）は，限局性学習障害（specific learning disability: SLD）を以下のように定義している。

　　言語の使用と理解，話す，もしくは，書くといった基本的な心理的処理の1つ以上の障害であり，それは，聞く，考える，話す，読む，書く，綴る，算数の計算を行うといった能力の不十分さによって示される可能性がある。この障害には，知覚障害，微細脳機能障害，ディスレクシア，発達性失語症といった状態も含まれる。限局性学習障害には，視覚，聴覚，運動の不全，知的能力障害，情動障害，環境，文化または経済的な不利の結果として生じる問題は含まれない（34CFR300.7）。

　この再承認と州のガイドラインの結果，能力と成績のずれという基準は必要なものではなくなり，最終的には特定のプロセスの中に含まれることとなった。その代わりに，介入に対する児童生徒の反応（RTI）という点が強調されることにより，学習と関連する困難について科学的な研究に基づく介入を受ける権利がすべての児童生徒に保証されることとなった。州のガイドラインでは，現在でもより明確な特定プロセスを示す試みが続けられているが，SLDの教育的分類に合致する児童生徒については，未だに大きなばらつきが存在する。さらに，公的教育以外の領域に目を移しても，DSM-IV-TR（American Psychiatric Association, 2000）における学習障害（learning disorders）の同定（読み，算数能力，書字の能力の困難さが，「その人の生活年齢，測定された知能，年齢相応の教育の程度に応じて期待されるものより十分に低い」）は依然として漠然としたままである。

　米国の公立学校区で特別支援教育を受けている児童生徒の多くが特定の学習障害を持っていると判別されている事実は驚くべきことではない。2007～2008年（米国教育省が記録を発表した最新の年度）に公立学校で特別支援教育を受けた660万人の児童生徒（公立学校児童生徒全体の13％）のうち，39％が学習障害と判別された（Aud et al., 2010）。学習障害と判別するための定義が変更されたことにより，学習障害とされる児童生徒の人数と特別支援教育を受けた児童生徒の人数は，どちらにもわずかな減少がみられた。2001年には，学習障害と判別される児童生徒の数は，公立学校の全児童生徒の内，6％をわずかに上回る人数であったが，2008年には5％をわずかに上回る人数となっている（米国教育省，国立教育統計センター，2010）。

　しかし，学習障害の再定義にもかかわらず，学習障害と判別される子どもの数は今も多く，対象となる青少年の集団の学習障害のタイプは多種多様である。介入に対する反応が思わしくない理由はさまざまである。学習障害は本質的に年齢とともに変化していくという特徴がある。また，この障害における学習者としての状態は常に動的で，変化の連続である。さらに，詳しくは後に述べるが，学習障害が単独で発症することはまれである。他の小児精神障害と合併して，あるいは併存して生じることが多い。

　本章の目的は，学習障害の認知行動的な部分の発現に注目し，学習障害の随伴症状と認められる状態（学習障害を持っているがゆえに生じる思考や感情）を軽減するための介入を促すことである。さらに，不安症などの合併症を有する児童生徒への介入はさらに困難な課題となる。

　本書で述べる学習障害の発現や学習障害への介入方法は，不安症やADHDの子ども，あるい

はその他の障害に関して記述した事柄と重なる部分が多い。そうした障害を合併する場合が多いからである。このような理由により，学習障害という障害の複雑さが引き起こすさまざまな問題への理解が重要になるであろう。ここで言う問題とは，すべての学習障害に対応できる単一の介入方法は存在しないこと，介入計画の対象となる個人やグループの発達や成熟について理解する必要性が大いにあること，学習障害そのものが，認知行動的介入の効果を制限する原因となることなどである。

文献展望

学習障害の構成要素の解釈が複雑で流動的であることを考えれば，この教育学的分類に合致する青少年の認知行動療法に関する文献が少ないという事実は驚くべきことではない。学習障害をもつ子どもに対する認知行動療法や介入についての文献をネット検索したところ，見つかった文献は 15 件に満たず，その大部分が大人の知的能力障害に関する内容や，抑うつや ADHD などの子どもの学習障害の合併症に関する内容を含むものであった。

本章で多く引用しており，また，本書の他の章でも触れている通り，DSM-IV-TR に基づいた診断で，障害に合致する項目の多い青少年に対する認知行動療法の有効性については多くの実証的証拠がある。青少年の内在化障害に対する認知行動療法の有効性を裏付ける研究として，全般不安症（GAD）と社交不安症に関するもの（Flannery-Schroeder, Choudhury, & Kendall, 2005），強迫症（OCD）に関するもの（Franklin, March, & Garcia, 2007；Pediatric OCD Treatment Study Team, 2014），抑うつに関するもの（TADS Team, 2007），不登校に関するもの（Kendall, 2006）など数多く存在する。心的外傷後ストレス障害（PTSD）の青少年に対し，トラウマに焦点を当てた認知行動療法が有効であることを示した研究（Deblinger, Mannarino, Cohen, Runyon, & Steer, 2001）もある。また，攻撃性（Lochman & Wells, 2004）や ADHD（Hinshaw, 2005）など，より外在化障害をもつ青少年に対する認知行動療法や認知行動的手法の有効性を示す研究も，未だ説得力は弱いものの増加の傾向にある。

学習障害をもつ青少年は，学習障害の他にも精神的な問題を抱えるケースは多い（Fletcher et al., 2007）。まず第一に，読み書きや算数能力の獲得が難しい子どもは，他の学科の学習や社会的スキルの欠如を示すことが多い。障害や欠如があるという学習障害の基本的性質が，すべての社会経済的階層の青少年にストレスを与えている（Waber, 2010）。最近の研究によると，学習障害をもつ児童生徒の 3 分の 1 が強い不安を訴えている（Koulopoulou, 2010）。学習障害をもつ児童生徒が，学習障害ではない児童生徒に比べて，評定尺度の抑うつ得点が高いことが広く受け入れられている。ただ，学習障害の子どもが，障害のない子どもよりも臨床レベルの抑うつを多く経験しているかどうかについては議論の余地がある（Maag & Reid, 2006）。メタ分析研究によれば（Nowicki, 2003），学習障害をもつ児童生徒は，健常の子どもよりも，社会的困難を多く経験し，自分の社会的コンピテンスを低く評価していた。このことが，学習障害をもつ子どもの抑うつリスクを高めるのである。学習障害は自己認識の低さや自己効力感の低さにつながることがわかっている（Lackaye, Margalit, Ziv, & Ziman, 2006）。学習障害と ADHD との併発率は特に高い（Lyon, Fletcher, & Barnes, 2003）。学習障害と行動障害のどちらにも MBD（微細脳障害）という名称を付けてきたことが，歴史的に両者の鑑別を曖昧にしてきた。

実際に両者が合併していることを示すエビデンスは非常に多いため，学習障害を持つ児童生徒

に対して認知行動療法を使用することは，内在化障害や外在化障害を経験している児童生徒に対して使用する場合と同様の効果が期待できる。しかしながら，自己理解や思考，感情，行動の認識は，個人の発達段階や認知能力によって異なるため，学習障害をもつ子どもに認知行動療法を実施する場合，障害の性質と成熟レベルを考慮する必要がある。学習障害をもつ児童生徒の自己に対する考え方や感情は，学校という場で彼らがどのように機能しているかということと密接に関連する傾向にあるため，学校という場と教職員は，学習障害から生じる二次症状に対処する責任と機会をもたなければならない。また，この問題と関連して多くの文献で述べられている通り，早期介入が非常に重要である。

アセスメント

　学習障害の定義を明確にすることは，これまでもこれからも困難な作業であることは変わらないという現実に加え，この障害の評価もまた，複雑で多面的である。認知行動的視点からみると，学習障害のアセスメントはさらに複雑で，多元的である。そのようになるのは，学習障害を構成する基本的な心理過程を明らかにするだけでなく，学習障害から生じる二次的症状についても明らかにしなければならないからである。

　子どもが学習障害と判別される過程は流動的であるため（較差モデルからの脱却，RTIモデルの使用など），さまざまなモデルがもっている実証的に信頼できる要素を統合したモデルを使用するのが最も望ましい（Fletcher et al., 2007）。評価の第1段階は，その子どもが，エビデンスに基づく十分な指導を受けているかどうかはさておいて，年齢または学年が同じ仲間のレベルと比較して，読む，書く，聞く，話す，および計算する，の能力分野での達成困難度を確認することである。これらのスキル獲得にかかわるアセスメントを多く含めておくべきである。第2段階では，学業困難領域の規準関連アセスメントを用いる。第3段階では標準化されたツールを採用して，包括的な心理，行動，教育等のアセスメントが必要になる。このことについては，これから検討していくけれども，このようなアセスメントを通して得られた情報は，重要である理由が多くある。

　第一に，学習障害の判別基準のひとつに，学習障害が「感覚障害，知的能力障害，重篤な情緒障害，または外的な影響に起因するものではない」というものがある。社会的，発達的経過と認知能力のアセスメントを十分に備えた総合的評価を行うことにより，これら要因の排除が可能となる。

　第二に，先に述べた通り，学習障害はADHD，抑うつ，不安症など，内在的，外在的な他の障害を併発していることが多い。さらに，学習障害をもつ児童生徒は，実行機能に障害がある場合が多い。実行機能はどの診断基準にも合致しないが，学習や社会性の能力発揮に影響を与えるものであり，それゆえ介入の焦点となる場合がある。行動観察，面接，そして教師，親，子ども本人からの評定を盛り込んだ総合的評価が，ADHD，不安症，抑うつ，自己効力感，および実行機能困難に関連する特定の行動を確定する最良の情報源となる場合が多い。

　最終的に心理士がまとめることになる総合的行動観察は，学習障害の判別の際に貴重な情報となるばかりでなく，その後の介入の対象となる特定の行動に対するベースラインの情報としても機能する。観察から得ておきたい情報として，授業への出席頻度，授業妨害，授業中の集中力，仲間とのかかわりの深さ，教師や仲間からの質問への応答などが挙げられる。年齢と学年を考慮

に入れた上で，どのような行動が，期待される行動とどの程度異なっているのかについて理解を深めるためには，対象となる児童生徒の行動を，障害のない健常なクラスメイトと比較することが特に有用である。治療計画と介入については後にも述べるが，限局性学習障害（SLD）の子どもが，自分が学習障害であるということに対して持っている考えや気持ちにかかわると思われる環境の問題に関連する情報が，観察によって得られる場合がある。

　本書の他の部分でも触れたように，評価尺度は，特定の行動を理解するのに役立つだけでなく，対象となる子どもの行動が，どの程度自身や教師や親が期待するレベルから逸脱しているのかを理解するためにも有用である。他の部分でも触れてきたが，評定尺度における情報提供者の認識に関しては，人によって大いに異なる可能性があるが，それでも評定尺度の使用は学習障害の判別と進歩状況の監視に非常に役に立つ。SLD の児童生徒に関して，教師と親が子どもの行動評価システム第 2 版（BASC-2）（Reynolds & Kamphaus, 2004），社会的スキル向上システム評価尺度（SSIS; Gresham & Elliott, 2008），および，実行機能の行動評定目録（BRIEF; Gioia, Isquith, Guy, & Kenworthy, 2000）に対して報告した項目の中には内在化障害，外在化障害，学校と社会における問題，適応能力の問題に関連する特定の行動について述べたものが含まれている。本人からの報告を使用するには，本人の読解力，発達レベル，自己認識による限界が伴うが，小学生以上の子どもに関しては，本人報告の信頼性はかなり高い（Norwood, 2007; Reynolds & Kamphaus, 2005）。ピアスとハリスの子どもの自己概念尺度（Piers & Herzberg, 2002）のような尺度は 7 歳以上の SLD の子どもに関して特に有用であると思われる。ここでは年齢制限を設けた上で，身体的外見，不安，認知状態，学校での立場，行動の状態，幸福感と満足感，人気の感覚に関する評価を扱っている。

　SLD の青少年との面談は，本人が学習障害を持っているがゆえに生じる思考や感情を観察することができるという点で，特に重要である。認知行動的手法が扱う領域は非常に幅広いが，認知行動療法の概念化の中心となるのは，その子どもが自己の経験と，その経験から生じる感情と行動をどのように解釈しているのかという点である（Mennuti, Christner, & Freeman 2006）。学習障害をもっているという事実の影響が最も大きく出現するのは学習環境においてである。適切な介入を行うためには正確なアセスメントが極めて重要である。

認知行動療法における概念化

　学習障害の概念化に関する認知行動的見地からの一般的議論は，まず，特定のスキル欠如の理解とその欠如から生じる個人の反応（思考や感情）を理解するところから始まる。さらに，不安，抑うつ，怒りといったこれらの欠如の結果としての合併症状の問題にも注目する必要がある。SLD の子どもの場合，学習障害の性質そのものが，障害の本質に対する本人の理解や本質を言語化する能力に影響を与えるので，概念化の作業は困難である（Friedberg & McClure, 2002）。たとえば，言語能力を基本とした学習障害のある子どもは，障害があることの結果として自身の思考，感情，行動を説明する言葉を生み出すことができない。また，先にも述べた通り，学習障害には他の障害が合併することにより，その概念化が複雑になる。つまり，そうした合併の存在がスキル欠如を理解したり，スキル欠如と結びついた思考や感情を特定したりする際の鑑別に影響しやすい。その一例として，SLD と ADHD を合併した子どもをみてみよう。この子どもは，反応が非常に衝動的であるので，内的な気づきが制限されてしまう。こうした例に対して認知行

動療法では，言語能力や内省能力が高い SLD に対する認知行動療法とは異なる介入を取り入れることになるであろう。

　このような複雑さがあるものの，SLD の青少年に対する認知行動療法の概念化では，不安，怒り，抑うつを示す子どもの場合と同様に，認知の欠如と認知の歪みを考慮に入れることになる。しかし，これらの認知の中には，避けることができない正確な考えがある。それは，SLD の子どもは，自分と健常な仲間は異なると考えているという問題である。学習障害の子どもは，自らを「学習障害者である」と考えている。このこと自体は認知の歪みではない。しかしながら，不安症や ADHD の場合にそうであるように，学習障害の影響による認知障害は，学業，社会面，行動面などで，課題要求に応える能力に認知の欠如があらわれる。作業が上手にできなかったり，社会的問題解決ができなかったり，反応するまでに時間がかかったり，衝動的な反応をしたり，誤った情報処理をしたりする形であらわれる（DuPaul, Vile Junod, & Flammer, 2006）。さらに，認知の歪みが生じる可能性も大きい。それは，「自分は障害者である」から始まり，「自分は何も正しく行うことができない」，「自分には価値がない」，「自分は落第者だ」へと発展する。こうしたスキーマや信念は，その後，感情や行動（不安，不従事，不注意，行動化）の表出に移しかえられる可能性がある。このような信念は，子どもや青年の発達的性質があるために，可変的であり，周りの状況に強く依存してしまう。このように，SLD の子どもの認知行動的概念化は，「学習障害である」ことの結果として，環境の中で生じる思考，感情，行動の三項をダイナミックに理解していく必要がある。

支援計画と介入法

　SLD の子どもに対する治療計画には，直接的および間接的介入を始めとするさまざまな構成要素がある。

　アセスメントの過程で述べたように，SLD の子どもの行動を改善するには，環境に関する介入を行うことが重要だと思われる。したがって，介入の焦点となるのは，介入者や SLD の子どもの身近にいる SLD の子どもとの相互作用パターンを変化させることである。言い換えれば，サービスをいかに機能的に行うかである。これがうまくいかないと，SLD の子どもがもっている自分自身に対する否定的な思考や感情をさらに強めてしまうことになる。直接的介入は，子どもの自己効力感を高めることをめざした心理教育，認知再構成，ストレス低減法，さらには問題解決，実行機能，社会的スキル訓練などの技法を多面的に利用する。

間接的介入

　SLD の子どもへの介入サービスのモデルは，通常学級の教師，特別支援担当教師，特殊教育助手などが行う教室内支援から，リソースないしは特別指導のような一般の子どもと分離して行う支援までの連続型の支援サービスであることが多い。支援サービスに人が関与しないこともしばしばある。たとえば，言語支援や視覚支援，合図を使う方法を採用したり，記述式課題にワープロを用いたり，課題完成ために特別な時間を取ることなどもこの支援に含まれる。これらの支援サービスは，学業スキルの獲得と実行能力を促す目的で計画されたものであるが，予期せぬ結果が生じる場合がある。学習障害をもつ子どもの，「自分は普通の子どもとは異なる，自分は障害者である」という感覚を助長させたり，「障害を持っていることが恥ずかしい」と思わせて

しまうリスクを高めることによって，SLD の子どもを孤立させてしまう。このことは，健常な仲間がいるところで特に強く生じる。したがって，前向きな目的で計画された支援が，SLD の子どもにとって苦痛を助長してしまう可能性がある。そのため，こうした支援のダイナミクスを理解することがアセスメント支援とのプロセスにおける重要な部分となる。そして，実際に介入を行う際には，他人から見える形で支援を行っても，それが受け手にとって苦痛にならないよう考慮すべきである。そのような介入には必然的に，通常学級の教師や特別支援学級の教師や教職員の協力体制の下に実施される問題解決モデルが含まれることになる（Kratochwill, Elliott, & Callan-Stoiber, 2002）。

直接的介入

　SLD の子どもに対する認知行動療法のエビデンスに関する文献が少ないため，介入方法は，必然的に他の障害でエビデンスが確認された構成要素を含むことになる。SLD の子どもに対する介入結果は，学業面の有効性に向けられているが，フレッチャーら（2007）によって概説された原理は，行動面，社会・情緒面での成果を目指した介入を確定する際にも重要である。そこに含まれているのは，SLD の不均一性（1 つの支援手法がすべてのケースに通用するわけではないこと）を理解すること，どのようなスキルを教えるべきかをしっかりと理解すること，場面や状況によっては指導の般化が容易ではないことを心得ておくこと，獲得したスキルの復習を頻回にできるような明確で体系的なアプローチをとること，スキルの練習に十分な時間を設けること，子どもが自分で練習できる手法であること，練習の機会を拡大するために仲間を使うこと，日常場面でスキルをまとめ上げる機会を設けること，進捗状況を頻繁に監視すること，そして，おそらく最も重要なこととして，「科学的根拠に基づいていると同時に，経験と判断によってよく練られた（p.273）」技法を用いることである。また，これまで繰り返し述べてきたとおり，支援計画を作成する際には対象となる子どもの発達段階と認知レベルを知っておくことが重要である。このことを念頭において，次のような認知行動的介入を検討すべきである。

心理教育

　教育実践担当者や特別支援教育担当者のチームが，学習障害をもつ子どもへの学習面，行動面への適切な介入方法を考案したり，開発したりする際に，特に小学校低学年の子どもの場合，学習障害に特異的な性質を明らかにするプロセスから子ども本人が外されてしまうことがある。したがって，子どもが学習障害をもっているか否かを決定するための通常のアセスメントや総合的なアセスメントを受けていても，その子どもは説明 - 決定の過程に含まれず，そのために，学習障害の性質を十分に理解できないままになってしまうことが起こりうる。一方で，子どもの年齢と認知能力によっては，提供される情報を理解する力に限界があることもある。子どもは自分がかかえている困難に対して支援を受けることになるのだとわかっていても，なぜその困難が生じているのかわからないことが多い。そのため，その子どもが介入サービスを複数年受けたとしても，与えられた情報の意味が分からないのである。すなわち，現在の発達レベルや認知レベルに見合った情報提供が必要不可欠であるといえる。

　このような理由で，支援計画と介入の第 1 段階では，その子どもに特有の学習障害の性質に関する心理教育が極めて重要となる。学校は，学習障害に対する切り札ともなる科学的根拠に基づいた指導にほとんどエビデンスがない状況下で動いているので，この心理教育プロセスでは

ギャップのある能力をもった子どもとして学習障害を概念化していく必要がある。既に述べたように，「学習障害」というレッテルを貼られることにより，子どもは「自分は劣っている」と感じてしまうことがある。そこで，総合的な心理的評価を行えば，それが完了した時点で，教育実践担当者は，検査結果を再評価し，検査で示された**長所**と**短所**を明確にすることができる。総合評価が完了する以前であっても，教育実践担当者は，ギャップのある性質を見直す一貫としても，子どもの学習，社会性，行動，適応のそれぞれの領域に関してその子どもが優れている領域を精査することができる。さらに，SLD と判別されたが，レジリエンス要因により回復力に富んでいるために環境にうまく適応することができて，成功して有名になった人の例を手本とするのもよいであろう。

　心理教育を構成するもう一つの要素は，認知行動療法の技法，認知行動療法を使用する理論的根拠，認知行動療法に期待できる効果を紹介することである。社会性と感情に焦点を当てた計画と支援が，学業成績に好影響を与えるというエビデンスが多くある（Durlak, Weissberg, Dymnicki, Taylor, & Schellinger, 2011）。有効性が保証されている訳ではないが，介入に意識を向け，プログラムに従って努力することで，思考や感情が改善し，自身の機能を好転させることができるということを SLD の子どもに伝えることが重要である。さらに，ストレスや緊張が身体に与える影響やストレスのかかった状態は日常的な作業にさえも影響を及ぼすことについて心理教育を行うことも有用であろう。自己効力感を短期間で高めるには計画表の使用が極めて重要である。計画表の使用は，改善のためには何が必要なのかを本人に見直すようにさせ，それが自己効力感の改善につながるようになるばかりでなく，フィードバックを引き出し，進捗状況をモニタリングするための枠組を提供する（Reivich, 2010）。

認知的リフレーミング

　年齢にもよるが，思考に直接注目させるプロセスは，基本的な感情の識別から始めなければならない。そして，その次に，思考と感情の結びつきに移る。この過程と方法に関してはフリードバーグとマックルアーの「青少年に対する認知療法の臨床実践（Clinical Practice of Cognitive Therapy with Children and Adolescents）」（2002）の中で詳しく説明されている。低年齢の子ども（14 歳未満）では，われわれは，線画をよく使う。これを使うと，思考には感情が随伴しており，結果として行動が生じるという概念を中立的で，わかりやすく導入することができる。たいていの子どもは練習と教示によって，このモデルを使用できるさまざまな場面を作り出すことができる。

　この時点から，焦点は自己対話（SLD の子どもが特定の状況における思考に関連して自身に話しかけること）の気づきに移る。これは，不安症や抑うつの青少年に対する多くの認知行動療法のプロトコルにおいて基礎となってきたものである（参照；Friedberg, McClure, & Garcia, 2009; Kendall, Choudhury, Hudson, & Webb, 2002; Kendall & Hedtke, 2006）。学習，行動，社会的機能の中で生じた自動思考を子どもに言語化させるのを援助することは，子どもの認知の歪み，破局的思考，誤った（原因）帰属などを教育実践担当者に気づかせ，子どものもとで働いているスキーマの理解を可能にする。自動思考が言語化されれば，子どもがこれらの思考の「根拠を検証」したり，これらを無視するように子どもを援助したり思考をより肯定的な方向に再構成するための支援を行うことができる。ヴァーノン（2002）は，このような認知の歪みや誤った原因帰属を創造的な方法で概説し，自分について考えていること，感じていることなどを子どもが再構

成できるように援助するための具体的で構造化された方法を示している。

同時に取り組むスキルの構築
問題解決と社会的スキル訓練

　教育実践担当者は，これまでに述べた取り組みと同時に，スキル訓練を行いたいと考えるであろう。なぜなら，基本的な問題解決スキルがなければ，社会性と感情面に見られるウェルビーイングの改善の意味がなくなる可能性があるからだ。SLD に付随して社会的スキルの欠如があると思われる場合，対人場面でスキル訓練を開始することが重要である。SLD では自分が社会でうまくやっていけないのは社会的スキルがないからではなく，学習障害をもっていることが原因だという誤った帰属をしてしまうからである。問題解決訓練の様式はどれも似ており，基本的に次のような構成となっている。

　(1) 問題を明示する。
　(2) 問題解決の選択肢について考えを出し合う。
　(3) 選択肢の 1 つを選んで実際にやってみる。
　(4) 試みた問題解決法の有効性を評価する。

　マーナ・シュアの「I Can Problem Solving Program（ICPS）（1992）」は，就学前から小学校終了までの子どもに効果的である。さらに年長児を対象とする場合，教育実践担当者の指導の下，自分で問題を選び出し，宿題を選択肢の中から選ぶことができるようにもなっており，自己効力感の改善が高まることが期待される。

実行機能とメタ認知スキル訓練

　学習障害の性質が複雑で不均一であることを考慮すると，学習障害をもつ子どもは実行機能についての能力（認知・行動・感情・行動機能を司るコントロール過程）の欠如を示すことが多いだろう。ある事例で，子どもが学習の実行に必要な情報を獲得したのに，学んだ事柄を必要なタイミングで効果的に発揮したり表現したりすることができないことがある。アセスメントの過程で，実行機能やメタ認知スキルの弱さが明確になった場合，そうした弱さと関連したスキルの開発や解決法を介入の要素として取り入れる必要がある。

ストレスの軽減

　SLD には不安症が合併するケースが多いが，SLD に伴うこの問題に関しては十分な報告がなく，観察も十分にはなされていないようである。観察されている場合でも，SLD の子どもの不安の行動面と身体的側面を短時間検討しているだけである。このことから，介入は，ストレスに対する SLD の子ども本人の生理的反応の気づきをアセスメントすることから開始する必要がある。主観的障害単位（SUD）を評価することは有用であろう。この評価システムでは，学校場面において，さまざまな条件下（たとえば，仲の良い友人と遊んでいる時，試験を受けている時，授業中に発表をする時など）での，異なるストレスレベルや緊張を，ストレス温度計を使って，識別する練習を通じて具体化を図っている。最高レベルのストレスに達したとの報告があれば，教育実践担当者や心理士は具体的な認知的，行動的技法（たとえば，深呼吸，漸進的筋弛緩法，視覚イメージング，系統的脱感作法）をその場で教えることができる。そのことによって，

ストレスによる身体症状をある程度，また場合によっては迅速に軽減することが可能となる。リラクセーションの概念の理解や学習が困難な子どもには，コーテイラとグローデン（1978）が特別なニーズをもつ子どもに特化したマニュアルを作成している。さらに，このマニュアルに続いて，リラクセーション法をマスターしようとする臨床家やクライエントを支援するためのDVD（Groden Center, 1988）も出されている。

学校場面への示唆と応用

　学習障害の子どもに対して認知行動療法を使用することの適応性は，学校という場所，そして学校カウンセリングの専門家業務に対して特に高い。家庭以外で，子どもは一日の大部分を学校で過ごすため，学校生活が子どもの自我の発達に与える影響は大きいと考えられる。メヌッティ，クリストナーとフリーマン（2006）が深く掘り下げて述べているように，認知行動療法の使用は，サービス提供モデルとして学校への適用がしやすい。問題を慎重にアセスメントした上で介入の具体的な目標が定まれば，介入は，期限を設けて，到達可能な形で，解決焦点型により行うことができる。これは子ども個々の教育プランの一環として行うことができるし，年度を通して行うこともできる。介入の実施はさまざまな場所（たとえば，教室内でのグループ指導，学校心理士やカウンセラーによる個別指導など）で可能である。また，対象となる子どもに対する発達期待やニーズに合わせて，児童生徒に期待される，あるいは彼らが必要としているさまざまなレベルの複雑さや強度で介入を実施することもできる。

　学習障害をもつ子どもへの認知行動療法は，本書で述べているすべての分類や精神障害の中で，学校現場での使用に最も適している分野である。メヌッティ，クリストナーとフリーマン（2006）が，ゴールドスタインとゴールドスタインの研究について述べているように，介入は，標的行動に対して時間と場面を綿密に合わせる必要がある。学習障害をもつ子どもではこのことが特にあてはまる。学習障害の根本にあるのは学習場面での子どもの機能である。多くの場合，学校以外の場所でその子どもが機能障害を示すことはない。したがって，教育実践担当者は「学習障害をもっている」ということの影響を軽減するためにこれら直接的な介入や間接的な介入を提供することが特に重要である。

　文献にも示されているように，このような社会−情緒学習支援を提供することは，対象となる子どもに重要な示唆を与えてくれる。つまり，こうした支援が，自己意識の改善にとどまらず，学業成績をも改善するのである（Durlak et al., 2011; Revich, 2010）。さらに，直接的，間接的介入の実施は，介入を受ける子ども個人に与える影響にとどまらず，人々に対する学習障害の認識の感受性の向上に繋がる。そして，そのことが「障害をもっている」という子どもたちの意識に環境がどのように影響するのかという効果も期待できるといえる。

集団的支援と介入

　学校での，青年を対象にした集団CBTカウンセリングは，学習障害の生徒に対して，有効な手段であることが実証されている。経験の浅い臨床家が，学校ベースでのグループ指導を計画する際には，参考になる認知行動的介入のマニュアルが数多く存在する。それらの技法の構成は，学校で活動する臨床家が子どもに対して行う集団介入の計画，実施に有用である。クリード，レ

イスウェーバーとベック（2011）は，学校という場面に特化したセッションの構成，認知の概念化，認知的技法，行動的技法について概説している。彼らはまた臨床家が学校現場で子どもと共に使用することができる思考記録用紙等の配布物も作成している。スタラード（2002）も同様の子どもや若年者向けの認知行動療法を提案している。ここでは，学齢期のクライエントに特に受け入れられやすい双方向的なコンピュータープログラムが含まれている。臨床家は，インターネットを使用してワークシートを編集することができるようになっている。これにより，個人指導や集団指導を計画する際に，柔軟性と利便性を向上させることができる。

　このプログラムに加えて，学校場面で集団 CBT 介入を計画する際に，臨床家の助けとなるマニュアル化されたプログラムが他にもある。ヴァーノン（1998）は，「パスポートプログラム（Passport Program）」（1 年生から 12 年生対象）を開発した。このプログラムは，総合的カリキュラム（自己発達，情緒的発達，社会的発達，認知的発達の向上を盛り込んでいる）という枠組みの中で，学校メンタルヘルスの専門家が子どもの指導を行う際に役立つように設計されている。このカリキュラムでは，各学年の子どもを対象に現場で実験が行われており，また，子どもの成長に応じた発達課題の設定の重要性を強調している。このカリキュラムは，学習障害の子どもを特定して作成されたものではないが，学習障害をもつ子どものグループで使用すれば，活動を補足するのに役立つであろう。

　先にも述べたが，学校ベースのメンタルヘルスプログラムの作成者は，集団構成への配慮はもちろんのこと，発達レベルや子どもの個別ニーズに基づいて CBT の集団目標を調整する必要がある。こうすることが，学校場面での個別ニーズに基づいた学習障害の子どもに対する活動ないしは目標（たとえば，社会的スキル訓練，実行機能についての話し合い，学習スキルなど）を盛り込んだグループを構成することができる。次に示すセッション形式は，ミドルスクール（5 年生から 8 年生）[32] に在籍している学習障害の子どもへの指導で使用されるものである。

グループカウンセリングの概要
ミドルスクールの学習障害児童生徒に対する介入

　本節ではミドルスクールの学習障害の子どもに対する集団介入計画について述べる。その概要については**表 11.1** に示している。参加した子どもは，教師や保護者から支援やカウンセリングのための紹介があった者である。支援開始に先立って，当該グループのための初期計画を立てる。初期計画とは，面接，スケジュールの設定，グループの確定，グループに参加することへの保護者と本人の了解，子どもとその家族への標準化されたアセスメント結果の通知，子どもが学校を欠席した場合の保護者の協力の了解などである。グループ全体が成功を納めるためには，この計画段階が非常に重要であり，グループの参加者に応じてセッションを進めていくということも重要である。このグループでは，「駐車場」の概念を用いる。子どもは皆，セッション会場に入る際，前の週に抱いた思考，感情，行動を書いたメモを一枚のポスターの上に貼り付け，それらを題材に討論や集団での問題解決を行った。この集団介入には当初から時間的な制約が定められていたため，同じ年度内の後半で，ブースターセッションを実施したのも有効であった。

　表 11.1 は 12 回のグループセッションについて説明したものである。

32）　ここでは小学校高学年と中学生が含まれるため原語のままとした。

表 11.1　ミドルスクールの学習障害の子どもに対するグループセッション

第1回　グループのメンバーとリーダーの紹介
グループのルールの設定
グループの形式についての話し合い：「駐車場」，チェックイン，予定表，要約とフィードバック，宿題
学習障害とは何かを定義し，個別教育計画（IEP）を定める
個人目標とグループ目標についての議論

第2回　「駐車場」とチェックインの復習
認知行動療法モデルの導入
感情の命名と自己対話
学習障害についての復習，結果として生じる思考，感情，行動について
宿題：思考記録（状況，思考，感情，行動）

第3回　「駐車場」とチェックインの復習
認知行動療法モデルの復習
思考の復習：自動思考，自己対話，中核的信念
思考の罠，誤った認知
宿題：根底にある信念を含めての思考記録

第4回　「駐車場」とチェックインの復習
思考記録，気分，行動についての復習
思考のエビデンスに関する話し合いと思考の評価
宿題：思考記録

第5回　「駐車場」とチェックインの復習
ストレッサーに対する問題解決法の導入
アクションプランの導入と成功の妨げとなるものの紹介
宿題：問題解決の練習

第6回　「駐車場」とチェックインの復習
問題解決アクションプランの復習
社会的スキル，演習，強化の導入
宿題：新しい社会的スキル（カフェテリアなど）の練習と復習

第7回　「駐車場」とチェックインの復習
リラクセーション訓練，学校や社会活動の中での主観的障害単位（SUD）の特定
社会的スキルの復習，練習と強化の継続
宿題：リラクセーションと社会的スキルの練習

第8回　「駐車場」とチェックインの復習
コーピング法の復習と発展
思考記録，気分，行動の復習
終了に向かっての計画作成
宿題：コーピング法の練習

第9回	「駐車場」とチェックインの復習
	コーピング法，社会的スキル，問題解決の練習
	終了期に向けて，および将来に向けての計画
	宿題：思考記録，学校と家庭におけるコーピング法，社会的スキル，問題解決

第10回	「駐車場」とチェックインの復習
	学習したさまざまなスキルの統合（グループ参加者主導）
	終了に向けての計画作成
	宿題：スキルの練習の継続と統合

第11回	「駐車場」とチェックインの復習
	学習したさまざまなスキルの統合（グループ参加者主導）
	終了に向けての計画作成
	宿題：スキルの練習の継続と統合

第12回	「駐車場」とチェックインの復習
	学習したさまざまなスキルの統合（グループ参加者主導）
	学校や家庭で継続して成功するためのチェックインとして1か月後のグループセッションを計画する
	セッションの終了とお祝い

個別療法—事例研究

　サラは7年生の生徒である。個別教育計画（IEP）に応じようとしないという担当教師からの報告により，学校心理士の知るところとなった。サラは特に，試験時間を延長するために特別支援学習室で試験を受けるよう教師が勧めた時や教員助手が支援しようとした時に取り乱していた。他の生徒と異なる処遇を受けることに対して，泣き出したり，不安を示したり，取り乱した行動を見せた。彼女は，このことについて，学校心理士と話してみたいと言った。学校心理士との初めての面談では，自分が課題をこなすことができないと教師に思われていること，そして「グレイ先生（特別支援教育担当教師）に手伝ってもらいなさい」と言われることが「とても嫌だ」とはっきりと言った。彼女は，クラスの全員が，自分の学習障害を知っていると思うと話した。クラスメイトがいつもの教室を出て，外国語や一般音楽といった特別授業の教室に移動している時に，自分だけが特別支援学習室に行かなければならないのは嫌だとも言った。さらに，彼女は何年も前に「失読症」と言われたことがあるが，それが読書と関係があるということ以外には，「失読症」の意味はわからないとも述べた。サラは以前と比べて今では読書力が向上していると言い，自分がなぜ失読症だと言われるのかわからないと言う。この話題では，サラの感情は高ぶり，会話の途中で泣き出す場面もあった。彼女はまた，クラスで自分一人だけが特別支援教育のニーズをもっているように思われているのは不公平だとも言った。質問に答える形で，サラはこの状況を改善するために学校心理士の助けを得て前に進み始めたいという気持ちを示した。

　学習記録を再評価してみると，サラは2年生の時に学習障害と判定されたことがわかった。

１年生の時には通常学級で読書と算数の授業で支援を受けていた。学習障害と判定される過程において，心理教育学的検査が行われ，そこでは認知能力は平均的であったが，視知覚と視覚・運動協応が弱いことが示されていた。学習能力検査では，文脈からの単語推測と単語読解のスキルが特に不足していることが示されており，読解力に問題があることが確認されている。それから３年後の５年生の時に再び検査が実施されたが，そこでは視空間障害が示唆され続けていたものの，単語推測スキル能力には著しい改善が認められ，単語読解黙読力と読解能力は平均的レベルにあった。ただ，黙読の領域では，まだ平均以下であった。また，サラは学年相応の数学の授業についていくことができなかったため，面談時点では，数学の授業においても特別支援を受けていた。どちらの学年時の評価においても，サラには，内気で，不安の気質が示唆されており，教師と両親による評価も不安と抑うつにかかわる懸念が認められた。

　サラはまず，学習障害をもつ子どものための12回のグループセッションの一環として学校心理士と面談した。第１回の個別セッションでは，サラが具体的に気になると言う事柄について検討し，学校心理士は彼女が示した問題点を書面にリストアップした。また，このプロセスの一環として，サラは「ピアスとハリスの子どもの自己概念尺度（Piers-Harris Children's Self-Concept Scale）」の検査を受けた。サラが自分の心配事の解消に取り組みたいという思いを繰り返し述べたので，本人と学校心理士とで懸念事項の順位付けを始めた。ここで学校心理士は，この順位は流動的であり，セッションを重ねる過程で変更可能なものであることをサラに伝えた。２回目のセッションに先立って，学校心理士は観察を行い，サラのIEPの実施にかかわったと思われる教師と面談した。教師たちは皆，サラを個別教育計画に順応させるための作業はできる限りに繊細に行ってきたが，指導のために誰かが傍に寄ると，サラはいつも「怯えた表情をした」と言った。第２回のセッションではまず，前回実施した尺度の結果の検討を行った。ここでは自己への否定的な思考と感情，肯定的帰属の両方が示されていた。サラは否定的な自己認識にまつわる考えを詳しく述べることができ，否定的な認識が今も幾分残っていることを認める一方で，今はもう問題とはなっていない認識もあることを述べた。リストに更なる懸念事項を書き加えた後，サラと学校心理士はクラスで「特別扱いされる」ことによって自分を「馬鹿だと思う」こと，失読症の意味を知らないことで「ぶざまな感じ」がすることが最優先の心配事であると確認した。サラは教師たちが授業中に彼女に手を貸す方法を変えてほしいと訴え，この問題の解決に取り組むため，学校心理士との面談に特別支援教育担当教師が同席することに合意した。

　第３回のセッションは，問題解決モデルを用いて，教師の指導の何がサラにとって問題なのかをさらに詳細に明らかにすることから開始した。そして，そうした苦痛をどのようにして特別支援教育担当教師に伝えればよいのかをロールプレイしてみた。この面談でサラが不安を示したので，不安感を少しでも軽減するために，学校心理士は手短に行動療法，特に深呼吸の方法を紹介した。面談中，教師とこの問題について話し合った際に，サラは明らかに緊張していたが，グレイ教諭との間に新しい取り決めをすることができた。それは，サラに支援が必要かどうか，授業中には尋ねないことにする，というものだ。助けが必要な場合には特別支援教室で，あるいは朝の授業開始前に，個人的にグレイ教諭に申し出ることになった。サラはこの新しい計画を「とても気に入った」と言った。特別支援教育担当教諭との面談の中で，教師はサラに対し，彼女が読解と数学のスキルが非常に向上していることを伝え，

また，サラがもう自分の力で学習できる状態になっていることを確信していることも伝えた。教師との面談で得た成果を強化するために，第4回のセッションではサラの試験の成績に焦点を当て，彼女の学習障害の基本である読み書き能力の習得に見られた進歩の程度を示した。また，「学習障害」という言葉の意味にまつわる情報も与えた。次に，学校心理士は「思考と感情」シートを紹介した。そこで示された例の中にはサラのことは含まれていなかったのに，サラは思考と感情の関係を簡単に理解できるようになっていた。

　サラは気持ちが動転すると感情を抑えられなくなり，行動の抑制がきかなくなることから，第5回のセッションではストレス温度計を導入し，どのような状況で最もストレスを感じるのかを明確にした。また，行動療法として，以前に紹介した深呼吸の練習とその意味合いについて指導し，その場で気持ちを落ち着かせる方法としての漸進的筋弛緩法を紹介した。第6回から第9回のセッションでは，認知と感情と行動の結びつきを再び取りあげながら，サラの自己に対する自動思考，特に学習領域における自動思考に焦点を当てた。サラが「特別支援教室」で勉強しているから自分のことを「馬鹿だと思う」という独特の考え方に関して，学校心理士はサラに「（そのように思うのは）どういう根拠があってのことですか？」と質問した。さらに，一緒に心理テストのデータ，サラの成績，テストでの成功例，特別支援を受けている他の生徒に対してサラが抱いている印象について話し合った。そして，自分のことを否定的に感じてしまう現象は思考によって生み出されているのかもしれないということをサラは理解し，そのような自動思考に勝つための「対抗手段」を創造すること（Atwood, 2004）に前向きになった。彼女は，授業中，教師や教育スタッフが自分に近づいてきたと思った瞬間に特にサポートが必要であった。自己対話への気づきと問題解決の方法を用いて，サラは，特別支援を受けている他の子どもや健常の仲間にも同様に教師が近づいていることがわかるようになった。その後，サラは教師が近づいてきたときに，リラクセーション法を実行して不安を少なく抑えることができるようになり，また，自己対話法を用いて不安が起こる場面を最小限にすることができるようになった。さらに，サラは，他の自分の考え方についても議論できるようになり，自分の思っていることのリフレーミングが自分でできることに気づくようになった。そこで学校心理士は終了に向けての計画作成を開始した。本人，教師，両親による逸話的報告からは，サラは幸福感が増し，自信をつけてきた様子が見受けられたので，第9回のセッションでは自己概念尺度による検査を再度実施した。その後，セッション終了について話し，サラの目標は人の手を借りずに努力を継続することであった点を再確認した。第10回のセッションでは，自己概念尺度の検査結果を検討し，（今でも時々自分をぶざまに感じる部分は残っていると本人は言うが，）自己否定的な発言が減少していることがわかった。また，今後生じる困難に備えるための「ツールキット」を強化し，確認のため，学期末に再び学校心理士との面談を行う約束をしてセッションは終了となった。

結　語

　学習障害の性質を明らかにしようという努力が長年に渡って続けられてきたが，この障害は未だ異質なものを含み，多種多様であり，青少年の発達的能力や認知的能力にも影響を受ける。学習障害の複雑さをさらに増幅させている問題として，青少年に生じる他の障害と合併しやすいという点がある。この合併には，他の障害が学習障害に先立って生じている場合と，学習障害の二

次的症状として他の障害が認められる場合とがある。認知行動的介入で学習障害そのものを完治させることは難しいが，二次的症状の軽減や，学習障害に関連して自己効力感が低下している子どもの周辺にある問題に対処することができる。認知行動的介入を成功させるために極めて重要なのは，学習障害をもっているために苦しんでいる個々の対象者の問題を正しく概念化することである。これには子どもたちの学習障害の性質の理解，介入を始める時点での本人の「学習障害」という言葉の意味についての認知と感情，随伴して起こる可能性のあるスキルの低下，環境が果たす役割と影響，その他のリスク要因と回復のための要素の理解などがある。それらの理解がなされた後に開始される介入の実践では，学習障害の性質に関する心理教育を行うとともに，認知行動的介入，認知再構成の支援，ストレス軽減，問題解決，社会的機能と実行機能のスキル訓練をグループで，あるいは個別に行う。こうした介入に最も適切な場所は学校である。なぜなら意図的にではないにせよ，学校が困難の源となっている場合が多いからである。

確認問題

1．学習障害と判定されている子どもが認知行動的介入によって利益を得るかどうかを鑑別するにあたり，個々のケースを概念化する時に考慮すべき極めて重要な要素は何でしょうか？
2．学習障害をもつ子どもの心理は複雑であることをふまえて，介入の計画作成と介入方法の選択にあたって，どのような学習関連要素を考慮しなければならないでしょうか？
3．学習障害をもっていると判別されている子ども対する介入方法を決定するにあたり，生態学的アセスメントが重要な要素となる理由を説明してください？

第12章

注意欠如多動症
——学校での認知行動的介入——

　注意欠陥多動性障害／注意欠如多動症（ADHD）は，発達的に不適切な水準の不注意，多動性，衝動性を示す個人の特徴を記述した破壊的な行動障害である（American Psychiatric Association, 2000）。アメリカの学齢期の子どものおよそ3～7%がこの障害と診断される可能性があり，1学級につきおよそ1人のADHDの子どもがいることになる（American Psychiatric Association, 2000; Barkley, 2006; Dupaul & Stoner, 2003）。この障害は女子よりも男子の方が多く，約2:1～6:1の比率となっている（Barkley, 2006）。典型的に，ADHDは多くの場合，成人期まで続く慢性の障害とされている（Barkley, Murphy, & Fischer, 2008）。

　診断基準によると，ADHDは不注意（たとえば注意があちこちにそれること，わりあてられた課題をやりとげることの困難）や，多動性・衝動性（たとえば他者の邪魔をすること，そわそわ動くこと）の症状，もしくはその両者を少なくとも6カ月間頻繁に示すものと規定されている（American Psychiatric Association, 2000）。さらにこれらの症状は，2つ以上の場面で，学業的，社会的，職業的な機能障害に結びついていなければならない。ADHDには3つのサブタイプ，不注意優勢型（不注意症状のみが存在する），多動性・衝動性優勢型（多動・衝動性のみが存在する），そして混合型（両方の症状群が存在する）がある。

　ADHDが単独で生じることはめずらしく，典型的には他の行動障害，情緒障害，学習障害と結びついている（Barkley, 2006）。最も一般的な併存障害は，他の破壊的行動障害である，反抗挑発症／反抗挑戦性障害（ODD）と素行症／行為障害（CD）である（American Psychiatric Association, 2000）。実際，ADHDの子どもの50%以上（特に男子）が，ODDもしくはCDを有するとされている（Barkley, 2006）。ADHDとその他の破壊的行動障害の併存は，思春期や成人期における攻撃的，非行的，反社会的な結果を強く予測する（Barkley et al., 2008）。また，ADHDの子どものうちおよそ30%は，読字，算数，またはその他の科目で限局性学習障害（LD）も有している（DuPaul & Stoner, 2003）。もちろん，ADHDとLDの併存は，学業遂行の乏しさや成績不振の強力な予測因子となる。最後に，ADHDの子どもは，不安症や抑うつ障害といった情緒障害のリスクについても平均を上回っている可能性がある（Barkley, 2006）。ADHDの女子は，ADHDの男子よりも内在化障害にかかるリスクが高いことが示唆されている（Biederman et al., 2002）。

　ADHDが単独で生じた場合も併存疾患と共に生じた場合も，学校場面において多くの重大な問題を示す。最も心配なことは，ADHDの子どもたちが教室において日常的に高い割合で妨害行動を示すことである（Abikoff et al., 2002; Barkley, 2006; DuPaul & Stoner, 2003; Vile Junod et al., 2006）。たとえば，ビル・ジュノーら（2006）は，次のようなことを明らかにした。ADHDの子どもたちは，ADHDでないクラスメイトと比べて，2.5～3倍のオフタスク行動（たとえば，

離席行動），オフタスク発言（たとえば，許可なく話すこと），そしてオフタスク受動的行動（たとえば，割り当てられた活動から目をそらすこと）に従事していた。このレベルのオフタスク行動は，ADHD の子ども自身やクラスメイトの学習を阻害する可能性がある。

　ADHD に関連した，最も重大なリスクの一つは，学業上の成績不振である（Barkley, 2006; DuPaul & Stoner, 2003）。特に ADHD の青少年は，標準化された学力検査において，ADHD でない子どもたちよりも 10 〜 30 点低い点数を取る（Fischer et al., 1990）。メタ分析において，ADHD の子どもたちとそうでない子どもたちの学力検査の得点の差は，中〜大の効果量であることが示されている。さらに，症状と関連した行動（たとえば，不注意，多動性衝動性）は，現在と将来の学業的困難の重大な予測因子であることが，一貫して見いだされてきた（たとえば，レポートの成績の悪さなど；DuPaul et al., 2004）。それならば，ADHD の子どもたちが留年や特別学級への移籍，高校中退の平均リスクを上回っていることは驚くべきことではない（Fischer et al., 1990）。ADHD の子どもたちはそうでない仲間に比べ，中等後教育に進むことが少ない。このように，ADHD の児童生徒は典型的に，学校生活全体を通して教育的困難を経験する。

　ADHD の子どもたちは友だちを作ること，友だち関係を継続することにも難しさを経験することが多い（Barkley, 2006）。社会的関係の困難は，社会的スキルの実際の欠如（行動レパートリーに，年齢相応の社会的行動が不足していること），彼らの行動レパートリーにあるスキルの遂行の欠如，または両方の欠如の組み合わせによるものである可能性がある。現存する論文は，能力というよりもむしろ社会的遂行の苦手さが，ADHD の子どもたちが経験する仲間関係の困難のほとんどを説明することを示唆している（Barkley, 2006）。社会的困難はいくつかの形となって現れる。

(1) 相互の会話において，暗黙のルールに従うことが苦手である（Stroes, Alberts, & van der Meere, 2003）。
(2) 仲間に加わるよう誘われていなくても，進行中の仲間の活動（ゲームなど）に衝動的なやり方で入っていく（DuPaul & Stoner, 2003）。
(3) おそらく衝動性をコントロールすることが苦手なために，仲間に対して言語的にもしくは身体的に攻撃的なやり方でふるまう傾向がある（Barkley, 2006）。
(4) 仲間からよく思われない，または積極的に拒否される可能性が高い（Hoza et al., 2005）。

　これらの困難が組み合わさった結果，ADHD の子どもたちや関連の行動障害を示す子どもたちは互いに仲間となり，素行症に結びつくさらに深刻な反社会的行動に従事する逸脱した仲間集団を形成することになるかもしれない（Patterson, Reid, & Dishion, 1992）。

　この章の目的は，ADHD の子どもたちの助けになりうる，認知行動療法（CBT）の概観を示すことである。この障害の子どもたちが経験する無数の困難を考慮すると，単一の介入や治療がすべての領域の機能を十分に向上させる，ということは起こりそうもない（たとえそれが刺激薬のような強力なものだとしても）。それゆえ，ここでは認知行動的介入について述べることとするが，ADHD に対する支援については，他の効果が証明された治療法と照らし合わせていくこととしたい。第一に，ADHD の子どもたちに対する CBT の効果を検討している近年の論文を振り返る。第二に，診断的理解，介入の評価を行うために用いることができるアセスメント技法を紹介する。第三に，認知行動的見地からの ADHD の事例概念化を介入立案のための背景として示す。第四に，学校場面での応用のための戦略的介入を記述する。そして最後に，これらの介入

が特定のニーズをみたすために，集団や個人にどのように実行することができるのかを説明するために，2つの事例を提示する。

文献展望

　認知行動的アプローチは，持続的行動変容の達成の可能性が示されるにつれて，多くの臨床的，実験的な注目を集めることとなった（Carr, 2000; Friedberg & McClure, 2002; Graham, 1998; Kendall, 2000）。認知行動的介入の基礎的な仮説のひとつは，認知が情動と行動に影響するという考え方である。青少年は，出来事そのものではなく，あるいは出来事そのものに加えて，出来事の認知的表象に反応すると考えられている。この考え方によると，認知的変化は行動面や情緒面の改善に不可欠である。この章の目的のために，認知行動的アプローチの中でも2つのカテゴリー，認知行動療法（CBT）もしくは自己制御（self-regulation）について述べていくこととする。

認知行動療法（CBT）

　CBT は，不適応的な思考，認知，行動を変容させることをねらいとした心理療法である。過去数十年にわたって，若者の行動的困難や情緒的困難に焦点をあてた CBT の効果を検討した研究は限られているものの，その成果のほとんどはポジティブである（Graham, 1998; Kendall, 2000）。統制された効果研究は，抑うつ障害（Curry & Reinecke, 2003），強迫症（Pediatric OCD Treatment Study Team, 2004），摂食障害（Bowers, Evans, & Andersen, 1997），PTSD（Phillips, 2000），社交不安症（Spence, Donovan, & Brechman-Toussaint, 2000）において，CBT がプラセボや非治療状態よりも優れているということを示している。これらの研究で得られた効果量は，成人を対象とする効果研究のそれに匹敵しており，そして効果はしばしば時間が経っても維持されている（Reinecke, Ryan, & DuBois, 1998; Weisz & Weiss, 1993）。

　しかし，いくつかの子どもの障害に対しては CBT の有望な結果が示されているにもかかわらず，長い間 ADHD に対する CBT に対する実証的支持は，いくら良く見ても限られていた（Abikoff, 1985; Braswell & Bloomquist, 1991; Kendall & Braswell, 1993）。このことは驚くに値しない。なぜなら CBT はしばしば，問題の行動が起こる状況とは離れたところで行われるからである（Goldstein & Goldstein, 1998）。不注意・衝動性のある行動に最適に効果をもたらすためには，介入方略はターゲット行動に近接したところで行われなければならない。関心のある行動から時間的，場所的に隔たりがある介入は，特に ADHD の症状（不注意，多動性・衝動性）には効果が低いようである。

　自己教示は，（包括的な CBT の一部に位置づけられるものであるが），問題行動と同じ時間や文脈の中で行うことを意図しているという点において，妥当なオプションである。自己教示は，自分自身の行動に対するセルフコントロールを発達させるために，自己陳述を内在化することを意味している（De La Paz, 1999）。自己教示のトレーニングは，子どもたちが自身の行動を指示するための特定の教示を教えることを含んでいる。

　自己教示訓練は，学業行動（課題に取り組むことや，割り当てられた課題をひとりでやりとげること）を増やすため（De La Paz, 1999），課題の正確さを上げるため（Miller & Brewster, 1992），そして妨害行動を減らすため（De La Paz, 1999）に効果的に使われてきた。しかし，自己教示訓練はいつもポジティブな効果を示してきたわけではない。ADHD の児童生徒が示す問

題への適用において，自己教示手続きに関する研究の成果は不明瞭で，般化が難しいことを示している。実際，研究者たちは自己教示以外の変数（たとえば，教示を覚えたことに対する強化，遂行の正確さに対する強化）が，この手続きで得られたポジティブな結果の原因かもしれないと推測している（例，Abikoff, 1985）。

　自己教示とそれに関連した CBT に対しては潜在的な有望性はあるものの，得られているデータからは ADHD の支援に有効なアプローチとして支持されてはいない。すなわち，強化のような行動的要素なしでは，ADHD の子どもたちに対する自己教示や CBT の使用は推奨することができない（Ervin, Bankert, & DuPaul, 1996; Hinshaw, 2000）。実際，CBT においてポジティブな結果が見いだされてきたケースのほとんどでは，CBT の戦略は行動変容におけるペアレントトレーニング，社会的スキルへの介入，セルフマネジメントの手続きを含む多要素の治療パッケージとして実行されてきた（たとえば，Pfiffner, Mikami, Huang-Pollock, Easterlin, Zalecki, & McBurnett, 2007）。したがって，他の介入を下回ってあるいは上回って，どんな効果が CBT と関連があるのかは定かではない。CBT 単独で ADHD に対する効果を調べた場合においても，多くは実験室での注意・衝動コントロール，課題整理スキルの指標に有意な効果が見られるという成果に限られている（Toplak, Connors, Shuster, Knezevic, & Parks, 2008）。CBT が，ADHD 症状の直接的な指標や，学校・家庭での関連する障害にまで影響を及ぼす程度は限られている。

自己制御の介入

　ADHD の児童生徒に典型的にみられる困難を考えると，自立や自律のための特定のスキルを教えるよう計画された介入を行うことが大切である。学業的困難，行動的困難を持った児童生徒の自立や自律の向上ために有望なアプローチのひとつが，自己制御の介入である。自己制御の介入は一般的に，自らの行動を変えるもしくは維持することに関連した方略を含む（Shapiro & Cole, 1994）。児童生徒は適切な学業的・社会的行動を増やす戦略か，不適切な学級での行動を減らす戦略を使うことを教えられる（あるいはその両方かもしれない）。さらに，自己制御の介入は，行動や状況を超えて移動可能な持ち運びできる（ポータブルな）コーピングスキルを教えることを重視しているため，持続的で般化する行動を獲得させる可能性がある（Shapiro & Cole, 1994）。

　自己制御は一般的に，人が自らの行動を変える，もしくは維持することを計画する活動のことをさす。教室での介入には，児童生徒にセルフモニタリング，自己評価，自己強化などのさまざまな行動を教えることが含まれる。セルフモニタリングは，児童生徒自身の行動に関する気づきや自立して機能する能力を高めることをめざし，自身の行動を体系的に観察するあるいは記録する行為のことである。自己評価は，自分で観察した行動と確立された望ましい基準とを比較することであり，自己強化は，その結果として目標を達成したことへの報酬を自分に与えることである。

　学級において児童生徒に自身の行動を管理することを教える介入は，過去数十年で急増している。自己制御の介入は，すべての年齢と障害のカテゴリーの児童生徒において，多様な学業的，非学業的問題を効果的に改善することが示されてきた。自己制御の介入は，以下のような多様な領域で有益であるとされている。

・小学校と中学校で，通常級，特別支援教育の児童生徒が宿題をやりとげることを向上させる（Carrington, Lehrer, & Wittenstrom, 1997; Gureasko-Moore, DoPaul, & White, 2007; McDougall,

1998)。

・ADHD の子どもと学習障害の子どものオンタスク行動（課題に取り組む行動）を増やす（Hoff & DuPaul, 1993; Terenzi, Ervin, & Hoff, 2010）。

・多動性をもつ子どもの妨害行動を減らす（Davies & Witte, 2000; Hoff & DuPaul, 1998; Terenzi, Ervin, & Hoff, 2010）。

・中学生の ADHD の子どもの課題整理スキルを向上させ，授業の準備をすることを増加させる（Gureasko-Moore, DuPaul, & White, 2006, 2007）。

・学習障害の児童生徒の読解や算数の問題を解くことに関する領域の学業成績を向上させる（Figarola et al., 2008; McDougall & Brady, 1998; Miranda, Villaescusa, & Vidal-Abarca, 1997）。

　自己制御の介入は，広い範囲の学業的問題や行動的問題を改善するためにすべての年齢の子どもたちに用いられてきた，さまざまな手続き群を含んでいる。これらの戦略のすべては，伝統的な教師管理による行動修正アプローチに代わるものを提案している。それぞれの自己制御の戦略は，スキルの獲得に焦点を当てながら，児童生徒がより独力で，自分の力で，自分の行動に責任を持てるよう教えることを試みている。

アセスメントツールと技法

　信頼性と妥当性のある ADHD 症状のアセスメントは，発達的に期待される水準に比べ，どの程度症状がみられるかを判断するために，多様な手段，情報源の使用が求められる（Barkley, 2006）。アセスメントの手段には以下のようなものがある。

(1) 親，教師，子どもとの診断的面接
(2) 行動観察
(3) 教師や親による評価尺度
(4) 苦手な可能性のある領域（例，学業成績）に関連した尺度
(5) 自己報告

　子どもが ADHD と診断されるためには，アセスメントデータは「子どもが，年齢や性別から予測される水準を超えた頻度の十分な ADHD 症状をあらわしている」ということを示さなければならない。さらに，症状が少なくとも 6 カ月間にわたって，少なくとも 2 つの場面で表れており，社会的機能の障害や学業的機能の障害，もしくはその両方に結びついていなければならない（American Psychiatric Association, 2000）。どんな精神医学的診断にも言えることだが，臨床家は症状をより適格に説明することができる他の仮説を考慮し，除外しなければならない（たとえば，他の障害や，環境の状態）。最後に，ADHD のアセスメントは診断と共に終わるのではない。データは支援効果を記録したり，介入計画を作ったりするために収集し続けられる（DuPaul & Stoner, 2003）。

　以下に，直接観察，行動評定，結果の測定，自己報告の評定を用いた ADHD の学級におけるアセスメントについての情報を示す。ADHD の診断的理解についてのより包括的な議論は，他の文献を参照されたい（Barkley, 2006; DuPaul & Stoner, 2003; Wolraich & DuPaul, 2010）。

直接観察

　ADHD に関連した症状（たとえば，オフタスク行動（課題から離れること））の頻度や，行動

が生じる状況を判断する最善の手段のひとつは、学級や校庭で児童生徒の行動を直接観察することである。典型的に、観察は単独の観察者によって多様な機会において行われる（行動の頻度についての一定した評価を得るため）。観察者は、目立たず、客観的な様式でデータを収集するよう試みる。観察セッションは長くもできるが、典型的には10〜30分の範囲である。ADHD症状、（学級での）妨害行動、（校庭での）社会的交流についてのデータを集めるために、コーディングシステムが考案されている。

学級

学級で課題をする時間において起こる、さまざまなADHD関連行動の頻度を測定するため、たくさんの行動観察コーディングシステムが発展してきた（Barkley, 2006を参照）。行動観察コーディングシステムには、ADHD Behavior Coding System（Barkley, Fischer, Newby, & Breen, 1988）、Hyperactive Behaviour Code（Jacob, O'Leary, & Rosenblad, 1978）、Classroom Observation Code（Abikoff, Gittelman-Klein, & Klein, 1977）、Behavioral Observation of Students in Schools（B.O.S.S.; Shapiro, 2010）、ADHD School Observation Code（ADHD SOC; Gadow, Sprafkin, & Nolen, 1996）がある。これらのシステムでは、観察者に、インターバル記録法を用いて、行動を多様なカテゴリーに分類することを求めている。これらの観察システムには、多数の代表的サンプルに基づいた標準のデータが不足しているので、対象の児童生徒の行動は、担任教師から「典型的」あるいは「平均的」と認められた1人もしくは2人のクラスメイトと比べることが望ましい。この方法では、それぞれの子どもは学級における基準となる行動と比較して評価されることになる。

プラッツマンら（1992）は、ADHDのアセスメントとして発展してきた、さまざまな観察手法を展望している。重要なこととして、教室で行われた観察は、臨床場面での疑似的状況で行われた観察よりも、ADHDの子どもとそうでない子どもをより適切に区別するデータを提供しているという結論を得ている。この発見は教育者や教職員がADHDの評価にかかわることの必要性を示している。また、一貫してADHDの子とそうでない子とを区別する3つのカテゴリーの行動が見いだされた。それは、オフタスク行動、過度な粗大運動、そして不適切な発声（たとえば、許可なく話すこと）である。そのため、これらの行動カテゴリーを含む観察システムは、精度の高い診断的データを提供する可能性が高いといえる。

課題を行っている間に子どもの行動をコーディングすることに加え、直接的に介入立案のプロセスに役立つ補足データを集めることもしばしば役立つ。特に、ターゲット行動の引き金となる先行事象、ターゲット行動を強化、もしくは弱化する結果のデータはいずれも取るべきである。このようなデータの収集は機能的アセスメントと呼ばれ、得られた情報は、問題行動の環境における機能を見つけ出す際に有益である（O'Neil at al., 1997）。たとえば、オフタスク行動や妨害行動の機能は、教師や仲間からの注目を得ることかもしれないし、そのかわりに、児童生徒が割り当てられた課題を回避する、もしくは逃避することを可能にしているかもしれない。前提は次のようなものである。「ひとたび行動の機能が特定されると、この想定された機能に焦点をあてた行動的介入を行うことができる。そしてそのような機能に基づいた介入は、試行錯誤で行う実行戦略よりもより成功しやすく効率的である。」この前提に対する実証的支持はすべてにおいてポジティブというわけではないが（Ervin, Ehrhardt, & Poling, 2001）、ほとんどの行動的介入の研究者たちは、機能に基づいた随伴性プログラムの使用を支持している。

校庭

　子どもたちの社会的交流を観察することは，特に教師と親が社会的交流の困難を重要な心配事として認識している場合，重要なアセスメント要素かもしれない。典型的に，観察システムは向社会的行動とネガティブな行動（たとえば攻撃行動）の両方のカテゴリーを含んでいる（たとえば，ADHD-SOC; Gadow et al., 1996）。一般的に ADHD の子どもたちは攻撃的行動やネガティブな行動を示す頻度が平均よりも高い（Barkley, 2006）。一方，ほとんどのケースで，彼らの向社会的行動の割合は ADHD でない子どもたちと実質的に変わらない（Stormont, 2001）。これらのタイプの観察結果は，社会的関係の様式や困難の重篤度を記述するだけでなく，介入のためのターゲット行動を絞ることにも使うことができる。

行動評定尺度

　臨床的重要性を考えると，ADHD と認定された子どもは，同じ年齢・性別の典型的な子どもと比べてより頻繁に ADHD 症状を示さなければならない（American Psychiatric Association, 2000）。行動評定尺度では標準的データが利用できるので，関連症状の発達的逸脱を判断するのに最も便利な方法である。状況横断的な ADHD 症状の一貫性を調べるため，そして自然な状態での回答の一致率と子どもの困難の重篤度を測るために，教師と親が評定から評定を得るべきである。

親用

　子どもの ADHD 関連行動の発達的逸脱を判断するため，そしてそれぞれの状況を通して問題行動がみられていることを確認するために，片親，もしくは両親に，いくつかの質問紙に回答してもらうと良い。この目的のためには，十分な標準的データと適切な心理統計学的特性をもつ全般的，あるいは広範囲の行動評定尺度を使うことができる。たとえば，子どもの行動チェックリスト（CBCL; Achenbach, 2001a; Achenbach & Rescorla, 2007），児童用行動評価システムの第2版（BASC-2; Reynolds & Kamphaus, 2004），コナーズ 3 の保護者版（Conners, 2008）がある。広範囲を網羅した尺度は，ADHD 症状に対立した仮説としての異なる診断（たとえば，違う障害の存在）を調べる際に有用である。広範囲の評定尺度に加えて，親には，より ADHD 関連の行動に特化した項目を含むねらいを絞った質問紙である，ADHD スクリーニング検査（ADHD-RS: ADHA Rating Scale-IV; DuPaul, Power, Anastopoulos, & Reid, 1998），Home Situations Questionnaire（HSQ; Barkley, 1990）の2つにも回答を求めると良い。ADHD-RS では家庭状況において，ADHD の 18 の各症状が起こる頻度に関する情報を得ることができる。不注意因子と多動性・衝動性因子の得点は，ADHD 症状の発達的逸脱を判断するために，標準的データと比較することができる。HSQ に親が回答することで，子どもが問題行動を示す家庭状況の数を測定することが可能になる。さらに，各状況における問題行動の深刻さが，1（軽度）〜9（重度）までのリッカート法で評定される。HSQ の改訂版では，さまざまな家庭状況を通して，不注意症状がどの程度広がりを見せているかに関して，より具体的な情報を得ることができる。

　Impairment Rating Scale（IRS; Fabiano et al., 1999）に親が回答することでも，ADHD 症状によって機能が損なわれている程度を判断するのに役立つだろう。IRS は，ADHD 症状によって影響されうるさまざまな領域の機能（たとえば，きょうだいとの関係性）に関連した7つの項目からなる。

教師用

　親評定と同様に，多くの標準化された，広範囲の行動を扱う教師用評定尺度がある。これらの中で最も有名な3つの尺度が，CBCLの教師評定版（TRF; Achenbach, 2001b ; Achenbach & Rescorla, 2007），BASC-2（Reynolds & Kamphaus, 2004），そして，コナーズ3の教師評定版（Conners, 2008）である。前述したように，これらの広範囲の尺度は，可能性のある問題の領域を広くカバーしていることや，性別や年齢ごとの標準得点との比較に役に立つ標準化サンプルをもっているといった多くの利点を持つ。

　これらの広範囲の評定尺度のうち，2つかそれ以上の尺度の追加を検討すると良い。まず，ADHD関連行動の頻度を教師の視点から判断するために，ADHD-RSのようなねらいを絞った尺度の使用が望ましい。次に，School Situation Questionnaire（SSQ; Barkley, 1990）かSchool Situation Questionnaire-Revised（SSQ-R; DuPaul & Barkley, 1992），あるいはその両方に回答すると良い。SSQとSSQ-Rでは，状況を超えた問題の広がりと，行為や注意のそれぞれの問題の重篤度に関する情報を得ることができる。

　ほとんどのケースにおいて，ADHDの診断を受けた子どもは，社会交流や学業成績の困難も抱えていると報告されている。そのため，それらの領域においてどれぐらい児童生徒が機能しているかに関する教師の認識も調べる必要があるかもしれない。たくさんの適切な心理統計学的特性を有する社会的スキルの質問紙が利用できるが，最も有名なものは，社会的スキル向上システム評価尺度（SSIS; Gresham & Elliott, 2008）である。学業達成の困難についての教師評定では，Academic Performance Rating Scale（APRS DuPaul, Rapport, & Perriello, 1991）あるいは，Academic Competency Evaluation Scale（ACES DiPerna & Elliott, 2000）を使うことができる。後者の質問紙の評定によっては，学業スキルの困難についてさらにアセスメントを行う必要が示されるかもしれない。最後に，教師版のIRS（Fabiano et al., 1999）は，ADHD症状の機能障害の程度に関する教師の認識を測るために利用できる。IRSには，学校での機能を阻害する可能性のある領域に関連する，8つの項目がある。これらの項目には，学業成績，学級での機能，家族の機能，自尊心，きょうだいとの関係（親が評定），仲間との関係（教師が評定），親との関係（親が評定），教師との関係（教師が評定）がある。

介入効果に関する尺度

　ADHDの支援は，症状を減らすことを目指しているだけでなく，特に学業・社会的領域における機能を向上させることも目指している。この理由から，学業・社会的機能は介入前（ベースライン）と介入後の両方とも直接査定されるべきである。たとえば，カリキュラムに基づく尺度（curriculum-based measurement: CBM）は，読書や算数の成績に関する支援効果を調べるために使うことができる（Shapiro, 2010）。学業成績に関する教師の評定（APRSもしくはACES）もまた，この領域における支援への反応をチェックする際に役立つ。上述したように，社会的機能は教師の評定（SSIS-RS）を使ったり，直接観察したり（ADHD-SOC）することでアセスメントできる。いくつかのケースでは，この領域における支援に関係した変化を評価するために，仲間評定，もしくはソシオメトリックデータを集めることもできる。

自己報告の尺度

　ほとんどのケースで，ADHD の子どもたちは，自分の ADHD 症状の程度や学業的・社会的困難の程度について，信頼性と妥当性のあるデータを提供しない（Anastopoulos & Shelton, 2001）。実際，いくつかの研究は，ADHD の子どもたちが，親や教師が「問題がある」と認識している領域において，自分のパフォーマンスを過大評価する傾向があることを示している（Hoza et al., 2004）。にもかかわらず，ADHD の青年に対するアセスメントの際には，いくつかの理由で自己報告の評定を含めることが重要となる。第一に，研究によって一貫していないものの（Barkley et al., 2002 を参照），青年期の ADHD 症状の自己報告は，親の報告と高い相関をもつことが見いだされている（Robin & Vandermay, 1996）。第二に，自己報告と他の尺度との関係性にかかわらず，自己報告からは他の情報源からは得られない重要な情報（たとえば，抑うつ症状の存在）が得られる可能性がある。さらに，青年においては，自分の意見に多くの注意が払われた査定結果について，賛成する傾向が強くなるため，支援計画に承諾する可能性が高くなるかもしれない。これらと同じ理由で，進行中の介入において評価がされる段階では，自己評価と消費者の満足に関するデータも児童生徒から得るべきである。

ADHD に関する認知行動的概念化

　ADHD の根本にある中核的欠如の説明は，この障害の概念化がされて以来，議論の対象となってきた。提案された根本のメカニズムとしては，多動性（Chess, 1960），注意を維持することの困難，衝動コントロールの不得意さ（Douglas, 1972）を強調してきた。そして，それは後に自己制御の包括的な障害（Douglas, 1983），動機づけプロセスの欠陥（Glow & Glow, 1979），刺激コントロールの欠如，強化に対する感受性の減退，そしてルール支配行動の不足（Barkley, 1981, 1989; Haenlein & Caul, 1987）などを含み拡張された。最も注目された ADHD の概念化として，この障害の中心的要素として，「遅延された反応（行動抑制）の障害」を強調したものがある。バークリーの理論（1997, 2006）は，次のことを提唱している。

　「ADHD は，環境に対して遅れて反応することの苦手さから，4 つの重要な実行上の機能の発達を損なった，行動抑制の障害である」。

　4 つの重要な実行上の機能とは，（1）ワーキングメモリー，（2）感情・モチベーション・覚醒の自己制御，（3）内言，（4）行動的分析と構築である。これらの 4 つの実行能力の阻害は，課題に関係ない反応を抑制することの苦手さ，応答フィードバックに対する鈍感さ，目標志向の反応や新しく複雑な反応を実行することの苦手さ，中断された後にふたたび課題に取り組むことの苦手さから明らかなように，動作のコントロールの障害，なめらかさや統合性の問題と関係している。現存する ADHD の文献や専門的な洞察にしたがうと，バークリーの理論は的を射ている。しかしながら，彼の理論の完全な活用と適用可能性を明らかにするためには，さらなる実証的で詳細な検討が必要不可欠である。

　さらなる研究が必要であるとはいえ，この ADHD の概念化が意味していることはわかりやすい。ADHD に関連した中核的な問題と症状は，スキルの欠如によるものではなく，むしろ適切な行動的反応を遂行することの欠如であると考えられる（DuPaul & Stoner, 2003）。特に，ADHD の子どもたちは，特定の状況において必要な反応に関する環境からの手がかりにうまく

合わせて，すでに持っている適切な行動レパートリーを使うこと，もしくは使い続けることの苦手さを経験するようである。関連して，ADHDにおいては，行動の社会的結果に対して鈍感さを経験するようである。行動的反応は社会的規範や，現在の行動とその反応による将来的結果のつながりによって支配されているというよりも，環境の先行事象と即時的随伴性に影響される（DuPaul & Stoner, 2003）。

「行動的反応を調節する認知過程の障害」という今日のADHDの概念化と一致して，認知行動理論では，行動的反応を調節し遅らせる能力に影響する障害と関連した，認知的・行動的要因を特定している。認知行動家によって認められた認知的要因には次のようなものがある。注意を維持することの困難，衝動的な認知速度，対人関係とそうでない問題を解決することの困難，手段と目的を考えることの困難，意図の誤帰属や選択的な注意や環境の情報の想起に関する情報処理のエラー，そして行動・情動・認知の調整の困難である（Anastopoulous & Gerrard, 2003; Braswell & Bloomquist, 1991; Yeschin, 2000）。さらに，これらの認知的要素に加え，ADHDの認知行動的概念化は，機能を損なう可能性のある行動的要因も仮定している。行動的要因には，オフタスク行動，不従順，社会的スキルを適用し遂行することの困難，攻撃的行動，そして反社会的行動を含む（Anastopoulous & Gerrard, 2003; Braswell & Bloomquist, 1991; Yeschin, 2000）。

認知行動的観点からは，ADHDの特徴となる主要な症状（平均的水準を超えた不注意，多動性，衝動性）に寄与しているのは，上述した認知的要素と行動的要素の相互作用であるといえる。ADHDに関連した行動調節の困難の深刻さは，個人の内的特徴と，その環境において個人に期待されている機能の構造がずれることによって起きている。ADHDの人が経験する困難は，さまざまな領域（たとえば，学業，社会的関係，家庭や学校や地域）を超えて広がりを見せている。そのため，ADHDの児童生徒が経験する認知的・行動的困難の両方にはたらきかけ，行動変容の般化を促進する包括的支援プログラムが必要とされることになる。認知行動的介入は，多様な領域を超えて行動変容を般化させることを狙った枠組みの中で，ADHDに関連した認知行動的スキル遂行欠如に対処できる可能性がある。

戦略的で技術的な介入

認知的戦略

認知的戦略は，行動的反応に先行する思考プロセスを調べることに焦点化している（Shapiro, DuPaul, & Bradley-Klug, 1998）。ADHDの子どもたちは大抵，仲間関係，攻撃性，学業機能，課題整理など，さまざまな領域において苦手さを示す。こうした問題の多くが，ADHDの顕著な症状である不注意，多動性・衝動性に直接的に関連していると仮定されている。現在の文献は，このような症状が，根本にある行動抑制の障害から起こることを示している（Barkley, 2006）。そのため，行動的反応に関係した認知の成長と内容を変容させるような介入を行うことは，直感的には魅力的である。特定の介入には，自己教示，社会的問題解決，再帰属訓練などがある。これらの各介入の説明は以下でなされるが，修正や他の介入との併用なしで，ADHDの若者が経験する問題に取り組むために，認知的介入のみを直接適用することに対しての実証的支持は限られている（Toplak et al., 2008）。

自己教示

　自己教示の主要な焦点は，個人が問題状況に直面した時に，セルフコントロールスキルを促し強めるために，自己陳述を行うようトレーニングすることである（Meichenbaum & Goodman, 1971）。ADHD の子どもたちはしばしば，状況を通じて考えることなく環境的出来事に即座に反応し，それらに応答して行動する。自己教示はこの欠如に介入し，セルフコントロールスキルを補強することを狙っている。この方法は，衝動コントロール，手段と目的を考えること，問題解決，注意を維持することなどの重要な問題領域にはたらきかける（Braswell & Bloomquist, 1991）。自己教示は，5つの問題解決の段階を通じて自己に話しかける。(1) 問題の定義，(2) 問題への接近，(3) 注意の焦点化，(4) 解説策の選択，(5) 評価といった5つの過程が含まれている（Nolan & Carr, 2000）。これらの各段階の詳細は，次の社会的問題解決の箇所で説明する。

　自己教示の最終的な目標は，個人が問題解決のステップを内在化することであり，そのステップが今度は行動を導くことになる。このことを達成するためには，次の段階が役に立つ。(a) 訓練者は言語的に自己教示の見本を見せる，(b) 子どもは訓練者の導きに従い同じ課題を行う，(c) 子どもは声に出して自己に言い聞かせながら課題を行う。(d) 子どもは課題を行っている間に自己教示をささやく，(e) 子どもは課題を行っている間に内言によって自己に言い聞かせる（Ervin et al., 1996）。前述したように，このアプローチは直感的には魅力的だが，現在の文献では，ADHD の子どもたちに対して単独で自己教示を行うことへの実証的支持は不足している（Barkley, 2006）。

社会的問題解決

　この認知的介入も，ADHD に適用するのに大変魅力的である。なぜなら，この戦略の機能（自立した問題解決）とこの障害の性質（衝動コントロールと注意の欠損）とが適合しているからである。前述したように，社会的問題解決は自己教示と密接に結びついている。このスキルは問題を解決するための，目的のある計画や課題整理における思考や行動の形成と関係している（Braswell & Bloomquist, 1991）。このプロセスの最初のステップは，問題の存在を認めることである。問題を定義する段階では，子どもは問題が目の前にあることを示す合図を把握することを学ぶ。もしかすると，この段階において最も難しい要素のひとつは，いつ問題解決のプロセスに取り組むのが適切かを理解できる（問題が存在することを正確に知ることができる）よう，子どもにトレーニングすることかもしれない。この段階に続いて，子どもは解決法を生みださなければならない。アイディアを非難することなく，できるだけ多くの異なった解決法を思いつくことが重要である。

　選択肢のリストを作った後には，子どもは結果について考えるよう指示される。この段階では，先のことについて考えたり，選択肢を比較検討したりすることを子どもに教えることが重要である。可能性のある選択肢について，自己や他者における情緒的・行動的意味合いが評価される。ある選択肢が魅力的で，行動の即時的結果は好ましいかもしれないが，他の要素（たとえば，長期的結果）を考慮したとき，それはもっとも有益な解決法ではないかもしれない。

　問題解決過程の4つ目の段階は，障害となるものを認識することである。子どもが，計画はいつも予想したとおりに展開しないかもしれないと理解することは大切である。ゆえに，障害を認識することや予備の計画が必要なのである。これらの4つのステップを経た後の，最後の段階は

実行である。問題解決の6つ目の段階として，行動とその結果を評価することを勧めるセラピストもいる（Braswell & Bloomquist, 1991）。ADHD の子どもたちはしばしば，乏しい衝動制御のため，問題についてじっくり考えることに時間を使わないので，問題解決過程は有益である可能性が示されているが，残念なことに，自己教示と同様にこの介入の実証的支持は不足している（Barkley, 2006）。問題解決がポジティブな行動の変化と関連していたケースでは，この介入はより大きな多要素の治療パッケージの一部として実行されていた。たとえば，フィフナーら（2007）は，主に不注意優勢型である小学生の ADHD の子どもに，学校環境における学業的・社会的状況の中で問題解決戦略に取り組むことを教えた。非治療群と比べて ADHD 症状，社会的スキル，課題整理スキルの有意な改善が得られたものの，治療プロトコル（行動的介入，自己管理戦略，社会的スキル訓練を含む）の中で認知的問題解決の特有の効果を識別することは不可能であった。

再帰属訓練

ADHD の子どもたちの間で共通する別の問題は，敵意的バイアスの発達である。彼らは他者の思考，感情，認知を理解するのに苦労し（Braswell & Bloomquist, 1991），他者の意図を誤って解釈することがよくある（たとえば，攻撃的でない仲間の行為を，敵意的意図のせいにする）。再帰属訓練の目標は，子どもたちにこれらの誤った解釈を特定させ，「正確に」考えるよう再訓練することである。この目標を達成するために，まず子どもたちは状況を客観的にみるために彼ら自身から一歩引くことを指示される。あるいは，自分を含めずに考えることができるような一般的な事例が示される。そして他者がどのように感じるかということ，他者がどのように自分の行為に影響されうるかということを理解する大切さについて教えられる。子どもたちは役割を交代して行うロールプレイ活動を通じて，これらのスキルを向上させることができる。これらの意図は，子どもたちに行為が他者に影響を及ぼしていることを理解させること，状況について客観的に考えさせることである。再帰属訓練を行う中で，子どもは他者の行動の意図をより正確に帰属することを学ぶ（Braswell & Bloomquist, 1991）。繰り返すが，ADHD の子どもに対するこの介入の効果を支持する実証的データはこれまでにない。

認知行動的戦略

純粋な認知的介入アプローチは，ADHD の子どもたちにはうまくいかないようだが，認知の戦略に行動的要素を加えることによってより期待できるものになる。以下に詳しく述べる具体的な認知行動的方法は，「自己制御」という用語の下位技法にあたり，セルフモニタリング，自己評価，自己強化，そして言行一致訓練を含む。自己調節は，児童生徒が自己をモニタリングし，評価し，自身の行動を強化することが含まれる。そしてその一方で外的強化に基づいた随伴性管理の（行動的）プログラムの使用を徐々に減らしていく。行動的介入のポジティブな効果は，外的なフィードバックや強化が減っても維持されることが想定されている。結局のところ，ADHD はセルフコントロールの障害である（Braswell & Bloomquist, 1991）。そのため，セルフコントロールは ADHD の児童生徒によって実行可能な支援戦略を決める際に，理論的観点と実用的観点のどちらからも有利であろう。

セルフモニタリング

ADHD の児童生徒は，彼らのオンタスク行動，課題の完了とその正確性を観察するよう教え

られる（DuPaul & Stoner, 2003）。レイド，トラウトとシュワルツ（2005）は，強化と共にセルフモニタリングを行った8つの研究において，行動と課題の生産性の変容に中程度から大きい効果量があることを示している。この戦略の適用例を挙げる。グレアスコ・ムーアら（2006, 2007）は，ADHDの中学生に対するセルフモニタリングの効果を評価するために，2つの研究を実施した。2つの研究の参加者は，教師によって「授業の準備と課題整理（たとえば，正しい教科書，えんぴつ，ノートを持って教室に来ること）に重大な困難を抱えている」と報告されていた。教師は準備行動のチェックリストを作成した。チェックリストは，被験者間マルチベースラインデザインにおける実験フェイズで，達成されている準備ステップの割合を判断するために使われた。2つ目の研究では，宿題のステップの遂行もターゲットとされた（Gureasko-Moore et al., 2006, 2007）。ベースラインに続いて，学校心理士がそれぞれの参加者にセルフモニタリングの簡単なトレーニングを行った。2つの研究ともに次の結果が得られた。9人すべての参加者が，セルフモニタリングの機能として，遂行されたステップの割合に重大な改善を示した。さらに，数週間後には，外的なプロンプトや強化をしない場合でさえ，生徒は一貫して100%近くの必要な準備行動，宿題行動を達成していることが観察された。

自己評価

自己評価の介入は，教師視点で自分の行動を評価できるようトレーニングすることを狙っている（Shapiro et al., 1998）。この中では，児童生徒は自己制御に影響する可能性があるターゲット行動についての積極的な気づきが促される（Ervin et al., 1996）。自己評価は子どもたちに，自らの行動を観察し，記録し，評価することを教える（Davies & Witte, 2000）。たとえば，教師が児童生徒のターゲット行動を測定する（1：がんばりましょう～5：素晴らしいなどの尺度で）ことから始め，この得点を子どもと共有する（Rhode, Morgan, & Young, 1983）。子どもがこのプロセスに慣れた後は，自らの行動を評価するよう求められる。この記録のステップでは子どもに，教師の見方に頼ることなく自分の行動に意識を向けることを教える。次に，子どもと教師は自身の評定を見比べ，そこで教師と子どもの得点のずれが1点以内に収まっていたら，子どもはポイントを得ることができる。ちょうど一致していたら，ボーナスポイントを稼ぐことができる。そのかわり，もし教師と子どもの評定が1点以上ずれていたら，その間にはどんな強化も得ることはできない。このプロセスは教師がフィードバックを行うことを可能にし，子どもが自らの行動を誤って伝えないようにチェックし，バランスを取るシステムとして役立つ。しばらく経つと，教師の評定はプログラムから徐々に減らされ，児童生徒の評定のみによって強化が得られるかどうかを検討する。子どもたちは自分の行動に気付くことや正確な評定を行うことに責任があるので，強化子を得ることについて完全にコントロールしている状態といえる。これはこのアプローチの基礎的な方法論だが，行動の重篤度や子どもの年齢に基づいて多くのバリエーションを作ることができる。自己評価と，関連する自己制御の介入は，ADHDの児童生徒の多様な行動的・学業的目標を向上させるのに効果的であることがわかっている（Reid et al., 2005）。

自己強化

この介入戦略も自己管理の変形だが，特に強化の要素にねらいを定めている。その名前から明らかなように，自己強化は子どもに，自身の行動に基づいて自分自身に報酬を与える機会を提供するものである。自己強化は単独で使われるというよりは，自己評価と一緒に，あるいは多要素

のセルフマネジメントパッケージの一部として使われることが多い（Shapiro & Cole, 1994）。基本的には，他の人が子どもに報酬を与えるのではなく，子どもが強化子を選び，獲得に値する場合，自分に強化子を与える。ヒンショー，ヘンカーとワーケン（1984）は，このタイプの強化が，ネガティブな行動を減少させることとポジティブな向社会的行動を増加させることの両方において，外的に報酬が管理された場合よりも，効果的で，結果が顕著であることを見いだした。

言行一致訓練

　この方法は，個人が自分の行動について言語化していることと，実際にしていることの一致を上げることに焦点を当てている（Paniagua, 1992）。一致度の報告はどちらの順番でもできる（「行動する―報告する」，または「報告する―行動する」）。主な焦点は，言語と行動の一致度を上げることである。「行動する―報告する」モデルでは，子どもは過去の行動について正確に報告することを教えられ，そしてこれら2つの要素が本当に一致しているときに強化される。「報告する―行動する」モデルは以下の点で違っている。子どもはこれから行う行動についてのみ言語化し，そしてそれからこの行動が実行される。再度，一致の正確さに対して強化されることになる。言行一致訓練の実証的支持は，臨床群の中の事例研究に限られている。しかし，ADHDの子どもたちに効果的であることが示されている（DuPaul & Stoner, 2003）。

学校場面への示唆と応用

　子どもたちは一日のうちのほとんどを学校で過ごすため，学級場面におけるCBTの技法の有効性について考えることは非常に重要である。特に，状況や内容を超えて子どもにスキルの般化を生み出させるような戦略は必要不可欠である。たとえば，子どもたちは友だちとの困難な状況に直面したときに，社会的問題解決スキルを適用することには自信があって，慣れているかもしれない。しかし，この自信は他の人（たとえば，見知らぬ人）に試みようとしたときには消え去ってしまうかもしれない。訓練は，異なった条件下でスキルが練習できるように多様な状況を含むべきである。また，子どもたちが複数の状況でそれらのスキルを使うことを「忘れない」ために，新しいスキルが表出されたときに，先生や親が一貫してそれを強化することも重要である。

　学校場面に手続きを適合させるよう協力すべき教職員には，教師，カウンセラー，学校心理士，そしてソーシャルワーカーが含まれる（Braswell & Bloomquist, 1991）。また，多くの認知行動的手続きが学校場面の外で研究され，スキルが確立された後で学校に導入されているが，多くの場合，これらの手続きを学校場面で教えることもまた適切である，ということを理解しておくのも大切である。いくつかの方略は，他のものよりも実行するのが容易だったり（たとえば，自己管理は，一致訓練よりも教師が子どもに訓練しやすい），学校という状況で忠実に実行するのが可能であったりするかもしれない。

　また，いくつかの介入（たとえば社会的問題解決）は，集団場面においてスクールカウンセラーや学校心理士が実施することが最適であるといえる。この方法を使うことで，学校で活動する専門家が介入を行うことができ，そして集団という構造によって練習のための十分な機会が得られる。さらに，これらの介入は，3段階の「反応―介入（RTI）」の枠組みにおける第2段階という文脈として学級単位で行われることもある（Jimerson, Burns, & VanDerHeyden, 2007）。学級単位の認知行動的介入は，一部の教師においては更なる訓練を要するだろうが，特に自己評価や

第 12 章　注意欠如多動症──学校での認知行動的介入──　221

　自己強化のようなスキルは学級単位の介入に適している可能性がある。自己制御の介入は容易に適用でき，ほとんどの学校場面において比較的わずかな努力で実行できる。加えて，認知的アプローチの限られた有効性とは反対に，自己制御の介入には，ADHD への使用に対する実証的支持がある（Reid et al., 2005）。

事例 1
学校での ADHD 症状を減らすことに対する認知行動的介入

背景

　ADHD の混合型と診断されたウッドベリー中学校の 6 人の生徒（男子 4 人，女子 2 人）が，破壊的行動障害の生徒に対する介入グループ（RTI の第 2 段階）に参加した。第 1 段階の学級介入（たとえば，クラスのルールに従ったことに随伴する教師の賞賛，日常の報告カードを用いた家庭での強化）で十分な反応が不足していたことから，教師はこれらの生徒をセルフコントロールの苦手さがあるとして学校心理士に紹介した。引き続いて，教師はそれぞれの生徒について BASIC-2 の教師評定（TRS; Reynolds & Kamphaus, 2004）を評定した。介入グループに参加したすべての生徒が TRS の「外在化問題」について臨床的に有意な得点（T 得点 70 以上）であった。「外在化問題」は，多動性，攻撃性，行為の問題に関する教師の受け取り方を測定するものである。さらに，B.O.S.S.（Shapiro, 2010）を用いて，生徒たちの学級での様子を観察した。仲間が観察されたインターバルのうち平均して 13％でオフタスク状態であったのに対して，当該の生徒たちは観察されたインターバルのうち平均して 36％でオフタスク状態であった。生徒はオフタスク行動（たとえば，離席行動，物を投げること）やオフタスク発言（たとえば，大声で叫ぶこと，課題とは関係ない話題について他の生徒と話すこと）に最も多く従事していた。

介入計画

　ADHD の子どもたちは，しばしばセルフコントロールの問題を示すため，生徒たちに問題の状況を評価すること，状況に応じて行動を順応させることを教えるという点で，問題解決技法の介入が有益である可能性がある。結果として，ウッドベリー中学校の ADHD の生徒たちは，RTI の 3 段階に含まれる，学校における小グループの認知行動的介入に参加することとなった。プログラムの目標は，TRS の「外在化行動」の下位尺度で報告される症状の重篤度を，臨床的に有意なレベルから，各生徒の年齢と性において標準的な範囲まで減少させることであった。

介入手続き

　生徒たちは，10 週間に渡り毎週，学校心理士とともに 1 時間の CBT セッションに出席した。このプログラムは，フィフナーら（2007）による認知行動的問題解決プログラムに基づいている。それぞれのセッションは導入，ウォームアップの活動，ホームワークの確認から始まった。それから，生徒は問題解決技法について説明を受けた。技法には，（1）問題の認識，（2）解決法の産出，（3）解決法の結果についてのブレーンストーミング，（4）障害となるものの予測，（5）問題を解決する行動の実行，6）行動と結果の評価が含まれた。生徒たちが問題解決の枠組みについて学んだ後，認知行動的技法を特定の状況（対人関係の葛藤，怒りマネジメント，学級でのセルフコントロールのような状況）に応用するために残りのセッションが使われた。セッション内容の例を表 12.1 に

示した。また，生徒たちはそれぞれの週に，学んだ技法をロールプレイする機会や，自分のパフォーマンスについてグループリーダーや仲間からフィードバックを受ける機会を与えられた。セッションは，グループ場面外での技法の練習と般化を促進させるために，宿題を課すことで締めくくられた。

介入の結果

　認知行動的介入が終了したときの，生徒の行動に対する TRS の評定では，大多数の生徒において効果的であることが示された。すべての参加者がポジティブに反応したものの，当初設定した目標である，「症状の重篤度を臨床的に有意なレベルから，各生徒の年齢と性別における標準的な範囲まで減少させること」を達成できたのは 6 人中 4 人の生徒であった。平均して，生徒が報告した外在化行動は，介入後の TRS で 1SD（0.5 ～ 1.5SD の範囲で）減少していた。

表 12.1　認知行動療法介入のセッション内容（事例 1）

セッション数	テーマ	内容
1	導入	生徒は自己紹介をして，このグループで何を学びたいかを話す。 基本ルールを皆で決める。 集団の強化の手続きについて説明する。
2	問題の認識	問題が現れる兆候や考えについて把握できるように学ぶ。 自動思考や“ホット”な思考（行動に至る考え）を特定する。 特定の考えを支持する証拠，支持しない反証について評価する。
3	代替案の案出	問題に対して可能性のある解決策をブレーンストーミングする。 代わりとなる考えや感情を明らかにする。
4	結果のブレーンストーミング	先のことを考えることや代替方略について評価することを学ぶ。 行動の結果として，推測される情緒的，行動的結果について話し合う。 他人が自分とは異なる解決策を選択しうること，そしてさまざまな行動によって，さまざまな影響を受けうることを理解する。 長期的な結果について考える。
5	障害となるものの予測	それぞれの解決策について，障害となり得るものについてブレーンストーミングする。 一連の行動を選択する。 計画は予想通りに行かないこともあることを理解する。 予備の計画を作る。
6	行動の実行	計画を実行に移す。
7	行動と結果の評価	行動と結果について自己評価を行う。 必要に応じて予備の計画を用いる。
8	対人葛藤	特定の状況において，問題解決プロセス（セッション 2 から 7）を利用する。
9	アンガーマネジメント	特定の状況において，問題解決プロセス（セッション 2 から 7）を利用する。
10	教室でのセルフコントロール	特定の状況において，問題解決プロセス（セッション 2 から 7）を利用する。

第 12 章　注意欠如多動症——学校での認知行動的介入—— 223

事例 2
カイラ―課題の達成を増やすために，セルフモニタリングの介入を行った事例

背景
　カイラは ADHD の不注意優勢型と診断された 6 歳の女子で，1 年生の通常級に在籍していた。担任教師との面接によると，カイラは算数の時間に教室での課題を終えることが難しかった。カイラの学級は，算数のスキルに関してさまざまな教育上のレベルの児童が在籍していたため，担任教師は小人数教育とプリントの時間を採用していた。担任教師が小グループに算数を教えているとき，他の児童は前の授業内容から出題された練習問題を含むプリントをやるよう指示されていた。カイラはその時間の大半を課題から目を背けて過ごしており，1 枚のプリントさえもやり遂げることはほとんどなかった。

初期アセスメント
　カイラに指導するべき算数の学年レベルを決定するため，そして割り当てられた課題がカイラのスキルのレベルに適していることを確認するために，カリキュラムに基づいたアセスメント手続きが用いられた。このアセスメントによって，1 年生レベルでの 1 分間 12 桁の計算では，90％正解できることがわかった。カイラが基本的な足し算と引き算を行うのに必要なスキルを持っていることと，いくつかの基本的な単語の問題があるため，大人からほんの少し手伝いが必要であることが明らかとなった。非公式なアセスメントとして，以前カイラが取り組んだプリントについて振り返ったところ，必要なスキルを実際に示す上では問題があることがわかった。
　算数の指導中におけるカイラの学級での行動を直接観察したところ，学習に従事する行動の低い割合（35％）と，環境に対して受動的なオフタスク行動の高い割合（65％）が示された。さらに，算数の時間に課題を上手くやり遂げられないことを一貫して維持している可能性のある先行事象と結果を特定するために，機能的アセスメント手続き（O'Neill et al., 1997）が用いられた。一貫したパターンは明らかにならなかったが，課された課題の達成に成功したことに対する明瞭な報酬システムがないことがわかった。

介入計画
　カイラは受動的なオフタスク行動を高い割合で示していたので，彼女の介入計画の目標は，プリントの時間に，算数のプリントを仕上げる自覚を高めること（受動的オフタスク行動の頻度を下げること）であった。カイラが担任先生から強化子を受け取れるように，毎日，50 分の算数の時間に自分が仕上げたプリントを数えるというセルフモニタリングの手続きが作られた。通常，1 時間中に 5 枚のプリントが出されていたので，カイラの最初の目標は，「4 日間連続で，プリントの時間に 1 枚のプリントを仕上げること」であった。それが達成されると，目標は「4 日間連続で，プリントの時間に 2 枚のプリントを仕上げること」に上げられることになった。このように，4 日間連続で，プリントの時間に 5 枚のプリントをやりとげられるまで，引き続き目標が上げられることとなった。

介入手続
　カイラが自分の算数のプリントの遂行状況をモニターし，記録できるように，「パイ」が作られた（表

12.2 にセルフモニタリングの介入のステップを示した）。「パイ」は，プリントの時間に出される５枚のプリントの数に対応して，５つの切れ目で分割されていた。カイラは算数の時間に１枚プリントをやりとげるごとに，１切れのパイをパイシートに張り付ける練習をした。プリントの時間の前には，担任教師がカイラに今の目標を思い出させた。各算数の時間の終りに，カイラはやりとげたワークシートとパイを担任教師に持っていき，目標を達成したかどうか判定することになっていた。もし目標を達成していたら，あらかじめ決められた報酬のリストからご褒美を選ぶこと，もしくは「謎の報酬」（もらえるまで何かわからない報酬；Bowen, Jenson, & Clark, 2004）を選ぶことができた。

モニタリングの進捗

　担任教師は，時間経過によるパフォーマンスをモニターするために，毎日カイラが目標を達成しているかどうかを記録用紙に示した。カイラが最終目標（４日間連続で５枚のプリントを仕上げること）を達成すると，フェイディングの手続きが実行された。強化率は，「カイラが強化子を選ぶためには，５日の登校日すべてにおいて５枚のワークシートをすべてやりとげる必要がある」というレベルまで，徐々に減らされた（たとえば２日ごと→３日ごとという風に）。連続する４週間にわたって 100％やりとげられた後，強化子は撤去された。

　モニタリングの進捗データから，セルフモニタリングはカイラの課題の遂行に非常に効果的であったことが明らかになった。特に，最初の４日間の実行によって，１時間１枚のプリント目標を達成していた。５日目には，目標は２枚のプリントの達成に上がり，そしてその目標を達成できていた。カイラの課題の達成行動は目標が上がるにつれて増え続け，５週間後には報酬のフェイディングが始まった。フェイディングの手続きの間，カイラの達成行動は 100％のまま維持されていた。

表 12.2　セルフマネジメント介入計画（事例 2）

セッション数	テーマ	内容
1	セルフマネジメントのためのツールの開発	円形に切り取り，ラミネートしてパイ生地を作成する。 ５つのパイ切れを作り，パイ生地にはまるように切り取り，ラミネートする。 両面テープを使ってパイ生地とパイ切れがくっつくようにする。 報酬を決める。
2	児童への教育	児童に１枚のプリントを仕上げるごとに１つのパイ切れを貼ることができるということを教える。
3	目標の設定	児童の達成可能な目標を明らかにする。 児童に目標と報酬システムを説明する。
4	実施	現在の目標についてリマインダーを出す。 課題の完成について確認し，報酬を与える。
5	フェイディング	最終目標が達成されたら強化率を徐々に低下させる。 必要に応じて，児童はセルフマネジメントのためのツールの使用を継続する。

結　語

　ADHD は，発達的に不適切なレベルの不注意，衝動性，多動性を含むセルフコントロールの障害である。ADHD の青少年はしばしば，長期間の介入を必要とする深刻な学業的・社会的困難を抱えている。強力な実証的支持がある主要な介入方法は，薬物治療（主としてメチルフェニデートのような中枢神経刺激薬）と随伴性マネジメント（言い換えれば行動修正）しかない（Barkley, 2006; MTA Cooperation Group, 1999）。認知行動的戦略は，この障害の根本にある中核的欠如を改善する見込みはあるようだが，このアプローチ（特に社会的問題解決のような認知技法）に対する実証的支持は不足している。いくつかの統制された事例研究や小数サンプルの研究は，自己制御，特にセルフモニタリングと自己評価の使用に対するポジティブな証拠を示している。明らかなことは，セルフマネジメントの要素を採用した認知行動的戦略は，特に多要素の治療パッケージという文脈においては，さらなる検討を必要としている。

確認問題

1. ADHD の青少年の支援において，認知行動的な手続きが取り扱おうとしている根本の欠如と想定されているものとは何でしょうか？ なぜこれらの欠如は，認知ベースの戦略よりも自己制御の方が効果的にアプローチできると考えられますか？
2. アセスメントデータは，ADHD の児童生徒への認知行動的介入を計画，評価することにどのように用いることができますか？
3. ADHD の青少年に対して，3段階の反応−介入プログラム（RTI）という文脈の中で，そして他の効果的な介入（たとえば精神刺激薬）と組み合わせることで，認知行動的介入はどのように用いることができるでしょうか？

第13章

自 閉 症
——学校での認知行動的介入——

　本書初版が発表された 2006 年から，利用可能な技法と研究という観点から，自閉スペクトラム症（ASD: Autism Spectrum Disorder）を抱えた青少年の支援に認知行動療法（cognitive-behavioral therapy: CBT）の技法を用いるという考えは普及しつつある。定義に基づけば，ASDの青少年は，言語表出と言語理解，および非言語表出と非言語的理解の欠如，さらに固執行動や限定的な興味パターンの出現に伴って生じる社会的機能障害を示すとされている（American Psychiatric Association, 2000）。これらの行動はいずれも介入をする必要がある。たとえば，言語療法（speech/language therapy）や作業療法，教室マネジメントシステム，社会的スキル訓練といった介入におけるターゲットとなるだろう。ASD では，基本的にはそれぞれの"症状"によって介入方法が異なってくる。また，それらの介入では，問題行動の総合的評価や慎重な支援計画が必要とされる。ASD の症状が見られる場合，社会的スキルの改善や視点取得の向上，セルフモニタリング行動の増加，内在化障害の合併症状，特に不安の軽減において，認知行動療法が活用されてきた（Anderson & Morris, 2006; Cardaciotto & Herbert, 2004; Donoghue, Stallard, & Kucia, 2011; Sofronoff, Attwood, & Hinton, 2005; Sofronoff, Attwood, Hinton, & Levin, 2007; Sze & Wood, 2007; White, Ollendick, Scahill, Oswald, & Albano, 2009; Wood et al., 2009）。

　しかし，ASD に対する認知行動療法的介入の普及が向上しているにもかかわらず，臨床家が利用できるような包括的なリソースは不足したままである。特に，ASD に報告される機能障害や欠如に焦点を当てて検討しているものや，特定の欠如の支援のために用いることができる認知行動療法（CBT）について言及しているものや，認知行動療法を応用させたモジュール式の支援例を示しているものが不足している。さらに，現在入手可能なほとんどのリソースが，"実証に基づいた"とされる基準を満たしていないため，臨床家や教育者にとって，プログラムについての判断が難しくなっている。この章では，ASD の青少年に対して有効だと考えられる複数の支援の選択肢を挙げることと，介入の有効性を示すことによって臨床家の介入の選択とモニタリングを支援することを目的とする。本章でこの領域における，さらなる研究の重要性と必要性を強調できれば幸いである。

文献展望

　ASD を抱えた個々人にみられる行動について，より柔軟で包括的な支援の必要性を正しく理解するために，まずは，これらの欠如の基になる要因に着目することが重要である。現在の研究やこれまでの研究では，ASD における実行機能や心の理論（Baron-Cohen, Leslie, & Frith, 1985），中枢的統合理論（central coherence theory; Frith, 1989）の役割について研究がなされ

ている。また，これらの理論に加えて，神経生理学的要因や遺伝的要因が研究され，ASD について理解がさらに進んでいる。

実行機能

ASD における実行機能理論は，一般的な理論であり，実行機能不全が子どものコミュニケーションや社会性の機能障害の基礎要因であるということを示唆している（Landa & Goldberg, 2005; Lopez, Lincoln, Ozonoff & Lai, 2005; McEvoy, Rogers, & Pennington, 1993; Ozonoff & Jensen, 1999）。この理論では，ASD の子どもは，定型発達を示す子どもと比較すると，社会的スキルを含む日常生活の機能に対して支障を与えるような実行機能の欠如を示すとされている。

実行機能不全は，自閉症スペクトラム全体にかかわることが明らかにされている（Landa & Goldberg, 2005; Verte et al., 2006）。特に，計画能力や認知の柔軟性，情動調節といった実行機能が自閉症の子どもにおいて弱い領域であることに加え，実行機能は固執的でステレオタイプ的な行動や，コミュニケーション困難，情動調節不全の要因となることが研究によって立証されてきた（Eisenberg et al., 1997; Laurent & Rubin, 2004; Lopez et al., 2005; Ozonoff & Jensen, 1999; Turner, 1997; Verte et al., 2006）。このように，実行機能は，言語選択や表出抑制，情動調節，認知の柔軟性を示さなければならない社会的相互作用において重要である。

心の理論

バロン・コーエンら（1985）の発達研究に基づく心の理論は，私たちがどのように自分の思考や感情と他者の思考や感情を区別し，どのように他者の思考や感情を推測し，観察に基づいてどのように他者の行動を予測するかを説明する理論である。ASD の子どもでは，心の理論の欠如がみられる。知的能力が欠如している人に心の理論の弱さがみられないという点を考慮すると，これらの研究によって，認知機能が欠如している子どもと ASD の子どもの重要な違いが示されたといえる。このことが心の理論と社会的スキルの欠如との関連を立証するのに役立ち，その結果，社会的機能の改善の介入における特定のターゲットが明らかにされた。

中枢的統合理論

心の理論や実行機能障害と関連して，弱い中枢的統合が ASD においてみられる社会的スキルの困難さに寄与することが理論づけられている。中枢的統合とは，多くの人は細かな情報に注意を向けず，全体的な概念として情報を処理する傾向があるという理論である。しかし ASD の子どもは，事細かなレベルで情報処理を行う。中枢的統合が弱いせいで，思考や行動を全体として統合できない子どももいる。ASD にみられるこの情報処理の方法は，詳細に対して注意が必要な課題や，視方向の確立と追跡のような視覚的能力（visual skill）の課題においては長所ともなりうる（Happé & Booth, 2008; Pellicano et al., 2010）。人は自分の行動をさまざまな状況や活動に適応させるために，広範なレベルでの社会化の理解が必要となる。そのため，中枢的統合の弱い ASD の子どもには社会的困難が生じる。認知的な非柔軟性は，狭く詳細な情報を利用することとは対照的に，総合的な理解を適用することができないという弱い中枢的統合を指している。ペリカノ（2010）による縦断的研究においては，弱い中枢的統合が心の理論に問題を引き起こすが，実行機能の欠如とは関連しないことを見いだした。この研究ではまた，弱い中枢的統合が実質的な言語障害，特に比喩的な言葉の理解に関連することを見いだしている。

第 13 章　自閉症——学校での認知行動的介入——　229

病因論と神経生物学

　ここまでの理論によって，症状や行動の表出における説明や，自閉症のより適切な概念化は可能となるが，自閉症の原因の特定をすることまでには至っていない。生物学的または遺伝的原因は特定されておらず，自閉症は新生児期の正常な脳の発達への神経生物学的な能力障害の影響によると考えられている（McGrath & Peterson, 2009; Robbins, 1997）。脳の発達における環境変数の影響も説明されているが，今のところ決定的な発見はされていない。ASD に関する病因論の現在の研究では，遺伝的リスク要因や遺伝率，神経解剖学的構造に焦点が当てられている。遺伝子研究では特定の遺伝子の重複や欠失，染色体異常に関する特定の遺伝子の変異が検討されている（Glaser & Ouimet, 2010）。

　今のところ確実な原因はわかっていないが，かつては“希少”であったこの障害の罹患率は上昇しており，ASD が最も一般的で深刻な発達障害となったことは確かなようである。アメリカ疾病管理予防センター（2010）で報告された現在の罹患率は 110 人に 1 人の子どもが ASD と診断されており，女児よりも男児のほうが 3 倍から 4 倍罹患しやすいことがわかっている。

自閉スペクトラム症への介入

応用行動分析

　ASD の発症率が高まるにつれて，実証に基づく支援が必要に迫られている。アメリカ行動療法認知療法学会（ABCT, 2010）に引用された，ロジャースとビスマラ（2008）の調査によると，ASD の青少年に対する現在の支援法で，唯一の“実証に基づく”の介入法は応用行動分析（Applied Behavior Analysis: ABA）であり，特にロバースメソッドが代表的である。

　ABA は，B. F. スキナーの行動変容における強化と刺激の役割の研究に基づいている。ABA アプローチでは，青少年に，指示や視覚的注意のような予測可能な刺激を与え，その後適切な行動をすれば，有形の報酬といった強化子を与える。行動反応は，データを通じて厳密に観測され，不適切な行動はプロンプトやチェイニング，モデリング，シェイピングによって修正が試みられる。ABA によって，特定の状況における ASD の子どもの行動の増加がみられている。しかし，それは筋書き通りの相互作用であったり，般化に欠けていたり，学習行動の維持率が低いといった限定的な社会的スキル改善にすぎないという批判も存在する（Harvey, Luiselli, & Wong, 2009）。実際には，ABA の技法は別の介入方法と組み合わせて用いられることが多い。

ロバースメソッド

　O. アイバー・ロバースは，スキナーの研究に基づいた行動訓練を使って重度の ASD の子どもを対象に数多くの研究を行った。ロバースは，1 週間に約 40 時間の一対一での訓練を推奨している。幼児期や早期教育期において，ASD と診断された子どもをもつ養育者がロバースモデルの ABA を使い続けているものの，社会的スキルや機能的スキルの改善を支持する研究は数少ない。ロバースメソッドではコミュニケーションの改善がみられるが，社会的能力，情動的能力，機能的能力の領域における改善が見られないことが明らかとなっている（Spreckley & Boyd, 2009; What Works Clearinghouse, 2010）。

言語行動

ABA アプローチには，スキナーの言語コミュニケーション発達における研究（『言語行動（Verbal Behavior; VB; Skinner, 1957)』と呼ばれるもの）に基づく教授法もある。VB は異なるタイプの言語表現に対して報酬を与えることを通じて，コミュニケーションを増加させようとする。これは，その他の行動と同様に，言語も強化やプロンプトに反応するという考え方に基づいている。VB では，"マンド（要求）"，"タクト（命名）"，"エコーイック（言語表現をまねる）"，"レセプティブ（言語的指示に対する非言語的行動）"，"イントラバーバル（定型の会話ができる）"といった，コミュニケーションのタイプに特定の用語を使用する。VB によって，ABA の教授法は，対人間のコミュニケーションを必要とし，自然な強化子として社会的反応を用いる社会的介入となった。それは予測可能な刺激と適切な行動への強化を使った ABA の考え方と矛盾しない。VB は言語を使うことはなかった ASD の子どもの言語表現の増加に効果的であることがわかっている（Greer & Speckman, 2009)。

ABA が有効な支援方法であることが立証されてから，DSM-IV におけるアスペルガー障害（Asperger's disorder: AD）を含むかといった，スペクトラムの提案によってさらなる違いが浮き彫りになってきている。高機能自閉症（high-functioning autism: HFA）やアスペルガー障害を示す青少年は，損なわれてはいない認知能力を評価するとともに，社会的スキルの困難さについて理解するようなプログラムを受ける必要があることが見いだされている。さらに，より広い年齢層を想定したコミュニケーションスキル，社会認知スキル，社会的スキル欠如に効果があり，般化可能な更なる介入方法や技法が必要とされていることも明らかである。加えて，HFA や AD の青少年にしばしばみられる強迫症，社交不安，全般不安などの合併性不安症状や，抑うつ症状の軽減につながる介入方法も必要となっている。現在，研究者の多くは，認知行動療法はこれらの問題を解決することができると考えている。

具体的なアセスメントツールとテクニック

支援計画における査定と診断目的の査定では，異なる組み合わせの技法やツールを必要としている。診断において，臨床家は複数のツールや手法を用いて，個人の認知機能，学業機能，言語スキル，行動スキル，運動スキルを測定する。一方，支援のためには，臨床家は利用可能な診断情報，特に介入計画を個人に合わせる際に有益となる子どもの認知機能や言語機能の限界を特定するための情報について検討しており，そのことによって介入のターゲットをさらに精査することができるようになる。

面接，行動評価尺度，直接観察を使うことは，支援目的を決定する際に有用である。複数の環境を通じて，対象となる子どもの機能について異なる見解を得るために，面接には親や教師，子ども自身が含まれる。面接が支援計画の発展や問題の概念化に役立つ一方で，評価尺度や直接行動観察は，特定の介入の必要性を明確にするための客観的なデータとなったり，後に進捗状況のモニタリング指標として用いたりすることができる。

評価尺度

ASD の子どもは介入の対象となる無数の問題を抱えているため，臨床家が個人のニーズにつ

いての情報を集める際，介入につながる適切なツールは1つとは限らない。多くの評価尺度は
ASD の行動特性に焦点を当てた診断的なものであり，支援計画の立案やモニタリングの使用に
特化したものではない。したがって，臨床家は CBT のターゲットとなるような支援を必要とす
る領域を明らかにするために，新たなツールや技法を見つけ出さなければならない。また包括的
な症状の測定ではなく，特定領域に対して適用できるツールが必要となる。現在の診断的評価尺
度は，アセスメントの専門家が社会的スキルに関する支障の程度を示すのに使えるが，社会的状
況によらない個人の弱みと強みを記述することはできないかもしれない。さらに，時間による変
化に対して感度は低い可能性がある。

　以上のことから，診断的な評定尺度と広範な評価尺度測定の限界を理解しておくことは重要で
ある。社会的スキルや適応スキル，総合機能，不安に特化した尺度は，支援のターゲットとなる
ような領域に渡るニーズを測定する際には，より有益となるだろう。たとえば，社会的スキルの
評価尺度の例として，対人応答性尺度（Social Responsiveness Scale: Constantino, 2002）や社会
的スキル向上システム評価尺度（SSIS: Gresham & Elliott, 2008）がある。SSIS は，評価尺度デー
タに加えて，介入計画の指針と解説が得られる。また，市販のものや無料配布プログラムを通じ
て，不安症状を調べる不安に特化した評価尺度も利用できる。しかし，現在まで，ASD の青少
年に特化した開発された不安尺度はないので注意する必要がある。

　社会的行動に焦点を当てた評価尺度に加えて，"信念行動変容スケール"の開発も研究されて
いる。信念行動変容スケールは，より敏感に進捗状況をモニタリングする必要性から開発が進め
られている。グレシャムら（2010）は，現在の評価尺度を実施する時間的な長さを指摘するとと
もに，より適切な手法で変化を測定しうる短い項目群について明らかにしている。これにより，
支援のモニタリングは臨床家にとってより受け入れやすいものとなり，実施可能なものとなるだ
ろう。また，行動の微妙な変化も明らかにしやすくなるだろう。

直接行動観察法

　評価尺度を通じても重要な情報を得ることはできるが，われわれは，支援計画や進捗状況のモ
ニタリングを行う際には，評価尺度は直接観察法ほど有効ではないと考えている。操作的に定義
された行動に焦点を当て，それらの行動がみられるかみられないかを観察する直接行動観察法は，
社会的スキルのアセスメントに最も役に立つものの一つとして，研究によって支持されている。
直接観察法によって，臨床家は複数の状況に渡って定義された個別の行動の事例を観察すること
が可能となり，介入における正確なニーズや環境変数，規範的な仲間反応を特定するのに役立て
ることができる（Patterson, Jolivette, & Crosy, 2006; Sansosti, Powell-Smith, & Cowan, 2010）。
臨床場面と比べて，学校場面におけるサービスの提供における明確な利点の一つは，直接行動観
察法を実施することが可能であるという点である。

　いくつかの標準的観察形式を用いてデータを得ることができる。Observation of Appropriate
Social Interaction Skills（OASIS）ワークシートは，サンソステイ（2003）が開発した観察フォーマッ
トである。ワークシートでは直接的観察のできる15個の行動を単位時間当たりで観察し，適切
なスキルの割合を明らかにすることができる。

　イングラムら（2007）が開発した遊び場面観察チェックリストは，当初アセスメントツール
として開発された。チェックリストには，基本的に15分の休み時間内で観察可能な操作的に定
義された10個の社会的行動が含まれている。さまざまな社会的行動に及ぶ明確な定義があるた

め，自閉症に関連した障害に特有の社会的行動を特定する際の信頼性を備えているとみなされており，このツールは介入計画と進捗状況のモニタリングの両方に使うことができる（Ingram, Mayes, Troxell, & Calhoun, 2007）。

さらに，クルック，ヘンドリックスとラックマン（2008）の Think Social！（Winner, 2005）を用いた研究からは，その介入プロトコルに特化した定義された行動についてのデータを頻繁に収集することが有益であることが見いだされている。このタイプの観察データは，直接的に支援の有効性を測定しており，介入による反応があまりない行動と，介入が有効なまたは反応のあるターゲットを区別することを可能とする。さらにそのデータは，必要に応じて支援計画を修正するのにすぐに利用できる。価値のあるツールではあるが，尺度の信頼性を確実なものとするためには，支援計画と懸案事項について慎重に検討しなければならない。行動の定義が複数の評定者が使うのに耐えうるような充分に定義されたものかどうかを検討するために，データ収集に先んじて評定者間の信頼性を検討することが有益である。

直接行動観察でデータを集める際には，できる限りさまざまな社会的状況で観察を行うことが望ましい。学校であれば，昼食や休憩時間，クラブ活動，子ども間の相互作用があるどちらかと言えば学業的ではない科目（たとえば，調理実習，演劇など），課外活動が含まれる。1つの状況ではなく，さまざまな状況を観察すれば，社会的行動を回避することのできる（または観察されない）場面や，社会的行動を実行しなければならない場面といった，子どもに課される異なる社会的行動を観察することが可能となる。さまざまな状況で観察する際には，支援中において意味のあるデータを集めるために，観察間の一貫性を保つことが望まれる

目標達成尺度

子どもが介入の間に有意義な進歩をしているかを確かめるために，目標達成尺度（Goal Attainment Scaling）が効果を追跡する手法として使われる。目標達成尺度は，臨床場面において進捗状況を測定する有効な手段が無かったため開発された。それ以来，学校場面における社会的・情動的介入と行動的介入の両方に用いられることとなった（Coffee & Ray-Subramanian, 2009; Kiresuk & Sherman, 1968）。介入者や臨床家は，繰り返し測定することで，尺度の変化の割合の観点から，その変化が有意味なものであるか調べることができる。目標達成尺度は，ベースラインとなる行動を明確に定義しておけば，改善や悪化の程度とともに，観察用だけでなく教師や親の報告と自己報告，あるいは評価尺度によってもデータの追跡が可能となる。目標達成尺度の使い方に関するさらなる情報が知りたければ，コフェとレイ・サブラマニアン（2009）を参照されたい。

CBT における問題の概念化

認知行動療法（CBT）は学齢期の子どもの多くの問題や困難に対処するための効果的な方法として立証されている（Christner, Forrest, Morley, & Weinstein, 2007; Mennuti, Freeman, & Christner, 2006; Smallwood, Christner, & Brill, 2007）。CBT により対処可能な ASD の問題には，社会的・認知的欠如，視点取得，情動特定と情動調節，非柔軟・固定的思考パターン，発語・言語障害が含まれる（Donoghue et al., 2011; Lopata, Thomeer, Volker, & Nida, 2006）。さらに，現存するほとんどの研究では ASD の青少年に対して CBT を用いて併発する不安を軽減すること

に焦点を当てており，社会的行動の増加に伴って不安が低減することが分かっている（Anderson & Morris, 2006; Cardaciotto & Herbert, 2004; Lang, Regester, Lauderdale, Ashbaugh, & Haring, 2010; Sofronoff et al., 2005, 2007; Sze & Wood, 2007; White et al., 2009; Wood et al., 2009）。

　ABA の手法においてはスキル獲得における行動的な構成要素に厳密に焦点を当てており，CBT は ASD の青少年の支援において社会的スキルの獲得に役立つだけでなく，彼らの思考に挑み，情動への気づきや情動調節を向上させるものと考えられている。自閉スペクトラムにおいて重度の子どもの方が，自身の社会的困難について認識していることがよくある。そのため，その子どもが，どのように行動したらいいのかということと，“なぜ”その行動が重要なのかということの双方について，率直な説明を求めることがある（Winner, 2008）。CBT 介入はこの心理教育の構成要素を提供することができ，また思考を体系化して監視する能力，原因と結果の関係の理解，問題解決，行動抑制，感情教育を通じた情動的文脈と社会的文脈の理解のような社会的認知能力といった，能力の改善に焦点を当てることができる（Anderson & Morris, 2006; Bauminger, 2002）。

支援計画と介入方略

事例の概念化

　ASD の児童生徒のために介入計画を考える際には，個人のニーズの概念化について慎重に考えなければならない。さまざまな症状と行動を示す個々人において，画一的なアプローチは有効ではない。サンソステイ（2010）は，集団に属するすべての ASD の子どものニーズに合うように追求・想定されている場合，社会的スキルに関する介入は効果的でないことが多いと思われると述べている。そのため，CBT では個人のニーズを明確にするために事例の概念化が用いられる。

　事例概念化は，評価的または診断的プロセスというより，むしろ支援計画を導くような，データ収集や仮説検討における柔軟なプロセスのことを指している（Friedberg & McClure, 2002; Murphy & Christner, 2006）。事例概念化には面接や評価尺度といった評価的手続きが含まれているが，より多くの仮説を生み出したり，検討したり，新たな情報を入手したりするといったセッションも最初から最後まで含まれている。事例概念化では，子どもの年齢や認知能力，言語能力，特別な興味関心，発達段階を検討する。マーフィーとクリストナー（第 3 章）は，問題リストを作成し，アセスメントデータと組み合わせて，有力な作業仮説を組み立てることを推奨している。先行事象，出来事，変化の妨げとなるもの，防御因子も考慮に入れられるべきだとされている。たとえば，ASD のある子どもにおいて変化の妨げとなるものが感情言語の欠落だとすると，それはいったんニーズとして特定し，その後，支援目標として扱うことができる。

　1 人の ASD の児童生徒について概念化するとき，“なぜ”その子どもが問題を抱えているかということに寄与する要因について理解するために，より詳細な描写と理解に努めるべきである。臨床家はその子どもの問題点が，認知の欠如や認知の歪み，スキルの欠如，スキルの機能不全，またはそれらの組み合わせ，いずれによるものかを検討するべきである。認知の欠如とは，先に述べた総合的プロセスのような情報処理スキルの欠如を指している。一方，認知の歪みとは，活動はしているが誤った認知を導くということを指しており，CBT で扱われる典型的な問題である。本書の第 1 章でメヌッティとクリストナーが，感情や行動における認知の歪みの役割について述べている。スキルの欠如は認知の欠如とは異なり，情報処理過程における問題があるわけで

はなく，おそらく子どもが教えられていないために特定のスキルが欠落している。たとえば，自己紹介やアイコンタクト，友情スキルなどのスキルがこれに含まれる。最後に，スキルの機能不全とは，スキルを学んではいるが，"実際の世界"におけるスキルの般化や実行ができないことを指す。スキルを知っており，スキルを繰り返したり，詳細について話したりもできるものとして，ASD の児童生徒においてスキル機能不全はよくみられる。しかし，知識があるにもかかわらず，そのスキルを行動に移すことはない。以上4つの要因においては，それぞれ異なる介入が必要である。たとえば，スキルの欠如では臨床家は必要な領域におけるスキルを子どもに教えたり，スキルを伸ばしたりするようにする。一方，スキルの機能不全では，臨床家はスキルの般化を高めるために実際の場面（in vivo）で練習を提供するだろう。

支援計画と目標設定

　事例概念化を通じて得られた情報を考慮に入れて，支援計画は具体的で焦点化された目標を扱うように進めるべきである。目標は進捗状況を明らかにする上で，明瞭かつ測定可能なアンカーとなる一方で，支援計画は，個人の強みやニーズ，特徴に基づいて"どのように"目標を達成しうるかについても取り扱われるべきである。たとえば，ヘイリーとラヒームという2人の子どもがおり，どちらも社交不安を軽減することを目的としているとする。2人の社交不安は，社会的状況下でそれぞれが遭遇するさまざまな社会的相互作用の数から測定されるとする。ただし，ヘイリーは社交不安に関連した多くの身体症状を経験している。一方ラヒームは，身体症状は訴えておらず，主に社会的相互作用に関するネガティブな思考を経験している。このためヘイリーの支援は，ラヒームの支援とは異なるものとなるだろう。個人の機能障害は多様である可能性があるので，支援計画と目標設定は，その子ども個人に結び付けて行うべきである。

介入の選択

　特定のニーズに合わせて支援計画を発展させた後，次のステップとなるのはそれぞれのニーズに焦点を当てて利用できる介入を選択することである。これは基本的な支援モジュールのことである。つまり，さまざまなリソースやツールから介入を選択することであり，マニュアル化されたプログラムの制約に頑なに従うわけではないということを指している。マニュアル化されたプログラムは治療研究においては，非常に価値があり有益である。しかし，ASD を示す人は，"典型的な"人たちのためにデザインされたマニュアルには想定されていない特徴を持つ傾向がある。また，同じスペクトラムのある人専用にデザインされたマニュアルが，他の人に適用できないこともあるかもしれない。ASD のある人に対する介入においては，支援の個別性が成功のカギとなる。

　もしマニュアル化されたプログラムを使うとしたら，プログラムの個別性を高めるためにさまざまな適応を加えることが必要となる。そうすることで，ASD の青少年が示す特定の欠如に焦点をあて，（抽象的または実用的言語におけるような）機能的障害に応用させることができる。適応を加えることは，抽象的概念の視覚的説明（たとえば，感情の体温計）や，個人内の対話を導く Comic Strip Conversations（Gray, 1998）の使用，安心感を得られるような感覚を導く対象，興味のあるものを介入に用いる，物理的距離の技法を含んでいる（Anderson & Morris, 2006; Attwood, 2004; Donoghue et al., 2011）。ドノヒューらはさらに，短時間で頻繁なセッションも役

に立つことを述べている。

挑戦と課題

　モジュール式アプローチを利用した実践において，セラピストや介入者は優れた事例概念化スキルが求められる。セラピストは，さまざまな技法や入手可能なマニュアル化されたプログラムに関する研究に精通し，理解していなければならない。モジュール式介入は，でたらめに，または"焦って"行われるべきではない。モジュール式介入において求められることは，モニタリング技法に精通すること，技法を慎重に選択できること，支援方法決定ための適切なデータを収集することである。さらにセラピストは，個人を対象とした科学的根拠の立証のために，各クライエントを"N=1"研究として扱い，介入の有効性を明らかにする一事例実験デザインを使えなければならない。一事例実験研究データを利用することは，教職員にとってデータ分析をするのに効果的で，容易な方法である。ブラウン・チドセイ，スティージとマイス（2008）は，学校においては，介入の実行によって自然な"A/B"デザインが得られるために，一事例実験デザインは，臨床家がデータを集めることができる優れた方法の一つであるとしている。

ASD の児童生徒への CBT 介入

　CBT を用いた技法には，ASD の人が抱えるさまざまな問題に対処可能なものが多い。たとえば，行動的リハーサルを行う CBT 技法では，自然な状況で新しいスキルを試したり，他者の反応を振り返って報告したりすることが可能である。この技法は ASD の人にとって，新たな社会的スキルに挑戦することだけではなく，新しい行動をとった際の他者の反応をどのように判断したらよいかを学習するという点でも有効である。

　その際，既に用いられている CBT 技法の一覧にして並べるのではなく，支援計画に効果が期待できるモジュールを概念化するほうが有効であると考えられる。それぞれのモジュールには，自閉症研究と CBT 研究で示された技法がある。その一部を**表 13.1** に示す。

　どのモジュールが重要であるかを判断した後，そのモジュールを実施するための介入方法を選択することになるだろう。以下にさまざまな介入やプログラムがあるが，利用する介入を見つけるにあたって，他の領域や対象者のために作られた治療マニュアルなど，利用可能なものは他にも多くある。アトウッド（2000），ラオ・ベイデルとマレー（2007），サンソステイら（2010）といった多くの研究者が介入技法を補足する展望論文を示しており，参考にすると良い。

　以下に挙げるカリキュラムや技法は，ASD の子どもが抱える問題，特に社会性の欠如に特化して作成されたものである。プログラムは CBT の要素から成るが，これらのプログラムや技法のすべてが認知行動的アプローチというわけではない。たとえば，CBT の枠組みで捉えられる思考や感情，行動を扱うには不十分な場合もある。また，カリキュラムには含まれないかもしれないが，この枠組みの中には，アジェンダ設定や開始の手続き，ホームワークの振り返り，フィードバック，ホームワークなども含まれる（Friedberg & McClure, 2002）。

Multi-Component Integrated Treatment（MCIT）

　マニュアル化されたプログラムである MCIT（従来の Multimodal Anxiety and Social Skills: MASSI）は，社会的スキルや社会的コンピテンスの向上によって，ASD の青少年の抱える中核

表 13.1　ASD の青少年に対する CBT モジュールの例

認知再構成	ASD の人は，二分的な思考などの認知の歪みによって，社会的相互作用を難しくするような困難な行動をとりやすくなる。そこで，認知再構成によって社会的相互作用に重要となる視点取得課題の学習を促す。さらに，認知再構成によって，不安を併発している人に対して誤った思考や信念への対処を促す。この抽象概念を指導するにあたって，さまざまな技法を用いたり視覚教材と組み合わせたりすることが望ましい
リラクセーション	併発する不安やこだわり行動は，腹式呼吸や心的イメージなどのリラクセーション技法によって改善する可能性がある。リラクセーションは，不安を引き起こすようなスキルを教えるのと同時に指導する。さらに，ASD の児童生徒にとってリラクセーション技法は "感覚的休息" となると考えられる
心理教育	ASD の人の行動，内在化障害のリスク要因や症状，衛生，デート，社会的規範など，ASD の人への心理教育を通して，さまざまなテーマが検討されている。その際，言語スキルについては慎重な検討が求められる
セルフモニタリング	ASD の青少年の多くは，会話の際，テーマにこだわったり常同行動をとったりするために，セルフモニタリングの方法を学習する必要がある。他者の反応を読み取ることや自分自身の行動への意識を向けることを指導することで，セルフモニタリングは般化を保証する優れたツールとなる。児童生徒はリマインダーとして，視覚的な手がかりや刺激を用いることができる
社会的スキル	ASD に働きかける際に，社会的スキルの直接的指導が優先されることは当然である。ロールプレイや修正のフィードバック，モデリング，ビデオフィードバック，行動的リハーサルは社会的スキルを教えるのに役立つ。さらに，読書療法や Social Stories™ (Gray, 2000)，Comic Strip Conversations (Gray, 1994) といった視覚的なメディアも，社会的スキルの発達を促すのに有益である。

的な問題と不安に関連した問題の両方を扱うことができるように作成された。MCIT プログラムには CBT の枠組みで提供される 12 のモジュールがあり，これには構造化されたアジェンダやすべてのモジュールにわたる心理教育，家族関与の機会，セッション外での練習，フィードバック，社会学習の機会が含まれる。これらは個人のニーズにも十分に対応できるようモジュール式で柔軟に用いられる。少数サンプルを対象とした予備研究では，不安の軽減に効果的であることが示されている（White et al., 2009）。

Think Social!

　ミシェル，ガルシアとウイナー（2005）による Think Social! A Social Thinking Curriculum for School-Age Students では，行動の背後に隠された目的を強調し，社会的行動を指導する。直接的な教示やロールプレイを通して，ASD の青少年は聞くスキルや会話スキルなどの社会的行動を練習する。Think Social! は，特定の状況において，なぜある行動は適切であって他の行動は適切でないかを理解するための心理教育としても用いられる。このカリキュラムを用いることで，

第 13 章　自閉症——学校での認知行動的介入——　237

ASDの児童生徒は不適切な行動を減少させるとともに，言語的・非言語的な社会的行動を向上させる（Crooke et al., 2008）。

Exploring Feelings[33]

トニー・アトウッド（2004b）による Exploring Feelings プログラムでは，2冊の本を用いて不安や怒りの制御について直接的な指導を行う。最初は，感情的な気づきについての心理教育が行われる。そこでは，ツールボックスの視覚的な例を用いて，感情の対処に役立つ方法を児童生徒に選択させる。Exploring Feeling プログラムによって問題解決への自信を高める（参加者評定による）と同時に，家庭で観察された不安症状や怒りのエピソードが減少する（親評定による）ことが示されている（Sofronoff et al., 2005, 2007）。

Superflex®...A Superhero Social Thinking Curriculum

現時点での研究はないが，著者らは Superflex®...A Superhero Social Thinking Curriculum（Madrigal & Winners, 2008）についての広範囲の展望と活用を通じて，効果の期待できる技法であることを見いだしている。視覚的フォーマットやマニュアル化されたカリキュラムの活用によって，参加者が非合理的信念に挑戦したり，認知的な柔軟性の無さを軽減させたりする手助けができる。さらに，このような指導によって，子どもが自身の社会的スキルの困難さと他者からの視点を結びつけられるよう支援すると同時に，情動調節を発達させるよう支援する。

Social Stories™

Social Stories™（Gray, 2000）には，ASDの児童青年が語りの一人称となって，適切な行動を説明したり，行動の理由を話したりするナラティブの要素が含まれる。このストーリーは，将来の行動，不適切な解釈への認知再構成，望ましい行動を増やすための行動的介入に対する心理教育として用いられる。Social Stories™ 単独では，仲間との社会的行動を向上させる効果に限界がある（Hanley-Hochdorfer, Bray, Kehle, & Elinoff, 2010）。しかし，自閉症の子どもに対して行われた研究では，他の介入と併用した場合に Social Stories™ によって癇癪が軽減することが示されている（Lorimer, Simpson, Myles, & Ganz, 2002）。サンソステイとポーウェル・スミス（2006）は，親からのサポートと正の強化によって効果は高まると示唆しているものの，Social Stories™ によってアスペルガー障害の生徒が仲間集団へ加わることを促すことができることを示している。

Comic Strip Conversations

Comic Strip Conversations（Gray, 1994）は Social Stories™ を視覚的に発展させたものであり，Social Stories™ と併用したり単独で用いたりすることで行動を向上させ，CBTと同様の目的で用いられることがある。イラストが用いられ，ふきだしで他者の見方を説明しながら社会的状況や問題が表される。この介入は子どもを対象に作られており，イラストで示された問題をどのように解決するかについて，理解しやすいものとなっている（Pierson & Glaeser, 2007）。現時点での研究は限られているものの，この介入によって ASD にある数名の社会的行動が向上することが示されている（Lorimer et al., 2002; Pierson & Glaeser, 2007）。

33）アトウッド博士の〈感情を見つけにいこう〉シリーズ（明石書店）として翻訳されている。

Power Cards

　Power Cards（Gagnon, 2001）は，ASD の人が適切な社会的行動を促進させられるよう，彼らが関心を持つ領域を利用して行われる。Power Card を利用した介入では，子どもの好きなキャラクターを用いて物語が作られることになるが，その中でキャラクターが適応的な行動をとることになる。子どもが持ち運んで手がかりとして確認できるよう，主なアイディアや指示はお気に入りのキャラクターと一緒にインデックスカードに書かれている。これは心理教育や認知再構成，行動的介入に用いられる。Power Cards に関する研究は数が限られており，一事例実験デザインがほとんどで，方法論的限界がないとは言えない。この点を考慮する必要はあるが，自然な状況における不適切な社会的行動の軽減に改善が示されている（Keeling, Myles, Gagnon, & Simpson, 2003）。また，Power Cards を用いることで，ASD の青年の会話スキルに向上が見られたことが示されている（Davis, Boon, Cihak, & Fore, 2010）。

The Incredible 5-Point Scale

　ASD の青少年は，効果的な情動調節と同様に，問題や感情の不一致についての理解に戸惑うことが多い。The Incredible 5-Point Scale（Buron & Curtis, 2003）は，考えが低いレベルから高いレベルへどのように進行していくかを示した視覚教材である。また，状況においてどのように適切な反応をとるかを説明したり，情動調節の発達を促したりすることにも用いられる。

社会的検証（Social Autopsy）

　ASD の青少年が社会的な誤りを犯した場合，行動と認知の両方に対する再構成の機会が与えられる。これを促すツールが，リック・ラボイ（Lavoie, n.d.）によって学習障害の児童生徒のために開発された方略である社会的な検証（Social Autopsy）である。これによって，子どもや大人が誤りを犯した状況を分析するのに役立つ。たいていの場合，ASD の子どもは何が間違いなのかわからなかったり，別の側面を原因として選んだりする。何が間違っていたのか気づくことができるようなサポートが無ければ，子どもは同じ誤りを繰り返すだろう。社会的検証では，できごと，誤りの発見，不適切な行動の代替案の提示を通して児童生徒を導いていく。

暗黙のカリキュラム

　暗黙のカリキュラム（Myles, Trautman, & Schelvan, 2004）では，青少年が主に観察学習や偶発的学習を通して，直接的に指示を受けながら暗黙の社会的規範を学ぶことが求められる。定型発達の子どもにおいては，この種の学習の多くは間違えから学ぶものである一方で，ASD の子どもでは通常期待されることを勘違いしていたり，間違えたことに自体に気がつかなかったりする。更衣室での振る舞い方，デートの誘い方，食事における行動の仕方，友だちへの話しかけ方などの行動に対して，“暗黙のカリキュラム（Hidden Curriculum）”ではどうするべきなのかということについて，直接的教示を与えることは，社会的スキルの介入計画に不可欠となる。このようなルールは，状況における基本的な背景の知識を教えることになるので，子どもはルールに従って相互作用することができる。たいていの場合，ルールはその場に関与している人や状況によって変化する。たとえば，都会の学校にあるカフェで求められる行動は，田舎にある図書館の場合と大きく異なると考えられる。また，ルールは時間の経過によって変化する傾向にあり，セラ

ピストは，どのような社会的行動が求められているかという情報を活用することが必要とされる。

読書療法

　本を利用することで，教室で ASD の子どもに求められるスキルをセッション内に滑らかに移行することができる。子どもが経験した情緒や主要な問題，ASD についての情報を共有する心理教育的なツールとして本が用いられる。本によって状況を説明したり，問題解決的な会話を生じやすくしたりすることができる。子どもは登場人物の思考や感情，反応を理解しようとする際に，視点取得課題を練習することができる。一般的な児童文学の多くで，児童生徒が直面する困難が取り上げられている。また，ASD の子どもが書いた本や彼らについて書かれたものも増えている。子どもは自分たちが直面するのと同じように登場人物が戸惑う様子を見て，共感したり，自尊心を高めたりすることができる。

ビデオモニタリングとモデリング

　代理学習の理論に基づくと，視覚的相互作用を形成することができることから，ASD の青少年に対しては適切な行動についてのビデオモニタリングやビデオの視聴を提供することが推奨されている。ビデオモデリングでは，正しい行動をとることができる人，あるいは，支援ターゲットとなる社会的コミュニケーション，行動，日常生活スキルを正しく遂行できるようになった ASD の人の様子を見せることになる。ビデオのセルフモニタリングでは，問題行動に上手く対処する様子を示すことができるようにビデオで記録することや編集することになる。ASD の子どもにとって，他者の観察を通した学習行動は，主たる行動改善を促す方法とはいえないが，自己と他者の両者についてのビデオモニタリングによって小学生の会話スキルに改善がみられたことが示されている。研究全体を通して，セルフモニタリングと他者モニタリングのどちらか一方が優れていることは示されていない（Sherer et al., 2001）。

　ASD の子どもでは，適切な行動を促すビデオや絵が描かれている刺激を用いることで，日常生活での課題の学習がより向上することがわかっている（Van Laarhoven, Kraus, Karpman, Nizzi, & Valentino, 2010）。ヴァン・ラールホーベンらは，参加者がビデオモニタリングの利用を好み，再びこのような介入に参加する意欲が高いことを示した。しかし，この介入では何らかの形でビデオに行動を収めたり，場合によっては望ましい成果だけを見せられるように，刺激や一部を編集したりするような，使い勝手の良い技術が必要とされる。

　徹底した研究が行われたわけではないが，ビデオモニタリングはセラピストや ASD の子どもによってアセスメントとしても用いられる。このようなビデオモニタリングでは，ロールプレイやスキルの応用を収めるとともに，後の熟達の判断基準として用いられる。子どもは上手く振る舞うことができた領域，あるいは改善が求められる領域について説明を受ける。セラピストは現実的なデータを用いなくても，ビデオによって進捗状況を見極められる。

テクノロジー

　既に述べられた介入の多くについて，テクノロジーを取り込むことができる。たとえば，携帯端末は社会的状況における Social Stories™ やビデオ，音声を保存することが可能である。コンピュータプログラムでは，ASD に共通してみられる心の理論の欠如を改善するための実例を作成することができる（Donoghue et al., 2011）。携帯性，多様性，容易性の面から，介入における

技術的なサポートを利用できるようになり，介入支援のためのさまざまなツールを用いることができるようになっている。技術的なオプションは発展しつつあるものの，これらの研究は少なく，行動の改善も限られていることから慎重に用いる必要がある。

学校場面への示唆と応用

　ASD の青少年に対して，学校で CBT 技法を使用することは，学校の社会性を踏まえると自然な組み合わせであるといえる。参加者が自然な「実験室」でスキルの練習をすぐに行うことが可能で，成功や失敗をすぐに報告できるという利点がある。行動的リハーサルや「社会的実験」といった技法は，医療場面とは違って容易に実施することができる上，介入者や臨床家は参加者がスキルに取り組む様子を直接観察することができる。サポートを受けながら取り組む機会が与えられることで，CBT では認知再構成を通して，学校における子どもが学んだスキルを般化できるよう支援することができる。この点は，これまで多くの研究でプログラムや技法の弱みとなっていた点である。

　さらに，CBT では時間的枠組みを設けるとともに，参加者を解決策に注目させるような自然な状況を作り上げるために，学校という条件において浸透しやすいといえる。また，内在化障害を併発している ASD の青少年に対して，CBT では臨床的な抑うつや不安への悪化を防いだり，現在併発している問題を改善したりすることが可能である。

　学校場面における CBT の弱点の一つは，親の関与が限られることである。これは親が支援計画（個別支援計画の話し合いの際など）に参加したり，家でのサポートが可能な「ホームワーク」の説明を受けたりすることで克服できると考えられる。さらに，使用されている介入法を説明したり，特に家庭で役に立つ技法を親に教えたりする親セッションを夕方に行うことも有効であると示されている。直接的な親の関与はセッション中には，ほとんどないという現実はあるものの，このような方法によって親の関与を高めることは可能である。

　　事例：マシュー

　マシューはアスペルガー障害と診断された 14 歳の男子である。マシューは，平均的な知的能力が備わっているものの，極めて柔軟性のない考えのために，行動上の問題や社会的相互作用に深刻なつまずきが見られた。3 年生の時に初めて，学校での支援が必要であるとされた。通常学級に所属していたものの，マシューには個別指導が必要であった。また，マシューは自閉症の支援を行う教師による社会的スキルの指導や，教室でのコンサルテーションといった支援を受けていた。

　最初に，問題とされるマシューの行動を，（1）やりたくない行動を要求されたときに，過度に泣いたり机の下に隠れたりするといった癇癪を起こす，（2）社会的な付き合いや感情伝達の手段として極めて過剰に振る舞う，（3）双方的な会話の苦手さや冗談の不適切な使用などといった社会的スキルの深刻な欠如，といった 3 つの領域に分類した。また，マシューは動物や科学に強い関心を示した（現在もみられる）。

　マシューが追加の介入を利用できるためにも，幼い子どもを対象とする場合と同じく，癇癪行動の減少を優先的することとした。癇癪行動を減少させやすくするために，視覚的なスケジュールや適切な行動の強化，切り替えに対する手がかりや刺激といったさまざまな行動的な介入を行った。

さらに，自閉症の支援を行う教師が個別治療を行う際には，情動調節を狙って感情体温計や「怒りメーター」を用いた。Think Social! (Winner, 2005) を用いた技法は，マシューが適切な強さの反応を学習できるように，「問題の大きさ」の確認に焦点を当てて使用された。マシューがこの領域で改善を示すと，過剰な振る舞いも大幅に減少したことが示された。このような行動の機能は，感情言語の欠如や感情の調節とある程度直接的に結びつくことがわかっている。しかし，マシューの場合，他者から承認を得る手段として，動物について極めて特殊な「事実」を知っていると主張する過剰な行動が続いていたのである。そして，そのことにより実際に他人へ過度な印象を作り上げてしまっていた。この行動は，誤った思考に挑戦するための直接的な質問と，マシューが自分の発言に対して自分自身で結論を出せるように援助するためのソクラテス式問答法の両方を用いて介入が行われた。

6年生から，マシューの癇癪（かんしゃく）行動は過剰な振る舞いと共に大幅に減少した。しかし，彼の社会的スキルは極めて不十分で，会話は動物の話題で占められた。また，彼は冗談を不適切に用いたり，他者が自分に向けた反応に気がつかなかったりした。さらに，マシューは皆が自分を「いじめている」と思いがちで，毎日のように管理職に訴えていた。このような現在進行形の問題の結果，マシューには個別支援担当者がつけられた。彼の年齢を考えると，個別支援の存在によって社会的な発達が妨げられ，「他人と違う」という点が浮き彫りになってしまうと考えられる。マシューは支援者を強く意識するようになり，支援が終わるよう行動やスキルを改善させる動機づけを高めるようになった。結果として，社会的スキルの集団に加わることができると判断されたため，集団の中で個人のニーズについて扱っていくこととなった。

・支援計画と目標

目標や支援計画は，社会的状況において20分間に集められた直接行動観察のデータを基づき，以下のように概念化された。

1. 冗談の不適切な使用（繰り返しやタイミングの誤り）を，社会的なやりとりの間で25%減少させる。

2. 会話場面で適切な話題に沿った発言を，社会的なやりとりの間で25%増加させる。

形式：自閉症への支援を行う教師と学校心理士の協力の下で，マシューはASDの中学生6人がいる集団に参加。

頻度：12週に渡って週に1度実施。

各セッションは50分。

家族関与の程度：家族は夕方の1回のセッションに参加。

ホームワークの概要と家庭でも使うことができる共通の用語についての説明。

補足的介入：集団介入の間も個別支援を継続。

支援の障壁：マシューは援助を必要とする領域については，一日中支援を受けていたものの，支援者が指示された技法をいつも実施できていなかった。このことは般化や訓練を妨げる原因となった。しかし，これまでの研究で実証されているように，一番の障壁は，セッション間のホームワーク実行欠如であった。

・マシューの進捗状況

　CBT アプローチが適用された。参加者の気分を測定するためにセッションとセッションの間に，ホームワークが出された。セッションでは，ロールプレイやフィードバック時のビデオセルフモニタリング，行動リハーサル，認知再構成，証拠の検討，視点取得エクササイズ（予期），セルフモニタリングといった認知的・行動的介入の両方が取り入れられた。異なるカリキュラムからの技法も CBT の枠組みの中で採用され，全て生徒個人のニーズに合わせられた。マシューの場合，冗談の不適切な用い方（不適切なタイミングで冗談を繰り返し用いる）と会話のスキルが対象となった。集団形式において，マシューは特に高機能自閉症の仲間からの自然なフィードバックを受けた。そのことによって，視点取得の改善が促されていた可能性がある。個別支援者からの視覚的手がかりを用いた支援によって，社会的状況での般化の向上が促された。

　直接行動観察と目標達成尺度によると，12 週の間にマシューは目標に近づくことができ，個別支援も終了した。継続的な般化の促進を支えたのは，マシューが集団のある生徒と友だちになったことが挙げられる。これは彼が築くことができた「初めて」の友情関係であった。彼は幸せそうであった。そして，管理職に毎日報告されていたいじめについては，報告されなくなった。

セッションの概要

　表 13.2 にある 10 セッションは，集団状況において実施されるが，個人に対しても修正可能である。ただし，認知的・言語的スキルがあり，より内省が可能な 10 ～ 13 歳の児童生徒を対象として作られている。児童生徒は，以前に破壊的な行動に対して行動的介入を受けているものと想定される。そのため，社会的スキルや認知の柔軟性，視点取得課題の習得と般化に優先的に取り組んでいくことになる。このプログラムでは，感情言語は確立されているものと想定されている。各セッションは CBT の枠組みに沿って実施され，児童生徒はセラピストと，プログラム開始を確認し，アジェンダを設定して，ホームワークを決めることとなる。フィードバックはホームワークに伴って行われる。セッション 6 ～ 10 では児童生徒のニーズに沿って柔軟に行われ，特定のスキルが個人に合わせて行われることになる。

表 13.2　10 セッションの概要

セッション 1　ラポールの形成 / 自分を知る

目的：　　治療同盟を結ぶ

　　　　　児童生徒と支援目標を設定する

活動：　　コンピュータゲームなどのフォーマットを用いて，適当な距離感を保ちながらも，児童生徒のことを知るようにする。視覚教材や関心を持たせるイラストを用いて目標を設定する。

セッション 2　心理教育 /CBT の 3 つの要素

目的：　　感情が思考や行動にどのような影響を与えるかを指導する

活動：　　集団活動に参加している児童生徒にシナリオの例を提示する。この活動ではシナリオを提示されている間に生じた思考や感情に注目できるよう，参加者が特に関心のある領域に関連したものとする。思考や感情の関係性を理解し，言語化できるように視覚教材を提示する。

第 13 章　自閉症——学校での認知行動的介入——　243

セッション 3　思考の検討

目的：　　思考と感情の関連をさらに詳しく説明する

活動：　　コミック会話（Gray, 1994）を用いて，児童生徒は色つきのマーカーで感情を書き表す。また，感情を特定できるようなシナリオを設定し，その感情に伴って生じる思考を記述する。また，思考を特定しやすいよう，選択肢を複数用意すると良い。

セッション 4　情動調節

目的：　　強さの異なる感情が生じるということと，反応は感情の強さに合ったものであることが望ましいことを教える

活動：　　視覚教材（Slinky®[34]，色，目盛，体温計）を用いて，感情が強さに連動して生じることを示す。児童生徒が適切な感情表現をロールプレイできるようなシナリオを提示する。

　　　　　読書療法の推薦書：*I Love My New Toy* by Mo Willems（2008）

セッション 5　他者の行動と感情の検討

目的：　　どのようなことが他者を「うんざりさせる」か，自身の行動が社会的関係にどのような影響を与えるかを教える

活動：　　社会的検証の枠組みを用いて分析可能な社会的問題の例を提示する。問題解決スキルが指導され，代替解決法がロールプレイで示される。
　　　　　読書療法の推薦書：*Amelia Bedelia* by Peggy Parish

セッション 6　行動のセルフアセスメント

目的：　　スキルの中間チェック

活動：　　他の参加者の感情を考える際に，視覚的なリマインダーを備えた相互作用のある好きなゲームに取り組む。このゲームはビデオ録画され，集団の前で再生される。児童生徒は支援を受けながら，自分自身の社会的な誤りを特定するよう促される。

セッション 7　社会的スキルの直接的指導

目的：　　相互作用のある会話スキルを教え，会話の独占を軽減させる

活動：　　会話の話題として使えるような他者の興味関心を認識できるよう，絵を作成して友だちの輪を作る。セラピストによる修正フィードバックを伴うロールプレイを通して会話の訓練をする。

セッション 8　社会的スキルの直接的指導

目的：　　会話の相手の言語的・非言語的手がかりに気づくことを学ぶ

　　　　　セルフモニタリングを教える

活動：　　児童生徒が選択した話題に取り組む際に，表情の非言語的な手がかりの写真が与えられる。セラピストが示した表情について検討することで他者の興味関心の程度を判断する。写真を使用した訓練を何回か行った後，児童生徒は仲間と実際に会話しているときの自分の誤りについてセルフモニタリングするよう求められる。

34）　ばね状の玩具。

セッション9 般化	
目的:	学んだ内容を関連づけられるよう援助する
活動:	自然な状況における行動リハーサルを行った後，会話を試みた時の成功と失敗を自己報告する（あるいはシナリオを示す）。同時に，ブレーンストーミングによって困難に対するトラブルシューティングや問題解決法に取り組む。成功した会話とポジティブ感情，失敗した会話とネガティブ感情や思考との関連づけを行いやすくするために，自分の挑戦に伴った思考や感情を報告する。
セッション10 フィードバック / 終了	
目的:	社会的相互作用の価値と仲間からの孤立の防止を学べるよう援助する
	本グループについて児童生徒からフィードバックを受ける
活動:	肯定的な側面に注目できるよう，児童生徒は社会的相互作用の良い点と悪い点についてリスト化する。また，児童生徒には本グループについてのフィードバックを求めるとともに，言語的・非言語的な自己報告を通して本グループで役に立ったことを発表してもらう。

結　語

　CBT 技法はさまざまな障害や症状に対する効果的な治療として確立されてきた（Association for Behavioral and Cognitive Therapies, 2010）。新たな研究においては，ASD の青少年に対して，特に不安を併発した事例においてCBT を適用することを視野に入れている。特に「自然な実験室」として，児童生徒に社会的スキルを体験させられる学校場面において，これらの技法を用いることは，社会的認知の欠如にアプローチしていくために有益である。ランダム化比較研究が必要とされているものの，セラピストには一事例の実験デザインやフィールド研究に基づく研究知見の蓄積が求められる。

確認問題

1. 自閉症における欠如は，心の理論，自閉症の実行機能理論，中枢的統合理論によって説明されているが，なぜCBT がこれらを取り扱う上で「適当」であるとみなされると考えますか？

2. 多くの研究者が不安症を併発している ASD の青少年に対して CBT 技法を用いています。このような人が抱える不安症の支援においては，アセスメントや進捗状況を観察する際に，どのような難しさがあるでしょうか？ また，これらの問題をどのように扱うことができると思いますか？

3. マシューのケースでは，個別支援が不要になるまでに，数年にわたって介入が行われていました。CBT は典型的には短期的介入であり，ASD においては広範囲に渡って年齢が高くなるについて問題が移り変わっていくことを考えると，長期的および短期的視点に基づいて，支援はどのように概念化する必要があると考えますか？

監訳者あとがき

　本書の第一版とのご縁ができたのは，著者がアメリカの滞在中の 2010 年のことであった。教育場面での認知行動療法に関する研究を進めていた者にとって，本書が非常に興味引かれる内容であったことは言うまでもない。その間，フィラデルフィアに住んでいたこともあって，Philadelphia College of Osteopathic Medicine を訪問した際，当時在籍していた鈴木貴子先生より，著者の一人であるメヌッティ先生をご紹介いただいた。その際に，第二版の紹介と翻訳についてのご示唆をいただいたのである。その後，意気込んで帰国したわけであるが，ひとえに小生の力不足ゆえに出版にこぎ着けるまでに多くの時間がかかってしまった。この場を借りてまずはお詫び申し上げたい。

　気を取り直して，あとがきに代えて本書について少し解説を加えたいと思う。本書は，各テーマを専門とする著者による独立した章から成り立っている。そのため，興味のある章から読み始めてもらっても全く問題はない。とはいえ，本書の全体像を把握する上では，第 1 章から第 3 章を先に読んでいただくとよいだろう。第 1 章では認知行動療法の基本的なモデルが示されている。認知行動療法に馴染みのない読者にとっては，まずは第 1 章から始めていただくことをお勧めしたい。第 2 章では，認知行動療法を学校システムにどのように適用するかが議論されている。そのため，メンタルヘルスを高める取り組みの導入を検討する立場にある実践家にとっても研究者にとって有用な情報が含まれている。第 3 章は事例概念化，すなわち認知行動療法でどのように事例を理解し，支援方略を立案するのかという点についての包括的な議論がなされている。おそらく，「第 1 章に書かれていることは十分承知！」という方から「実証に基づく心理社会的技法って何？」という方まで，児童生徒と向き合う機会のある全ての支援者にとって有益な情報が含まれているだろう。そして，第 4 章から第 13 章までは，学校で出会うことの多い心理的問題，発達的問題，そして生徒指導上の問題がまとめられている。読者の皆様が担当されている事例，あるいは学校全体として重点的に取り組むべき課題に合わせて読み進めていただければ幸いである。なお，各章を読み比べていただくと，エビデンスの蓄積や学校での適用の実績において，さまざまな違いが見とれるため，認知行動療法の現在とこれからが浮き彫りになってくるだろう。一方で，それぞれの著者による微妙な表現の違いや，形式の違いなどが散見する点についてはご容赦いただきたい（本書を通じて用語の統一には尽力したつもりであるが）。

　また，本書を活用していくためには，我が国とアメリカの臨床心理学の専門家の養成システムや学校臨床サービスの違いについては留意しておかなければならない。とはいえ，本書の中で議論されている内容は，日本の教育現場で認知行動療法を実施する際の現状と課題に読み替えることもできる。本書では「学校場面への示唆と応用」という項で，認知行動療法をどのように学校で根付かせていくかという点について議論している。この背景として，実証に基づく心理社会的技法に習熟している心理学の専門家と，学校場面でそれを活用する人材が必ずしも一致しないという点が挙げられる。国やシステムの違いはあるにしろ，この課題は万国共通の課題である。そのため，本書は，今後ご自身の教育現場で機能分析を活用する際，エクスポージャーを導入する

際，問題解決技法を用いる際，あるいは学校レベルのメンタルヘルスプログラムを実施しようとする際，直面しうる課題を予測しているともいえるのだ。認知行動療法は科学者実践家モデルに基づいている。そのため，学校での認知行動療法の実践においても，「巨人の肩の上に立つ」という姿勢で，これまでの知見をフル活用していただければ幸いである。

　最後に，本書の出版にあたっては，金剛出版の立石正信氏に心より感謝申し上げたい。氏の継続的，かつ忍耐強いサポートがなければ，こうして読者の皆様のお手元に本書が届くことはなかった。奇しくも，序文の中でジュディス・S・ベック先生が述べられているのと同じように，本書が学校での認知行動療法の教育，普及，定着に少しでも貢献できれば，監訳者として幸甚の至りである。

2018 年 6 月

監訳者を代表して

同志社大学　心理学部　教授　石川信一

文　献

―――――― 第 1 章 ――――――

専門的リソース

Association of Behavioral and Cognitive Therapies (ABCT). www.abct.org.

Academy of Cognitive Therapy (ACT). www.academyofct .org.

Beck, J. S. (1995). *Cognitive therapy: Basics and beyond.* New York: Guilford Press.

Freeman, A. Pretzer, J., Fleming, B., & Simon, K. M. (2004). *Clinical applications of cognitive therapy* (2nd ed.). New York: Kluwer Academic/Plenum Publishers.

文　献

Beck, A. T., Rush, A. J., Shaw, B. F., & Emery, G. (1979). *Cognitive therapy for depression.* New York, NY: Guilford Press.

Beck, J. S. (1995). *Cognitive therapy: Basics and beyond.* New York, NY: Guilford Press.

Burns, D. D. (1999). *Feeling good: The new mood therapy* (Rev. ed.). New York, NY: Avon.

Chorpita, B. F. (2007). *Modular Cognitive-Behavioral Therapy for Childhood Anxiety Disorders.* New York, NY: Guilford.

Chorpita, B. F., Becker, K. D., & Daleiden, E. L. (2007, May). Understanding the common elements of evidence-based practice: Misconceptions and clinical examples. *Journal of the American Academy of Child & Adolescent Psychiatry, 46*(5), 647.

Christner, R. W., & Allen, J. S. (2003, Spring). Introduction to cognitive-behavioral therapy (CBT) in the schools. *Insight, 23*(3), 12–14.

Christner, R. W., Allen, J. S., & Maus, M. R. (2004, Winter). An overview for selecting CBT techniques in the treatment of youth in schools, *Insight, 24*(2), 8–10.

Christner, R. W., Mennuti, R. B., Heim, M., Gie, K., Rubinstein, J. (2011). Facilitating mental health services in schools: Universal, selected, and targeted interventions. In T. M. Lionetti, E. Snyder, & R. W. Christner (Eds.), *A practical guide to developing competencies in school psychology.* New York, NY: Springer Publishing.

Christner, R. W., Mennuti, R., & Stewart-Allen, J. (2004, August). School-based cognitive-behavior therapy (CBT). *Pennsylvania Psychologist Quarterly, 64*(8), 22–23.

Christner, R. W., Mennuti, R. B., & Whitaker, J. S. (2009). An overview of school-based mental health practice: From systems service to crisis intervention. In R. W. Christner & R. B. Mennuti (Eds.), *School-based mental health: A practitioner's guide to comparative practice.* New York, NY: Routledge.

Christner, R. W., & Stewart-Allen, J. (2004, November). *Using cognitive-behavioral interventions for school related problems.* Presented at Intermediate Unit No. 1, Coal Center, PA.

Christner, R. W., Stewart-Allen, J. L., & Freeman, A. (2008). Handbook of Cognitive-Behavior Group Therapy: Specific Populations and Settings. New York, NY: Routledge.

Clarke, G., Lewinsohn, P. M., & Hops, H. (1990). *The adolescent coping with stress class: Leader's guide.* Portland, OR: Kaiser Permanente Center for Health Research.

Coie, J. D., Watt, J. F., West, S. G., Hawkins, J. D., Asarnow, J. R., Markman, H. J., Ramey, S. L., Shure, M. B., & Long, B. (1993). The science of prevention: A conceptual framework and some direction for a national research program. American Psychologist, 48, 1013–1022.

Doll, B., & Lyon, M. A. (1998). Risk and resilience: Implications for the delivery of educational and mental health services in the schools. *School Psychology Review, 27,* 348–363.

Freeman, A., & Dolan, M. (2001). Revisiting Prochaska and DiClemente's stages of change theory: An expansion and specification to aid in treatment planning and outcome evaluation. *Cognitive and Behavioral Practice, 8,* 224–234.

Freeman, A. Pretzer, J., Fleming, B., & Simon, K. M. (2004). *Clinical applications of cognitive therapy* (2nd ed.). New York, NY: Kluwer Academic/Plenum Publishers.

Friedberg, R. D., & McClure, J. M. (2002). *Clinical practice of cognitive therapy with children and adolescents: The nuts and bolts.* New York, NY: Guilford Press.

Friedberg, R. F., McClure, J. L., & Garcia, J. H. (2009). Cognitive Therapy Techniques for Children and Adolescents: Tools for Enhancing Practice. New York, NY: Guilford.

Glick, B., & Gibbs J. C. (2010). Aggression Replacement Training: Comprehensive Intervention for Aggressive Youth. Champaign, IL: Research Press.

Goldstein, S., & Goldstein, M. (1998). *Managing attention deficit hyperactivity disorder in children: A guide for practitioners* (2nd ed.). New York, NY: Wiley.

Kazdin, A. E., & Weisz, J. R. (1998). Identifying and developing empirically supported child and adolescent treatments. *Journal of Consulting and Clinical Psychology, 66,* 19–36.

Kendall, P. C. (Ed.) (2006). *Child and adolescent therapy: Cognitive-behavioral procedures* (3rd ed.). New York, NY, NY: Guilford Press.

Kendall, P. C., & Hedtke, K. A. (2006). *Coping cat workbook* (2nd ed.). Ardmore, PA: Workbook Publishing.

Kendall, P. C., & MacDonald, J. P. (1993). Cognition in the psychopathology of youth and implications for treatment. In K. S. Dobson & P. C. Kendall (Eds.), *Psychopathology and cognition* (pp. 387–430). San Diego, CA: Academic Press.

Lochman, J., Wells, K., & Lenhart, L. (2008). *Coping Power: Child Group Facilitators Guide.* New York, NY: Oxford Press.

Mennuti, R., & Christner, R. W. (2005). School-based cognitive-behavioral therapy (CBT). In A. Freeman (Ed.), *International encyclopedia of cognitive behavior therapy* (pp. 343–347). New York, NY: Kluwer.

Mennuti, R. B., & Christner, R. W. (2010). School-based mental health: Training school psychologists for comprehensive service delivery. In E. Vazquez, C. Riccio, & A. Crespi (Eds.), *Trainers of school psychology textbook* (pp. 235–258). New York, NY: Routledge.

Ollendick, T. H., & King, N. J. (2004). Empirically supported treatments for children and adolescents: Advances toward evidence-based practice. In P. M. Barrett & T. H. Ollendick (Eds.), *Handbook of interventions that work with children and adolescents: Prevention and treatment* (pp. 3–25). New York, NY: John Wiley & Sons.

Prochaska, J. O., & DiClemente, C. C. (1982). Transtheoretical therapy: Toward a more integrative model of change. *Psychotherapy: Theory, Research and Practice, 19,* 276–288.

Prochaska, J. O., DiClemente, C. C., & Norcross, J. C. (1992). In search of how people change: Applications to addictive behaviors. *American Psychologist, 47,* 1102–1114.

Prochaska, J. O., Redding, C. A., Harlow, L. L., Rossi, J. S., & Velicer, W. F. (1994). The transtheoretical model and HIV prevention: A review. *Health Education Quarterly, 21,* 471–486.

Reinecke, M. A., Dattilio, F. M., & Freeman, A. (Eds.). (2003). *Cognitive therapy with children and adolescents: A casebook for clinical practice* (2nd ed.). New York, NY: Guilford Press.

Rutter, M. (1985). Resilience in the face of adversity: Protective factors and resistance to psychiatric disorders. *British Journal of Psychiatry, 147,* 598–611.

Shirk, S. R., & Karver, M. (2003). Prediction of treatment outcome from relationship variable in child and adolescent therapy: A meta-analytic review. *Journal of Consulting and Clinical Psychology, 71,* 452–464.

Silverman, W. K., & Hinshaw S. P. (2008). The second special issue on Evidence-based psychosocial treatments for children and adolescents: A ten-year update [Special issue]. *Journal of Clinical Child Adolescent Psychology, 37*(1).

U.S. Department of Health and Human Services. (1999). *Mental health: A report of the Surgeon General.* Rockville, MD: Author.

U.S. Department of Health and Human Services (2000). *Report*

of the Surgeon General's conference on children's mental health: A national action agenda. Washington, DC: Author.
U.S. Department of Health and Human Services. (2001). *Mental health: Culture, race, and ethnicity: A supplement to the mental health: A report of the Surgeon General.* Rockville, MD: Author.
Vernon, A. (2002). *What works with children and adolescents: A handbook of individual counseling techniques.* Champaign, IL: Research Press.
Weisz, J. R., & Kazdin, A. (2010). *Evidence-based psychotherapies for children and adolescents* (2nd ed.). New York, NY: Guilford.

第 2 章

専門的リソース

Lynch, E. W., & Hanson, M. J. (Eds.). (2011). *Developing cross-cultural competence: A guide for working with young children and their families* (4th ed). Baltimore, MD: Brookes Publishing.

This recently updated version continues the same tradition of excellence in providing practitioners with information and guidance on providing culturally competent services to diverse children and families. It remains a definitive resource for school psychologists on this topic. Section I introduces issues regarding provision of services to diverse families with a focus on developing intercultural effectiveness. Section II describes the history, values, and beliefs of the major cultural and ethnic groups in the United States. Section III offers suggestions and recommendations for working with diverse families.

Ponterotto, J. G., Suzuki, L. A., Casas, J. M. & Alexander, C. M. (2009). *Handbook of multicultural counseling* (3rd ed.). New York, NY: Sage.

This book remains a classic in the field and is used widely for training in multicultural counseling. The latest version is updated and expanded to include over 50 chapters that cover a variety of topics including advances in theory, ethics, research, measurement, as well as clinical practice and assessment in multicultural counseling and therapy.

Quintana, S. M., & McKown, C. (2008). *Handbook of race, racism, and the developing child.* Hoboken, NJ: John Wiley and Sons.

There are few books with specific emphasis on multicultural issues when working with children, and this is one of the best. Since school psychologists naturally focus on children and adolescents, they will find this book extremely valuable in understanding the nature of development in such populations and their relation to racial and ethnic factors. It provides the very latest ideas and research on race and racism as they pertain to children, and includes useful insights for practitioners that are embedded within the larger theoretical context of applied mental health practice.

文 献

American Psychological Association (1990). *Guidelines for providers of psychological services to ethnic, linguistic, and culturally diverse populations.* Washington DC: Author.
Boyd-Franklin, N. (1989). *Black families in therapy: A multisystems approach.* New York, NY: Guilford Press.
Constantine, M. G., & Sue, D. W. (2005). *Strategies for building multicultural competence in mental health and educational settings.* New York, NY: John Wiley & Sons.
Dana, R. H. (1993). *Multicultural assessment perspectives for professional psychology.* Boston, MA: Allyn & Bacon.
Esquivel, G. B., Lopez, E. C., & Nahari, S. G. (2006). *Handbook of multicultural school psychology.* Mahwah, NJ: Lawrence Erlbaum.
Giroux, H. (1985). Introduction. In P. Freire (Ed.), *The politics of education.* South Hadley, MA: Bergin & Garvey.
Hall, E. T. (1976). *Beyond culture.* Garden City, NY: Anchor.
Halsell Miranda, A. (2008). Best practices in increasing cross-cultural competence. In A. Thomas & J. Grimes (Eds.), *Best practices in school psychology V* (pp. 1739–1750). Bethesda, MD: National Association of School Psychologists.

Hanson, M. J., Lynch E. W., & Wayman, K. I. (1990). Honoring the cultural diversity of families when gathering data. *Topics in Early Childhood Special Education, 10*(1), 112–131.
Honigman, J. J. (1963). *Understanding culture.* New York, NY: Harper & Row.
Lynch, E. W. (2011). Developing cross-cultural competence. In E. W. Lynch & M. J. Hanson (Eds.), *Developing cross-cultural competence: A guide for working with children and their families* (4th ed.) (pp. 35–61). Baltimore, MD: Brookes Publishing.
Lynch, E. W., & Hanson, M. J. (2011). *Developing cross-cultural competence: A guide for working with children and their families* (4th ed.). Baltimore, MD: Brookes Publishing.
McGoldrick, M., Giordano, J., & Garcia-Prieto, N. (2005). *Ethnicity and family therapy.* New York, NY: Guilford Press.
National Association of School Psychologists (2000). *Professional conduct manual, principles for professional ethics, guidelines for the provision of school psychological services.* Bethesda, MD: Author.
Nieto, S. (2004). *Affirming diversity: The sociopolitical context of multicultural education* (4th ed.). New York, NY: Allyn & Bacon.
Ortiz, S. O. (1999). You'd never know how racist I was, if you met me on the street. *Journal of Counseling and Development, 77*(1), 9–12.
Ortiz, S. O. (2006). Multicultural issues in school psychology practice: A critical analysis. *Journal of Applied School Psychology, 22*(2), 151–167.
Ortiz. S. O. (2008). Best practices in nondiscriminatory assessment. In A. Thomas & J. Grimes (Eds.), *Best practices in school psychology IV* (pp. 661–678). Bethesda, MD: National Association of School Psychologists.
Ortiz, S. O. (2011). Difference versus disorder: Nondiscriminatory assessment of an English learner suspected of a learning disability. In N. Mather & L. Jaffe (Eds.) *Comprehensive evaluations: Case reports for psychologists, diagnosticians, and special educators* (pp. 128–136). New York, NY: Wiley & Sons, Inc.
Ortiz, S. O., & Dynda, A. M. (2008). Issues unique to English language learners. In N. Mather & R. Morris (Eds.), *Evidence-based interventions for students with learning and behavioral challenges* (pp. 321–335). New York, NY: Erlbaum.
Ortiz, S. O., & Dynda, A. M. (2010). Diversity, fairness, utility and social issues. In E. Mpofu & T. Oakland (Eds.), *Assessment in rehabilitation and health* (pp. 37–55). Upper Saddle River, NJ: Merrill.
Ortiz, S. O., Flanagan, D. P., & Dynda, A. M. (2008). Best practices in working with culturally and linguistically diverse children and families. In A. Thomas & J. Grimes (Eds.) *Best practices in school psychology V* (pp. 1721–1738). Bethesda, MD: National Association of School Psychologists.
Padilla, A. M. (1980). The role of cultural awareness and ethnic loyalty in acculturation. In A. M. Padilla (Ed.), *Acculturation: Theory, models and some new findings.* Boulder, CO: Westview.
Ponterotto, J. G., Suzuki, L. A., Casas, J. M., & Alexander, C. M. (2009). *Handbook of multicultural counseling* (3rd ed.) New York, NY: Sage.
Quintana, S. M., & McKown, C. (2008). *Handbook of race, racism, and the developing child.* Hoboken, NJ: John Wiley and Sons.
Ruiz, R. A., & Padilla, A. M. (1979). Counseling Latinos. In D. R. Atkinson, G. Morten, & D. W. Sue (Eds.), *Counseling American minorities: A cross-cultural perspective* (2nd ed.) (pp. 213–231). Dubuque, IA: Wm. C. Brown.
Samuda, R. J., Kong, S. L., Cummins, J., Pascual-Leone, J., & Lewis, J. (1991). *Assessment and placement of minority students.* New York, NY: C. J. Hogrefe/Intercultural Social Sciences.
Sandoval, J. (1998). Test interpretation in a diverse future. In J. Sandoval, C. L. Frisby, K. F. Geisinger, J. D. Scheuneman, & J. R. Grenier (Eds.). *Test interpretation and diversity: Achieving equity in assessment* (pp. 387–401). Washington, DC: American Psychological Association.
Shweder, R. A. (1986, September 21). Storytelling among the

anthropologists. *New York Times Book Review, 7*(1), 38–39.

Spiegler, M. D., & Guevremont, D. C. (2009). *Contemporary behavior therapy.* New York, NY: Wadsworth Publishing.

Sue, D. W., & Sue, D. (2008). *Counseling the culturally diverse: Theory and practice* (5th ed.) New York, NY: John Wiley & Sons.

Tseng, W. S., & Hsu, J. (1991). *Culture and family: Problems and therapy.* New York, NY: Haworth.

Ysseldyke, J., Burns, M., Dawson, P., Kelley, B., Morrison, D., Ortiz, S., Rosenfield, S., & Telzrow, C. (2006). *School psychology: A blueprint for training and practice III.* Bethesda, MD: National Association of School Psychologists.

Zajda, J., & Freeman, K. (2009). *Race, ethnicity and gender in education: Cross-cultural understandings.* New York, NY: Springer.

─────── 第 3 章 ───────

専門的リソース

Friedberg, R. D. & McClure, J. M. (2002). *Clinical practice of cognitive therapy with children and adolescents: The nuts and bolts.* New York, NY: Guilford Press.

Nezu, A. M., Nezu, C. M., & Lomardo, E. (2004). *Cognitive-behavioral case formulation and treatment design: A problem-solving approach.* New York, NY: Springer.

Persons, J. B. (2008). *The case formulation approach to cognitive-behavior therapy.* New York, NY: Guilford Press.

文　献

Bandura, A. (1997). *Self-efficacy: The exercise of control.* New York, NY: Freeman.

Barkley, R. A. (1998). *Attention-deficit hyperactivity disorder: A handbook for diagnosis and treatment* (2nd ed.). New York, NY: Guilford Press.

Beck, J. S. (1995). *Cognitive therapy: Basics and beyond.* New York, NY: Guildford Press.

Bergner, R. M. (1998). Characteristics of optimal case formulation: The linchpin concept. *American Journal of Psychotherapy, 52*(3), 287–300.

Bieling, P. J., & Kuyken, W. (2003). Is cognitive case formulation science or science fiction? *Clinical Psychology: Science and Practice, 10*(1), 52–69.

Christner, R. W. (2004). The development and validation of the Impediments to Change Scale—Educational Version: A study of children and adolescents with emotional disturbance. Unpublished doctoral dissertation, Philadelphia College of Osteopathic Medicine, Pennsylvania.

Christner, R. W., & Mennuti, R. B. (Eds.). (2009). *School-based mental health: A practitioner's guide to comparative practices.* New York, NY: Routledge.

Christner, R. W., Allen, J. S., & Maus, M. R. (2004, Winter). An overview for selecting CBT techniques in the treatment of youth in schools, *Insight, 24*(2), 8–10.

Christner, R. W., Freeman, A., Nigro, C., & Sardar, T. (2010). *Guide to early psychological evaluation of children and adolescents: A pocket reference.* New York, NY: W. W. Norton.

Christner, R., Freeman, A., Nigro, C. J., & Sardar, T. (2010). *Guide to early psychological evaluation: Children and adolescents.* New York, NY: Norton.

Christner, R. W., & Mennuti, R. B. (2009). *School-based mental health: A practitioner's guide to comparative practice.* New York, NY: Routledge.

Coie, J. D., Watt, N. F., West, S. G., Hawkins, D., Asarnow, J. R., Markman, H. J., et al. (1993). The science of prevention: A conceptual framework and some directions for a national research program. *American Psychologist, 48*, 1013–1022.

Creed, T. A., Reiseweber, J., & Beck A. T. (2011). *Cognitive therapy for adolescents in school settings.* New York, NY: Guildford.

Doll, B., & Lyon, M. A. (1998). Risk and resilience: Implications for the delivery of educational and mental health services in schools. *School Psychology Review, 27*, 348–363.

Doll, B., Zucker, S., & Brehm, K. (2004). *Resilient classrooms:*

Creating healthy environments for learning. New York, NY: Guilford.

Eells, T. D. (2007). *Handbook of psychotherapy case formulation.* New York, NY: Guilford Press.

Eells, T. D., Kenjelic, E. M., & Lucas, C. P. (1998). What's in a case formulation? Development and use of a content coding manual. *Journal of Psychotherapy Practice and Research, 7*, 144–153.

Erikson, E. H. (1963). *Childhood and society.* New York, NY: Norton.

Exner, J. E. (1993). *The Rorschach: A comprehensive system: Volume 1: Basic foundations* (3rd ed.). New York, NY: Wiley & Sons.

Feldman, R. S. (2010). *Developmental across the lifespan* (6th ed.). New York, NY: Pearson.

Freeman, A., Pretzer, J., Fleming, B., & Simon, K. M. (2004). *Clinical applications of cognitive therapy* (2nd ed.). New York, NY: Kluwer Academic/Plenum Publishers.

Frick, P. J., Barry, C. T., & Kamphaus, R. W. (2009). *Clinical assessment of child and adolescent personality and behavior* (3rd ed.). New York, NY: Springer.

Friedberg, R. D., & Clark, C. C. (2006). Supervision of cognitive therapy with youth. In N. T. Kerby (Ed.), *Helping others help children: Clinical supervision of child psychotherapy* (pp. 109–122). Washington, DC: American Psychological Association.

Friedberg, R. D., & McClure, J. M. (2002). *Clinical Practice of cognitive therapy with children and adolescents: The nuts and bolts.* New York, NY: Guilford Press.

Haynes, S. N., & O'Brien, W. H. (2000). *Principles and practice of behavioral assessment.* New York, NY: Kluwer Academic/Plenum Publishers.

Hersen, M., & Turner, S. M. (Eds.). (2003). *Diagnostic interviewing* (3rd ed.). New York, NY: Kluwer Academic/Plenum Publishing.

Kazdin, A. E., & Weisz, J. R. (1998). Identifying and developing empirically supported child and adolescent treatments. *Journal of Consulting and Clinical Psychology, 66*, 19–36.

Kendall, P. C. (Ed.) (2006). *Child and adolescent therapy: Cognitive-behavioral procedures* (3rd ed.). New York, NY: Guilford Press.

Kendjelic, E. M., & Eells, T. D. (2007). Generic psychotherapy case formulation training improves formulation quality. *Psychotherapy: Theory, Research, Practice, Training, 44*(1), 66–77.

Knell, S. M., & Ruma, C. D. (2003). Play therapy with a sexually abused child. In M. A. Reinecke, F. M. Dattilio, & A. Freeman (Eds.), *Cognitive therapy with children and adolescents: A casebook for clinical practice* (pp. 338–368). New York, NY: Guilford Press.

March, J. S., & Mulle, K. (1998). *OCD in children and adolescents: A cognitive-behavioral treatment manual.* New York, NY: Guilford Press.

Maslow, A. H. (1968). *Toward a psychology of being.* Princeton, NJ: Van Nostrand.

McArthur, D. S., & Roberts, G. E. (1982). *Roberts Apperception Test for Children Manual.* Los Angeles, CA: Western Psychological Services.

Mennuti, R., & Christner, R. W. (2005). School-based cognitive-behavioral therapy (CBT). In A. Freeman (Ed.), *International encyclopedia of cognitive behavior therapy* (pp. 343–347). New York, NY: Kluwer Academic/Plenum Publishers.

Mennuti, R. B., Freeman, A., & Christner, R. W. (2006). *Cognitive-behavioral interventions for educational settings: A Handbook for practice.* New York, NY: Routledge.

Messer, S. B., & Wolitsky, D. L. (1997). The traditional psychoanalytic approach to case formulation. In T. Eells (Ed.), *Handbook of psychotherapy case formulation* (pp. 26–55). New York, NY: Guilford Press.

Murphy, V. B., & Christner, R. W. (2006). *A cognitive-behavioral case conceptualization approach for working with children and adolescents.* In R. B. Mennuti, A. Freeman, & R. W. Christner (Eds.) (pp. 37–62). New York, NY: Routledge.

Murray, H. (1943). *Thematic Apperception Test.* Cambridge, MA: Harvard University Press.

Needleman, L. D. (1999). *Cognitive case conceptualization: A guidebook for practitioners.* Mahwah, NJ: Lawrence Erlbaum.

Nezu, A. M., & Nezu, C. M. (1993). Identifying and selecting target problems for clinical interventions: A problem-solving model. *Psychological Assessment, 5,* 254–263.

O'Connor, K. J. (2000). *The play therapy primer* (2nd ed.). New York, NY: Wiley and Sons.

Persons, J. B. (1989). *Cognitive therapy in practice: A case formulation approach.* New York, NY: Norton.

Persons, J. B. (1993). Case conceptualization in cognitive behavior therapy. In K. T. Kuelwein & H. Rosen (Eds.), *Cognitive therapy in action: Evolving innovative practice* (pp. 33–53). San Francisco, CA: Jossey-Bass.

Persons, J. B. (2008). *The case formulation approach to cognitive-behavior therapy.* New York, NY: Guilford Press.

Persons, J. B., & Davidson, J. (2001). Cognitive-behavioral case conceptualization. In K. S. Dobson (Ed.), *Handbook of cognitive-behavioral therapies* (2nd ed., pp. 86–110). New York, NY: Guilford Press.

Persons, J. B., Mooney, K. A., & Padesky, C. A. (1995). Inter-rater reliability of cognitive behavioral case formulations. *Cognitive Therapy and Research, 19,* 21–34.

Persons, J. B., & Tompkins, M. A. (1997). Cognitive behavioral case formulation. In T. Eells (Ed.), *Handbook of psychotherapy case formulation* (pp. 314–399). New York, NY: Guilford Press.

Piaget, J. (1926). *The language and thoughts of the child.* London, UK: Routledge & Kegan Paul.

Piaget, J. (1930). *The child's conception of physical causality.* New York, NY: Harcourt-Brace.

Reinecke, M. A., Dattilio, F. M., & Freeman, A. (Eds.). (2003). *Cognitive therapy with children and adolescents: A casebook for clinical practice* (2nd ed.). New York, NY: Guilford Press.

Reynolds, C. R., & Richmond, B. O. (1985). *Revised Children's Manifest Anxiety Scale.* Los Angeles, CA: Western Psychological Services.

Rutter, M. (1985). Resilience in the face of adversity: Protective factors and resistance to psychiatric disorders. *British Journal of Psychiatry, 147,* 598–611.

Sattler, J. M. (1998). *Clinical and forensic interviewing of children and families: Guidelines for the mental health, education, pediatric, and child maltreatment fields.* San Diego, CA: Sattler Publishing.

Stark, K. D., Sander, J. B., Yancy, M. G., Bronik, M. D., & Hoke, J. A. (2000). Treatment of depression in childhood and adolescence, In P. C. Kendall (Ed.), *Child and adolescent therapy: Cognitive-behavioral procedures* (pp. 173–234). New York, NY: Guilford.

———————— 第 4 章 ————————

専門的リソース

Flannery-Schroeder, E. C., & Kendall, P. C. (2000). Group and individual cognitive-behavioral treatments for youth with anxiety disorders: A randomized clinical trial. *Cognitive Therapy and Research, 24,* 251–278.

Gosch, E., Compton, S., & Schroeder-Flannery, E. (2006). Principles of cognitive behavioral therapy for anxiety disorders in children. *Journal of Cognitive Psychotherapy, 20*(6), 247–262.

Kendall, P. C., & Hedtke, K. A. (2006a). *Cognitive-behavioral therapy for anxious children: Therapist manual* (3rd ed.). Ardmore, PA: Workbook Publishing.

Kendall, P. C., & Hedtke, K. A. (2006b). *Coping cat workbook* (2nd ed.). Ardmore, PA: Workbook Publishing.

Kendall, P. C., Podell, J., & Gosch, E. (2009). *The coping cat parent companion.* Philadelphia: Workbook Publishing.

Kendall, P. C., Robin, J., Hedtke, K., Suveg, C., Flannery-Schroeder, E., & Gosch, E. (2005). Considering CBT with anxious youth? Think exposures. *Cognitive and Behavioral Practice, 12,* 136–150.

Kendall, P. C., & Suvey, G. (2005). Treating anxiety disorders in youth. In P. C. Kendall (Ed.), *Child and adolescent therapy: Cognitive-behavioral procedures* (3rd ed., pp. 243–296). New York, NY: Guilford.

文　献

Achenbach, T. (1991). *Manual for the Teacher's Report Form and 1991 Profile.* Burlington: University of Vermont, Department of Psychiatry.

Achenbach, T. M., & Edelbrock, C. S. (1978). The classification of child psychology: A review and analysis of empirical efforts. *Psychological Bulletin, 85,* 1275–1301.

Achenbach, T. M., & Edelbrock, C. S. (1983). *Manual for the Child Behavior Checklist and Revised Child Behavior Profile.* Burlington: University of Vermont, Associates in Psychiatry.

Achenbach, T. M., Howell, C. T., McConaughy, S. H., & Stanger, C. (1995). Six-year predictors of problems in a national sample of children and youth: I. Cross-informant syndromes. *Journal of the American Academy of Child and Adolescent Psychiatry, 34,* 336–347.

Albano, A. M., & Kendall, P. C. (2002). Cognitive behavioural therapy for children and adolescents with anxiety disorders: clinical research advances. *International Review of Psychiatry, 14,* 129–134.

American Psychiatric Association. (2000). *Diagnostic and statistical manual of mental disorders* (4th ed., text revision). Washington, DC: Author.

Balle, M., & Tortella-Feliu, M. (2010). Efficacy of a brief school-based program for selective prevention of childhood anxiety. *Anxiety, Stress, and Coping, 23,* 71–85. doi: 10.1080/10615800802590652

Bandura, A. (1977). *Social learning theory.* Englewood Cliffs, NJ: Prentice-Hall.

Barlow, D. H. (2000). Unraveling the mysteries of anxiety and its disorders from the perspective of emotion theory. *American Psychologist, 55*(11), 1245–1263.

Barrett, P. M. (1998). Evaluation of cognitive-behavioral group treatments for childhood anxiety disorders. *Journal of Clinical Child Psychology, 27,* 459–468.

Barrett, P. M., Dadds, M. R., Rapee, R. M., & Ryan, S. M. (1996). Family enhancement of cognitive style in anxious and aggressive children. *Journal of Abnormal Child Psychology, 24,* 187–203.

Barrett, P. M., Duffy, A. L., Dadds, M. R., & Rapee, R. M. (2001). Cognitive-behavioral treatment of anxiety disorders in children: Long-term (6 year) follow up. *Journal of Consulting and Clinical Psychology, 69,* 135–141.

Bedell, J. R., & Lennox, S. S. (1997). *Handbook for communication and problem-solving skills training: A cognitive-behavioral approach.* New York, NY: Wiley.

Beidel, D., Turner, S., & Morris, T. (1995). A new inventory to assess childhood social anxiety and phobia: The Social Phobia and Anxiety Inventory for Children. *Psychological Assessment, 7,* 70–79.

Biederman, J., Faraone, S., Mick, E., & Lelon, E. (1995). Psychiatric comorbidity among referred juveniles with major depression: Fact or artifact? *Journal of the American Academy of Child and Adolescent Psychiatry, 34,* 579–590.

Birmaher, B., Khetarpal, S., Brent, D., Cully, M., Balach, L., Kaufman, J., & McKenzie Neer, S. (1997). The Screen for Child Anxiety Related Emotional Disorder (SCARED): Scale construction and psychometric characteristics. *Journal of the American Academy of Child and Adolescent Psychiatry, 36,* 545–553.

Brady, E., & Kendall, P. C. (1992). Comorbidity of anxiety and depression in children and adolescents. *Psychological Bulletin, 111,* 244–255.

Chorpita, B. F., Barlow, D. H. (1998). The development of anxiety: The role of control in the early environment. *Psychological Bulletin, 124,* 3–21.

Chorpita, B. F., Tracey, S., Brown, T., Collica, T., & Barlow, D. (1997). Assessment of worry in children and adolescents: An adaptation of the Penn State Worry Questionnaire. *Behavior Research & Therapy, 35,* 569–581.

Compton, S., Burns, S., Egger, B. J., Helen, L. & Robertson, E. (2002). Review of evidence base treatment of childhood psychopathology: Internalizing disorders. *Journal of Consulting and Clinical Psychology, 70,* 1240–1266. doi: 10.1037/0022-006X.70.6.1240

Dadds, M. R., Holland, D. E., Barrett, P. M., Laurens, K. R., & Spence, S. H. (1997). Prevention and early intervention for anxiety disorders: A controlled trial. *Journal of Consulting and Clinical Psychology, 65*, 627–635.

Dadds, M. R., Holland, D. E., Laurens, K. R., Mullins, K. R., Barrett, P. M., & Spence, S. H. (1999). Early intervention and prevention of anxiety disorders in children: Results at 2-year follow up. *Journal of Consulting and Clinical Psychology, 67*, 145–150.

Dadds, M. R., Spence, S. H., Holland, D. E., Barrett, P. M., & Laurens, K. R. (1997). Prevention and early intervention for anxiety disorders: A controlled trial. *Journal of Consulting and Clinical Psychology, 65*, 627–634.

Deas-Nesmith, D., Brady, K. T., & Campbell, S. (1998). Comorbid substance use and anxiety disorders in adolescents. *Journal of Psychopathology and Behavioral Assessment, 20*, 139–148.

Dierker, L., Albano, A. M., Clarke, G. M., Heimberg, R. G., Kendall, P. C., Merikangas, K. R., et al. (2001). Screening for anxiety and depression in early adolescence. *Journal of the American Academy of Child and Adolescent Psychiatry, 40*, 929–936.

D'Zurilla, T. J., & Goldfried, M. R. (1971). Problem solving and behavior modification. *Journal of Abnormal Psychology, 78*, 107–126.

Flannery-Schroeder, E. C., & Kendall, P. C. (2000). Group and individual cognitive-behavioral treatments for youth with anxiety disorders: A randomized clinical trial. *Cognitive Therapy and Research, 24*, 251–278.

Ginsburg, G. S., & Drake, K. L. (2002). School-based treatment for anxious African-American adolescents: A controlled pilot study. *Journal of the American Academy of Child and Adolescent Psychiatry, 41*, 768–775.

Gurley, D., Cohen, P., Pine, D. S., & Brook, J. (1996). Discriminating anxiety and depression in youth: A role for diagnostic criteria. *Journal of Affective Disorders, 39*, 191–200.

Hirschfeld-Becker, D. R., Masek, B., Henin, A., Blakely, L. R., Rettew, D. C., Dufton, L., Segool, N., & Biederman, J. (2008). Cognitive-behavioral intervention with young anxious children. *Harvard Review of Psychiatry, 16*, 113–123. doi: 10.1080/10673220802073956

Kagan, J., Reznick, J. S., & Gibbons, J. (1989). Inhibited and uninhibited types of children. *Child Development, 60*, 838–845.

Kashani, J. H., & Orvaschel, H. (1990). A community study of anxiety in children and adolescents. *American Journal of Psychiatry, 147*, 313–318.

Kearney., C., & Silverman, W. (1993). Measuring the function of school refusal behavior: The Social Assessment Scale. *Journal of Clinical Child Psychology, 22*, 85–96.

Kendall, P. C. (1994). Treating anxiety disorders in children: Results of a randomized clinical trial. *Journal of Consulting and Clinical Psychology, 62*, 100–110.

Kendall, P. C. (2000). *Cognitive-behavioral therapy for anxious children: Therapist manual* (2nd ed.). Ardmore, PA: Workbook Publishing.

Kendall, P. C. (2001). Flexibility within fidelity. *Child and Adolescent Psychology Newsletter, 16*(2), 1–5.

Kendall, P. C., Chu, B., Gifford, A., Hayes, C., & Nauta, M. (1998). Breathing life into a manual. *Cognitive and Behavioral Practice, 5*, 177–198.

Kendall, P. C., Flannery-Schroeder, E., Panichelli-Mindel, S. M., Southam-Gerow, M., Henin, A., & Warman, M. (1997). Therapy for youths with anxiety disorders: A second randomized clinical trial. *Journal of Consulting and Clinical Psychology, 65*, 366–380.

Kendall, P. C., & Hedtke, K. A. (2006a). *Cognitive-behavioral therapy for anxious children: Therapist manual* (3rd ed.). Ardmore, PA: Workbook Publishing.

Kendall, P. C., Hudson, J. L., Gosch, E., Flannery-Schroeder, E., & Suveg, C. (2008). Cognitive-behavioral therapy for anxiety disordered youth: A randomized clinical trial evaluating child and family modalities. *Journal of Consulting and Clinical Psychology, 76*, 282–297. doi: 10.1037/0022–006X.76.2.282

Kendall, P. C., Robin, J., Hedtke, K., Suveg, C., Flannery-Schroeder, E., & Gosch, E. (2005). Considering CBT with

anxious youth? Think exposures. *Cognitive and Behavioral Practice, 12*(1), 136–148.

Kendall, P. C., & Southam-Gerow, M. (1996). Long-term follow up of a cognitive-behavioral therapy for anxiety-disordered youth. *Journal of Consulting and Clinical Psychology, 64*, 724–730.

Kendall, P. C., Safford, S., Flannery-Schroeder, E., & Webb, A. (2004). Child anxiety treatment: Outcomes in adolescence and impact on substance use and depression at 7.4-year follow-up. *Journal of Consulting and Clinical Psychology, 72*(2), 276–287.

Khanna, M. S., & Kendall, P. C. (2010). Computer-assisted cognitive behavioral therapy for child anxiety: Results of a randomized clinical trial. *Journal of Consulting and Clinical Psychology, 78*, 737–745. doi: 10.1037/a0029739

Koeppen, A. S. (1974). Relaxation training for children. *Elementary School Guidance and Counseling, 9*, 12–21.

La Greca, A., Dandes, S., Wick, P., Shaw, K., & Stone, W. (1988). Development of the Social Anxiety Scale for Children: Reliability and concurrent validity. *Journal of Clinical Child Psychology, 17*, 84–91.

Lang, P. J. (1968). Fear reduction and fear behavior: Problems in treating a construct. In J. M. Shlien (Ed.), *Research in psychotherapy* (pp. 90–102). Washington, DC: American Psychological Association.

Manassis, K., Hudson, J. L., Webb, A., & Albano, A. M. (2004). Beyond behavioral inhibition: Etiological factors in childhood anxiety. *Cognitive and Behavioral Practice, 11*, 3–12.

March, J. S. (1995). Cognitive-behavioral psychotherapy for children and adolescents with OCD: A review and recommendations for treatment. *Journal of the American Academy of Child and Adolescent Psychiatry, 34*, 7–14.

March, J. S., & Albano, A. M. (2002). Anxiety disorders in children and adolescents. In D. Stein & E. Hollander (Eds.), *Textbook of anxiety disorders* (pp. 415–427). Washington, DC: American Psychological Association.

March, J. S., Parker, J. D. A., Sullivan, K., Stallings, P., & Connors, K. (1997). The Multidimensional Anxiety Scale for Children (MASC): Factor structure, reliability, and validity. *Journal of American Academy of Child and Adolescent Psychiatry, 36*, 554–565.

Masia, C. L., Klein, R. G., Storch, E. A., & Corda, B. (2001). School-based behavioral treatment for social anxiety disorder in adolescents: Results of a pilot study. *Journal of the American Academy of Child and Adolescent Psychiatry, 40*, 780–786.

Mendlowitz, S. L., Manassis, K., Bradley, S., Scapillato, D., Miezitis, S., & Shaw, B. F. (1999). Cognitive-behavioral group treatments in childhood anxiety disorders: The role of parental involvement. *Journal of the American Academy of Child and Adolescent Psychiatry, 38*, 1223–1229.

Meichenbaum, D. H. (1985). *Stress inoculation training.* New York, NY: Pergamon Press.

Monga, S., Young, A., Owens, M. (2009). Evaluating a cognitive behavioral therapy group program for anxious five to seven year old children: A pilot study. *Depression and Anxiety, 26*, 243–250. doi: 10.1002/da.20551

Mowrer, O. H. (1960). *Learning theory and behavior.* New York: Wiley.

Nezu, A. M., & D'Zurilla, T. J. (1989). Social problem solving and negative affective conditions. In P. C. Kendall and D. Watson (Eds.), *Anxiety and depression: Distinctive and overlapping features* (pp. 285–315). New York, NY: Academic Press.

Nezu, A. M., Nezu, C. M., & Perri, M. G. (1989). *Problem-solving therapy for depression: Theory, research, and clinical guidelines.* New York, NY: Wiley.

Ollendick, T. H. (1983). Reliability and validity of the Revised Fear Survey Schedule for Children (FSSC-R). *Behaviour Research and Therapy, 21*, 685–692.

Ollendick, T. H., & Cerny, J. A. (1981). *Clinical behavior therapy with children.* New York, NY: Plenum Press.

Perrin, S., & Last, C. G. (1992). Do childhood anxiety measures measure anxiety? *Journal of Abnormal Child Psychology, 20*, 567–578.

Rapee, R. M., & Barlow, D. H. (2001). Generalized anxiety disorder, panic disorder and the phobias. In P. B. Sutker & H. E.

Adams (Eds.), *Comprehensive handbook of psychopathology* (3rd ed., 131–154). New York, NY: Plenum.

Reynolds, C. R., & Richmond, B. O. (1978). What I Think and Feel: A revised measure of children's manifest anxiety. *Journal of Abnormal Psychology, 6*, 271–280.

Scherer, M. W., & Nakamura, C. Y. (1968). A Fear Survey Schedule for Children (FSS-FC): A factor analytic comparison with manifest anxiety (CMAS). *Behaviour Research and Therapy, 6*, 173–182.

Shaffer, D., Fisher, P., Dulcan, M. K., Davis, D., Piacentini, J., Schwab-Stone, M., et al. (1996). The NIMH Diagnostic Interview Schedule for Children, Version 2.3. (DISC 2.3): Description, acceptability, prevalence rates, and performance in the MECA study. *Jounral of the American Academy of Child and Adolescent Psychiatry, 49*, 865–877.

Short, A. L., Barrett, P. M., & Fox, T. L. (2001). Evaluating the FRIENDS program: A cognitive-behavioral group treatment for anxious children and their parents. *Journal of Clinical Child Psychology, 30*, 525–535.

Silverman, W. K., & Albano, A. M. (1997). *The Anxiety Disorders Interview Schedule for Children (DSM-IV)*. San Antonio, TX: Psychological Corporation.

Silverman, W. K., Fleisig, W., Rabian, B., & Peterson, R. A. (1991). Childhood anxiety sensitivity index. *Journal of Clinical Child Psychology, 20*, 162–168.

Silverman, W. K., Kurtines, W. M., Ginsburg, G. S., Weems, C. F., Lumpkin, P. W., & Carmichael, D. H. (1999). Treating anxiety disorders in children with group cognitive-behavioral therapy: A randomized clinical trial. *Journal of Consulting and Clinical Psychology, 67*, 995–1003.

Spence, S. H., Donovan, C., & Brechman-Toussaint, M. (2000). The treatment of childhood social phobia: The effectiveness of a social skills training-based, cognitive-behavioural intervention with and without parental involvement. *Journal of Child Psychology and Psychiatry, 41*, 713–726.

Spence, S. H., Holmes, J. M., March, S., & Lipp, O. V. (2006). The feasibility and outcome of clinic plus internet delivery of cognitive-behavior therapy for childhood anxiety. *Journal of Consulting and Clinical Health Psychology, 74*, 614–621. doi: 10.1037/0022-006X.74.3.614

Spielberger, C. (1973). *Preliminary manual for the State-Trait Anxiety Inventory for Children ("How I Feel Questionnaire")*. Palo Alto, CA: Consulting Psychologists Press.

Urbain, E. S. & Kendall, P. C. (1980). Review of social-cognitive problem-solving interventions with children. *Psychological Bulletin, 88*, 109–143.

Vasey, M. W., & MacLeod, C. (2001). Information-processing factors in childhood anxiety: A review and developmental perspective. In M. W. Vasey & M. R. Dadds (Eds.), *The developmental psychopathology of anxiety* (pp. 253–277). New York, NY: Oxford University Press.

Velting, O. N., Setzer, N. J., & Albano, A. M. (2004). Update on and advances in assessment and cognitive-behavioral treatment of anxiety disorders in children and adolescents. *Professional Psychology: Research and Practice, 35*(1), 42–54.

Walkup, J. T., Albano, A. M., Piacentini, J., Birmaher, B., Compton, S. N., Sherrill, J. T., & Kendall, P. C. (2008). Cognitive behavior therapy, sertraline, or a combination in childhood anxiety. *New England Journal of Medicine, 359*, 2753–2766. doi: 10.1056/NEJMoa0804633

Wood, J. J., McLeod, B. D., Piacentini, J. C., & Sigman, M. (2009). One-year follow-up of family versus child CBT for anxiety disorders: Exploring the roles of child age and parental intrusiveness. *Child Psychiatry and Human Development, 40*, 301–316. doi: 10.1007/s10578-009-0127-z

——————— 第 5 章 ———————

専門的リソース

Kearney, C. A. (2007). *Getting your child to say "yes" to school: A guide for parents of youth with school refusal behavior.* New York, NY: Oxford.

Kearney, C. A. (2008a). An interdisciplinary model of school absenteeism in youth to inform professional practice and public policy. *Educational Psychology Review, 20*, 257–282.

Kearney, C. A. (2008b). *Helping school refusing children and their parents: A guide for school-based professionals.* New York, NY: Oxford.

Kearney, C. A., & Albano, A. M. (2007). *When children refuse school: A cognitive-behavioral therapy approach/therapist guide.* New York, NY: Oxford.

文 献

Achenbach, T. M., & Rescorla, L. A. (2001). *Manual for the ASEBA school-age forms & profiles.* Burlington: University of Vermont Research Center for Children, Youth, and Families.

American Psychiatric Association (2000). *Diagnostic and statistical manual of mental health disorders* (4th ed., text revision). Washington, DC: Author.

Beidel, D. C., Turner, S. M., & Morris, T. L. (1995). A new inventory to assess childhood social anxiety and phobia: The Social Phobia and Anxiety Inventory for children. *Psychological Assessment, 7*, 73–79.

Conners, C. K. (2008). *Conners Third Edition (Conners 3).* Los Angeles, CA: Western Psychological Services.

Egger, H. L., Costello, E. J., & Angold, A. (2003). School refusal and psychiatric disorders: A community study. *Journal of the American Academy of Child and Adolescent Psychiatry, 42*, 797–807.

Hendron, M., & Kearney, C. A. (2011). Bridging the gap between assessment and treatment of youths with school refusal behavior: What to do when clients ask "what now?" *Journal of Clinical Psychology Practice, 2*, 14–21.

Kearney, C. A. (2001). *School refusal behavior in youth: A functional approach to assessment and treatment.* Washington, DC: American Psychological Association.

Kearney, C. A. (2002). Identifying the function of school refusal behavior: A revision of the School Refusal Assessment Scale. *Journal of Psychopathology and Behavior Assessment, 24*, 235–245.

Kearney, C. A. (2003). Bridging the gap among professionals who address youth with school absenteeism: Overview and suggestion for consensus. *Professional Psychology: Research and Practice, 34*, 57–65.

Kearney, C. A. (2005). *Social anxiety and social phobia in youth: Characteristics, assessment, and psychological treatment.* New York, NY: Kluwer Academic/Plenum.

Kearney, C. A. (2006). Confirmatory factor analysis of the School Refusal Assessment Scale-Revised: Child and parent versions. *Journal of Psychopathology and Behavioral Assessment, 28*, 139–144.

Kearney, C. A. (2007). *Getting your child to say "yes" to school: A guide for parents of youth with school refusal behavior.* New York, NY: Oxford.

Kearney, C. A. (2008a). An interdisciplinary model of school absenteeism in youth to inform professional practice and public policy. *Educational Psychology Review, 20*, 257–282.

Kearney, C. A. (2008b). *Helping school refusing children and their parents: A guide for school-based professionals.* New York, NY: Oxford.

Kearney, C. A., & Albano, A. M. (2004). The functional profiles of school refusal behavior: Diagnostic aspects. *Behavior Modification, 28*, 147–161.

Kearney, C. A., & Albano, A. M. (2007). *When children refuse school: A cognitive-behavioral therapy approach therapist guide.* New York, NY: Oxford.

Kearney, C. A., & Bates, M. (2005). Addressing school refusal behavior: Suggestions for frontline professionals. *Children and Schools, 27*, 207–216.

Kearney, C. A., & Bensaheb, A. (2006). School absenteeism and school refusal behavior: A review and suggestions for school-based health professionals. *Journal of School Health, 76*, 3–7.

Kearney, C. A., & Silverman, W. K. (1995). Family environment of youngsters with school refusal behavior: A synopsis with implications for assessment and treatment. *American Journal of Family Therapy, 23*, 59–72.

Kovacs, M. (1992). *Children's Depression Inventory manual.* North Tonawanda, NY: Multi-Health Systems.

Kuyken, W., Padesky, C. A., & Dudley, R. (2009). *Collaborative case conceptualization: Working effectively with clients in cognitive-behavioral therapy.* New York, NY: Guilford.

La Greca, A. M., & Lopez, N. (1998). Social anxiety among adolescents: Linkages with peer relations and friendships. *Journal of Abnormal Child Psychology, 26,* 83–94.

March, J. S., Sullivan, K., & Parker, J. (1999). Test-retest reliability of the Multidimensional Anxiety Scale for Children. *Journal of Anxiety Disorders, 13,* 349–358.

Moos, R. H., & Moos, B. S. (1986). *Family Environment Scale manual* (2nd ed.). Palo Alto, CA: Consulting Psychologists Press.

Ollendick, T. H., & Cerny, J. A. (1981). *Clinical behavior therapy with children.* New York, NY: Plenum.

Olson, D. H., Portner, J., & Lavee, Y. (1987). Family Adaptability and Cohesion Evaluation Scales (FACES III). In N. Fredman & R. Sherman (Eds.), *Handbook of measurements for marriage and family therapy* (pp. 180–185). New York, NY: Brunner Mazel.

Pina, A. A., Zerr, A. A., Gonzales, N. A., & Ortiz, C. D. (2009). Psychosocial interventions for school refusal behavior in children and adolescents. *Child Development Perspectives, 3,* 11–20.

Reinecke, M. A., Dattilio, F. M., & Freeman, A. (2003). *Cognitive therapy with children and adolescents: A casebook for clinical practice* (2nd ed.). New York, NY: Guilford.

Silverman, W. K., & Albano, A. M. (1996). *The Anxiety Disorders Interview Schedule for Children for DSM-IV, child and parent versions.* San Antonio, TX: Psychological Corporation.

Skinner, H. A., Steinhauer, P. D., & Santa-Barbara, J. (1995). *Family Assessment Measure, Version III (FAM-III).* North Tonawanda, NY: Multi-Health Systems.

Sprafkin, J., Gadow, K. D., Salisbury, H., Schneider, J., & Loney, J. (2002). Further evidence of reliability and validity of the Child Symptom Inventory-4: Parent checklist in clinically referred boys. *Journal of Clinical Child and Adolescent Psychology, 31,* 513–524.

Sutphen, R. D., Ford, J. P., & Flaherty, C. (2010). Truancy interventions: A review of the research literature. *Research on Social Work Practice, 20,* 161–171.

Suveg, C., Aschenbrand, S. G., & Kendall, P. C. (2005). Separation anxiety disorder, panic disorder, and school refusal. *Child and Adolescent Psychiatric Clinics of North America, 14,* 773–795.

--------- 第 6 章 ---------

専門的リソース

Kearney, C. A. (2010). *Helping children with selective mutism and reluctance to speak: A guide for school-based professionals.* New York: Oxford University Press.

Selective Mutism Anxiety Research & Treatment Center. www.selectivemutismcenter.org.

Selective Mutism Group. www.selectivemutism.org.

文 献

Albert-Stewart, P. L. (1986). Positive reinforcement in the short-term treatment of an electively mute child: A case study. *Psychological Reports, 58,* 571–576.

American Psychiatric Association. (1994). *Diagnostic and statistical manual of mental disorders (4th ed.).* Washington, DC: Author.

Anstendig, K. (1998). Selective mutism: A review of treatment literature by modality from 1980–1996. *Psychotherapy, 35,* 381–390.

Arie, M. Henkin, Y., Lamy, D., Tetin-Schneider, S., Apter, A., & Sadeh, A. (2006). Reduced auditory processing capacity during vocalization in children with selective mutism. *Biological Psychiatry, 61,* 419–421.

Auster, E. R., Feeney-Kettler, K. A., & Kratochwill, T. R. (2006). Conjoint behavioral consultation: Application to the school-based treatment of anxiety disorders. *Education and Treatment of Children, 29,* 243–256.

Bailey, S., & Hirst, S. (1991). A child who does not speak at school: The constructive use of a support worker for behavior. *Maladjustment and Therapeutic Education, 9,* 104–110.

Beck, J. S., Beck A. T., & Jolly, J. (2005). *Manual for the Beck Youth Inventories of Emotional and Social Adjustment* (2nd ed.). New York: Pearson.

Beidel, D. C., & Turner, S. M. (1998). *Shy children, phobic adults: nature and treatment of social phobia.* Washington, DC: American Psychological Association.

Bergman, R. L., Piacentini, J., McKracken, J. T. (2002). Prevalence and description of selective mutism in a school-based sample. *Journal of American Academy of Child and Adolescent Psychiatry, 41,* 938–946.

Black, B. B., & Uhde, T. W. (1995). Psychiatric characteristics of children with selective mutism: A pilot study. *Journal of the American Academy of Child and Adolescent Psychiatry, 34,* 847–855.

Bracken, B. A. (1998). *Bracken Basic Concepts Scale-Revised.* San Antonio, TX: Psychological Corporation.

Bracken, B. A., & McCallum, R. S. (1998). *Universal Nonverbal Intelligence Test (UNIT).* Chicago: Riverside Publishing.

Bronson, M. B. (2000). *Self-regulation in early childhood nature and nurture.* NY: The Guilford Press.

Castro-Blanco, D. (1999, November). *STAND-UP: Cognitive-behavioral intervention for high-risk adolescents.* Workshop presented at the annual meeting of the Association for Advancement of Behavior Therapy, Toronto, Canada.

Cohen, S. L., Price, J. M., & Stein, M. B. (2006). Suffering in silence: Why a developmental psychopathology perspective on selective mutism is needed. *Developmental and Behavioral Pediatrics, 27,* 341–355.

Crundwell, R. M. (2006). Identifying and teaching children with selective mutism. *Teaching Exceptional Children, 38,* 48–54.

Cunningham, C. E., & McHolm, A. (2001). *COPEing with selective mutism: A collaborative school based approach.* Consultants manual. Ontario, Canada: Cope Works.

Dow, S. P., Sonies, B. C., Scheib, D., Moss, S. E., & Leonard, H. L. (1995). Practical guidelines for the assessment and treatment of selective mutism. *Journal of the American Academy of Child and Adolescent Psychiatry, 34,* 836–845.

Drinkwater, J., & Stewart, A. (2002). Cognitive behaviour therapy for young people. *Current Opinion in Psychiatry, 15,* 377–381.

Dummit, E. S., III, Klein, R. G., Tancer, N. K., Asche, B., Martin, J., & Fairbanks, J. (1997). Systematic assessment of 50 children with selective mutism. *Journal of the American Academy of Child & Adolescent Psychiatry, 36,* 653–660.

Elizur, Y., & Perednik, M. (2003). Prevalence and description of selective mutism in immigrant and native families: A controlled study. *Journal of the American Academy of Child and Adolescent Psychiatry, 42,* 1451–1459.

Ford, M. A., Kratochwill, T. R., Sladeczek, I. E., & Carlson, J. (1998). Selective mutism: Phenomenological characteristics. *School Psychology Quarterly, 13,* 192.

Friedburg, R. D., & McClure, J. M. (2002). Clinical practice of cognitive therapy with children and adolescents: The nuts and bolts. Guilford Press.

Garber, J., & Robinson, N. S. (1997). Cognitive vulnerability in children at risk for depression. *Cognitive Emotion, 11,* 619–635.

Giddan, J. J, Ross, G. J., Sechler, L. L., & Becker, B. R. (1997). Selective mutism in elementary school: Multidisciplinary interventions. *Language, Speech and Hearing.*

Gortmaker, V., Warnes, E. D., & Sheridan, S. M. (2004). Conjoint behavioral consultation: Involving parents and teachers in the treatment of a child with selective mutism. *Proven Practice, 5,* 66–72.

Hammill, D. D., Pearson, N. A, and Wiederholt, J. L. (1996). *Comprehensive Test of Nonverbal Intelligence (C-TONI).* Minnesota: AGS publishing

Hayden, T. L. (1980). Classification of elective mutism. *Journal* of American Academy Child and Adolescent Psychiatry, 19, 118–133.

Hope, D. A., & Heimberg, R. G. (1993). Social phobia and social anxiety. In D. H. Barlow (Ed.), Clinical handbook of psychological disorders (pp. 99–136). New York: Guilford Press.

Kagan, J., Reznick J. S., Snidman N. et al. (1990). Origins of panic disorder. In Ballenger (Ed.), Neurobiology of panic disorder. New York: Wiley & Liss.

Kehle, T. J., Madaus, M. R., Baratta, V. S., & Bray, M. A. (1998). Augmented self-modeling as a treatment for children with selective mutism. Journal of Psychology, 36, 247–260.

Kehle, T. J., Owen, S. V., & Cressy, E. T. (1990). The use of self-modeling as an intervention in school psychology: A case of an elective mute. School Psychology Review, 19, 115–121.

Knell, S. M. (1993). Cognitive-behavioral play therapy. New York: Guilford Press.

Kolvin, I., & Fundudis, T. (1981). Elective mute children: Psychological development and background factors. Journal of Child Psychology and Psychiatry, 22, 219–232.

Kopp, S., & Gillberg, C. (1997). Selective mutism: A population based study: A research note. Journal of Child Psychology and Psychiatry, 22, 219–232.

Kratochwill, T. (1981). Selective mutism: Implications for research and treatment. Hillsdale, NJ: Erlbaum.

Kristensen, (2000). Selective mutism and comorbidity with developmental disorder/delay, anxiety disorder, and elimination disorder. Journal of the American Acadamy of Child and Adolescent Psychiatry, 39(2).

Kristensen, H., & Torgersen, S. (2001). MCMI-II personality traits and symptom traits in parents of children with selective mutism: A case control study. Journal of Abnormal Psychology, 110, 648–652.

Krohn, D. D., Weckstein, S. M., & Wright, H. L. (1992). A study of the effectiveness of a specific treatment for elective mutism. Journal of American Academy of Child & Adolescent Psychiatry, 31, 711–718.

Krysanski, V. (2003). A brief review of selective mutism literature. The Journal of Psychology, 137(1), 29–40

Kurth, E., Schweigert, K. (1972). Ursachen and Entwicklungsverlaufe des Mutismus bei Kindern. Leipz 24, 741–749.

Kumplulainen, K., Rasanen, E., Raaska, H. & Somppi, V. (1998). Selective mutismAmong second graders in elementary school. European Child and Adolescent Psychiatry, 11, 71–78.

Kussmaul, A. (1877). Die Stoerungen der Sprache (1st ed.) [Disturbances in linguistic function]. Basel, Switzerland: Benno Schwabe.

Labbe, E. E., & Williamson, D. A. (1984). Behavioral treatment of elective mutism: A review of the literature. Clinical Psychology, 4, 273–292.

Leonard, H. L., & Topol, D. A. (1993). Elective mutism. Child and Adolescent Psychiatric Clinics of North America, 2, 695–707.

Louden, D. M. (1987). Elective mutism: A case study of a disorder of childhood. Journal of the National Medical Association, 79, 1043 –1048.

Manassis, K., Fung, D., Tannock, R., Sloman, L., Fiksenbaum, L., & McInnes, A. (2003). Characterizing selective mutism: Is it more than social anxiety? Depression And Anxiety 18, 153–161.

Manassis, K., Tannock, R., Garland, E. J., Minde, K., McInnes, A., & Clark, S. (2007). The sounds of silence: Language, cognition, and anxiety in selective mutism. Journal of the American Academy of Child and Adolescent Psychiatry, 46, 1187–1195.

Masten, W. G., Stacks, J. R., Caldwell-Colbert, A. T., & Jackson, J. S. (1996). Behavioral treatment of a selectively mute Mexican-American boy. Psychology in the Schools, 33, 56–60.

Mennuti, R. B., & Christner, R. W. (2005). School-based cognitive behavioral therapy (CBT). In A. Freeman (Ed.), International encyclopedia of cognitive behavior therapy. New York: Klewer/Springer.

Mennuti, R. E., Christner, R. W., & Freeman, R., (Eds.). (2006). Cognitive behavioral Interventions in educational settings: A handbook for practice. Guillford Press.

Mulligan, C. A. (2010). Selective mutism: The identification of subtypes and the influence of treatment. (Doctoral dissertation, Philadelphia College of Osteopathic Medicine, 2010).

Mulligan, C. A., & Christner, R. W. (2006). Selective mutism: Cognitive-behavioral assessment and intervention. Cognitive behavioral interventions in educational settings: A handbook for practice. NY: Routledge.

O'Leary, K. D., & Drabman, R. (1971). Token reinforcement in the classroom: A review. Psychological Bulletin, 75, 379–398.

Pordes, M. D. (1992). Intervention with the selectively mute child. Psychology in the Schools, 29, 367–376.

Powell, S., & Dailey, M. (1995). When to intervene in selective mutism: The multimodal treatment of a case of persistent selective mutism. Psychology in Schools, 32, 114–123.

Rapee, R. M. (1997). Potential role of childrearing practices in the development of anxiety and depression. Clinical Psychology Review, 47–67.

Remschmidt, H., Poller, M., Herpertz-Dahlman, B., Hennighausen, K., & Gutenbrunner, C. (2001). A follow up study of 45 patients with elective Mutism. Eur Arch Psychiatry Clinical Neuros.

Reynolds, C. R., & Richmond, B. O. (1985). Revised Children's Manifest Anxiety Scale. Los Angeles: Western Psychological Services.

Shipon-Blum, E. (2002). When the words just won't come out: Understanding selective mutism. National Association of School Psychologists.

Shipon-Blum, E. (2002, March). The school psychologist's guide to understanding & managing the selectively mute child. Workshop presented at the 22nd annual spring conference for the Association of School Psychologists of Pennsylvania, Harrisburg, PA.

Silverman, W. K., & Albano, A. M. (1996). The Anxiety Disorders Interview Schedule for children for DSM-IV, child and parent versions. San Antonio, TX: Psychological Corporation.

Silverman, W. K., & Kurtines, W. M. (1996). Anxiety and phobic disorders: A pragmatic approach. New York: Plenum Press.

Steinhausen, H. C., Juzi, C. (1996). Elective mutism: An analysis of 100 cases. Journal of the American Academy of Adolescent Psychiatry. 279–281.

Tancer, N. K. (1992). Elective mutism: A review of the literature. In Benjamin B. Lahey & Alan E Kazdin (Eds.), Advances in clinical psychology (Vol. 14, pp. 265–288). New York: Plenum.

Wechsler, D. (2003). Wechsler Scale for Children (4th ed.). San Antonio, TX: Psychological Corporation.

Yeganeh, R., Beidel, D. C., Turner, S. M., Pina, A. A., & Silverman, W. K. (2003). Clinical distinctions between selective mutism and social phobia: An investigation of childhood psychopathology. Journal of the American Academy of Child & Adolescent Psychiatry. 1069–1075.

--- 第 7 章 ---

専門的リソース

Accommodating Students with Mood Lability: Depression and Bipolar Disorder. www.schoolbehavior.com/Files/tips_mood.pdf

Educating the Child with Bipolar Disorder; Child and Adolescent Bipolar Foundation. www.thebalancedmind.org/.

Fristad, M., & Goldberg-Arnold, J. (2004). Raising a moody child. New York, NY: Guilford Press.

Papolos, D., & Papolos, J. (2002). The bipolar child. New York NY: Broadway Books.

Pavuluri, M. (2008). What works for bipolar kids. New York NY: Guilford Press.

West, A. E., & Pavuluri, M. N. (2009). Psychosocial treatment for childhood and adolescent bipolar disorder. Child and Adolescent Psychiatric Clinics of North America, 18, 471–482.

NOTE

1. Names have been changed and other personal details have been masked to protect confidentiality of these children and their families. The authors wish to thank the families for their permission to share information regarding their treatment.

文　献

American Psychiatric Association. (1994). *Diagnostic and statistical manual of mental disorders: DSM-IV* (4th ed.). Washington DC: Author.

American Psychiatric Association. (2010). *Justification for temper dysregulation disorder and dysphoria*. DSM-5 Childhood and Adolescent Disorders Workgroup Washington, DC: Author.

Baldessarini, R. J., Tondo, L., & Hennen, J. (2003). Lithium treatment and suicide risk in major affective disorders: Update and new findings. *Journal of Clinical Psychiatry, 64*, 44–52. Retrieved from PsycINFO database.

Bearden, C. E., Glahn, D. C., Monkul, E. S., Barrett, J., Najt, P., Kaur, S., et al. (2006). Sources of declarative memory impairment in bipolar disorder: Mnemonic processes and clinical features. *Journal of Psychiatric Research, 40*(1), 47–58. doi:10.1016/j.jpsychires.2005.08.006

Biederman, J. (1995). Developmental subtypes of juvenile bipolar disorder. *Harvard Review of Psychiatry, 3*(4), 227–230. doi:10.3109/10673229509017189

Brotman, M. A., Schmajuk, M., Rich, B. A., Dickstein, D. P., Guyer, A. E., Costello, E. J., et al. (2006). Prevalence, clinical correlates, and longitudinal course of severe mood dysregulation in children. *Biological Psychiatry.Special Issue: The Clinical and Neural Phenotype of Mood Disturbance in Children and Adults, 60*(9), 991–997. doi:10.1016/j.biopsych.2006.08.042

Dickstein, D. P., Nelson, E. E., McClure, E. B., Grimley, M. E., Knopf, L., Brotman, M. A., et al. (2007). Cognitive flexibility in phenotypes of pediatric bipolar disorder. *Journal of the American Academy of Child & Adolescent Psychiatry, 46*(3), 341–355. doi:10.1097/chi.0b013e31802d0b3d

Dickstein, D. P., Treland, J. E., Snow, J., McClure, E. B., Mehta, M. S., Towbin, K. E., et al. (2004). Neuropsychological performance in pediatric bipolar disorder. *Biological Psychiatry, 55*(1), 32–39. doi:10.1016/S0006-3223(03)00701-7

Doyle, A. E., Wilens, T. E., Kwon, A., Seidman, L. J., Faraone, S. V., Fried, R., et al. (2005). Neuropsychological functioning in youth with bipolar disorder. *Biological Psychiatry, 58*(7), 540–548. doi:10.1016/j.biopsych.2005.07.019

DSM-5 Childhood and Adolescent Disorders Workgroup. (2010). *Justification for temper dysregulation disorder and dysphoria*. American Psychiatric Association.

Egeland, J. A., Hostetter, A. M., Pauls, D. L., & Sussex, J. N. (2000). Prodromal symptoms before onset of manic-depressive disorder suggested by first hospital admission histories. *Journal of the American Academy of Child & Adolescent Psychiatry, 39*(10), 1245–1252. doi:10.1097/00004583-200010000-00011

Faedda, G. L., Baldessarini, R. J., Suppes, T., Tondo, L., Becker, I., & Lipschitz, D. S. (1995). Pediatric-onset bipolar disorder: A neglected clinical and public health problem. *Harvard Review of Psychiatry, 3*(4), 171–195.

Findling, R. L., Gracious, B. L., McNamara, N. K., Youngstrom, E. A., Demeter, C. A., Branicky, L. A., et al. (2001). Rapid, continuous cycling and psychiatric co-morbidity in pediatric bipolar I disorder. *Bipolar Disorders, 3*(4), 202–210. doi:10.1034/j.1399-5618.2001.30405.x

Findling, R. L., Youngstrom, E. A., Fristad, M. A., Birmaher, B., Kowatch, R. A., Arnold, L. E., et al. (2010). Characteristics of children with elevated symptoms of mania; the longitudinal assessment of manic symptoms (LAMS) study. *Journal of Clinical Psychiatry, 71*, 1664–1672.

Frank, E. (2005). *Treating bipolar disorder: A clinician's guide to interpersonal and social rhythm therapy*. New York, NY, US: Guilford Press. Retrieved from PsycINFO

Fristad, M. A. (2006). Psychoeducational treatment for school-aged children with bipolar disorder. *Development*

and Psychopathology, 18, 1289–1306. doi:10.1017/S0954579406060627

Fristad, M. A., & Goldberg-Arnold, J. S. (2003). Family interventions for early-onset bipolar disorder. In B. Geller & M. P. DelBello (Eds.), *Bipolar disorder in childhood and early adolescence* (pp. 295–313). New York, NY, US: Guilford Press. Retrieved from PsycINFO

Fristad, M. A., Goldberg-Arnold, J. S., & Gavazzi, S. M. (2002). Multifamily psychoeducation groups (MFPG) for families of children with bipolar disorder. *Bipolar Disorders, 4*(4), 254–262.

Fristad, M. A., Verducci, J. S., Walters, K., & Young, M. E. (2009). Impact of multifamily psychoeducational psychotherapy in treating children aged 8 to 12 years with mood disorders. *Archives of General Psychiatry, 66*(9), 1013–1020. doi:10.1001/archgenpsychiatry.2009.112

Geller, B., Craney, J. L., Bolhofner, K., DelBello, M. P., Axelson, D., Luby, J., et al. (2003). Phenomenology and longitudinal course of children with a prepubertal and early adolescent bipolar disorder phenotype. In B. Geller & M. P. DelBello (Eds.), *Bipolar disorder in childhood and early adolescence* (pp. 25–50). New York, NY, US: Guilford Press. Retrieved from PsycINFO

Geller, B., Craney, J. L., Bolhofner, K., DelBello, M. P., Williams, M., & Zimerman, B. (2001). One-year recovery and relapse rates of children with a prepubertal and early adolescent bipolar disorder phenotype. *The American Journal of Psychiatry, 158*(2), 303–305. doi:10.1176/appi.ajp.158.2.303

Geller, B., Craney, J. L., Bolhofner, K., Nickelsburg, M. J., Williams, M., & Zimerman, B. (2002). Two-year prospective follow-up of children with a prepubertal and early adolescent bipolar disorder phenotype. *American Journal of Psychiatry, 159*(6), 927–933. doi:10.1176/appi.ajp.159.6.927

Geller, B., Tillman, R., Bolhofner, K., & Zimerman, B. (2008). Child bipolar I disorder: Prospective continuity with adult bipolar I disorder; characteristics of second and third episodes; predictors of 8-year outcome. *Archives of General Psychiatry, 65*(10), 1125–1133. doi:10.1001/archpsyc.65.10.1125

Geller, B., Williams, M., Zimerman, B., & and Frazier, J. (1996). *Washington university in st. louis kiddie schedule for affective disorders and schizophrenia (WASH-U-KSADS)*. St. Louis, MO: Washington University School of Medicine.

Goldstein, T. R., Axelson, D. A., Birmaher, B., & Brent, D. A. (2007). Dialectical behavior therapy for adolescents with bipolar disorder: A 1 *(verified as 1)*-year open trial. *Journal of the American Academy of Child and Adolescent Psychiatry, 46*(7), 820–830. doi:10.1097/chi.0b013e31805c1613

Goldstein, T. R., Birmaher, B., Axelson, D., Goldstein, B. I., Gill, M. K., Esposito-Smythers, C., et al. (2009). Family environment and suicidal ideation among bipolar youth. *Archives of Suicide Research, 13*(4), 378–388. doi:10.1080/13811110903266699

Goldstein, T. R., Birmaher, B., Axelson, D., Goldstein, B. I., Gill, M. K., Esposito-Smythers, C., et al. (2009). Psychosocial functioning among bipolar youth. *Journal of Affective Disorders, 114*(1–3), 174–183. doi:10.1016/j.jad.2008.07.001

Goldstein, T. R., Miklowitz, D. J., & Mullen, K. L. (2006). Social skills knowledge and performance among adolescents with bipolar disorder. *Bipolar Disorders, 8*(4), 350–361. doi:10.1111/j.1399-5618.2006.00321.x

Henin, A., Mick, E., Biederman, J., Fried, R., Wozniak, J., Faraone, S. V., et al. (2007). Can bipolar disorder-specific neuropsychological impairments in children be identified? *Journal of Consulting and Clinical Psychology, 75*(2), 210–220. doi:10.1037/0022-006X.75.2.210

Henry, D. B., Pavuluri, M. N., Youngstrom, E., & Birmaher, B. (2008). Accuracy of brief and full forms of the child mania rating scale. *Journal of Clinical Psychology, 64*(4), 368–381. doi:10.1002/jclp.20464

Hlastala, S. A., & Frank, E. (2006). Adapting interpersonal and social rhythm therapy to the developmental needs of adolescents with bipolar disorder. *Development and Psychopathology, 18*(4), 1267–1288. doi:10.1017/S0954579406060615

Hlastala, S. A., Kotler, J. S., McClellan, J. M., & McCauley, E. A. (2010). Interpersonal and social rhythm therapy for adolescents with bipolar disorder: Treatment development and results from an open trial. *Depression and Anxiety, 27*(5), 457–464. Retrieved from PsycINFO database.

Kaufman, J., Birmaher, B., Brent, D., & Rao, U. (1997). Schedule for affective disorders and schizophrenia for school-age children-present and lifetime version (K-SADS-PL): Initial reliability and validity data. *Journal of the American Academy of Child & Adolescent Psychiatry, 36*(7), 980–988. doi:10.1097/00004583-199707000-00021

Kim, E. Y., Miklowitz, D. J., Biuckians, A., & Mullen, K. (2007). Life stress and the course of early-onset bipolar disorder. *Journal of Affective Disorders, 99*(1–3), 37–44. doi:10.1016/j.jad.2006.08.022

Leibenluft, E. (2011). Severe mood dysregulation, irritability, and the diagnostic boundaries of bipolar disorder in youths. *American Journal of Psychiatry, 168*, 129–142.

Leibenluft, E., Charney, D. S., Towbin, K. E., Bhangoo, R. K., & Pine, D. S. (2003). Defining clinical phenotypes of juvenile mania. *The American Journal of Psychiatry, 160*(3), 430–437. doi:10.1176/appi.ajp.160.3.430

Lewinsohn, P. M., Klein, D. N., & Seeley, J. R. (1995). Bipolar disorders in a community sample of older adolescents: Prevalence, phenomenology, comorbidity, and course. *Journal of the American Academy of Child & Adolescent Psychiatry, 34*(4), 454–463. doi:10.1097/00004583-199504000-00012

Lewinsohn, P. M., Olino, T. M., & Klein, D. N. (2005). Psychosocial impairment in offspring of depressed parents. *Psychological Medicine: A Journal of Research in Psychiatry and the Allied Sciences, 35*(10), 1493–1503. doi:10.1017/S0033291705005350

Lewinsohn, P. M., Seeley, J. R., & Klein, D. N. (2003). Bipolar disorder in adolescents: Epidemiology and suicidal behavior. In B. Geller & M. P. DelBello (Eds.), *Bipolar disorder in childhood and early adolescence* (pp. 7–24). New York, NY, US: Guilford Press. Retrieved from PsycINFO.

Linehan, M. M. (1993). *Cognitive-behavioral treatment of borderline personality disorder.* New York, NY, US: Guilford Press. Retrieved from PsycINFO

Lish, J. D., Dime-Meenan, S., Whybrow, P. C., & Price, R. A. (1994). The national depressive and manic-depressive association (DMDA) survey of bipolar members. *Journal of Affective Disorders, 31*(4), 281–294. doi:10.1016/0165-0327(94)90104-X

Loranger, A. W., & Levine, P. M. (1978). Age at onset of bipolar affective illness. *Archives of General Psychiatry, 35*, 1345–1348.

McClure, E. B., Treland, J. E., Snow, J., Dickstein, D. P., Towbin, K. E., Charney, D. S., et al. (2005). Memory and learning in pediatric bipolar disorder. *Journal of the American Academy of Child & Adolescent Psychiatry, 44*(5), 461–469. doi:10.1097/01.chi.0000156660.30953.91

Miklowitz, D. J., Axelson, D. A., Birmaher, B., George, E. L., Taylor, D. O., Schneck, C. D., et al. (2008). Family-focused treatment for adolescents with bipolar disorder: Results of a 2(verified as 2)-year randomized trial. *Archives of General Psychiatry, 65*(9), 1053–1061. doi:10.1001/archpsyc.65.9.1053

Miklowitz, D. J., Chang, K. D., Taylor, D. O., George, E. L., Singh, M. K., Schneck, C. D., et al. (2011). Early psychosocial intervention for youth at risk for bipolar I or II disorder: A one-year treatment development trial. *Bipolar Disorders, 13*(1), 67–75. doi:10.1111/j.1399-5618.2011.00890.x

Miklowitz, D. J., George, E. L., Axelson, D. A., Kim, E. Y., Birmaher, B., Schneck, C., et al. (2004). Family-focused treatment for adolescents with bipolar disorder. *Journal of Affective Disorders, 82*(S1), S113–S128. doi:10.1016/j.jad.2004.05.020

Murray, C., & Lopez, A. (1996). *The global burden of disease: A comprehensive assessment of mortality and disability from disease, injuries, and risk factors in 1990 and projected to 2020.* Cambridge, MA: Harvard University Press.

National Institute of Mental Health. (2001). Roundtable on

prepubertal bipolar disorder. *Journal of the American Academy of Child & Adolescent Psychiatry, 40*(8), 871–878. doi:10.1097/00004583-200108000-00007

Pavuluri, M. N., Graczyk, P. A., Henry, D. B., Carbray, J. A., Heidenreich, J., & Miklowitz, D. J. (2004). Child- and family-focused cognitive-behavioral therapy for pediatric bipolar disorder: Development and preliminary results. *Journal of the American Academy of Child and Adolescent Psychiatry, 43*(5), 528–537. doi:10.1097/00004583-200405000-00006

Pavuluri, M. N., Henry, D. B., Devineni, B., Carbray, J. A., & Birmaher, B. (2006). Child mania rating scale: Development, reliability, and validity. *Journal of the American Academy of Child & Adolescent Psychiatry, 45*(5), 550–560. doi:10.1097/01.chi.0000205700.40700.50

Pavuluri, M. N., O'Connor, M. M., Harral, E. M., Moss, M., & Sweeney, J. A. (2006). Impact of neurocognitive function on academic difficulties in pediatric bipolar disorder: A clinical translation. *Biological Psychiatry.Special Issue: The Clinical and Neural Phenotype of Mood Disturbance in Children and Adults, 60*(9), 951–956. doi:10.1016/j.biopsych.2006.03.027

Pavuluri, M. N., O'Connor, M. M., Harral, E., & Sweeney, J. A. (2007). Affective neural circuitry during facial emotion processing in pediatric bipolar disorder. *Biological Psychiatry, 62*(2), 158–167. doi:10.1016/j.biopsych.2006.07.011

Pavuluri, M. N., Schenkel, L. S., Aryal, S., Harral, E. M., Hill, S. K., Herbener, E. S., et al. (2006). Neurocognitive function in unmedicated manic and medicated euthymic pediatric bipolar patients. *The American Journal of Psychiatry, 163*(2), 286–293. doi:10.1176/appi.ajp.163.2.286

Pavuluri, M. N., West, A., Hill, S. K., Jindal, K., & Sweeney, J. A. (2009). Neurocognitive function in pediatric bipolar disorder: 3(verified as 3)-year follow-up shows cognitive development lagging behind healthy youths. *Journal of the American Academy of Child & Adolescent Psychiatry, 48*(3), 299–307. doi:10.1097/CHI.0b013e318196b907

Rucklidge, J. (2006). Psychosocial functioning of adolescents with and without pediatric bipolar disorder. *Journal of Affective Disorders, 91*(2–3), 181–188.

Segal, Z. V., Williams, J. M. G., & Teasdale, J. D. (2002). *Mindfulness-based cognitive therapy for depression: A new approach to preventing relapse.* New York, NY, US: Guilford Press. Retrieved from PsycINFO

Washburn, J. J., West, A. E., & Heil, J. A. (2011). Treatment of pediatric bipolar disorder: A review. *Minerva Psichiatrica, 52*(1), 21–35.

West, A. E., Celio, C. I., Henry, D. B., & Pavuluri, M. N. (2011). Child mania rating scale-parent version: A valid measure of symptom change due to pharmacotherapy. *Journal of Affective Disorders, 128*(1–2), 112–119. doi:10.1016/j.jad.2010.06.013

West, A. E., Henry, D. B., & Pavuluri, M. N. (2007). Maintenance model of integrated psychosocial treatment in pediatric bipolar disorder: A pilot feasibility study. *Journal of the American Academy of Child & Adolescent Psychiatry, 46*(2), 205–212. doi:10.1097/01.chi.0000246068.85577.d7

West, A. E., Jacobs, R. H., Westerholm, R., Lee, A., Carbray, J., Heidenreich, J., et al. (2009). Child and family-focused cognitive-behavioral therapy for pediatric bipolar disorder: Pilot study of group treatment format. *Journal of the Canadian Academy of Child and Adolescent Psychiatry, 18*, 239–246. Retrieved from PsycINFO database.

Wilens, T. E., Biederman, J., Forkner, P., Ditterline, J., Morris, M., Moore, H., et al. (2003). Patterns of comorbidity and dysfunction in clinically referred preschool and school-age children with bipolar disorder. *Journal of Child and Adolescent Psychopharmacology, 13*(4), 495–505. doi: 10.1089/104454603322724887

Wozniak, J., Biederman, J., Kiely, K., & Ablon, J. S. (1995). Mania-like symptoms suggestive of childhood-onset bipolar disorder in clinically referred children. *Journal of the American Academy of Child & Adolescent Psychiatry, 34*(7), 867–876. doi:10.1097/00004583-199507000-00010

Young, M. E., & Fristad, M. A. (2007). Evidence based treatments for bipolar disorder in children and adolescents. *Journal of Contemporary Psychotherapy, 37*(3), 157–164.

doi:10.1007/s10879-007-9050-4

Youngstrom, E. A., Findling, R. L., Youngstrom, J. K., & Calabrese, J. R. (2005). Toward an evidence-based assessment of pediatric bipolar disorder. *Journal of Clinical Child and Adolescent Psychology, 34*(3), 433–448. doi:10.1207/s15374424jccp3403_4

─────── 第 8 章 ───────

専門的リソース

International Association of Eating Disorder Professionals. www.iaedp.com.
Lucile Apckard Children's Hospital at Stranford. www.lpch.org.
My Pyramid. www.mypyramid.gov.
Renfrew Center. www.renfrewcenter.com.
Something Fishy website on eating disorders. www.somethingfishy.com

文　献

Abraham, S., Boyd, C., Lal, M., Luscombe, G., & Taylor, A. (2009). Time since menarche, weight gain and body image awareness among adolescent girls: Onset of eating disorders. *Journal of Psychosomatic Obstetrics & Gynecology, 30*(2), 89–94. doi:10.1080/01674820902950553
American Psychiatric Association (2000). *Diagnostic and statistical manual of mental disorders* (4th ed., text revision). Washington, DC: Author.
Attie, I., & Brooks-Gunn, J. (1989). Development of eating problems in adolescent girls: A longitudinal study. *Developmental Psychology, 25*, 70–79.
Boes, S. R., Ng, V., & Davison, T. (2004). Unmasking eating disorders in the schools. *Professional School Counseling, 7*, 376–378.
Brown, L. M., & Gilligan, C. (1992). *Meeting at the crossroads: Women's psychology and girls' development.* New York, NY: Ballantine.
Brownell, K. D., & Fairburn, C. G. (Eds.). (1995). *Eating disorders and obesity.* New York, NY: Guilford.
Bryant-Waugh, R., Cooper, P., Taylor, C., & Lask, B. (1996). The use of the eating disorder examination with children: A pilot study. *International Journal of Eating Disorders, 19*, 391–398.
Childress, A., Jarrell, M., & Brewerton, T. (April, 1992). *The Kid's Eating Disorder Survey (KEDS): Internal consistency, component analysis, and test-retest reliability.* Paper presented at the 5th International Conference on Eating Disorders, New York.
Cooper, P., Taylor, M., Cooper, Z., & Fairburn, C. (1987). The development and validation of the body shape questionnaire. *International Journal of Eating Disorders, 6*, 485–494.
Costin, C. (1996). *The eating disorder sourcebook.* Los Angeles, CA: Lowell House.
Fairburn, C. G., & Walsh, B. T. (2002). Atypical eating disorders. In C. G. Fairburn & K. D. Brownell (Eds.), *Eating disorders and obesity: A comprehensive handbook* (p. 86). New York, NY: Guilford.
Fairburn, C., & Cooper, Z. (1993). The eating disorder examination (12th ed.). In C. G. Fairburn & G. T. Wilson (Eds.), *Binge eating: Nature, assessment and treatment* (pp. 317–360). New York, NY: Guilford.
Fallon, P., Katzman, M. A., & Wooley, S. C. (Eds.). (1994). *Feminist perspectives of eating disorders.* New York, NY: Guilford.
Garner, D. (1991). *Eating Disorders Inventory-2: Professional manual.* Odessa, FL: Psychological Assessment Resources.
Garner, D., & Garfinkle, P. (1979). The Eating Attitudes Test: An index of symptoms of anorexia nervosa. *Psychological Medicine, 9*, 273–279.
Garner, D., Olmsted, M., & Polivy, J. (1983). Development and validation of a multi-dimensional eating disorder inventory for anorexia nervosa and bulimia. *International Journal of Eating Disorders, 2*, 15–34.
Graber, J. A., Brooks-Gunn, J., Paikoff, R. L., & Warren, M. P. (1994). Prediction of eating problems: An 8-year study of adolescent girls. *Developmental Psychology, 30*, 823–834.
Grave, R. D. (2003). School-based prevention programs for eating disorders. *Disease Management and Health Outcomes, 11*, 579–592.
Hsu, L. K. (1996). Epidemiology of eating disorders. *Psychiatric Clinics of North America, 19*, 681–697.
Jones, W., & Morgan, J. (2010). Eating disorders in men: A review of the literature. *Journal of Public Mental Health, 9*(2), 23–31. Retrieved from EBSCOhost.
Kohn, M., & Golden, N. H. (2001). Eating disorders in children and adolescents. *Pediatric Drugs, 3*, 91–99.
Kreipe, R. E, & Birndorf, S. A. (2000) Eating disorders in adolescents and young adults. *Medical Clinics of North America, 84*, 1027–1049.
Lask, B., & Bryant-Waugh, R. (Eds.). (2000). *Anorexia nervosa and related eating disorders in children and adolescents.* Hove, UK: Psychology Press.
Lewinson, P. M., Hops, H., & Roberts, R. E. (1993). Adolescent psychopathology: I. prevalence and incidence of depression and other DSM-II-R disorders in high school students. *Journal of Abnormal Psychology, 102*, 133–144.
Maloney, M., McGuire, J., & Daniels, S. (1988). Reliability testing of a Children's Eating Attitude Test. *Journal of the American Academy of Child and Adolescent Psychiatry, 28*, 541–543.
Massey-Stokes, M. S. (2000). Prevention of disordered eating among adolescents. *The Clearing House*, 335–340.
Mishne, J. M. (1986). *Clinical work with adolescents.* New York, NY: Free Press.
Pipher, M. (1994). *Reviving Ophelia: Saving the selves of adolescent girls.* New York: Ballantine.
Rabe-Jablonska, J. J., & Sobow, T. M. (2000). The links between body dysmorphic disorder and eating disorders. *European Psychiatry, 15*, 302.
Rosen, S. D. (2010, November 29). Clinical report: Identification and management of eating disorders in children. *Pediatrics.* Advance online publication. doi: 10.1542/peds.2010–2821.
Ruffolo, J., Phillips, K. A., Menard, W., Fay, C., & Weisberg, R. B. (2006). Comorbidity of body dysmorphic disorder and eating disorders: Severity of psychopathology and body image disturbance. *International Journal of Eating Disorders, 39*(1), 11–19. doi:10.1002/eat.20219
Steiner-Adair, C. (1991). When the body speaks: Girls, eating disorders and psychotherapy. In C. Gilligan, A. G. Rogers, & D. L. Tolman (Eds.), *Women, girls and psychotherapy* (pp. 253–266). New York, NY: Harrington Park.
Striegel-Moore, R. H., & Smolak, L. (Eds.). (2002). *Eating disorders: Innovative directions in research and practice.* Washington, DC: American Psychological Association.
Sturmey P, Slade PD. (1986). Anorexia nervosa and dysmorphia. *British Journal of Psychiatry, 149*, 780.
Sullivan, M. (Executive Producer). (1998). *FAT [Television broadcast].* Boston, MA: Public Broadcasting Service.
Surrey, J. L. (1991). Eating patterns as a reflection of women's development. In J.V. Jordan, A. G. Kaplan, J. B. Miller, I. P. Stiver, & J. L. Surrey (Eds.), *Women's growth in connection: Writings from the Stone Center* (pp. 237–250). New York, NY: Guilford.
Touchette, E., Henegar, A., Godart, N., Pryor, L., Falissard, B., Tremblay, R., & Côté, S. (2011). Subclinical eating disorders and their comorbidity with mood and anxiety disorders in adolescent girls. *Psychiatry Research, 185*(1–2), 185–192. Retrieved from EBSCOhost.

─────── 第 9 章 ───────

専門的リソース

Kendall, P. C. (2011). *Child and adolescent therapy: Cognitive behavioral procedures* (4th ed.). New York, NY: Guilford Press.
Matthys, W., & Lochman, J. E. (2010). *Oppositional defiant disorder and conduct disorder in childhood.* Oxford, UK: Wiley-Blackwell.

Nelson, W. M. III, Finch, A. J., & Hart, K. J. (2006), *Comparative treatment of conduct disorder*. New York, NY: Springer.

ACKNOWLEDGMENT

The preparation of this chapter was supported by a grant provided by the National Institute of Drug Abuse (DA23156-3).

文　献

Achenbach, T. M. (1991). *Manual for the Child Behavior Checklist and 1991 Profile.* Burlington, VT: University Associates in Psychiatry.

Achenbach, T. M., & Rescorla, L. A. (2001). *Manual for ASEBA School-Age Forms & Profiles.* Burlington, VT: University of Vermont, Research Center for Children, Youth, & Families.

American Psychiatric Association (2000). *Diagnostic and statistical manual of mental disorders* (4th ed., text revision). Washington DC: Author.

Arnold, D. H., Ortiz, C., Curry, J. C., Stowe, R. M., Goldstein, N. E., Fisher, P. H., Zeljo, A., & Yershova, K. (1999). Promoting academic success and preventing disruptive behavior disorders through community partnership. *Journal of Community Psychology, 27*(5), 589–598.

Bennett, D. S., & Gibbons, T. A. (2000). Efficacy of child cognitive-behavioral interventions for antisocial behavior: A meta-analysis. *Child & Family Behavior Therapy, 22*(1), 1–15.

Borduin, C. M., Mann, B. J., Cone, L. T., Henggeler, S. W., Fucci, B. R., Blaske, D. M., & Williams, R. A. (1995). Multisystemic treatment of serious juvenile offenders: Long–term prevention of criminality and violence. *Journal of Consulting and Clinical Psychology, 63*, 569–578.

Botvin, G. J., & Griffin, K. W. (2004). Life skills training: Empirical findings and future directions. *Journal of Primary Prevention, 25*(2), 211–232.

Conners, C. K. (1997). *Conners' Rating Scales-Revised: Technical manual.* North Tonawanda, NY: Multi-Health Systems.

Cornwall, A., & Bawden, H. N. (1992). Reading disabilities and aggression: A critical review. *Journal of Learning Disabilities, 25*(5), 281–288.

Crick, N. R., & Dodge, K. A. (1994). A review and reformulation of social information processing mechanisms in children's social adjustment. *Psychological Bulletin, 115*, 74–101

Crick, N. R., & Werner, N. E. (1998). Response decision processes in relational and overt aggression. *Child Development, 69*, 1630–1639.

Dodge, K. A. (1986). A social information processing model of social competence in children. In M. Perlmutter (Ed.), *The Minnesota Symposia on Child Psychology: Cognitive perspectives on children's social and behavioral development* (Vol. 18. pp. 77–125). Hillsdale, NJ: Erlbaum.

Dodge, K. A. (1993). Social cognitive mechanisms in the development of conduct disorder and depression. *Annual Review of Psychology, 44*, 559–584.

Dodge, K. A., Lochman, J. E., Harnish, J. D., Bates, J. E., & Pettit, G. S. (1997). Reactive and proactive aggression in school children and psychiatrically impaired chronically assaultive youth. *Journal of Abnormal Psychology, 106*, 37–51.

Dodge, K. A., & Pettit, G. S. (2003). A biopsychosocial model of the development of chronic conduct problems in adolescence. *Developmental Psychology, 39*(2), 349–371.

Dunn, S. E., Lochman, J. E., & Colder, C. R. (1997). Social problem-solving skills in boys with conduct and oppositional defiant disorders. *Aggressive Behavior, 23*, 457–469.

Eyberg, S. M., Nelson, M. M., & Boggs, S. R. (2008). Evidence-based psychosocial treatments for children and adolescents with disruptive behavior. *Journal of Clinical Child & Adolescent Psychology, 37*(1), 215–237.

Fabiano, G. A., Pelham, W. E., Jr., Waschbusch, D. A., Gnagy, E. M., Lahey, B. B., Chronis, A. M., & Burrows-MacLean, L. (2006). A practical measure of impairment: Psychometric properties of the impairment rating scale in samples of children with attention deficit hyperactivity disorder and two school-based samples. *Journal of Clinical Child and Adolescent Psychology, 35*, 369–385.

Fisher, P. (2000). *Scoring manual: Diagnostic Interview Schedule for Children (DISC-IV).* New York: Columbia University–New York State Psychiatric Institute.

Greenberg, M. T., Domitrovich, C., & Bumbarger, B. (2001). The prevention of mental disorders in school-aged children: Current state of the field. *Prevention and Treatment, 4.* Retrieved from www.journals.apa.org/prevention/volume4/pre0040001c.html

Greenberg, M. T., & Kusche, C. A. (2006). Building social and emotional competence: The PATHS curriculum. In S. R. Jimerson & M. Furlong (Eds.), *Handbook of school violence and school safety: From research to practice* (pp. 395–412). Mahwah, NJ: Erlbaum.

Gresham, F. M., & Elliott, S. N. (1990). *Social Skills Rating System: Manual.* Circle Pines, MN: American Guidance Service.

Hawkins, J. D., Catalano, R. F., Kosterman, R., Abbott, R. D., & Hill, K. G. (1999). Preventing adolescent health-risk behaviors by strengthening protection during childhood. *Archives of Pediatrics and Adolescent Medicine, 153*, 226–234.

Henggeler, S. W., & Lee, T. (2003). Multisystemic treatment of serious clinical problems. In A. E. Kazdin, & J. R. Weisz (Eds.), *Evidence-based psychotherapies for children and adolescents* (pp. 301–322). New York, NY: Guilford.

Henggeler, S. W., Melton, G. B., & Smith, L. A. (1992). Family preservation using multisystemic therapy: An effective alternative to incarcerating serious juvenile offenders. *Journal of Consulting and Clinical Psychology, 60*, 953–961.

Ho, B. P. V., Carter, M., & Stephenson, J. (2010). Anger management using a cognitive-behavioral approach for children with special education needs: A literature review and meta-analysis. *International Journal of Disability, Development, and Education, 57*(3), 245–265.

Juvonen, J., Nishina, A., & Graham, S. (2000). Peer harassment, psychological adjustment, and school functioning in early adolescence. *Journal of Educational Psychology, 92*(2), 349–359.

Kamphaus, R. W., & Frick, P. J. (2001). *Clinical assessment of child and adolescent personality and behavior* (2nd ed.,). Needham Heights, MA: Allyn & Bacon.

Kazdin, A. E., Siegal, T. C., & Bass, D. (1992). Cognitive problem-solving skills training and parent management training in the treatment of antisocial behavior in children. *Journal of Consulting and Clinical Psychology, 60*, 733–747.

Kokkinos, C. M. (2007). Job stressors, personality and burnout in primary school teachers. *British Journal of Educational Psychology, 77*(1), 229–243.

Kokko, K., Tremblay, R. E., Lacourse, E., Nagin, D. S., & Vitaro, F. (2006). Trajectories of prosocial behavior and physical aggression in middle childhood: Links to adolescent school dropout and physical violence. *Journal of Research on Adolescence, 16*(3), 403–428.

Lachar, D., Wingenfeld, S. A., Kline, R. B., & Gruber, C. P. (2000). *Student Behavior Survey.* Los Angeles, CA: Western Psychological Services.

Larson, J. (2005). *Think first: Addressing aggressive behavior in secondary schools.* New York, NY: Guilford Press.

Larson, J., & Lochman, J. E. (2011). *Helping schoolchildren cope with anger: A cognitive-behavioral intervention* (2nd ed.). New York, NY: Guilford Press

Lochman, J. E. (1992). Cognitive-behavioral intervention with aggressive boys: Three year follow-up and preventive effects. *Journal of Consulting and Clinical Psychology, 60*, 426–432.

Lochman, J. E., Boxmeyer, C., Powell, N., Qu, L., Wells, K., & Windle, M. (2009). Dissemination of the Coping Power Program: Importance of intensity of counselor training. *Journal of Consulting and Clinical Psychology, 77*, 397–409.

Lochman, J. E., & Dodge, K. A. (1994). Social-cognitive processes of severely violent, moderately aggressive and nonaggressive boys. *Journal of Consulting and Clinical Psychology, 62*, 366–374.

Lochman, J. E., & Dodge, K. A. (1998). Distorted perceptions in dyadic interactions of aggressive and nonaggressive boys: Effects of prior expectations, context, and boys' age. *Development and Psychopathology, 10*, 495–512.

Lochman, J. E., Powell, N., Boxmeyer, C., Qu, L., Wells, K., & Windle, M. (2009). Implementation of a school-based prevention program: Effects of counselor and school characteristics. *Professional Psychology: Research and Practice, 40*, 476–482.

Lochman, J. E., Wayland, K. K., & White, K. J. (1993). Social goals: Relationship to adolescent adjustment and to social problem solving. *Journal of Abnormal Child Psychology, 21*, 135–151.

Lochman, J. E., & Wells, K. C. (2002). Contextual social-cognitive mediators and child outcome: A test of the theoretical model in the Coping Power Program. *Development and Psychopathology, 14*, 971–993.

Lochman, J. E., & Wells, K. C. (2003). Effectiveness study of Coping Power and classroom intervention with aggressive children: Outcomes at a one-year follow-up. *Behavior Therapy, 34*, 493–515.

Lochman, J. E., & Wells, K. C. (2004). The Coping Power Program for preadolescent aggressive boys and their parents: Outcome effects at the one-year follow-up. *Journal of Consulting and Clinical Psychology, 72*, 571–578.

Lochman, J. E., Wells, K. C., & Lenhart, L. A. (2008). *Coping Power child group program: Facilitator guide.* New York, NY: Oxford.

Loeber, R. (1990). Development and risk factors of juvenile antisocial behavior and delinquency. *Clinical Psychology Review, 10*, 1–41.

Lonczak, H. S., Huang, B., Catalano, R. F., Hawkins, J. D., Hill, K. G., Abbott, R. D., Ryan, J. A. M., & Kosterman, R. (2001). The social predictors of adolescent alcohol misuse: A test of the social development model. *Journal of Studies on Alcohol, 62*, 179–189.

Ma, L., Phelps, E. Lerner, J. V., & Lerner, R. M. (2009). Academic competence for adolescents who bully and who are bullied: Findings from the 4-H study of positive youth development. *Journal of Early Adolescence, 29*(6), 862–897.

Matthys, W., & Lochman, J. E. (2010). *Oppositional defiant disorder and conduct disorder in childhood.* Oxford, UK: Wiley-Blackwell.

McCart, M. R., Priester, P. E., Davies, W. H., & Azen, R. (2006). Differential effectiveness of behavioral parent-training and cognitve-behavioral therapy for antisocial youth: A meta-analysis. *Journal of Abnormal Child Psychology, 34*(4), 527–5.

McMahon, R. J., & Frick, P. J. (2007). Conduct and oppositional disorders. In E. J. Mash & R. A. Barkley (Eds.), *Assessment of childhood disorders* (4th ed., pp. 132–183). New York, NY: Guilford.

Miller, N. E., & Dollard, J. (1941). *Social learning and imitation.* New Haven, CT: Yale University Press.

Mischel, W. (1973). Toward a cognitive social learning conceptualization of personality. *Psychological Review, 80*, 252–283

Nock, M. K., & Kurtz, S. M. S. (2005). Direct behavioral observation in school settings: Bringing science to practice. *Cognitive and Behavioral Practice, 12*(3), 359–370.

Pagani, L. S., Fitzpatrick, C., Archambault, I., & Janosz, M. (2010). School readiness and later achievement: A French Canadian replication and extension. *Developmental Psychology, 46*(5), 984–994.

Pelham, W. E., Jr., & Burrows-Maclean, L. (2005). Mental health interventions: Evidence-based approaches. In L. Osborn, T. Dewitt, L. First, & J. Zenel (Eds.), *Pediatrics* (pp. 1940–1948). Philadelphia, PA: Elsevier Mosby.

Platt, J., & Spivack, G. (1989). *The MEPS procedure manual.* Philadelphia, PA: Hahnemann University, Department of Mental Health Sciences.

Quay, H. C., & Peterson, D. R. (1996). *Revised Behavior Problem Checklist, PAR edition.* Odessa, FL: Psychological Assessment Resources.

Reynolds, C. R., & Kamphaus, R. W. (2004). *Behavior Assessment System for Children—2 (BASC–2).* Bloomington, MN: Pearson Assessments.

Risi, S., Gerhardstein, R., & Kistner, J. (2003). Children's classroom peer relationships and subsequent educational outcomes. *Journal of Clinical Child & Adolescent Psychology, 32*(3), 351–361.

Robinson, T. R., Smith, S. W., Miller, M. D., & Brownell, M. T.

(1999). Cognitive behavior modification of hyperactivity–impulsivity and aggression: A meta-analysis of school-based studies. *Journal of Educational Psychology, 91*(2), 195–203.

Rones, M., & Hoagwood, K. (2000). School-based mental health services: A research review. *Clinical Child and Family Psychology Review, 3*, 223–241.

Rotter, J. B. (1954). *Social learning and clinical psychology.* New York, NY: Prentice Hall.

Sattler, J. M. (2001). *Assessment of children: Cognitive applications* (4th ed.). La Mesa, CA: Jerome M. Sattler, Publisher, Inc.

Selman, R. L., & Byrne, D. F. (1974). A structural-developmental analysis of levels of role taking in middle childhood. *Child Development, 45*, 803–806.

Shure, M. B., & Spivack, G. (1980). Interpersonal problem solving as a mediator of behavioral adjustment in preschool and kindergarten children. *Journal of Applied Developmental Psychology, 1*, 29–44.

Sukhodolsky, D. G., Kassinove, H., & Gorman, B. S. (2004). Cognitive-behavioral therapy for anger in children and adolescents: A meta-analysis. *Aggression and Violent Behavior, 9*(3), 247–269.

Tremblay, R. E. (2000). The development of aggressive behaviour during childhood: What have we learned in the past century? *International Journal of Behavioral Development, 24*(2), 129–141.

Van de Wiel, N. M. H., Matthys, W., Cohen-Kettenis, P. T., Maassen, G. H., Lochman, J. E., & van Engeland, H. (2007). The effectiveness of an experimental treatment when compared with care as usual depends on the type of care as usual. *Behavior Modification, 31*, 298–312.

Van Manen, T. G., Prins, P. J. M., & Emmelkamp, P. M. G. (2001). Assessing social cognitive skills in aggressive children from a developmental perspective: The Social Cognitive Skills Test. *Clinical Psychology and Psychotherapy, 8*, 341–351.

Webster-Stratton, C. (2005). The Incredible Years: A training series for the prevention and treatment of conduct problems in young children. In E. D. Hibbs, & P. S. Jensen (Eds.), *Psychosocial treatments for child and adolescent disorders: Empirically based strategies for clinical practice* (2nd ed., pp. 507–555). Washington, DC: American Psychological Association.

Webster-Stratton, C., & Hammond, M. (1997). Treating children with early-onset conduct problems: A comparison of child and parent training interventions. *Journal of Consulting and Clinical Psychology, 65*, 93–109.

Webster-Stratton, C., Reid, M. J., & Hammond, M. (2004). Treating children with early-onset conduct problems: Intervention outcomes for parent, child, and teacher training. *Journal of Clinical Child and Adolescent Psychology, 33*, 105–124.

Weiner, B. (1990). Attributions in personality psychology. In L. Pervin (Ed.), *Handbook of personality: Theory and research* (pp. 609–637), New York, NY: Guilford.

Wells, K. C., Lochman, J. E., & Lenhart, L. A. (2008a). *Coping Power parent group program: Facilitator guide.* New York, NY: Oxford.

Williams, S. C., Lochman, J. E., Phllips, N. C., & Barry, T. (2003). Aggressive and nonaggressive boys' physiological and cognitive processes in response to peer provocations. *Journal of Clinical Child and Adolescent Psychology, 32*, 568–576.

Zonnevylle-Bender, M. J. S., Matthys, W., van de Wiel, N. M. H., & Lochman, J. (2007). Preventive effects of treatment of DBD in middle childhood on substance use and delinquent behavior. *Journal of the American Academy of Child and Adolescent Psychiatry, 46*, 33–39.

─────────── 第 10 章 ───────────

専門的リソース

Doll, B., & Brehm, K. (2010). *Resilient playgrounds.* New York, NY: Routledge.

Jimerson, S. R., Swearer, S. M., & Espelage, D. L. (2010). *Handbook of bullying in schools: An international perspective.* New York, NY: Routledge.

Swearer, S. M., Espelage, D. L., & Napolitano, S. A. (2009). *Bullying prevention and intervention: Realistic strategies for schools.* New York, NY: Guilford Press.

文　献

Allen, K. P. (2010). Classroom management, bulling, and teacher practices. *Professional Educator, 34,* 1–15.

Ball, H. A., Arsenault, L., Tayor, A., Maughan, B., Caspi, A., & Moffitt, T. E. (2008). Genetic and environmental influences on victims, bullies, and bully-victims in childhood. *Journal of Child Psychology and Psychiatry, 49,* 104–111. doi:10.1111/j.1469–7610.2007.01821.x

Barclay, J. R. (1992). Sociometry, temperament and school psychology. In T. R. Kratochwill, S. N. Elliott & M. Gettinger (Eds.), *Advances in school psychology, Vol. VIII* (pp. 79–114). Hillsdale, NJ: Erlbaum.

Beran, T. N., & Tutty, L. (2002). *An evaluation of the dare to care bully-proofing your school program: Final report.* Retrieved May 2011, from www.prairieaction.ca/wp-content/uploads/2010/08/dare_to_care.pdf

Berdoni, L., & Smith, P. K. (1996). Cohesion and power in the families of children involved in bully/victim problems of school: An Italian replication. *Journal of Family Therapy, 18,* 99–109. doi:10.1111/j.1467–6427.1996.tb00036.x

Black, S. A., & Jackson, E. (2007). Using bullying incident density to evaluate the Olweus Bullying Prevention Program. *School Psychology International, 28,* 623–638. doi: 10.1177/0143034307085662

Bowers, L., Smith, P. K., & Binney, V. (1994). Perceived family relationships of bullies, victims, and bully/victims in middle childhood. *Journal of Social and Personal Relationships, 11,* 215–232. doi:10.1177/0265407594112004

Boxer, P., Musher-Eizenman, D., Dubow, E. F., Danner, S., & Heretick, D. L. (2006). Assessing teachers' perceptions for school-based aggression prevention programs: Applying a cognitive-ecological framework. *Psychology in the Schools, 43,* 331–344. doi:10.1002/pits.20144

Bradshaw, C. P., Sawyer, A. L., & O'Brennan, L. M. (2007). Bullying and peer victimization at school: Perceptual differences between students and school staff. *School Psychology Review, 36,* 361–382.

Browning, C. M., Cooker, P. G., & Sullivan, K. (2005). Help for the bully/peer abuse problem: Is Bully Busters in-service training effective? In G. R. Walz & R. K. Yep (Eds.) *Vistas: Compelling perspectives on counseling* (pp. 231–234). Alexandria, VA: American Counseling Association.

Cairns, R. B., & Cairns, B. D. (2000). The natural history and developmental functions of aggression. In A. J. Sameroff, M. Lewis, & S. M. Miller, (Eds.). *Handbook of developmental psychopathology* (2nd ed., pp. 403–430). New York, NY: Kluwer Academic/Plenum Publishers.

Cassidy, W., Jackson, M., & Brown, K. N. (2009). Sticks and stones can break my bones, but how can pixels hurt me?: Students' experiences with cyber-bullying. *School Psychology International, 30,* 383–402. doi: 10.1177/0143034309106948

Christenson, S. L., & Carlson, C. (2005). Evidence–based parent and family interventions in school psychology: State of scientifically based practice. *School Psychology Quarterly, 20,* 525–528. doi: 10.1521/scpq. 2005.20.4.525

Committee for Children. (2001). *Steps to Respect: A bullying prevention program.* Seattle, WA: Author.

Cowie, H., & Hutson, N. (2005). Peer support: a strategy to help bystanders challenge school bullying, *Pastoral Care in Education, 23,* 40–44. doi:10.1111/j.0264–3944.2005.00331.x

Craig, W. M., Henderson, K., & Murphy, J. G. (2000). Prospective teachers' attitudes toward bullying and victimization. *School Psychology International, 21,* 5–21. doi: 10.1177/ 0143034300211001

Craig, W. M., Pepler, D., & Atlas, R. (2000). Observations of bullying in the playground and in the classroom. *School Psychology International, 21,* 22–36. doi: 10.1177/0143034300211002

Crick, N. R. (2000). Forms of aggression. In W. Craig (Eds.). *Childhood social development: The essential readings* (pp. 307–330). Oxford, UK: Blackwell Publishers.

Crothers, L. M., & Kolbert, J. B. (2010). Teachers' management of student bullying in the classroom. In S. R. Jimerson, S. M. Swearer, & D. L. Espelage (Eds.), *Handbook of bullying in schools: An international perspective* (pp. 535–546). New York, NY: Routledge.

Dake, J. A., Price, J. H., Telljohann, S. K., & Funk, J. B. (2003). Teacher perceptions and practices regarding school bullying prevention. *Journal of School Health, 73,* 347–355. doi:10.1111/j.1746–1561.2003.tb04191.x

Demaray, M. K., & Malecki, C. K. (2003). Perceptions of the frequency and importance of social support by students classified as victims, bullies, and bully/victims in an urban middle school. *School Psychology Review, 32,* 471–489.

Doll, B., Song, S., Champion, A., & Jones, K. (2011). Classroom ecologies that support or discourage bullying. In D. Espelage & S. Swearer (Eds.), *A social–ecological perspective on bullying prevention and intervention in American schools* (2nd ed., pp. 147–158). New York, NY: Routledge.

Doll, B., Spies, R. A., Champion, A., Guerrero, C., Dooley, K., & Turner, A. (2010).The ClassMaps Survey: A measure of students' perceptions of classroom resilience. *Journal of Psychoeducational Assessment. 28,* 338–348. doi: 10.1177/0734282910366839

Doll, B., Spies, R. A., LeClair, C. M., Kurien, S., & Foley, B. P. (2010). Student perceptions of classroom learning environments: Development of the ClassMaps Survey. *School Psychology Review, 39*(2), 203–218. doi: 10.1177/0734282910366839

Dulmus, C. N., Sowers, K. M., & Theriot, M. T. (2006). Prevalence and bullying experiences of victims and victims who become bullies (bully-victims) at rural schools. *Victims and Offenders, 1,* 15–31. doi: 10.1080/15564880500498945

Epstein, L., Plog, A. E., & Porter, W. (2002). Bully-proofing your school: Results of a four-year intervention. *Report on Emotional and Behavioral Disorders in Youth, 2*(3), 55–56, 73–77.

Eron, L. D., & Huesmann, R. L. (1990). The stability of aggressive behavior—even onto the third generation. In M. Lewis & S. M. Miller (Eds.), *Handbook of developmental psychopathology* (pp. 147–156). New York, NY: Plenum.

Espelage, D. L., Bosworth, K., & Simon, T. R. (2000). Examining the social context of bullying behaviors in early adolescence. *Journal of Counseling and Development, 78,* 326–333.

Espelage, D. L., Holt, M. K., & Henkel, R. R. (2003). Examination of peer group contextual effects on aggressive behavior during early adolescence. *Child Development, 74,* 205–220. doi: 10.1111/1467–8624.00531

Espelage, D. L., & Swearer, S. M., (2003). Research on school bullying and victimization: What have we learned and where do we go from here? *School Psychology Review, 32,* 365–383.

Espelage, D. L., & Swearer, S. M. (Eds.). (2004). *Bullying in American schools: A social-ecological perspective on prevention and intervention.* Mahweh, NJ: Erlbaum.

Espelage, D. L., & Swearer, S. M., (2010). A social-ecological model for bullying prevention and intervention: Understanding the impact of adult communities children live in. *Handbook of bullying in schools: An international perspective* (pp. 61–72). New York, NY: Routledge.

Farrington, D. P. (1993). Understanding and preventing bullying. In M. Tonry & N. Morris (Eds.), *Crime and justice* (Vol. 17)., pp. 381–458. Chicago, IL: University of Chicago Press.

Flanders, J. L., Simard, M., Paquette, D., Parent, S., Vitaro, F., Pihl, R. O., …Séguin, J. R. (2010). Rough-and-tumble play and the development of physical aggression and emotion regulation: A five-year follow-up study. *Journal of Family Violence, 25,* 357–367. doi:10.1007/s10896–009–9297–5

Forero, R., McLellan, L., Rissel, C., & Barman, A. (1999). Bullying behaviour and psychological health among school students in New South Wales, Australia: Cross-sectional survey. *British Medical Journal, 319,* 344–348.

Frey, K. S., Edstrom, L. V., & Hirschstein, M. K. (2010). School bullying: A crisis or an opportunity? In S.R. Jimerson, &

S.M, Swearer (Eds.), *Handbook of bullying in schools: An international perspective* (pp. 403–415). New York, NY: Routledge.

Frey, K. S., Hirschstein, M. K., Edstrom, L. V., & Snell, J. L. (2009). Observed reductions in bullying, victimization and bystander encouragement: Longitudinal evaluation of a school-based intervention: *Journal of Educational Psychology, 101*, 466–481. doi: 10.1037/a0013839

Frey, K. S., Hirschstein, M. K., Snell, J. L., Van Schoiack Edstrom, L., MacKenzie, E.P., & Broderick, C.J. (2005). Reducing playground bullying and supportive beliefs: An experimental trial of the Steps to Respect Program. *Developmental Psychology, 41*(3), 479–491. doi: 10.1037/0012–1649.41.3.479

Frey, K. S., Jones, D. C., Hirschstein, M. K., & Edstrom, L. V. (2011). Teacher support of bullying prevention: The good, the bad and the promising. In D. L. Espelage & S. M. Swearer (Eds.), *Bullying in North American schools* (pp. 266–277). New York, NY: Routledge.

Gallagher, T. A., & Crump, W. C. C. (2008). Lac Vieux Desert Tribe and Watersmeet Township reduce physical and psychological bullying. *The IHS Provider, 33*, 217–221.

Garrity, C, Jens, K., Porter, W., Sager, N., & Short-Camilli, C. (2004). *Bully-Proofing Your School: Teacher's manual and lesson plans for elementary schools* (3rd ed.). Longmont, CO: Sopris West.

Greif, J. L., & Furlong, M. J. (2006). The assessment of school bullying: Using theory to inform practice. *Journal of School Violence, 5*, 33–50. doi:10.1300/J202v05n03_04

Gresham, F. M. (1986). Conceptual issues in the assessment of social competence in children. In P. S. Strain, M. J. Guralnick, & H. M. Walker (Eds.), *Children's social behavior: Development, assessment and modification*, pp. 143–180. NewYork, NY: Academic Press.

Hamburger, M. E., Basile, K. C., & Vivolo, A. M. (2011). *Measuring bullying victimization, perpetration, and bystander experiences: A compendium of assessment tools*. Atlanta, GA: Centers for Disease Control and Prevention, National Center for Injury Prevention and Control.

Hanish, L. D., Kochenderfer-Ladd, B., Fabes, R. A., Martin, C. L., & Denning, D. (2004). Bullying among young children: The influence of peers and teachers. In D. Espelage & S. Swearer (Eds.), *Bullying in American schools: A social-ecological perspective on prevention and intervention* (pp. 141–159). Mahwah, NJ: Erlbaum.

Haye, K. M. (2005). *An exploratory look at the relationship between bully/victim status, locus of control, and hopelessness: A moderator model.* (Unpublished doctoral dissertation). University of Nebraska-Lincoln.

Hazler, R. J., Miller, D. L., Carney, J. V., & Green, S. (2001). Adult recognition of school bullying situations. *Educational Research, 43*, 133–146. doi: 10.1080/00131880110051137

Hirschstein, M. K., & Frey, K. S. (2006). Promoting behavior and beliefs that reduce bullying: The Steps to Respect program. In S. R. Jimerson & M. J. Furlong (Eds.), *The handbook of school violence and school safety: From research to practice* (pp. 309–324). Mahwah, NJ: Erlbaum.

Holt, M. K., Kantor, G. K., & Finkelhor, D. (2009). Parent/child concordance about bullying involvement and family characteristics related to bullying and peer victimization. *Journal of School Violence, 8*, 42–63. doi: 10.1080/15388220802067813

Holt, M. K., & Keyes, M. A. (2004). Teachers' attitudes toward bullying. In D. L. Espelage & S. M. Swearer (Eds.) *Bullying in American schools: A social-ecological perspective on prevention and intervention* (pp. 121–139). Mahwah, NJ: Erlbaum.

Horne, A. M., Bartolomucci, C. L., & Newman-Carlson, D. (2003). *Bully Busters: A teacher's manual for helping bullies, victims, and bystanders* (grades K-5). Champaign, IL: Research Press.

Horne, A. M., Stoddard, J., & Bell, C. (2008). *Helping bullies, victims, and bystanders: A parent's guide to Bully Busters*. Champaign, IL: Research Press.

Horne, A. M., Swearer, S. M., Givens, J., & Meints, C. (2010). Bully Busters. In S. R. Jimerson, S. M. Swearer, & D. L.

Espelage (Eds.), *Handbook of bullying in schools* (pp. 507–516). New York, NY: Routledge.

Kärnä, A., Voeten, M., Poskiparta, E., & Salmivalli, C. (2010). Vulnerable children in varying classroom contexts: Bystanders' behaviors moderate the effects of risk factors on victimization. *Merrill-Palmer Quarterly, 56*, 261–282. doi: 10.1353/mpq.0.0052

Kasen, S., Berenson, K., Cohen, P., & Johnson, J. G. (2004). The effects of school climate on changes in aggressive and other behaviors related to bullying. In D. Espelage & S. Swearer (Eds.), *Bullying in American schools: A social-ecological perspective on prevention and intervention* (pp. 187–210). Mahwah, NJ: Erlbaum.

Kempes, M., Matthys, W., de Vries, H., & van Engeland, H. (2005). Reactive and proactive aggression in children: A review of theory, findings and the relevance for child and adolescent psychiatry. *European Child & Adolescent Psychiatry, 14*, 11–19. doi:10.1007/s00787–005–0432–4

Kumpulainen, K., Rasanen, E., Entonen, I., Almqvist, F., Kresanov, K., Linna, S., … Tamminen, T. (1998). Bullying and psychiatric symptoms among elementary school-age children. *Child Abuse & Neglect, 22*, 705–717. doi:10.1016/S0145–2134(98)00049–0

Lawrence, C., & Green, K. (2005). Perceiving classroom aggression: The influence of setting, intervention style and group perceptions. *British Journal of Educational Psychology, 75*, 587–602. doi:10.1348/000709905X25058

Leff, S. S. (2007). Bullying and peer victimization at school: Considerations and future directions. *School Psychology Review, 36*, 406–412.

Low, S. M., Frey, K. S., & Brockman, C. J. (2010). Gossip on the playground: Changes associated with universal intervention, retaliation beliefs, and supportive friends. *School Psychology Review, 39*, 536–551.

Maines, B. & Robinson, G. (1998). The No Blame Approach to bullying. In D. Shorrocks-Taylor (Ed.), *Directions in educational psychology* (pp. 281–295). London, UK: Whur Publications Ltd.

Menard, S., Grotpeter, J., Gianola, D., & O'Neal, M. (2007). *Evaluation of Bullyproofing Your School: Final report*. Retrieved May 2011, from www.ncjrs.gov/pdffiles1/nij/grants/221078.pdf

Mishna, F., Saini, M., & Solomon, S. (2009). Ongoing and online: Children and youth's perceptions of cyber bullying. *Children and Youth Services Review, 31*, 1222–1228. doi:10.1016/j.childyouth.2009.05.004

Nansel, T. R., Overpeck, M., Pilla, R. S., Ruan, W. J., Simmons-Morton, B., & Scheidt, P. (2001). Bullying behavior among US youth: Prevalence and association with psychosocial adjustment. *Journal of the American Medical Association, 285*, 2094–2100. doi:10.1001/jama.285.16.2094

Newman, D., Horne, A. M., & Bartolomucci, C. L. (2000). *Bully Busters: A teacher's manual for helping bullies, victims, and bystanders*. Champaign, IL: Research Press.

Newman-Carlson, D. & Horne, A. M. (2004). Bully Busters: A psychoeducational intervention for reducing bullying behavior in middle school students. *Journal of Counseling & Development, 82*, 259–267.

Nickerson, A. B., Mele, D., & Osborne-Oliver, K. M. (2010). Parent-child relationships and bullying. In S. R. Jimerson, S. M. Swearer, & D. L. Espelage (Eds.), *Handbook of bullying in schools: An international perspective* (pp. 187–200). New York, NY: Routledge.

Olweus, D. (1989). *The Olweus Bully/Victim Questionnaire* [Mimeo]. HEMIL-senteret. Bergen, Norway: Univesitetet I Bergen.

Olweus, D. (1993). *Bullying at school: What we know and what we can do*. Cambridge, UK: Blackwell.

Olweus, D. (1997). Tackling peer victimization with a school-based intervention program. In D. P. Fry & K. Bjorkqvist (Eds.), *Cultural variation in conflict resolution: Alternatives to violence* (pp. 215–234). Mahway, NJ: Erlbaum.

Olweus, D., & Limber, S. (1999). The Bullying Prevention Program. In D.S. Elliott (Ed.), *Blueprints for violence prevention*. Boulder, CO: Regents of the University of Colorado.

Orpinas, P., Horne, A. M., & Staniszewski, D. (2003). School bullying: Changing the problem by changing the school. *School Psychology Review, 32,* 431–444.

Patterson, G. R. (1982). *Coercive family process.* Eugene, OR: Castalia.

Pellegrini, A. D. (2005). *Recess: Its role in education and development.* Mahwah, NJ: Erlbaum.

Pellegrini, A. D., Bartini, M., & Brooks, F. (1999). School bullies, victims, and aggressive victims: Factors relating to group affiliation and victimization. *Journal of Educational Psychology, 91,* 216–224. doi:10.1037//0022–0663.91.2.216

Pellegrini, A. D., & Van Ryzin, M. J. (2011). Part of the problem and part of the solution: The role of peers in bullying, dominance, and victimization during the transition from primary school to secondary school. In D. L. Espelage & S. M. Swearer (Eds.), *Bullying in North American schools* (2nd ed., pp. 91–100). New York, NY: Routledge.

Pepler, D. J., Craig, W. M., Ziegler, S., & Charach, A. (1994). An evaluation of an anti-bullying intervention in Toronto Schools. *Canadian Journal of Community Mental Health, 13,* 95–110.

Perry, D. G., Hodges, E. V. E., & Egan, S. K. (2001). Determinants of chronic victimization by peers: A review and a new model of family influence. In J. Juvonen & S. Graham (Eds.), *Peer harassment in school: The plight of the vulnerable and victimized* (pp. 73–104). New York, NY: Guilford Press.

Pikas, A. (1989). The Common Concern Method for the treatment of mobbing. In E. Roland & E. Munthe (Eds.), *Bullying: An international perspective* (pp. 91–104). London, UK: David Fulton in association with the Professional Development Foundation.

Pikas, A. (2002). New developments of the shared concern method. *School Psychology International, 23,* 307–326. doi: 10.1177/0143034302023003234.

Renfro, J., Huebner, R., Callahan, C., & Ritchey, B. (2003). Violent behaviors in rural and urban schools. *Journal of School Violence, 2*(4), 111–122. doi:10.1300/J202v02n04_07

Reynolds, W. M. (2003). *Reynolds Bully Victimization Scales for Schools Manual.* San Antonio, TX: Psychological Corporation.

Rigby, K. (2005). The method of shared concern as an intervention technique to address bullying in schools: An overview and appraisal. *Australian Journal of Guidance and Counseling, 15,* 27–34. doi:10.1375/ajgc.15.1.27

Rigby, K. (2010). School bullying and the case for the method of shared concern (2010). In S. R. Jimerson, S. M. Swearer, & D. Espelage (Eds.), *Handbook of bullying in schools: An international perspective* (pp. 547–558). New York, NY: Routledge.

Rigby, K. & Griffiths, C. (2010). *Applying the Method of Shared Concern in Australian Schools: An evaluative study.* Canberra: Department of Education, Employment and Workplace Relations. Retrieved from www.deewr.gov.au/schooling/nationalsafeschools/documents/covertbullyreports/methodofsharedconcern.pdf

Rigby, K., & Slee, P. T. (1999). Suicidal ideation among adolescent school children, involvement in bully/victim problems and perceived low social support. *Suicide and Life-Threatening Behavior, 29,* 119–130.

Robinson, G., & Maines, B. (2008). *Bullying: A complete guide to the Support Group Method.* London, UK: Sage.

Rodkin, P. C. (2004). Peer ecologies of aggression and bullying. In D. Espelage & S. Swearer (Eds.), *Bullying in American schools: A social-ecological perspective on prevention and intervention* (pp. 87–106). Mahwah, NJ: Erlbaum.

Roland, R., & Galloway, D. (2002). Classroom influences on bullying. *Educational Research, 44,* 299–312. doi: 10.1080/0013188022000031597

Salmivalli, C., (2001). Peer-led intervention campaign against school bullying: Who considered it useful, who benefited? *Educational Research, 43,* 263–278. doi:10.1080/00131880110081035

Salmivalli, C., & Isaacs, J. (2005). Prospective relations among victimization, rejection, friendlessness, and children's self- and peer-perceptions. *Child Development, 76,* 1161–1171. doi:10.1111/j.1467–8624.2005.00841.x-i1

Salmivalli, C., Lagerspetz, K., Björkqvist, K., Österman, K., & Kaukiainen, A. (1996). Bullying as a group process:

Participant roles and their relations to social status within the group. *Aggressive Behavior, 22,* 1–15. doi:10.1002/(SICI)1098–2337(1996)22:1<1::AID-AB1>3.0.CO;2-T

Schwartz, D. Gorman, A. H., Nadamoto, J., & Toblin, R. L. (2005). Victimization in the peer group and children's academic functioning. *Journal of Educational Psychology, 97,* 425–435. doi:10.1037/0022–0663.97.3.425

Solberg, M. E., & Olweus, D. (2003). Prevalence estimation of school bullying with the Olweus Bully/Victim questionnaire. *Aggressive Behavior, 29,* 239–268. doi:10.1002/ab.10047

Song, S. Y., & Stoiber, K. C. (2008). Children exposed to violence at school: An evidence-based intervention agenda for the "real" bullying problem. *Journal of Emotional Abuse, 8,* 235–253. doi:10.1080/10926790801986205

Stephenson, P., & Smith, D. (1989). Bullying in the junior school. In D. P. Tattum & D. A. Lane (Eds.), *Bullying in schools* (pp. 45–57). Stoke on Trent, UK: Trentham.

Sugai, G., & Horner, R. H. (2006). A promising approach for expanding and sustaining school-wide positive behavior support. *School Psychology Review, 35,* 245–259.

Sullivan, K., Cleary, M., & Sullivan, G. (2004). *Bullying in secondary schools: What it looks like and how to manage it.* London: Paul Chapman Publishing.

Swearer, S. M. (2005). *The Bully Survey.* Unpublished manuscript. University of Nebraska—Lincoln.

Swearer, S. M., & Cary, P. T. (2003). Perceptions and attitudes toward bullying in middle school youth: A developmental examination across the bully/victim continuum. *Journal of Applied School Psychology, 19,* 63–79. doi:10.1300/J008v19n02_05

Swearer, S. M., Espelage, D. L., & Napolitano, S. A. (2009). *Bullying prevention and intervention: Realistic strategies for schools.* New York, NY: Guilford Press.

Swearer, S. M., Song, S. Y., Cary, P. T., Eagle, J. W., & Mickelson, W. T. (2001). Psychosocial correlates in bullying and victimization: The relationship between depression, anxiety, and bully/victim status. *Journal of Emotional Abuse, 2,* 95–121. doi:10.1300/J135v02n02_07

Taki, M. (2010). Relations among bullying, stresses, and stressors: A longitudinal and comparative survey among countries. In S. R. Jimerson, S. M. Swearer, & D. L. Espelage (Eds.), *Handbook of bullying in schools* (pp. 151–162). New York, NY: Routledge.

Twemlow, S. W., Fonagy, P., & Sacco, F. C. (2010). The etiological cast to the role of the bystander in the social architecture of bullying and violence in schools and communities. In S. R. Jimerson, S. M. Swearer, & D. L. Espelage (Eds.), *Handbook of bullying in schools* (pp. 73–86). New York, NY: Routledge.

Vaillancourt, T., McDougall, P., Hymel, S., Krygsman, A., Miller, J., Stiver, K., & Davis, C. (2008). Bullying: Are researchers and children/youth talking about the same thing? *International Journal of Behavioral Development, 32,* 486–495. doi:10.1177/0165025408095553

Vaillancourt, T., McDougall, P., Hymel, S., & Sunderani, S. (2010). Respect or fear? The relationship between power and bullying behavior. In S. R. Jimerson, S. M. Swearer, & D. L. Espelage (Eds.), *Handbook of bullying in schools: An international perspective* (pp. 211–222). New York, NY: Routledge.

Wang, J., Iannotti, R. J., & Nansel, T. R. (2009). School bullying among adolescents in the United States: Physical, verbal, relational, and cyber. *Journal of Adolescent Health, 45,* 368–375. doi:10.1016/j.jadohealth.2009.03.021

Waasdorp, T. E., Bradshaw, C. P., & Duong, J. (2011). Link between parents' perceptions of the school and their responses to school bullying: Variation by child characteristics and the forms of victimization. *Journal of Educational Psychology, 103,* 324–335. doi: 10.1037/a0022748

Weisz, J. R., & Kazdin, A. (2010). *Evidence-based psychotherapies for children and adolescents* (2nd ed.). New York, NY: Guilford Press.

Williams, K., & Guerra, N. (2007). Prevalence and predictors of internet bullying. *Journal of Adolescent Health, 41* (Suppl.), S14–S21. doi:10.1016/j.jadohealth.2007.08.018

Yoon, J. S. (2004). Predicting teacher interventions in bullying situations. *Education and Treatment of Children, 27*, 37–45.

Yoon, J. S., & Kerber, K. (2003). Bullying. *Research in Education, 69*, 27–35.

――――――― 第11章 ―――――――

専門的リソース

As noted at the beginning of this chapter, there are few cognitive-behavioral intervention programs and resources specifically designed for children and adolescents with learning disabilities. However, given the likely comorbidity with other disorders, we found the following texts to be especially useful in developing interventions for SLD individuals:

Creed, T. A., Reisweber, J., & Beck, A. T. (2011). *Cognitive therapy for adolescents in school settings.* New York, NY: Guilford Press.

Fletcher, J. M., Lyon, G. R., Fuchs, L. S., & Barnes, M. A. (2007). *Learning disabilities: From identification to intervention.* New York, NY: Guilford Press.

Groden Center. (1988). Relaxation techniques for people with special needs (Version DVD) [Computer software]. Champaign, Il: Research Press.

Stallard, P. (2002). *Think good-feel good: A cognitive behaviour workbook for children and young people.* West Sussex, England: John Wiley & Sons.

Vernon, A. (2002). *What works when with children and adolescents: A handbook of individual counseling techniques.* Champaign, IL: Research Press.

文　献

American Psychiatric Association. (2000). *Diagnostic and statistical manual of mental disorders* (4th ed., text revision). Washington, DC: Author.

Atwood, T. (2004). *Exploring feelings: a cognitive behaviour therapy to manage anxiety.* Arlington, TX: Future Horizons.

Aud, S., Hussar, W., Planty, M., Snyder, T., Bianco, K., Fox, M., et. al. (2010). *The condition of education 2010* (NCES 2010-028)). Washington, DC: National Center for Education Statistics, Institute of Education Sciences, U.S. Department of Education.

Cautela, J. R., & Groden, J. (1978). *Relaxation A comprehensive manual for adults, children, and children with special needs.* Champaign, IL: Research Press.

Creed, T. A., Reisweber, J., & Beck, A. T. (2011). *Cognitive therapy for adolescents in school settings.* New York, NY: Guilford Press.

Deblinger, E., Mannarino, A. P., Cohen, J. A., Runyon, M. K., & Steer, R. A. (2011). Trauma-focused cognitive behavioral therapy for children: Impact of the trauma narrative and treatment length. *Depression and Anxiety, 28*, 67–75.

DuPaul, G. J., Vile Junod, R. E., & Flammer, L. M. (2006). Attention-deficit/hyperactivity disorder. In R. B. Mennuti, A. Freeman, & R. W. Christner (Eds.), *Cognitive-behavioral interventions in educational settings* (pp. 139–161). New York, NY: Routledge Press.

Durlak, J. A., Weissberg, R. P., Dymnicki, A. B., Taylor, R. D., & Schellinger, K. B. (2011, January/February). The impact of enhancing students' social and emotional learning: A meta-analysis of school-based universal interventions. *Child Development, 82*(1), 405–432.

Flannery-Schroeder, E., Choudhury, M. S., & Kendall, P. C. Group and individual cognitive-behavioral treatments for youth with anxiety disorders: 1-year follow-up. *Cognitive Therapy and Research, 29*(2), 253–259.

Fletcher, J. M., Lyon, G. R., Fuchs, L. S., & Barnes, M. A. (2007). *Learning disabilities: From identification to intervention.* New York, NY: Guilford Press.

Franklin, M. E., March, J. S., & Garcia, A. (2007). Treating obsessive-compulsive disorder in children and adolescents. In M. M. Antony, C. Purdon, & L. J. Summerfeldt (Eds.), *Psychological treatment of obsessive-compulsive disorder: fundamentals and beyond* (Vol. xi, pp. 253–266). Washington, DC:

American Psychological Association.

Friedburg, R. D. & McClure, J. M. (2002). *Clinical practice of cognitive therapy with children and adolescents: the nuts and bolts.* New York: Guilford Press.

Friedberg, R. D., McClure, J. M., & Garcia, J. H. (2009). *Cognitive therapy techniques for children and adolescents: tools for enhancing practice.* New York, NY: Guilford Press.

Gioia, G. A., Isquith, P. K., Guy, S. C., & Kenworthy, L. (2000). *Behavior rating inventory of executive function: professional manual.* Lutz, FL: Psychological Assessment Resources.

Gresham, F. M., & Elliott, S. N. (2008). *Social Skills Improvement System.* Minneapolis, MN: NSC Pearson.

Hinshaw, S. P. (2005). Enhancing social competence: Integrating self-management strategies with behavioral procedures for children with ADHD. In E. D. Hibbs & P. S. Jensen (Eds.), *Psychosocial treatments for child and adolescent disorders: Empirically based strategies for clinical practice* (2nd ed., Vol. xv, pp. 351–376). Washington, DC: American Psychological Association.

Kendall, P. C. (Ed.). (2006). *Child and adolescent therapy: Cognitive-behavioral procedures* (3rd ed.). New York, NY: Guilford Press.

Kendall, P. C., & Hedtke, K. A. (2006). *The Coping Cat workbook* (2nd ed.). Ardmore, PA: Workbook Publishing.

Kendall, P. C., Choudhury, M. A., Hudson, J., & Webb, A. (2002). *The C.A.T. project manual for the cognitive behavioral treatment of anxious adolescents.* Ardmore, PA: Workbook Publishing.

Koulopoulou, A. (January 2010). Anxiety and depression symptoms in children—comorbidity with learning disabilities [Abstract]. *European Psychiatry, 25*, 432–432.

Kratochwill, T. R., Elliott, S. N., & Callan-Stoiber, K. (2002). Best practices in school-based problem-solving consultation. In A. Thomas & J. Grimes (Eds.), *Best practices in school psychology IV* (Vol. 1, pp. 583–608). Bethesda, MD: National Association of School Psychologists.

Lackaye, T., Margalit, M., Ziv, O., & Ziman, T. (2006). Comparisons of self-efficacy, mood, effort, and hope between students with learning disabilities and their non-LD-matched peers. *Learning Disabilities Research and Practice, 21*(2), 111–121.

Lochman, J., & Wells, K. (2004). The Coping Power program for preadolescent aggressive boys and their parents: Outcome effects at the 1-year follow-up. *Journal of Consulting and Clinical Psychology, (72)*, 571–578.

Lyon, G. R., Fletcher, J. M., & Barnes, M. C. Learning disabilities. In E. J. Mash & R. A. Barkley (Eds.), *Child Psychopathology*, 2nd ed. (pp. 520–586) New York: Guilford Press.

Maag, J. W., & Reid, R. (January/February 2006). Depression among students with learning disabilities: Assessing the risk. *Journal of Learning Disabilities, 39*(1), 3–10.

Mennuti, R. B., Christner, R. W., & Freeman, A. (2006). An introduction to a school-based cognitive-behavioral framework. In R. B. Mennuti, A. Freeman, & R. W. Christner (Eds.), *Cognitive-behavioral interventions in educational settings: A handbook for practice* (pp. 3–19). New York, NY: Routledge Press.

National Joint Committee on Learning Disabilities. (1991). Learning disabilities: Issues on definition. *Asha, 33*(Suppl. 5), 18–20.

Norwood, S. (2007). Validity of self-reports of psychopathology from children 4–11 years of age. *Vulnerable Children and Youth Studies, 2*(2), 89–99.

Nowicki, E. A. (2003, Summer). A meta-analysis of the social competence of children with learning disabilities compared to classmates of low and average to high achievement. *Learning Disability Quarterly, 26*, 171–188.

Pediatric OCD Treatment Study Team. (2004). Cognitive-behavioral therapy, sertraline, and their combination for children and adolescents with obsessive-compulsive disorder: The Pediatric OCD Treatment Study (POTS) randomized controlled trial. *Journal of the American Medical Association, 292*, 1060–1976.

Piers, E. V., & Herzberg, D. S. (2002). *Piers-Harris Children's Self-Concept Scale* (2nd ed.). Los Angeles, CA: Western Psychological Services.

Reivich, K. (2010, November). Promoting self-efficacy. *Communique, 39*(3), 1, 16–17.

Reynolds, C. R., & Kamphaus, R. W. (2004). *Behavior Assessment System for Children* (2nd ed.). Circle Pines, MN: American Guidance Service.

Reynolds, C. R., & Kamphaus, R. W. (2005). *Behavior Assessment System for Children edition: Manual supplement for the self-report of personality-interview* (2nd ed.). Circle Pines, MN: AGS Publishing.

Shure, M. B. (1992). *Cognitive Problem Solving Program.* Champaign, IL: Research Press.

Stallard, P. (2002). *Think Good-Feel Good: A cognitive behaviour workbook for children and young people.* West Sussex, England: John Wiley & Sons.

TADS Team. (2007). The treatment for adolescents with depression study (TADS). *Archives of General Psychiatry, 64,* 1132–1144.

US Department of Education (2004). 34 CFR Part 300: Assistance to states for the education of children with disabilities. *Federal Register, 2,* 12–14.

US Department of Education, National Center for Education Statistics (2010). Retrieved December 19, 2010, from http://nces.ed.gov/fastfacts/display.

Vernon, A. (1998). *The Passport Program: A journey through emotional, social, cognitive, and self-development.* Champaign, IL: Research Press.

Vernon, A. (2002). *What works when with children and adolescents: A handbook of individual counseling techniques.* Champaign, IL: Research Press.

Waber, D. P. (2010). *Rethinking learning disabilities: Understanding children who struggle in school.* New York, NY: Guilford Press.

--------- 第 12 章 ---------

専門的リソース

Kern, L., Choutka, C. M., & Sokol, N. G. (2002). Assessment-based antecedent interventions used in natural settings to reduce challenging behaviors: An analysis of the literature. *Education & Treatment of Children, 25*(1), 113–130.

Kern, L., & Clemens, N. H. (2007). Antecedent strategies to promote appropriate classroom behavior. *Psychology in the Schools, 44*(1), 65–75.

Nezu, A. M., & Nezu, C. M. (1989). (Eds.). *Clinical decision making in behavior therapy: A problem-solving perspective.* Champaign, IL: Research Press.

Turnbull, R., Turnbull, A., Shank, M., & Smith, S. (2004). *Exceptional lives: Special education in today's schools* (4th ed.). New York, NY: Pearson Publishers.

文　献

Alter, P. J., Conroy, M. A., Mancil, G. R., & Haydon. T. (2008). A comparison of functional behavior assessment methodologies with young children: Descriptive methods and functional analysis. *Journal of Behavioral Education, 17*(2), 200–219.

American Psychiatric Association. (2000). *Diagnostic and statistical manual of mental disorders* (4th ed., text revision). Washington, DC: Author.

Cole, C. M., Waldron, N., & Majd, M. (2004). Academic progress of students across inclusive traditional settings. *Mental Retardation, 42*(2), 136–144.

Daniel, L., & King, D. (1997). Impact of inclusion education on academic achievement, student behavior, and self-esteem and parental attitudes. *Journal of Educational Research, 91*(2), 67–80.

Desktop reference for special education. (2001). Desktop Reference. Building the Legacy (2004) U.S. Department of Education http://idea.ed.gov

Dyson, L. L. (1997). Fathers and mothers of school aged children with developmental disabilities: Parental stress, family functioning and social support. *American Journal on Mental Retardation, 102,* 267–280.

Education of All Handicapped Students Act. P. L. 94–142. (1975).

Ellingson, S. A., Miltenberger, R. G., & Long, E. S. (1999). A survey of the use of functional assessment procedures in agencies serving individuals with developmental disabilities. *Behavioral Interventions, 14*(4), 187–198.

Gresham, F. M., McIntyre, L. L., Olson-Tinker, H., Dolstra, A., McLaughlin, V., & Van, M. (2004). Relevance of functional behavioral assessment research for school-based interventions and positive behavioral support. *Research in Developmental Disabilities, 25,* 19–37.

Horner, R. H., & Carr, E. G. (1997). Behavioral support for students with severe disabilities: Functional assessment and comprehensive intervention. *Journal of Special Education, 31,* 84–104.

IDEA: Congress to reauthorize education bill in 2002. (2002). *Advocate, 1,* 11.

Individuals with Disabilities Education Act Amendments of 1997, 20 U.S.C. *1400 et. seq.*

Iwata, B. A., Wallace, M. D., Kahng, S., Lindberg, J. S., Roscoe, E. M., Conners, J., et al. (2000). Skill acquisition in the implementation of functional analysis methodology. *Journal of Applied Behavior Analysis, 33,* 181–194.

Jahr, E. (1998). Current issues in staff training. *Research in Developmental Disabilities, 19,* 73–87.

Kaiser, A. P., & McIntyre, L. (2008). Call for submissions to the *American Journal on Mental Retardation. American Journal on Mental Retardation, 113,* 497.

Kaiser, A. P., & McIntyre, L. (2010). Special section on evidence-based practices for persons with intellectual and developmental disabilities. *American Journal on Intellectual and Developmental Disabilities, 115,* 357–364.

Kauffman, J. M. (1995). Inclusion of all students with emotional or behavioral disorders: Let's think again. *Phi Delta Kappan, 76,* 542–546.

Kern, L., & Clemens, N. H. (2007). Antecedent strategies to promote appropriate classroom behavior. *Psychology in the Schools, 44*(1), 65–75.

Kormann, R. J., & Petronko, M. R. (2002). Community-based behavioral, therapeutic training programs. In J. A. Mulick & C. S. Holburn (Eds.), *Dual diagnosis program models.* Schenectady, NY: National Association on Dual Diagnosis.

Kormann, R. J., & Weiss, M. J. (2008). Behavioral consultation in schools: Effectively meeting the needs of students with autism spectrum disorders. *The New Jersey Psychologist, 58,* 3.

Luiselli, J. K., & Cameron, M. J. (1998). *Antecedent control: Innovative approaches to behavioral support.* Baltimore, MD: Brookes Publishing.

Luiselli, J. K., & Murbach, L. (2002). Providing instruction from novel staff as an antecedent intervention for child tantrum behavior in a public school classroom. *Education and Treatment of Children, 25,* 356–365.

Luiselli, J. K., Wolongevicz, J., Egan, P., Amirault, D., Sciaraffa, N., & Treml, T. (1999). The family support program: Description of a preventive, community-based behavioral intervention for children with pervasive developmental disorders. *Child and Family Behavior Therapy, 21*(1), 1–19.

Martinez, K., & Petronko, M. R. (2003, November). *Stress and stress vulnerability: A review of generic stress literature with a developmentally disabled population toward integration and synchrony.* Poster presented at the 37th Annual Convention of the American Association for the Advancement of Behavior Therapy. Boston.

Mahoney, M. J. (1974). *Cognition and behavior modification.* Cambridge, MA: Ballinger Publishing.

Moore, J. W., , R. P., Sterling-Turner, H. E., Riley, J., DuBard, M., & McGeorge, A. (2002). Teacher acquisition of functional analysis methodology. *Journal of Applied Behavior Analysis, 35,* 73–77.

Nezu, C. M. (1987). *Development of the Behavioral Role-play Activities Test (BRAT): An empirically based observational measurement of behavioral child management skills* (Unpublished doctoral dissertation). Fairleigh Dickinson University, Teaneck, NJ.

Nezu, A. M., & Nezu, C. M. (1989). (Eds.) *Clinical decision making in behavior therapy: A problem-solving perspective.* Champaign, IL: Research Press.

Nezu, A. M., & Nezu, C. M. (1991). Problem solving skills training. In V. E. Caballo (Ed.), *Handbook of behavior modification and behavior therapy techniques.* Madrid, SP: Siglio Veintiuno de Espana Editores, S. A.

Nezu, C. M., Nezu, A. M., & Gill-Weiss, M. J. (1992). *Psychopathology in persons with mental retardation: Clinical guidelines for assessment and treatment.* Champaign, IL: Research Press.

O'Neill, R. E., Horner, R. H., Albin, R. W., Storey, K., & Sprague, J. R. (1997). *Functional assessment and program development for problem behavior: A practical handbook.* Pacific Grove, CA: Brooks/Cole Publishing.

Petronko, M. R. (1987, April). *Natural Setting Therapeutic Management (NSTM): Who is the client?* Invited workshop presented at the 8th Annual National Conference of the Young Adult Institute, New York.

Petronko, M. R., Anesko, K. M. Nezu, A., & Poss, A. (1988). Natural Setting Therapeutic Management (NSTM): Training in the natural environment. In J. M., Levy, P. H. Levy, & B. Nivin (Eds.), *Strengthening families* (pp. 185–193). New York: Young Adult Institute Press.

Petronko, M. R., & DiDomenico, D. M. (2005). Cognitive-behavior therapy with dually diagnosed individuals. In A. Freeman (Ed.) *Encyclopedia of cognitive behavior therapy* (pp. 179–183). Boston, MA: Kluwer.

Petronko, M. R., Harris, S. L., & Kormann, R. J. (1994). Community-based training approaches for people with mental retardation and mental illness. *Journal of Consulting and Clinical Psychology, 62*, 49–54.

Petronko, M. R., & Nezu, A. M. (1982, November). *Natural setting therapeutic management for the severely developmentally disabled.* Workshop presented at the 16th Annual Convention of the Association for Advancement of Behavior Therapy, Los Angeles.

Prout, H. T., & Nowak-Drabik, K. M. (2003). Psychotherapy with persons who have mental retardation: An evaluation of effectiveness. *American Journal on Mental Retardation, 108*, 82–93.

Resis, S., Levitan, G. W., & Szysko, J. (1982). Emotional disturbance and mental retardation: Diagnostic overshadowing. *American Journal on Mental Deficiency, 86*, 567–574.

Shanker, A. (1994–95). Full inclusion is neither free nor appropriate. *Educational Leadership*, 18–21.

Sigafoos, J. Green, V. A., Payne, D., O'Reilly, M. F., & Lacioni, G. E. (2009). A classroom-based antecedent intervention reduces obsessive-repetitive behavior in an adolescent with autism. *Clinical Case Studies, 8*(1), 3–13.

Skinner, B. F. (1954). *The salience of learning and the art of teaching.* Harvard Education Review, *24*(2), 86–97.

Spengler, P. M., Strohmer, D. C., & Prout, H. R. (1990). Testing the Robustness of the diagnostic overshadowing bias. *American Journal on Mental Retardation, 95*, 204–214.

Turnbull, R., Turnbull, A., Shank, M., & Smith, S. (2004). *Exceptional lives: Special education in today's schools* (4th ed.). New York, NY: Pearson Publishers.

Vaughn, S., & Schumm, J. (1995). Responsible inclusion for students with learning disabilities. *Journal of Learning Disabilities, 28*, 264–270.

Wallace, M. D., Doney, J. K., Mintz-Rudek, C. M., & Tarbox, R. S. F. (2004). Training educators to implement functional analyses. *Journal of Applied Behavior Analysis, 37*(1), 89–92.

─────── 第 13 章 ───────

専門的リソース

Christner, R. W., Stewart, J. L., & Freeman, A. (Eds.). (2007). *Handbook of cognitive-behavior group therapy with children and adolescents: Specific settings and presenting problems.* New York, NY: Routledge Publishing.

Friedberg, R. D., & McClure, J. M. (2002). *Clinical practice of cognitive therapy with children and adolescents: The nuts and bolts.* New York, NY: Guilford Press.

Sansosti, F. J., Powell-Smith, K. A., & Cowan, R. J. (2010). *High-functioning autism/Asperger syndrome in schools: Assessment and intervention.* New York, NY: Guilford Press.

文　献

American Psychiatric Association. (1994). *Diagnostic and statistical manual of mental disorders* (4th ed.). Washington, DC: Author.

American Psychiatric Association. (2000). *Diagnostic and statistical manual of mental disorders* (4th ed., text revision). Washington, DC: Author.

Association for Behavioral and Cognitive Therapies. (2010). *Evidenced-based mental health treatments for children and adolescence.* Retrieved May 15, 2011, from www.abct .org/sccap/?m=sPro&fa=pro_ESToptions#sec13

Anderson, S., & Morris, J. (2006). Cognitive behaviour therapy for people with Asperger syndrome. *Behavioural and Cognitive Psychotherapy, 34*, 293–303.

Attwood, T. (2000). Strategies for improving the social integration of children with Asperger syndrome. *Autism, 4*(1), 85–1000.

Attwood, T. (2004). *Exploring feelings: Cognitive behaviour therapy to manage anger.* Arlington, TX: Future Horizons.

Attwood, T. (2004). Cognitive behavior therapy for children and adults with Asperger's syndrome. *Behaviour Change, 21*(3), 147–161.

Baron-Cohen, S. Leslie, A. M., & Frith, U. (1985). Does the autistic child have a "theory of mind?" *Cognition, 21*, 37–46.

Bauminger, N. (2002). The facilitation of social-emotional understanding and social interaction in high-functioning children and autism: Intervention outcomes. *Journal of Autism and Developmental Disorders, 32*(4), 283–298.

Buron, K. D., & Curtis, M. B. (2003). *The Incredible 5-Point Scale: Assisting students with autism spectrum disorders in understanding social interactions and controlling their emotional response.* Shawnee Mission, KS: Asperger Autism Publishing.

Brown-Chidsey, R., Steege, M. W., & Mace, F. C. (2008). Best practices in evaluating the efficacy of interventions using case study data. In A. Thomas & J. Grimes (Eds.), *Best practices in school psychology* (Vol. 6, 5th ed.). Bethesda, MD: National Association of School Psychologists.

Cardaciotto, L., & Herbert, J. D. (2004). Cognitive behavior therapy for social anxiety disorder in the context of Asperger's syndrome: A single-subject report. *Cognitive and Behavioral Practice, 11*, 75–81.

Centers for Disease Control. (2010). *Autism information center: Frequently asked questions—prevalence.* Retrieved April 17, 2010, from www.cdc.gov/ncbddd/Autism/faq_ prevalence.htm#howdotherates

Christner, R. W., Forrest, E., Morley, J., & Weinstein, E. (2007). Taking cognitive-behavior therapy to school: A school-based mental health approach. *Journal of Contemporary Psychotherapy, 37*(3), 175–183.

Coffee, G., & Ray-Subramanian, C. E. (2009). Goal Attainment Scaling: A progress-monitoring tool for behavioral interventions. *School Psychology Forum, 3*(1), 1–12.

Constantino, J. N. (2002). *Social Responsiveness Scale (SRS).* Los Angeles, CA: Western Psychological Services.

Crooke, P. J., Hendrix, R. E., & Rachman, J. Y. (2008). Brief report: Measuring the effectiveness of teaching social thinking to children with Asperger syndrome (AS) and high functioning autism (HFA). *Journal of Autism and Developmental Disorders, 38*(3), 581–591.

Davis, K. M., Boon, R. T., Cihak, D. F., & Fore, C. (2010). Power Cards to improve conversational skills in adolescents with Asperger syndrome. *Focus on Autism and Other Developmental Disabilities, 25*(1). 12–22. doi: 10. 1177/1088357609354299

Donoghue, K., Stallard, P., & Kucia, J. (2011). The clinical practice of cognitive behavioural therapy for children and young people with a diagnosis of Asperger's syndrome. *Clinical Child Psychology, 16*(1), 89–102.

Eisenberg, N., Guthrie, I. K., Fabes, R. A., Reiser, M., Murphy, B. C. Holgren, R., et al. (1997). The relations of regulation and emotionality to resiliency and competent social functioning in elementary school children. *Child Development, 68*(2), 295–311.

Friedberg, R. D., & McClure, J. M. (2002). *Clinical practice of cognitive therapy with children and adolescents: The nuts and bolts.* New York, NY: Guilford Press.

Gagnon, E. (2001). *The Power Card strategy: Using special interests to motivate children and youth with Asperger syndrome and autism.* Shawnee Mission, KS: Autism Asperger Publishing.

Glaser, S., & Ouimet, T. (2010). Genetics of autism: Theories, findings, and implications. In P. C. McCabe & S. R. Shaw (Eds.), *Genetic and Acquired Disorders.* Bethesda, MD: National Association of School Psychologists.

Golan, O., & Baron-Cohen, S. (2006). Systemizing empathy: Teaching adults with Asperger syndrome or high-functioning autism to recognize complex emotions using interactive multi-media. *Development and Psychopathology, 18,* 591–617.

Gray, C. (1994). *Comic strip conversations.* Arlington, TX: Future Horizons.

Gray, C. (2000). *The new Social Story book.* Arlington, TX: Future Horizons.

Greer, R. D., & Speckman, J. M. (2009). The integration of speaker and listener responses: A theory of verbal development. *The Psychological Record, 59,* 449–488.

Gresham, F. M., Cook, C. R., Collins, T., Dart, E., Rasetshwane, K., Truelson, E., et al. (2010). Developing a change-sensitive brief behavior rating scale as a progress monitoring tool for social behavior: An example using the Social Skills Rating System–teacher form. *School Psychology Review, 39*(3), 364–379.

Gresham, F. M., & Elliott, S. N. (2008). *Social Skills Improvement Systems (SSIS).* Minneapolis, MN: Pearson Assessment.

Hanley-Hochdorfer, K., Bray, M. A., Kehle, T. J., & Elinoff, M. J. (2010). Social stories to increase verbal initiation in children with autism and Asperger's disorder. *School Psychology Review, 39*(3), 484-492.

Happé, F. G. E, & Booth, R. D. L. (2008). The power of the positive: Revisiting weak coherence in autism spectrum disorders. *The Quarterly Journal of Experimental Psychology, 61*(1), 50–63.

Harvey, M. T., Luiselli, J. K., & Wong, S. E. (2009). Application of applied behavior analysis of mental health issues. *Psychological Services, 6*(3), 212–222.

Ingram, D. H., Mayes, S. D., Troxell, L. B., & Calhoun, S. L. (2007). Assessing children with autism, mental retardation, and typical development using the playground observation checklist. *Autism, 11*(4), 311–319.

Keeling, K., Myles, B. S., Gagnon, E., & Simpson, R. L. (2003). Using the Power Card strategy to teach sportsmanship skills to a child with autism. *Focus on Autism and Other Developmental Disabilities, 18*(2), 103–109.

Kiresuk, T. J., & Sherman, R. E. (1968). Goal Attainment Scaling: A general method for evaluating comprehension in community mental health programs. *Community Mental Health Journal, 4*(6), 443–453.

Landa, R. J., & Goldberg, M. C. (2005). Language, social, and executive functions in high functioning autism: A continuum of performance. *Journal of Autism and Developmental Disorders, 35*(5), 557–573.

Lang, R., Regester, A., Lauderdale, S., Ashbaugh, K., Haring, A. (2010). Treatment of anxiety in autism spectrum disorders using cognitive behaviour therapy: A systematic review. *Developmental Neurorehabilitation, 13*(1), 53–63.

Laurent, A. C., & Rubin, E. (2004). Challenges in emotional regulation in Asperger syndrome and high-functioning autism. *Topics in Language Disorders, 24*(4), 286–297.

Lavoie, R. D. (n.d.) *Social competence and the child with learning disabilities.* Retrieved from www.ricklavoie.com/competart.html

Lopata, C., Thomeer, M. L., Volker, M. A., & Nida, R. E. (2006). Effectiveness of a cognitive-behavioral treatment on the social behaviors of children with Asperger disorder. *Focus on Autism and Other Developmental Disabilities, 21*(4), 237–244.

Lopez, B. R., Lincoln, A. J., Ozonoff, S., & Lai, Z. (2005). Examining the relationship between executive functions and restricted, repetitive symptoms of autistic disorder. *Journal of Autism and Developmental Disorders, 35*(4), 445–461.

Lorimer, P. A., Simpson, R. L., Myles, B. S., & Ganz, J. B. (2002). The use of social stories as a preventative behavioral intervention in a home setting with a child with autism. *Journal of Positive Behavior Interventions, 4*(1), 53–60.

Madrigal, S. & Winner, M. G. (2008). *Superflex…A superhero social thinking curriculum.* San Jose, CA: Think Social Publishing.

McGrath, L. M., & Peterson, R. L. (2009). Autism spectrum disorder. In B. F. Pennington (Ed.), *Diagnosing learning disorders: A neuropsychological framework* (2nd ed.). New York, NY: Guilford Press.

McEvoy, R. E., Rogers, S. J., & Pennington, B. F. (1993). Executive function and social communication deficits in young autistic children. *Journal of Child Psychology and Psychiatry and Allied Disciplines, 34*(4), 563–578.

Mennuti, R. B., Christner, R. W., & Freeman, A. (2006). An introduction to a school-based cognitive-behavioral framework. In R. B. Mennuti, A. Freeman, & R. W. Christner (Eds.), *Cognitive-behavioral interventions in educational settings: A handbook for practice.* New York, NY: Routledge Publishing.

Murphy, V. B., & Christner, R. W. (2006). A cognitive-behavioral case conceptualization approach for working with children and adolescents. In R. B. Mennuti, A. Freeman, & R. W. Christner (Eds.), *Cognitive behavioral interventions in educational settings: A handbook for practice.* New York, NY: Routledge Publishing.

Myles, B. S., Trautman, M. L., & Schelvan, R. L. (2004). *The hidden curriculum. Practical solutions for understanding unstated rules in social situations.* Shawnee Mission, KS: Autism Asperger Publishing.

Ozonoff, S., & Jensen, J. (1999). Brief report: Specific executive function profiles in three neurodevelopmental disorders. *Journal of Autism and Developmental Disorders, 29*(2), 171–177.

Patterson, D. S., Jolivette, K., & Crosby, S. (2006). Social skills training for students who demonstrate poor self-control. *Beyond Behavior, 15*(3), 23–27.

Pellicano, E., Smith, A. D., Ledger-Hardy, L., Briscoe, J., Hood, B., & Gilchrist, I. D. (2010). Children with autism are neither systematic nor optimal foragers. *Proceedings of the National Academy of Sciences (PNAS).*

Pierson, M. R., & Glaeser, B. C. (2007). Using comic strip conversations to increase social satisfaction and decrease loneliness in students with autism spectrum disorder. *Education and Training in Developmental Disabilities, 42*(4), 460–466.

Rao, P. A., Beidel, D. C., & Murray, M. J. (2008). Social skills interventions for children with Asperger's syndrome or high-functioning autism: A review and recommendations. *Journal of Autism and Developmental Disorders, 38,* 353–361.

Reichow, B., & Volkmar, F. R. (2010). Social skills interventions for individuals with autism: Evaluation for evidence-based practices within a best evidence synthesis framework. *Journal of Autism and Developmental Disorders, 40*(2), 149–166.

Robbins, T. W. (1997). Integrating the neurobiological and neuropsychological dimensions of autism. In J. Russell (Ed.), *Autism as an executive disorder.* New York, New York: Oxford University Press.

Rogers, S. J., & Vismara, L. A. (2008). Evidence-based comprehensive treatments for early autism. *Journal of Clinical Child & Adolescent Psychology, 37,* 8–38.

Sansosti, F. J. (2003). *Effectiveness of social story interventions for children with Asperger's Syndrome.* Unpublished education specialist thesis, University of South Florida, Tampa, FL.

Sansosti, F. J. (2010). Teaching social skills to children with autism spectrum disorders using tiers of support: A guide for school-based professionals. *Psychology in the Schools, 47*(3), 257–281.

Sansosti, F. J., & Powell-Smith, K. A. (2006). Using Social Stories to improve the social behavior of children with Asperger syndrome. *Journal of Positive Behavior Interventions, 8*(1), 43–57.

Sansosti, F. J., Powell-Smith, K. A., & Cowan, R. J. (2010). *High-functioning autism/Asperger syndrome in schools:*

Assessment and intervention. New York, NY: Guilford Press.

Sherer, M., Pierce, K. L., Pardes, S., Kisacky, K. L., Ingersoll, B., & Schreibman, L. (2001). Enhancing conversation skills in children with autism via video technology: Which is better, "self" or "other" as a model? *Behavior Modification, 25*, 140–158.

Skinner, B. F. (1957). *Verbal behavior.* East Norwalk, CT: Appleton-Century-Crofts.

Smallwood, D., Christner, R. W., & Brill, L. (2007). Providing CBT groups in schools. In R. W. Christner, J. L. Stewart, & A. Freeman (Eds.), *Handbook of cognitive-behavior therapy (CBT) groups: Specific settings and presenting problems.* New York, NY: Routledge Publishing.

Sofronoff, K., Attwood, T., & Hinton, S. (2005). A randomized controlled trial of a CBT intervention for anxiety in children with Asperger syndrome. *Journal of Child Psychology and Psychiatry, 46*(11), 1152–1160.

Sofronoff, K., Attwood, T., Hinton, S., Levin, I. (2007). A randomized controlled trial of cognitive behavioural intervention for anger management in children with Asperger syndrome. *Journal of Autism and Developmental Disabilities, 37*, 1203–1214.

Spreckley, M., & Boyd, R. (2009). Efficacy of applied behavioral intervention in preschool children with autism for improving cognitive, language, and adaptive behavior: A systematic review and meta-analysis. *Journal of Pediatrics, 154*(3), 338–344.

Sze, K. M., & Wood, J. J. (2007). Cognitive behavioral treatment of comorbid anxiety disorders and social difficulties in children with high-functioning autism: A case report. *Journal of Contemporary Psychotherapy, 37*, 133–143.

Turner, M. (1997). Towards an executive dysfunction account of repetitive behavior in autism. In J. Russell (Ed.), *Autism as an executive disorder.* New York, NY: Oxford University Press.

Van Laarhoven, T., Kraus, E., Karpman, K., Nizzi, R. & Valentino, J. (2010). A comparison of picture and video prompts to teach daily living skills to individuals with autism. *Focus on Autism and Other Developmental Disabilities, 25*(4), 195–208.

Verte, S., Geurts, H. M., Roeyers, H., Oosterlaan, J., & Sergeant, J. A. (2006). Executive functioning in children with an autism spectrum disorder: Can we differentiate within the spectrum? *Journal of Autism and Developmental Disorders, 36*(3), 351–372.

What Works Clearinghouse (Ed.). (2010). Lovaas model of applied behavior analysis: What works clearinghouse intervention report. *What Works Clearinghouse.* (ED511483). Retrieved from http://ies.ed.gov/ncee/wwc/pdf/wwc_lovaas_082410.pdf

White, S. W., Ollendick, T., Scahill, L., Oswald, D., & Albano, A. M. (2009). Preliminary efficacy of a cognitive-behavioral treatment program for anxious youth with autism spectrum disorders. *Journal of Autism and Developmental Disorders, 39*, 1652–1662.

Winner, M. G. (2005). *Think Social! A social thinking curriculum for school-age students.* San Jose, CA: Think Social Publishing.

Winner, M. G. (2008). *A politically incorrect look at evidence-based practices and teaching social skills: A literature review and discussion.* San Jose, CA: Think Social Publishing.

Wood, J. J., Drahota, A., Sze, K., Van Dyke, M., Decker, K., Fujii, C., et al. (2009). Brief report: Effects of cognitive behavioral therapy on parent-reported autism symptoms in school-age children with high functioning autism. *Journal of Autism and Developmental Disorders, 39*, 1608–1612.

索　引

番号

3つの脆弱性モデル　73, 74

欧字

ADHD　3, 11, 45, 63, 65, 110, 114, 192, 193, 194, 195, 196, 207, 208, 209, 210, 211, 212, 213, 214, 215, 216, 217, 218, 219, 220, 221, 223, 225

――のアセスメント　211, 212

ASDにおける実行機能理論　228

ASDに対する認知行動療法的介入　227

Coping Cat 集団プログラム　80

Coping Cat プログラム　66, 67, 68, 69, 70

Coping Power　12, 29, 30, 160, 161, 162, 163, 164, 166, 167, 168, 169

Multi-Component Integrated Treatment（MCIT）235

あ

アジェンダ　14, 22, 128, 140, 235, 236, 242

アセスメント　3, 16, 26, 27, 29, 31, 32, 38, 39, 41, 44, 46, 50, 51, 52, 57, 59, 60, 61, 70, 71, 72, 78, 79, 81, 83, 94, 95, 103, 105, 106, 107, 110, 111, 112, 116, 123, 125, 133, 139, 141, 142, 143, 153, 155, 162, 169, 170, 178, 180, 184, 194, 195, 196, 197, 199, 200, 201, 206, 208, 211, 212, 213, 214, 215, 223, 225, 230, 231, 233, 239, 243, 244

アセスメントデータ　31, 46, 51, 105, 211, 225, 233

暗黙のカリキュラム　238

怒りと攻撃性　7, 153, 154, 155, 161, 162, 170

怒りマネジメント　29, 30, 154, 156, 158, 159, 181, 183, 221

いじめ　3, 7, 27, 28, 32, 35, 57, 96, 109, 138, 144, 149, 156, 163, 171, 172, 173, 174, 175, 176, 177, 178, 179, 180, 181, 182, 183, 184, 185, 186, 187, 188, 189, 241, 242

――とおどし（強制）のアセスメント　178

――に対する認知行動的介入　180

イメージエクスポージャー　76, 87, 117

ウィスコンシンカード分類課題　61

疫学研究用うつ病尺度（CES-D）127

エクスポージャー　31, 67, 68, 69, 70, 74, 76, 77, 78, 81, 82, 83, 87, 88, 89, 98, 99, 100, 101, 104, 117, 120, 158, 245

エビデンスに基づく実践　11

エリクソンのモデル　54

応用行動分析　115, 116, 229

親子版不安症面接スケジュール　71, 95, 111

親ベースの介入　100

オルウェウスいじめ防止プログラム　180

か

外在化行動　92, 107, 125, 221, 222

外傷後ストレス障害（PTSD）11, 65, 193

介入計画　23, 43, 44, 47, 49, 56, 57, 58, 59, 63, 193, 201, 211, 221, 223, 224, 230, 231, 232, 233, 238

学習障害　3, 7, 63, 71, 94, 102, 114, 119, 155, 191, 192, 193, 194, 195, 196, 197, 198, 199, 200, 201, 202, 203, 204, 205, 206, 207, 211, 238

家族ベースの介入　100

学校恐怖症　91, 92

学校心理士　26, 27, 30, 33, 35, 36, 38, 61, 79, 94, 101, 107, 119, 120, 121, 139, 163, 170, 203, 204, 205, 219, 220, 221, 241

学校での事例概念化アプローチ　59

学校における集団認知行動的介入　68

学校ベースのメンタルヘルス　7, 23, 25, 26, 201

学校への適応性　200

家庭のストレッサー　92

過度の一般化　15, 177

感覚統合の障害　114

感情温度計　84, 116

感情的理由づけ　15

危機的介入　32

機能的アセスメント　70, 212, 223

機能分析　47, 76, 103, 105, 144, 156, 245

教室でのコンサルテーション　240

教室マネジメントシステム　227

強迫症　48, 65, 139, 141, 193, 209, 230

グループエクスポージャー　87

グループカウンセリング　201

グループセッション　85, 166, 201, 202, 203, 204

系統的脱感作法　199

言行一致訓練　218, 220

構音障害　110

攻撃性　7, 57, 153, 154, 155, 156, 157, 160, 161, 162, 170, 193, 216, 221

構造化面接　51, 71, 95, 111, 126, 133, 142, 155

肯定的側面の否定　15

行動観察コーディングシステム　212

行動評定尺度　61, 213

行動抑制　73, 109, 215, 216, 233

コーピング　25, 54, 67, 71, 74, 75, 76, 77, 79, 81, 85, 86, 87, 129, 130, 136, 147, 148, 164, 167, 168, 169, 202, 203, 210

コーピングスキル　25, 54, 74, 76, 77, 130, 210

心の理論　227, 228, 239, 244

個人化　15, 177

子どもの機能不全　155

子どもベースの介入　99

コミュニケーション障害　108, 110

さ

再帰属訓練　216, 218

作業仮説　46, 56, 62, 233

漸進的筋弛緩法　80, 84, 199, 205

シェイピング法　115

視覚イメージング　199

刺激フェイディング法　115

自己強化　31, 81, 130, 210, 218, 219, 221

自己教示訓練　75, 209

自己効力感の低さ　193

自己制御の介入　210, 211, 219, 221

自己認識の低さ　193

思春期の女性　135, 136, 137
失語症　107, 192
失読症　203, 204
視点取得　53, 159, 164, 182, 227, 232, 236, 239, 242
児童用行動評価システム（BASC）126
児童用行動計画システムの第2版（BASC-2）126
自閉症の実行機能理論　244
自閉スペクトラム症　227, 229
社会的学習理論　54, 73, 128, 156, 164
社会的イベント　81, 83, 87
社会的コンピテンス　30, 95, 182, 193, 235
社会的情報処理　156, 157
社会的スキル訓練　58, 68, 69, 104, 117, 132, 160, 181, 183, 196, 199, 201, 218, 227
社会的スキル向上システム（SSIS）評価尺度　195, 214, 230
社会的スキル評価システム　156
社会的問題解決　30, 132, 159, 160, 165, 170, 196, 216, 217, 220, 225
社交不安症／社会恐怖　65
重篤な情緒的問題　191
ジュディス・ベックのモデル　49
情動への気づき　158, 233
事例概念化　3, 7, 12, 16, 19, 20, 21, 24, 31, 43, 44, 45, 46, 47, 48, 49, 50, 51, 52, 56, 58, 59, 60, 63, 64, 70, 97, 98, 106, 112, 128, 131, 132, 133, 141, 143, 144, 147, 151, 208, 233, 234, 235, 245
――アプローチ　43, 44, 47, 48, 49, 59, 64, 97
――プロセス　59, 60
――ワークシート　46, 59, 60, 128
事例定式化スキル　48
事例定式化のアプローチ　43, 45
神経性大食症（BN）135
神経性無食欲症（AN）135
心理教育　14, 17, 31, 51, 52, 61, 67, 69, 80, 97, 99, 101, 103, 104, 113, 117, 121, 132, 133, 139, 148, 196, 197, 198, 204, 206, 233, 236, 237, 238, 239, 242
心理教育的評価　52
心理社会的葛藤　55

随伴性マネジメント　74, 75, 76, 100, 101, 115, 225
スーパービジョン　48, 60, 64
スキーマ　48, 49, 50, 56, 62, 143, 157, 196, 198
スクールカウンセラー　3, 26, 30, 32, 33, 35, 36, 38, 94, 97, 107, 119, 141, 162, 184, 220
スクールソーシャルワーカー　36, 94
スクリーニング尺度　51
スタッフのトレーニング　35
ストレスの軽減　199
ストレッサー　25, 57, 92, 95, 131, 136, 149, 202
「すべき」思考　15
青少年に対する認知行動療法　7, 11, 193, 196
摂食障害における事例概念化の質問　144
摂食障害の思春期の男性　138
摂食障害　3, 7, 11, 71, 135, 136, 137, 138, 139, 140, 141, 142, 143, 144, 145, 147, 148, 149, 150, 151, 209
セッション構造　20, 22, 23, 128
セルフモニタリング　18, 31, 57, 61, 62, 99, 130, 131, 132, 210, 218, 219, 223, 224, 225, 227, 236, 239, 242, 243
選択性緘黙　7, 107, 108, 109, 110, 111, 112, 113, 114, 115, 116, 117, 118, 119, 120, 121
選択性緘黙の子どものアセスメント　111
選択性緘黙への介入の方法と技術　115
選択的抽出　15, 177
全般不安症　58, 65, 79, 193
双極性障害　45, 47

た
大うつ病性障害（MDD）123, 124
対人応答性尺度（SRS）231
対人関係の葛藤　221
知覚障害　192
知的能力障害　191, 192, 193, 194
知能検査　52, 111, 112, 155
注意欠陥多動性障害／注意欠如多動症（ADHD）207
中枢的統合理論　227, 228, 244

直接行動観察法　231
ディスレクシア　192
動機づけ　18, 21, 57, 62, 72, 128, 157, 164, 215, 241
読書療法　52, 236, 239, 243
読心術的考え　15
特定不可能の摂食障害　135
友だちを作ること　88, 208

な
仲間いじめの社会認知的モデル　176
ニードルマンのモデル　49
二分割思考（全か無か思考）15
認知行動的介入　5, 11, 12, 65, 67, 68, 69, 70, 77, 91, 117, 123, 135, 143, 153, 173, 174, 171, 180, 181, 188, 191, 193, 197, 200, 206, 207, 208, 209, 216, 220, 221, 222, 225, 227
認知行動モデル　11
認知行動療法　1, 3, 4, 5, 7, 9, 11, 26, 30, 58, 66, 67, 107, 113, 123, 124, 143, 153, 193, 194, 195, 196, 197, 198, 200, 201, 202, 208, 209, 222, 227, 230, 232, 245, 246, 274
認知再構成　31, 68, 69, 74, 75, 80, 81, 86, 113, 131, 156, 177, 181, 196, 206, 236, 237, 238, 240, 242
認知的リフレーミング　198
認知の欠如　14, 170, 196, 233, 244
認知の歪み　14, 15, 127, 128, 137, 170, 177, 178, 184, 188, 196, 198, 233, 236

は
パーソンズのモデル　49
破局的思考　15, 198
パスポートプログラム　201
発達性失語症　192
パニック症　65, 101
パラノイア　92
ピアジェの学齢児童の認知発達段階　53
ピアスとハリスの子どもの自己概念尺度　195, 204
非構造化面接　95
微細脳機能障害　192
ビデオモニタリング　239
評定尺度　29, 31, 32, 33, 37, 51, 61,

68, 110, 126, 133, 193, 195, 213, 214, 231
表出性言語障害 110
不安症／不安障害 7, 47, 49, 58, 65, 66, 67, 68, 69, 70, 71, 72, 73, 74, 77, 78, 79, 88, 91, 92, 95, 97, 99, 103, 109, 110, 111, 112, 114, 117, 118, 139, 141, 192, 193, 194, 196, 198, 199, 207, 209, 230, 231, 237, 244
フォーミュレーションの肝 56
不登校行動 7, 72, 91, 92, 93, 94, 95, 96, 97, 98, 99, 100, 101, 105, 106
不登校行動の認知行動的概念化 97
プレイセラピー 49, 117
ブレーンストーミング 33, 75, 80, 82, 86, 130, 159, 167, 221, 222, 244
分離不安 65, 77, 79, 87, 91, 92, 94, 110, 114
分離不安症 65
ペアレントトレーニング 117, 160, 210
ペイントバイナンバー 16
ベック青年用目録 126
ポジティブな行動支援 14

ま
マズローの欲求階層説 54
マニュアル化プログラム 12, 129
メタ認知スキル訓練 199
モジュール式の認知療法 12
モニタリング 18, 26, 29, 31, 35, 57, 59, 60, 61, 62, 63, 69, 70, 99, 123, 127, 130, 131, 132, 155, 198, 210, 218, 219, 223, 224, 225, 227, 230, 231, 232, 235, 236, 239, 242, 243
問題解決過程 217, 218
問題解決の手法 75
問題リスト 46, 50, 51, 58, 60, 61, 233

や
歪んだボディイメージ 139
ユニバーサル介入 27, 28, 32, 39
ユニバーサル介入プログラム 28
養護教諭 36, 112, 135
抑うつ 3, 7, 11, 14, 29, 30, 61, 62, 68, 71, 91, 92, 93, 95, 97, 98, 99, 103, 119, 120, 123, 124, 125, 126, 127, 128, 129, 130, 131, 132, 133, 134, 148, 153, 155, 174, 193, 194, 195, 196, 198, 204, 207, 209, 215, 230, 240, 274

ら
ラベリング 15
ラポールの形成 80, 83, 148, 242
ランダム化比較試験（RCT） 66, 161, 182, 244
リスク要因 17, 26, 28, 57, 59, 124, 127, 129, 206, 229, 236
リストカット 141
リラクセーション 29, 31, 33, 40, 67, 68, 69, 74, 75, 76, 80, 81, 82, 84, 85, 117, 124, 128, 131, 132, 158, 164, 169, 200, 202, 205, 236
──の教示 85
レジリエンス 3, 17, 26, 27, 47, 57, 59, 62, 98, 182, 198
連携型行動コンサルテーション 116
ロールプレイ 22, 80, 81, 82, 85, 87, 101, 158, 159, 164, 165, 167, 204, 218, 222, 236, 239, 242, 243
ロバースメソッド 229

執筆者一覧

第1章　ローズマリー・B．メヌッティ，レイ・W．クリストナー

第2章　レイ・W．クリストナー，エミリー・E．カモン，ローズマリー・B．メヌッティ

第3章　ヴァージニア・B．マーフィ，レイ・W．クリストナー

第4章　エリザベス・A．ゴッシュ，エレン・フラナリー - シュローダー，ロバート・J．ブレチェ

第5章　クリストファー・A．キアニー，メリサ・スピア

第6章　クリスティ・A．マリガン，レイ・W．クリストナー

第7章　コートニー・L．マクログリン，レイ・W．クリストナー

第8章　ローズマリー・B．メヌッティ，アンドレア・ブルームガーデン，ジェイソン・マシソン，ニコル・ガブリエル

第9章　ジョン・E．ロックマン，カロライン・L．ボックスマイヤー，ニコル・P．パウエル，サルマ・シディキ，サラ・L．ストロマイヤー，メガン・ケリー

第10章　ベス・ドール，スーザン・M．スウェラー，アダム・M．コリンズ，ミンディ・R．チャドウェル，カディ・ドゥーリー，ブルック・A．チャプラ

第11章　リサ・A．パーキンス，バーバラ・A．フィシェッティ

第12章　ジョージ・J．デュポール，クリステン・M．カーソン，マシュー・J．ゴームリー，ローズマリー・ヴィル・ジュノ，リゼット・フラマー - リヴェラ

第13章　ジェシカ・B．ボルトン，ジェニファー・E．マクポイル - キャラハン，レイ・W．クリストナー

□訳者一覧

第1章　中西　陽
第2章　伊藤雅隆
第3章　北川嘉野
第4章　堀江幸代
　　　　福田実奈
第5章　荒井　雅
　　　　井上　和
第6章　仁坂　恵
　　　　中野洋平
　　　　永野　茜
第7章　関口弥生
第8章　中　優太
　　　　鎌田泰輔
　　　　高橋憲司
第9章　梅澤友香里
　　　　残華雅子
　　　　佐久間祐司
第10章　肥田乃梨子
第11章　井上美沙
第12章　上田有果里
第13章　桐山佳奈
　　　　池田亮午

監訳者略歴

石川　信一（いしかわ　しんいち）
同志社大学心理学部教授，北海道医療大学大学院院博士課程中退。博士（臨床心理学）。
[主な編著書・訳書]
臨床児童心理学──実証に基づく子ども支援のあり方（編著，ミネルヴァ書房）
子どもの不安と抑うつに対する認知行動療法──理論と実践（著，金子書房）
イラストでわかる子どもの認知行動療法──困ったときの解決スキル36（著，合同出版）

佐藤　正二（さとう　しょうじ）
宮崎大学名誉教授，広島大学大学院博士課程前期（教育心理学）修了。
[主な編著書・訳書]
学校におけるSST実践ガイド──子どもの対人スキル指導（編著，金剛出版）
認知行動療法を活用した子どもの教室マネジメント(編訳，金剛出版)
実践！ ソーシャルスキル教育　幼稚園・保育園（編著，図書文化）

武藤　崇（むとう　たかし）
同志社大学心理学部教授，筑波大学大学院心身障害学研究科修了。博士（心身障害学）。
[主な編著書・訳書]
55歳からのアクセプタンス＆コミットメント・セラピー：超高齢化社会のための認知行動療法の新展開（編著，ratik）
心理学からみた食べる行動：基礎から臨床までを科学する（編著，北大路書房）
ケースで学ぶ行動分析学による問題解決（編著，金剛出版）

子どもの心の問題支援ガイド

教育現場に活かす認知行動療法

2018 年 7 月 10 日　印刷
2018 年 7 月 20 日　発行

編　者
R. B. メヌッティ
R. W. クリストナー
A. フリーマン

監訳者
石川信一
佐藤正二
武藤　崇

発行者
立石　正信

印刷・製本
三報社印刷

装丁
臼井新太郎

装画
タカヤマチグサ

株式会社　金剛出版
〒 112-0005　東京都文京区水道 1-5-16
電話 03（3815）6661（代）FAX03（3818）6848

ISBN978-4-7724-1630-6　C3011　　　　　Printed in Japan ©2018

好評既刊

Ψ金剛出版 〒112-0005 東京都文京区水道1-5-16 Tel. 03-3815-6661 Fax. 03-3818-6848
e-mail eigyo@kongoshuppan.co.jp URL http://kongoshuppan.co.jp/

認知行動療法を活用した
子どもの教室マネジメント
社会性と自尊感情を高めるためのガイドブック

[著]ウェブスター-ストラットン　[監訳]佐藤正二　佐藤容子

子どものポジティブな行動に着目し，教師のやる気を引き出すための現実的なマネジメント指導書！　認知行動療法やSSTの手法を用いて実際に使える関係スキルの技術がやさしく解説される。また，子どもの教育的ニーズに応える際に，教師と親が協力する方法を指し示し，子どもの社会性や情緒的能力を高めると同時に攻撃性の改善を目的とする。3歳から8歳の子どもが在籍する教室で，現場の教師が学級マネジメントを円滑に行えるようにするための教師トレーニングの実践方法を紹介。　　　　　　　　本体2,900円＋税

発達障害の早期発見と支援へ
つなげるアプローチ

[編著]市川宏伸

"発達障害"という言葉は知られるようになっても，その本質が適切に知られているとは言えない。その特性が理解されないことにより，家庭では育てにくさから虐待を受けたり，学校では先生の指示が理解できず叱られるうちに，症状が顕在化，悪化したりすることもある。こうした発達障害を抱えた人たちを支援するためには，障害の早期発見と正しい理解が必要になる。本書では，発達障害児・者の支援に必要な発達障害の最近の知見と近接領域に関わる状況を，第一線で活躍する執筆者が提示する。　　本体2,800円＋税

子どもから大人への発達精神医学
自閉症スペクトラム・ADHD・知的障害の基礎と実践

[著]本田秀夫

発達障害の子どもたちに精神科医は何ができるか？　著者の実践の中から生み出された，発達精神医学の基礎と実践の書。21世紀初頭の精神医学における最大のトピックスの一つである発達障害は，人口の少なくとも十数％はいると考えられ，医療，教育，福祉など，さまざまな分野に強いインパクトを与えている。本書では，乳幼児期から成人期までを縦断的に捉えた「発達精神医学」の視点から，DSM-5での変更点も含めて発達障害の基本的知識と実践の考え方が示されている。発達障害に関わるすべての臨床現場に必携の一冊。　　　　　　　　　　　　　　　　　　　本体3,200円＋税

好評既刊

Ψ金剛出版　〒112-0005　東京都文京区水道1-5-16　Tel. 03-3815-6661　Fax. 03-3818-6848
e-mail eigyo@kongoshuppan.co.jp　URL http://kongoshuppan.co.jp/

友だち作りの科学
社会性に課題のある思春期・青年期のためのSSTガイドブック

［著］エリザベス・A・ローガソン
［監訳］辻井正次　山田智子

自閉スペクトラム症（ASD）や注意欠陥多動性障害（ADHD）などソーシャルスキルに課題を抱えている子どもや，診断は受けていないけれど友だち関係に困っている子どもが，友だちと上手につきあっていくためのプログラム「PEERS（Program for the Education and Enrichment of Relational Skills）」。アメリカUCLAの研究機関で開発されたPEERSを使って，親子で協力しながら友だち作りを実践するためのセルフヘルプ・ガイド。

本体2,800円+税

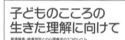

子どものこころの生きた理解に向けて
発達障害・被虐待児との心理療法の3つのレベル

［著］アン・アルヴァレズ　［監訳］脇谷順子

本書でアルヴァレズは，3つのレベル（探索的レベル・記述的レベル・強化的に活気づけるレベル）の精神分析的な治療とコミュニケーションについて明らかにし，構造化された図式を提示しながら解説していく。本書の目的は，子どもとの治療について，セラピストが治療における適切な解釈を見つけられるようにすることである。医者・心理士・精神分析家・ソーシャルワーカー・教師・子どもの養育者の方に有用だろう。

本体4,200円+税

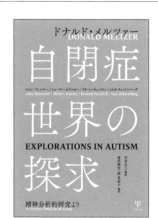

自閉症世界の探求
精神分析的研究より

［著］ドナルド・メルツァー　ジョン・ブレンナー　シャーリー・ホクスター　ドリーン・ウェデル　イスカ・ウィッテンバーグ　［監訳］平井正三　［訳］賀来博光　西見奈子

事例検討は何年もわたって行われ，また週4・5回のセッションの記録を記載しているので，精神分析だけではなく，自閉症の子どもの観察記録としてみた場合にも，貴重な資料となることは間違いない。難解であるが，本書を読み進めることにより，自閉症自体がいったい何なのか，という問いを私たちに引き起こし，深い理解が促されるであろう。精神分析の流れにおいても，自閉症の理解と治療的アプローチの流れにおいても，重要な研究文献となる一冊である。

本体3,800円+税

好評既刊

Ψ 金剛出版　〒112-0005　東京都文京区水道1-5-16　Tel. 03-3815-6661　Fax. 03-3818-6848
e-mail eigyo@kongoshuppan.co.jp　URL http://kongoshuppan.co.jp/

自閉スペクトラム症を抱える子どもたち
受身性研究と心理療法が拓く新たな理解
［著］松本拓真

自閉スペクトラム症を抱える子どもと青年，およびその家族は何を体験しているのか？　自閉スペクトラム症のイメージは「マイペース」「空気が読めない」などと言われるが，実際はそうではない。本書では，自閉スペクトラム症の特徴を解説するのではなく，著者が心理療法を通して聞いた，その人たちが何を感じ，何を思っているのか，という心の声を描き出していく。

本体3,800円＋税

新訂増補
子どもの精神分析的心理療法の経験
タビストック・クリニックの訓練
［著］平井正三

〈子ども〉を育むことは，時間をかけてじっくりと手間暇かけるしかないこと，またその手間を惜しんではいけないことは，親なら誰しも知っていることである。それが「精神分析の営み」である。初版の刊行から6年，著者が不十分だと感じていた，わが国での子どもの精神分析的心理療法訓練の現状を批判し，何が必要であるかを説いた章を加えて改訂新版とした。「質」を大切にしている著者の心理臨床経験の集大成。

本体3,200円＋税

学校コミュニティへの緊急支援の手引き 第2版
［編］福岡県臨床心理士会　［編著］窪田由紀

学校の安全神話はさまざまに崩壊の局面を迎えている。大阪・池田小事件，東日本大震災，子どものいじめ自殺，教師のメンタル危機……。突然遭遇する学校の危機に支援者はどう対応すべきか。　本書は，学校における危機理論，緊急支援の意味と具体的方策，インターネット社会における新たな危機課題などについての実証的な理論と豊富な事例によって，日常の対応システムの構築と渦中の対応について実践的な内容を提案する。

本体3,800円＋税

好評既刊

Ψ金剛出版　〒112-0005 東京都文京区水道1-5-16　Tel. 03-3815-6661　Fax. 03-3818-6848
e-mail eigyo@kongoshuppan.co.jp　URL http://kongoshuppan.co.jp/

特別支援教育の到達点と可能性
2001〜2016年：学術研究からの論考

［編］柘植雅義&『インクルーシブ教育の未来研究会』

特別支援教育が始まってから15年が経過したという一区切りの時期に，本書では特別支援教育はどこまで到達し，何が課題として残っているのか，また特別支援教育が社会に浸透していく中で，新たに生まれた課題は何か？ そして，そもそも特別支援教育はどこに向かおうとしているのか？ を，第1章（到達点），第2章（課題）に続いて，第3章（可能性）として，各学術学会の代表者，保護者，教育関係者，教育行政関係者それぞれの立場から先生方に提案していただく。　　　　　　　　　　本体6,000円＋税

学校現場から発信する
子どもの自殺予防ガイドブック
いのちの危機と向き合って

［著］阪中順子

わが国では若い世代（10代後半から39歳）の死因のトップが自殺という深刻な状況がみられる。いじめ，不登校・ひきこもり，非行といった学校問題と結びついた子どもの自殺の実態も注目されている。また数多く存在する，自死遺族・遺児やハイリスクな子どもへの対応は喫緊の課題である。著者は数多くの詳細なデータを駆使し，自殺に関する基礎知識を整理したうえで，「教師を対象とした自殺予防プログラム」「子どもを対象とした自殺予防プログラム」の2つを本書で提示する。　　　　　　　　　　本体2,800円＋税

子どもの虐待とネグレクト
診断・治療とそのエビデンス

［編］キャロル・ジェニー
［監訳］一般社団法人 日本子ども虐待医学会　溝口史剛　白石裕子　小穴慎二

テーマごとに8のセクションと70の章に細かく章立てられ，子ども虐待の知識が網羅的に記載されており，医療者だけでなく児童相談所・保健センター・警察／検察・教育などの関係者にとっても自身の分野の必須知識を補完するうえで有用な一冊。米国で小児科のサブスペシャリティーとして確立している「虐待小児科医」に必須とされるContents Outlineを網羅した，虐待医学のスタンダードテキスト。　　　　　　　　　　本体42,000円＋税

好評既刊

Ψ 金剛出版　〒112-0005　東京都文京区水道1-5-16　Tel. 03-3815-6661　Fax. 03-3818-6848
e-mail eigyo@kongoshuppan.co.jp　URL http://kongoshuppan.co.jp/

子どものトラウマと悲嘆の治療
トラウマ・フォーカスト認知行動療法マニュアル

[著] ジュディス・A・コーエン　アンソニー・P・マナリノ　エスター・デブリンジャー
[監訳] 白川美也子　菱川愛　冨永良喜

子どものトラウマ治療の福音として訳出が待たれていたトラウマ・フォーカスト認知行動療法（TF-CBT）マニュアルが，第一線の臨床家らによってついに刊行された。本書で述べるTF-CBTは，トラウマやトラウマ性悲嘆を受けた子どもへの治療法として信頼すべき理論的基盤を持ち，科学的に効果が実証され，厳密な臨床家の養成システムに支えられているアプローチである。著者らの臨床研究と実践現場での適用の試みを通してモデル化されたTF-CBTのすべてを余すところなく紹介する。　　本体3,400円＋税

子どもの怒りに対する
認知行動療法ワークブック

[著] デニス・G・スコドルスキー　ローレンス・スケイヒル
[監修] 大野裕　[訳] 坂戸美和子　田村法子

「キレる」子どもたちは，その行為とは裏腹に，彼らもまた，自らの衝動がコントロールできないことに深く悩んでいる。本書は，そうした悩みを抱えた子どもに対して，社会的問題解決スキルを養うことと感情をうまく調節できるようになることに焦点を当てる。子どもに関わる精神科医，心理士，ソーシャルワーカー，また，学校教育や少年司法プログラムに携わる専門職に役立つ認知行動療法実施マニュアル。　　本体3,000円＋税

子どもの視点でポジティブに考える
問題行動解決支援ハンドブック

[著] ロバート・E・オニール　リチャード・W・アルビン　キース・ストーレイ
　　ロバート・H・ホーナー　ジェフリー・R・スプラギュー
[監訳] 三田地真実　神山努　[訳] 岡村章司　原口英之

本書では，問題行動の機能的アセスメント，また問題行動を起こしている子どもたちへの個別化したポジティブな行動介入・支援計画を立てる際に，必要な情報を集める手段としての記録用紙の使い方や手続きについて解説する。問題行動を起こしている人たちが，いまよりも過ごしやすい環境となるような手助けを考えていこう。そうすることは，社会的インクルージョン・地域社会の活性にもつながっていく。　　本体3,200円＋税